人民法院案例库
入库案例选介

最高人民法院研究室·编

人民法院出版社

图书在版编目（CIP）数据

人民法院案例库入库案例选介 / 最高人民法院研究室编. -- 北京：人民法院出版社，2025.5. -- ISBN 978-7-5109-4510-6
　　Ⅰ．D920.5
　　中国国家版本馆CIP数据核字第202504V5K7号

人民法院案例库入库案例选介

最高人民法院研究室　编

策划编辑	兰丽专
责任编辑	杨晓燕
装帧设计	天平文创视觉设计
出版发行	人民法院出版社
地　　址	北京市东城区东交民巷27号（100745）
电　　话	（010）67550508（责任编辑）　67550558（发行部查询）
	65223677（读者服务部）
客服QQ	2092078039
网　　址	http://www.courtbook.com.cn
E－mail	courtpress@sohu.com
印　　刷	三河市国英印务有限公司
经　　销	新华书店

开　　本	787毫米×1092毫米　1/16
字　　数	393千字
印　　张	27.5
版　　次	2025年5月第1版　2025年5月第1次印刷
书　　号	ISBN 978-7-5109-4510-6
定　　价	88.00元

版权所有　侵权必究

出版说明

习近平总书记反复强调,"努力让人民群众在每一个司法案件中感受到公平正义"。一个案例胜过一打文件。为深入阐释习近平法治思想在审判执行工作中的生动实践,更好地满足新时代人民群众对公正司法的新要求、新期待,最高人民法院于2023年7月启动建设人民法院案例库。案例库收录最高人民法院发布的指导性案例和经最高人民法院审核认为对类案审判具有示范价值的参考案例。2024年2月27日,在全国法院共同努力和社会各界大力支持下,案例库正式上线并面向社会开放。案例库是最高人民法院推出的新时代公正司法新产品,是全面推进公正司法、做实做细定分止争的有效抓手。

案例库上线一年来,建设使用工作不断取得新进展、新成效。一是入库案例的质、量稳步提升。随着工作机制日渐成熟,入库案例数量持续增长、品质不断提升、结构日益优化。截至2025年5月,人民法院案例库的入库案例数量超过4800件,实现了对常见罪名、多发案由的"全覆盖"。二是促进提升办案质效。全国法官的案例意识不断增强,入库案例的参考示范效能逐步显现。从数据上看,案例库检索量与主要案件质量指标之间呈现出正相关性,检索量排名靠前地区法院的主要案件质量指标优于全国平均水平。三是促进实现定分止争。法官在案件审理过程中,运用经最高人民法院审核的权威入库案例释法说理,有利于促进当事人服判息诉、社会公众认同裁判,助力类似矛盾纠纷的源头预防。四是社会影响日益提升。截至目前,案例库的注册用户超过140万、浏览量突破2800万,"找案例、用案例,就上人民法院案例库"的氛围正在逐步形成。案例库成为公众学法、学者科研、律师办案的权威、便捷的"好帮手"。同时，入库案例是讲好中国法治故事、传播中国法治声音、分享中国法治成果的"国际通用语言"。目前，案例库的访问用户国家已超过120个，成为面向世界展示中国公正司法的重要窗口。

前期，为进一步使用好入库案例，方便司法界、理论界更加全面准确地理解、参考入库案例，最高人民法院研究室、人民法院新闻传媒总社联合面向全国法院征集入库参考案例法官解读稿件，围绕入库案例的裁判要旨、裁判理由以及参考运用进行深度解读，经最高人民法院研究室会同相关部门审核后在《人民法院报》开设的"入库案例选介"栏目及相应微信公众号等平台刊载。截至目前，已刊发入库案例解读文章50篇，有关文章刊发后点击量高、反响良好。为进一步宣传人民法院贯彻习近平法治思想的实践成果，充分发挥入库案例的参考示范作用，方便广大法官、法律法学界人士和社会公众学习、研究、了解入库案例，我们决定将入库案例解读集结出版发行。

每一篇入库案例解读均经过作者认真撰写、最高人民法院研究室逐句修改、审判业务部门审核把关、《人民法院报》有关编辑同志细致校核等程序，解读文章系集体智慧的结晶。在此，谨向在每篇入库案例解读背后默默付出的所有同志表示衷心感谢！

《人民法院第六个五年改革纲要（2024-2028年）》对完善法律统一适用机制作出具体安排，提出"健全完善案例指导制度，持续推进人民法院案例库建设，优化案例培育、编选、评估、发布、退出机制"。我们将在社会各界关心支持下，进一步建好、用好人民法院案例库，进一步办好"入库案例选介"栏目，促进中国特色案例指导制度不断健全完善。

目 录

刑事篇

1. 叶某朝正当防卫案 / 003
   法不能向不法让步　喻海松　冯喜恒 / 006
2. 朱某飞故意伤害、马某民正当防卫案 / 010
   欠缺意思联络的数人同时防卫案件的处理规则　吴　斌　吴亚安 / 013
3. 付某见以危险方法危害公共安全案 / 017
   驾驶汽车冲撞人群致人死伤行为的定性　蒋佳芸 / 020
4. 于某非法持有枪支准许撤回起诉案 / 023
   从唯数量论到综合裁量　喻海松　徐金平 / 026
5. 陈某交通肇事案 / 030
   交通肇事刑事案件中事故责任的判定规则　周　婧 / 033
6. 刘某江交通肇事宣告无罪案 / 036
   道路交通事故认定书的审查路径　徐翠翠　田子超 / 039
7. 孙某华危险驾驶案 / 044
   对隔夜醉酒驾驶机动车载客营运行为的处理
   　曾　琳　李　超　石　魏 / 047
8. 李某远危险作业案 / 052
   前移关口减少事故隐患　筑牢安全生产作业防线　冯喜恒　金华英 / 055

9. 李某博集资诈骗案 / 059

　　以传销方式实施集资诈骗犯罪的罪名界分与共犯处理

　　　　李　磊　徐翠竹 / 063

10. 陈某荣合同诈骗案 / 067

　　合同诈骗罪中"合同"的认定规则　周楷敏　王一晖 / 069

11. 林某鑫等提供虚假证明文件案 / 072

　　对"环评报告贩子"的定罪量刑规则　张豪杰　王方宪 / 075

12. 罗某故意杀人案 / 079

　　无受审能力的被告人庭前供述的采信规则　任　梦 / 083

13. 周某强奸、强制猥亵、抢劫案 / 087

　　性侵犯罪的罪名界分与罪数处断　陈　娥　乔宇飞 / 090

14. 李某侮辱、传播淫秽物品案 / 093

　　传播可识别公民真实身份淫秽物品案件的处理规则　徐建东　陈　洁 / 097

15. 牟某翰虐待案 / 101

　　"虐待家庭成员"的具体认定规则　张　鹏 / 106

16. 徐某盗窃、王某掩饰、隐瞒犯罪所得案 / 112

　　掩饰、隐瞒犯罪所得、犯罪所得收益罪中"十次以上"的认定

　　　　刘伟玲　龙明浩 / 115

17. 丁某君诈骗案 / 119

　　以借用为名非法占有他人财物行为的定性　秦现锋 / 122

18. 刘某甲等诈骗案 / 126

　　网络销售型诈骗犯罪的司法认定与处理　张　琦　张　玲 / 130

19. 张某细强制医疗案 / 133

　　对继续强制医疗决定不服的，能否申请复议　蔡大宇　张拾风 / 136

20. 丁某提供侵入计算机信息系统程序案 / 139

　　提供非法爬虫软件行为的刑法规制　王肃之　黎　鹏 / 142

21. 张某等人破坏计算机信息系统案 / 145

　　通过DDoS网站实施网络攻击行为的定罪量刑

　　　　王肃之　杜开林　丁净玉 / 148

22. 尉某平、贾某珍开设赌场准许撤回起诉案 / 152
　　坚持实质判断　准确认定赌博犯罪　张华锋　张　潇 / 154
23. 王某偷越国（边）境案 / 158
　　偷越国（边）境犯罪中组织拉拢与个人拉拢的界分　栾小君　党娟莉 / 161
24. 易某华非法引进外来入侵物种案 / 165
　　全国首例非法引进外来入侵物种案的参考指引　王　丹 / 168
25. 张某昌制造毒品案 / 172
　　制造毒品案件中侦查实验笔录的采信规则　雷　刚　刘学武 / 175
26. 李某华贪污案 / 179
　　刺破贪污犯罪中"影子公司"的面纱　徐　兵 / 182
27. 夏某兵行贿案 / 186
　　撤销缓刑情形中犯新罪与发现漏罪并存的处理规则　陈春英　曾嘉明 / 189

民事篇

28. 王某诉彭某、詹某、宁某、第三人某县民政局收养关系纠纷案 / 195
　　公告瑕疵对收养行为效力影响的判定　胡海清　戴　瑞 / 199
29. 舒某泉、林某等诉浙江某物业管理有限公司衢州分公司等
　　排除妨害纠纷案 / 203
　　物业公司执行业主管理公约的行为依法应予支持　苏来琪 / 207
30. 阮某海、叶某玲诉叶某仙、叶某华相邻通行纠纷案 / 211
　　房屋楼梯所有权与相邻通行权冲突的解决路径　王洪斌 / 214
31. 车某玲诉朱某芳相邻关系纠纷案 / 218
　　从法官现场炒辣椒谈日常生活经验法则的运用　刘　欢 / 221
32. 张某诉上海某生鲜食品有限公司买卖合同纠纷案 / 225
　　食品安全惩罚性赔偿责任的"消费"要件　谢　勇　胡雪梅 / 228
33. 沙某诉安徽某食品科技有限公司买卖合同纠纷案 / 233
　　在合理生活消费范围内支持购买者惩罚性赔偿请求　鲍韵雯　还雪婷 / 236
34. 北京某建材公司诉北京某科技公司、马某等买卖合同纠纷案 / 238
　　股东能否以其对公司的债权与出资义务进行抵销　李洪威 / 242

35. 重庆市某电缆公司诉重庆某房地产公司、西南某房地产集团公司
    合同纠纷案 / 246
    非上市公司未经决议为其间接持股100%的公司提供担保的效力认定
        柳光洪　陈　璐 / 251
36. 聂某诉碧某生活服务集团股份有限公司东莞分公司等
    物业服务合同纠纷案 / 255
    安装充电设施符合绿色原则　物业公司应为业主提供便利　杨　诚 / 259
37. 上海芯某智能科技有限公司诉龙某技术股份有限公司、广东某丘
    科技有限公司著作权侵权及不正当竞争纠纷案 / 263
    指令集知识产权保护的边界和规则　谢甄珂　李迎新 / 268
38. 南某有限公司诉淮安市华某庄园酿酒有限公司、杭州正某贸易有限公司
    商标权权属、侵权纠纷案 / 273
    未注册驰名商标的认定标准及其侵权责任　柯胥宁　葛明秀 / 277
39. 某科技（成都）有限公司、深圳市某计算机系统有限公司诉
    江苏某网络科技有限公司不正当竞争纠纷案 / 281
    游戏代练不正当竞争行为的认定　史　蕾 / 286
40. 某途教育公司诉王某华劳动争议案 / 290
    用人单位在法定最长试用期内延长试用期的性质认定
        吴博文　甄乾龙 / 293
41. 王某仙诉某幼儿园、陈某劳动争议案 / 297
    "收受"学生6.16元的巧克力被开除？　李　俊 / 302
42. 上海某建筑工程有限公司诉某财产保险股份有限公司上海分公司等
    财产保险合同纠纷案 / 306
    用于起重的特种车辆在作业时发生责任事故的交强险赔付规则
        冯　楠 / 310
43. 浙江省杭州市滨江区人民检察院诉杨某鹏等网络侵权责任纠纷
    民事公益诉讼案 / 313
    组织、操纵"网络水军"实施"流量造假""有偿删帖"行为的定性及
        司法规制路径　陈增宝　沈　堃 / 317

44. 徐某某诉江苏某学校教育机构责任纠纷案 / 321

  学校是否尽到教育管理职责的审查判断 刘博文 邱 铮 / 324

45. 顾某甲、顾某乙、顾某丙申请指定遗产管理人案 / 328

  遗产管理制度中"利害关系人"的认定 王 坤 / 331

行政篇

46. 秦某江诉重庆市綦江区公安局交通巡逻警察支队、重庆市綦江区公安局行政处罚及行政复议案 / 337

  车辆驾驶人因交通标志标线设置不合理受到的行政处罚应否撤销的审查认定

    陈 璐 王旺旺 / 340

47. 周某春等36人诉重庆市涪陵区规划和自然资源局规划行政许可案 / 343

  老旧小区加装电梯申请规划许可，业主能否"一票否决"

    袁钦明 伍柯聿 / 347

48. 李某贵诉资阳市社会保险事业管理局特殊工种提前退休行政确认案 / 351

  特殊工种提前退休行政确认案件的审查规则 甘 舸 / 355

执行篇

49. 彭某与张某执行监督案 / 361

  带租拍卖中租金归属的认定 张 琦 闫龙欢 / 364

50. 李某友与商丘鑫某置业有限公司、河南省合某建筑工程有限公司建设工程分包合同纠纷执行监督案 / 368

  涉建设工程施工合同纠纷案件执行中关于债务抵销的处理规则

    向国慧 叶 欣 / 373

附 录

人民法院案例库建设运行工作规程 / 379

  《人民法院案例库建设运行工作规程》的理解与适用

    周加海 喻海松 贾玉慧 马蓓蓓 师晓东 / 384

  人民法院案例库若干重要问题解读

    最高人民法院研究室案例工作小组 / 408

刑事篇

入库编号：2024-18-1-177-001

1. 叶某朝正当防卫案
——特殊防卫的具体适用

关键词：刑事　故意杀人罪　正当防卫　特殊防卫

【基本案情】

1997年1月，王某友等人在被告人叶某朝开设的饭店吃饭后未付钱。数天后，王某友等人路过叶某朝的饭店时，叶某朝向其催讨所欠饭款，王某友认为有损其声誉，于同月20日晚纠集郑某伟等人到该店滋事，叶某朝持刀反抗，王某友等人即逃离。次日晚6时许，王某友、郑某伟纠集王某明、卢某国、柯某鹏等人又到叶某朝的饭店滋事，以言语威胁，要叶某朝请客了事，叶某朝不从，王某友即从郑某伟处取过东洋刀往叶某朝的左臂及头部各砍一刀。叶某朝拔出自备的尖刀还击，在店门口刺中王某友胸部一刀后，冲出门外侧身将王某友抱住，两人互相扭打砍刺。在旁的郑某伟见状即拿起旁边的一张方凳砸向叶某朝的头部，叶某朝转身还击一刀，刺中郑某伟的胸部后又继续与王某友扭打，将王某友压在地上并夺下王某友手中的东洋刀。王某友和郑某伟经送医院抢救无效死亡，叶某朝也多处受伤。经鉴定，王某友全身八处刀伤，左肺裂引起血气胸、失血性休克死亡；郑某伟系锐器刺戳前胸致右肺贯穿伤、右心耳创裂，引起心包填塞、血气胸而死亡；叶某朝全身多处伤，其损伤程度属轻伤。

浙江省台州市路桥区人民法院于1997年10月14日作出（1997）路刑初字第212号刑事判决，判决被告人叶某朝无罪。宣判后，浙江省台

003

州市路桥区人民检察院提出抗诉，其主要理由是：叶某朝主观上存在斗殴的故意，客观上有斗殴的准备，其实施行为时持放任的态度，其行为造成二人死亡的严重后果。叶某朝的犯罪行为在起因、时机、主观、限度等条件上，均不符合特殊防卫的规定。浙江省台州市中级人民法院于1998年9月29日作出（1997）台法刑抗字第13号刑事裁定，驳回抗诉，维持原判。

【裁判理由】

法院生效裁判认为：本案发生在1997年刑法施行之前，但根据从旧兼从轻原则的规定，应当适用1997年刑法第二十条第三款关于特殊防卫的规定。被告人叶某朝在遭他人刀砍、凳砸等严重危及自身安全的不法侵害时，持尖刀自卫还击，虽造成两人死亡，但其行为属正当防卫，依法不负刑事责任。故一审、二审法院依法作出如上裁判。

【裁判要旨】

1. 特殊防卫的前提必须是严重危及公民人身安全的暴力犯罪，即这种危害有可能造成人身严重伤害，甚至危及生命。对一些只能造成轻伤害的轻微暴力侵害，则不能适用特殊防卫。本案中，被告人叶某朝在防卫行为开始前和开始防卫后，身受犯罪分子行凶伤害致轻伤，应当认定王某友等人的行为系"严重危及人身安全的暴力犯罪"。王某友等人手持东洋刀，且已砍在防卫人身上，如不对其进行有力的反击，无法制止其犯罪行为，故应当允许防卫人进行特殊防卫。

2. 根据《中华人民共和国刑法》第二十条第三款的规定，防卫人采取的防卫手段、造成的结果没有限制，即使造成不法侵害人伤亡的，依法也不属防卫过当，不负刑事责任。这是特殊防卫区别于一般防卫在防卫后果上的本质特征。这一规定，是针对这类严重危及人身安全的暴力犯罪具有侵害性质严重、手段凶残的特点作出的，旨在鼓励人民群众同犯罪行为作斗争。本案中，被告人叶某朝在受到严重人身侵害的情况下进行防卫，是法律允许的，具有正义性，虽造成两人死亡的严重后果，但仍符合刑法第二十条第三款的规定，故不负刑事责任。

3. 特殊防卫所涉案件往往情况复杂、造成的后果严重，因此要注意案件发生的前因后果，把握住正当防卫的正义性这一基本要素，排除防卫挑拨、假想防卫等情况，既要保护人民群众依法维护公民合法权利的行为，又要防止假借防卫而犯罪，以准确体现立法精神。本案中，被告人叶某朝向王某友追索饭款是合理、合法的行为，王某友吃饭后不但不还欠款，在被合理追索欠款后，还寻衅报复滋事，在本案的起因上负有责任。叶某朝虽准备了尖刀随身携带，但从未主动使用，且其是在王某友等人不甘罢休、还会滋事的情况下，为防身而准备，符合情理，并非准备斗殴。叶某朝是被迫进行防卫，其在防卫的时间、对象上均符合法律的规定，应当认定为正当防卫。

【关联索引】

《中华人民共和国刑法》第 20 条

一审：浙江省台州市路桥区人民法院（1997）路刑初字第 212 号刑事判决（1997 年 10 月 14 日）

二审：浙江省台州市中级人民法院（1997）台法刑抗字第 13 号刑事裁定（1998 年 9 月 29 日）

法官解读

法不能向不法让步

——《叶某朝正当防卫案（入库编号：2024-18-1-177-001）》解读

喻海松[*] 冯喜恒[**]

正当防卫是法律赋予公民的权利，是同违法犯罪作斗争的有效手段。1979年刑法第十七条即规定了正当防卫制度，1997年刑法第二十条对正当防卫制度作了重大调整，在放宽正当防卫限度条件的基础上，增设特殊防卫制度，有力维护公民的正当防卫权利。2020年8月，最高人民法院、最高人民检察院、公安部联合发布《关于依法适用正当防卫制度的指导意见》（法发〔2020〕31号），对正当防卫制度的具体适用作了进一步明确。在此基础上，人民法院案例库收录了40余件涉正当防卫的参考案例，结合具体案件进一步明晰正当防卫的认定规则，为审理类似案件提供参考指引。整体而言，以往司法实践对正当防卫制度的适用多趋保守，认定特殊防卫的案例尤为稀少。而本参考案例属于适用1997年刑法增设的特殊防卫制度的最早案例（1997年10月14日一审认定构成特殊防卫，宣告无罪；1998年9月29日二审裁定维持），对于特殊防卫的适用前提、防卫手段和防卫限度等具体问题的认定和政策整体把握具有很强的规则指引意义。

第一，特殊防卫针对的是严重危及人身安全的暴力犯罪，不属于这一范围的，不适用特殊防卫制度。根据《中华人民共和国刑法》第二十条第三款的规定，对"正在进行行凶、杀人、抢劫、强奸、绑架以及其他严重危及人身安全的暴力犯罪"，可以实施特殊防卫。1997年刑法增

---

[*] 作者单位：最高人民法院。
[**] 作者单位：浙江省高级人民法院。

设特殊防卫制度，旨在鼓励群众勇于同犯罪作斗争，维护自身或者他人的人身安全；但同时严格限制适用范围，以防止滥用特殊防卫权利。防卫人只能基于保护人身安全免受正在进行的暴力犯罪的严重侵害，才能进行特殊防卫；出于保护其他法益的需要，则不能进行特殊防卫。由此，本案例的裁判要旨之一提出："特殊防卫的前提必须是严重危及公民人身安全的暴力犯罪，即这种危害有可能造成人身严重伤害，甚至危及生命。对一些只能造成轻伤害的轻微暴力侵害，则不能适用特殊防卫。"

本案中，王某友等人手持东洋刀等致命性凶器发起人身攻击，且已砍在被告人叶某朝身上，叶某朝在防卫行为开始前和开始防卫后，身受犯罪分子刀砍、凳砸等严重危及自身安全的不法侵害已致轻伤，应当认定王某友等人的行为系"严重危及人身安全的暴力犯罪"。法院认为，如不对上述行为进行有力的反击，无法制止犯罪行为，故应当允许被侵害人进行特殊防卫。

第二，特殊防卫的防卫手段与结果不同于一般防卫，造成不法侵害人伤亡的，依法不负刑事责任。关于刑法第二十条第三款规定的特殊防卫与第一款规定的一般防卫的关系，存在提示性规定说和法律拟制说两种不同观点。然而，两种观点实际均认为，特殊防卫造成不法侵害人伤亡的行为成立正当防卫，不是防卫过当。虽然一般防卫也可能致不法侵害人死亡，只要未明显超过必要限度的，仍然成立正当防卫，但所涉情形在特殊防卫之中明显更为常见。由此，本参考案例的裁判要旨之二提出："根据刑法第二十条第三款的规定，防卫人采取的防卫手段、造成的结果没有限制，即使造成不法侵害人伤亡的，依法也不属防卫过当，不负刑事责任。这是特殊防卫区别于一般防卫在防卫后果上的本质特征。"

本案中，被告人叶某朝在于自家店中先行被对方压制并砍伤的情形下出刀防卫，防卫对象分别为持东洋刀将其砍伤的王某友和持凳砸击其的郑某伟，系直接针对严重危及人身安全的行凶侵害人。叶某朝虽造成两人死亡的严重后果，但符合刑法第二十条第三款的规定，依法不负刑事责任。

第三，特殊防卫案件的综合评判应当把握住正义性这一基本要素，注重查明前因后果及分清是非曲直。特殊防卫所涉案件往往情况复杂、造成的后果严重，对其处理应当避免简单司法，而要准确把握正当防卫、特殊防卫的本质，通过综合评判努力探求和实现法理情的有机融合。与一般正当防卫相比，特殊防卫虽然在防卫行为强度上明显增加，造成了不法侵害人的伤亡后果，但是行为目的和性质并未发生改变，仍是制止不法侵害的防卫行为，是正义行为。对此，在审理相关案件时应当注意把握。由此，本参考案例的裁判要旨之三提出："要注意案件发生的前因后果，把握住正当防卫的正义性这一基本要素，排除防卫挑拨、假想防卫等情况，既要保护人民群众依法维护公民合法权利的行为，又要防止假借防卫而犯罪，以准确体现立法精神。"

本案中，王某友吃饭后不但不还欠款，在被告人叶某朝追索后还寻衅报复滋事，在本案的起因上负有责任。叶某朝虽然事先准备防卫工具，但从未主动使用，且是在王某友等人不甘罢休、还会滋事的情况下为防身而准备，符合情理，并非准备斗殴。总而言之，叶某朝系被迫进行防卫，其在防卫的起因、时间、对象上均符合法律的规定，认定为正当防卫（特殊防卫）于法有据、于理应当、于情相容，符合人民群众的公平正义观念。

需要特别提及的是，本参考案例最早刊载于《刑事审判参考》2000年第1辑（第40号案例）。作为1997年刑法施行十四日即适用特殊防卫制度作出裁判的最早案件，其通过准确认定特殊防卫、宣告无罪，彰显了司法机关的勇于担当、依法办事，可谓殊为不易、难能可贵；作为二十余年前最早刊载的特殊防卫案例，其对于系统阐释正当防卫，特别是特殊防卫的价值导向、规则适用等发挥了重要作用，可谓意义重大、影响深远。2024年，人民法院案例库将其作为首批参考案例入库。以本参考案例为指引，处理涉特殊防卫案件时，要把握立法精神，立足具体案情，准确把握界限，确保既不限制公民防卫权，也不助长滥用暴力。在具体办案过程中，要坚决摒弃"人死为大"观念的影响，严格公正办案，勇于坚持法律原则。

近年来，在有关部门和社会各界的共同推动之下，正当防卫理念得以重塑，刑法第二十条伴随着法治进步持续落到实处。2021年至2023年，人民法院对77名被告人以正当防卫宣告无罪，彰显了"法不能向不法让步"的法治精神。未来，随着办案理念的持续更新，司法机关必将更加准确稳妥办理涉正当防卫案件，更加有力维护公民的正当防卫权利，更加有效维护法治秩序和社会正气，让人民群众在每一个涉正当防卫案件的处理中感受到公平正义。

入库编号：2023-04-1-179-007

2. 朱某飞故意伤害、马某民正当防卫案
——欠缺意思联络的数人同时防卫案件的处理

关键词：刑事　故意伤害罪　正当防卫　防卫过当　意思联络

【基本案情】

被告人朱某飞系上海市某广场保安部领班，被告人马某民系该保安部课长。被害人朱某原系上海市某广场保安，于2018年1月离职，但时常酒后到该广场滋事。

2018年5月16日7时30分许，被告人朱某飞在上海市某广场大门处与被害人朱某发生口角，后被劝开。朱某扬言回去拿"家伙"，让朱某飞等人等着。当日7时58分许，朱某持刀返回该广场监控室又对朱某飞等人进行挑衅。马某民见状即随手从地上捡起一根金属杆，将朱某所持尖刀打落。随后，马某民将金属杆丢弃在地，徒手与朱某搏斗。其间，朱某飞从马某民身后冲上，并持木棒连续击打朱某头部两下，将朱某打倒在地。朱某被送医后经抢救无效，于2018年5月20日死亡。经鉴定，朱某系被他人用钝器打击头部致颅脑损伤而死亡。另查明，他人报警后，朱某飞、马某民在现场等待民警处置，到案后如实供述上述事实，并各自赔偿被害人家属经济损失人民币25万元、6万元，均取得被害人家属的谅解。

上海市浦东新区人民法院于2018年12月20日作出（2018）沪0115刑初3916号刑事判决：一、被告人朱某飞犯故意伤害罪，判处有期徒刑六年六个月；二、被告人马某民犯故意伤害罪，判处有期徒刑三年三个

月。宣判后，朱某飞、马某民不服，提出上诉。上海市第一中级人民法院于2019年5月29日作出（2019）沪01刑终179号刑事判决：一、撤销上海市浦东新区人民法院（2018）沪0115刑初3916号刑事判决；二、上诉人朱某飞犯故意伤害罪，判处有期徒刑六年；三、上诉人马某民无罪。

【裁判理由】

法院生效裁判认为：被告人马某民为了使自身及他人的人身权利免受正在进行的不法侵害，而对被害人朱某采取的制止行为，属于正当防卫，不负刑事责任；被告人朱某飞的防卫行为造成被害人死亡，明显超过必要限度，应当以故意伤害罪追究刑事责任。

其一，被告人朱某飞、马某民的行为均具有防卫性质。被害人因之前与朱某飞等人发生口角，遂怀恨在心，携带尖刀返回意图报复，朱某飞、马某民处于随时被伤害的现实危险之中。朱某飞、马某民基于防卫意图对正在进行的不法侵害实施反击，虽然造成被害人死亡的结果，但不能否定行为的防卫性质。

其二，被告人朱某飞的行为属于防卫过当。《中华人民共和国刑法》第二十条第二款规定："正当防卫明显超过必要限度造成重大损害的，应当负刑事责任，但是应当减轻或者免除处罚。"本案中，朱某飞的防卫行为造成被害人朱某死亡，属于"造成重大损害"。而对于防卫是否"明显超过必要限度"，应当综合不法侵害的性质、手段、强度、危害程度和防卫的时机、手段、强度、损害后果等情节，考虑双方力量对比，立足防卫人防卫时所处情境，结合社会公众的一般认知作出判断。对于防卫行为与不法侵害相差悬殊、明显过激的，应当认定防卫明显超过必要限度。本案中，当朱某飞手持木棒击打被害人时，被害人手中的尖刀已被马某民打落在地，危及人身安全的程度已大大降低，此时朱某飞采用强度较小的防卫手段即可足以制止不法侵害，其却用木棒连续强力击打被害人头部，明显超过必要限度，属于防卫过当，故对朱某飞的行为应当以故意伤害罪定罪处罚。在认定防卫过当的前提下，二审法院经综合考量全案情节，在一审刑罚裁量的基础上对朱某飞再予适度从轻处罚。

其三，被告人马某民的行为属于正当防卫。一方面，马某民的防卫行为具有节制性，没有超过必要限度。面对被害人持刀作捅刺状，马某民用金属杆连续击打被害人手部，将刀打落在地，后将金属杆丢弃于地，赤手空拳制止被害人不法侵害。这表明马某民的防卫行为具有节制性。另一方面，马某民不具有伤害故意，不存在与被告人朱某飞的犯意联络，朱某飞持木棒突然从马某民身后冲出，并在瞬间连续击打被害人头部，对此马某民不能预知，亦无法阻止。据此，二人参与防卫的过程、主观认识及客观行为均存在不同，应当根据正当防卫的要件分别认定各自行为的性质。由此，马某民不应对朱某飞的故意伤害犯罪行为负责，马某民的行为属于正当防卫，不负刑事责任，故二审法院依法改判马某民无罪。

【裁判要旨】

对于欠缺意思联络的数人同时实施防卫行为，是否构成正当防卫不应一体适用，而应当根据各防卫人参与防卫的主客观情节分别加以判断。在具体案件处理之中，不应当因部分防卫人防卫过当构成犯罪而影响对其他防卫人正当防卫的认定。

【关联索引】

《中华人民共和国刑法》第20条、第234条

一审：上海市浦东新区人民法院（2018）沪0115刑初3916号刑事判决（2018年12月20日）

二审：上海市第一中级人民法院（2019）沪01刑终179号刑事判决（2019年5月29日）

法官解读

欠缺意思联络的数人同时防卫案件的处理规则
——《朱某飞故意伤害、马某民正当防卫案（入库编号：2023-04-1-179-007）》解读

吴　斌[*]　吴亚安[**]

　　正当防卫是法律赋予公民的权利。正当防卫制度对于鼓励见义勇为，弘扬社会正气，捍卫"法不能向不法让步"的法治精神具有重要意义。司法实践中，有的案件对正当防卫制度的适用存在把握过严甚至严重失当的问题。为依法准确适用正当防卫制度，维护公民的正当防卫权利，最高人民法院、最高人民检察院、公安部联合发布《关于依法适用正当防卫制度的指导意见》（法发〔2020〕31号），为正确处理涉正当防卫案件提供了更为具体的规范指引。社会生活复杂多样，案件情况千差万别，司法实践中还有不少疑难复杂的防卫案件需要规则指引。例如，有不少防卫案件涉及多人共同实施防卫的情节，对此如何认定各防卫人的责任，即是亟待解决的司法难题。对此，人民法院案例库入库参考案例《朱某飞故意伤害、马某民正当防卫案（入库编号：2023-04-1-179-007）》的裁判要旨提出："对于欠缺意思联络的数人同时实施防卫行为，是否构成正当防卫不应一体适用，而应当根据各防卫人参与防卫的主客观情节分别加以判断。在具体案件处理之中，不应当因部分防卫人防卫过当构成犯罪而影响对其他防卫人正当防卫的认定。"这就对欠缺意思联络的数人同时防卫案件的处理规则作了明确，为类似案件裁判提供了指引。现就有关问题解读如下。

---

[*] 作者单位：上海市第一中级人民法院。
[**] 作者单位：上海市松江区人民法院。

第一，对同时防卫案件应当分别认定防卫人的责任。刑法第二十五条第一款规定："共同犯罪是指二人以上共同故意犯罪。"据此，共同的犯罪故意主要是指各行为人之间必须存在关于共同实施特定犯罪行为的犯意联络。如果各行为人之间欠缺相互协同实施特定犯罪行为的意思联络，则不构成共同犯罪，只不过是同时犯，故行为人只对自己所实施的犯罪行为承担责任。参照上述原理，数人在没有意思联络的情况下同时实施防卫，各防卫人参与防卫的过程、主观认识及客观行为均会存在不同，是否构成正当防卫或防卫过当应当分别判断。此时的责任认定具有个别性，不存在进行一体性评价的基础，应当根据各自主客观情节进行具体认定。数人中只有部分行为人实施过当行为，其他行为人没有与之形成犯意联络且无法预见过当行为的，不对他人的过当行为负责。

本案中，被告人马某民在主观上没有与被告人朱某飞形成犯意联络，朱某飞与马某民均系在面对被害人实施的不法侵害时采取防卫行为，虽然二人的客观行为在制止不法侵害上具有同时性，但二人系临时起意分别实施，事前没有商量和共谋。案发时，朱某飞突然从马某民身后持木棒击打被害人头部的行为系瞬间实施完毕，马某民对此既无法预见，也无法予以制止，二人不能就故意伤害构成共同犯罪。具体而言，二被告人事前未进行通谋，且由于事发突然、朱某飞击打行为瞬间完成，二被告人事中亦不可能通谋。基于此，对二被告人行为的评价应当分别根据各自的主客观情节进行区分评价，不能因一人防卫过当就认定全案均系防卫过当。

第二，准确认定所涉行为是否具有防卫性质。实践中，在认定行为是否具有防卫性质时，不能仅因存在伤亡后果就直接否定行为有防卫性质。行为具有防卫性质并不要求行为完全符合正当防卫的所有要件，可从以下方面予以把握：一是是否存在防卫起因。正当防卫的实质为"正对不正的反击"，实行防卫的前提是存在不法侵害。如果行为人实施反击行为时，不法侵害正在进行，就存在实施防卫的现实基础，相关反击行为就可能具有防卫性质。二是是否存在防卫意图。正当防卫是通过制止他人不法侵害的方式保护合法权益，防卫意图是反击行为得以正当化的主观要素。当行为人面对正在进行的不法侵害，并基于保护本人或他人合法权益对不法侵害进行制止时，便具备了防卫意图，对应的反击行为也存在构成正当防卫的可能。据此，不能单纯因反击行为客观上造成不法侵害人伤亡后果就彻底否定反击行为的防卫性质。

本案中，被害人持一把10多厘米的尖刀进行挑衅，被告人朱某飞、马某民在保安室处于无防备状态，随时有被伤害的危险。因此，二人实施防卫时存在正在进行的不法侵害，且不法侵害形成了现实、紧迫危险。朱某飞、马某民寻找防卫工具与被害人搏斗，目的是保护自身及他人安全、制止不法侵害，且二人身为保安，维护工作区域内的安全与秩序亦是其职责所在。从防卫认识和防卫目的来看，朱某飞、马某民均具有合法的防卫意图。尽管反击行为造成侵害人死亡，但二人的反击行为仍具有防卫性质，在处理时应当与单纯的故意伤害行为有所区分。特别是，尽管朱某飞持木棒打击朱某时，朱某所持尖刀已被马某民打落在地，但依然未被制服，不法侵害仍在进行，可以实行防卫。因此，应当认定朱某飞的反击行为具有防卫性质。

第三，应当立足各防卫人防卫时的具体情境对防卫限度进行实质判断。实践中，致使侵害人死亡的防卫案件中，主要争议焦点即在于防卫限度。正当防卫制度的目的在于制止不法侵害，对防卫限度的判断应当以能否制止不法侵害、保护合法权益为出发点，即防卫行为在行为当时是否为制止不法侵害所必需。一是坚持事前判断的立场。即对防卫限度的判断应当站在防卫人当时的情境之中，从一般人的角度去考察。特别是不能当"事后诸葛亮"，要求防卫人对防卫程度把握得恰到好处、不差分毫。二是坚持实质判断的标准。对于行为是否明显超出必要限度，并非单纯的形式比较，应当从不法侵害的手段、紧迫程度和严重程度及防卫的条件、方式、强度和后果等进行综合性和实质性的认定，当防卫行为明显超出必要限度且造成重大损害时，才构成防卫过当。

本案中，被告人马某民的行为始终具有节制性，被害人持刀捅刺时其用金属杆击打被害人手部，被害人所持尖刀被打掉时其扔掉金属杆徒手与之搏斗，均未明显超出必要限度。另外，马某民在打掉被害人尖刀后，不能排除被害人重新捡起尖刀或者实施其他不法侵害，其后续丢弃金属杆赤手与被害人搏斗意欲将其彻底制服的行为也是防卫行为的合理延续，故马某民的行为应当认定为正当防卫。但对被告人朱某飞而言，虽然被害人一开始存在持刀威胁的行为，但朱某飞持木棒反击时，被害人手中的尖刀已被打落在地，且被害人在与马某民扭打在一起时已处于下风，其侵害能力、暴力程度已大为降低。从当时具体情境来看，朱某飞采用强度较小的防卫手段即可足以制止不法侵害，但其仍采用持木棒连续强力击打被害人头部的方式进行反击，防卫手段和强度明显超出了必要限度，属于防卫过当，应当构成故意伤害罪。

入库编号：2024-18-1-017-001

3. 付某见以危险方法危害公共安全案
——驾驶汽车冲撞人群致人死伤行为的定性规则

关键词：刑事　以危险方法危害公共安全罪　公共安全　驾驶汽车冲撞人群

【基本案情】

2015年6月1日22时许，被告人付某见受刘某各邀约，驾驶宝马轿车前往重庆市九龙坡区某KTV，与被害人刘某续、刘某致等多名同乡饮酒、唱歌。23时许，付某见与刘某各因琐事在某KTV门口发生口角纠纷。刘某续等人上前劝解，劝解中刘某续被付某见辱骂，刘某续遂挥拳将付某见宝马轿车后挡风玻璃击碎，二人随即发生抓扯，后被劝阻。23时50分许，付某见驾驶其宝马轿车驶去，后又返回，沿某KTV方向加速、逆向行驶，高速冲撞刘某续、刘某致等8人所在人群，刘某续、刘某致被撞倒。付某见驾车又撞上驾驶三轮摩托车途径此处的文某红，直至撞到停放于某KTV门口的轿车后才停下。三轮摩托车被撞侧翻后，将停放于路边的轿车撞损。付某见驾车撞人造成刘某续死亡、刘某致重型颅脑损伤（重伤二级）、文某红左胸壁软组织挫伤。次日0时许，公安机关将付某见抓获。经鉴定，付某见血液中的酒精含量为141.7毫克/100毫升。

另查明，付某见与刘某致达成协议，付某见赔偿刘某致医疗费等经济损失共计人民币11万元，并取得谅解。

重庆市第五中级人民法院于2016年10月12日作出（2015）渝五中

法刑初字第144号刑事附带民事判决,认定被告人付某见犯以危险方法危害公共安全罪,判处死刑,剥夺政治权利终身。宣判后,被告人付某见提出上诉。重庆市高级人民法院于2017年6月27日作出(2017)渝刑终54号刑事附带民事裁定,驳回上诉,维持原判,并依法报请最高人民法院核准。最高人民法院于2018年7月3日作出刑事裁定,依法核准对付某见的死刑裁定。

【裁判理由】

本案主要涉及以危险方法危害公共安全罪与故意杀人罪的界分问题。综观全案情况,适用以危险方法危害公共安全罪才能完整评价被告人付某见的行为。具体而言:(1)付某见驾车冲撞人群具有与放火、决水、爆炸、投放危险物质等行为相当的危险性。汽车是危险性较大的交通工具,为控制危险性,驾驶员必须严格遵守交通运输管理法规,做到谨慎驾驶,而付某见酒后故意实施严重超速、逆向行驶、冲撞人群的高度危险行为,实际达到与放火、决水、爆炸、投放危险物质等相当的程度。(2)付某见的行为造成不特定多数人的生命健康危害和公私财产损失,危害公共安全。本案发生时虽为凌晨,但现场监控录像显示,付某见驾车高速行驶的整个路段,道路上仍有较多的行驶车辆和行人。付某见驾车撞击刘某续、刘某致等8人所在人群,致其中一人死亡、一人重伤,后又撞上驾驶三轮摩托车途经此处的文某红,以及停放在路边的车辆,严重危害公共安全。

本案中,被告人付某见酒后因琐事与刘某各、刘某续发生纠纷,经劝阻平息后,仍为报复他人,酒后无证、超速驾驶机动车在公共交通道路上逆向行驶并高速冲撞刘某续、刘某致等所在人群,造成一人死亡、一人重伤,一人左胸壁软组织挫伤及三车受损的严重后果,危及不特定多数人的生命健康和公私财产安全,严重危害公共安全,其行为构成以危险方法危害公共安全罪。付某见犯罪情节特别严重、作案手段特别恶劣、后果特别严重、主观恶性深、人身危险性大。刘某续对矛盾的升级扩大有一定的责任，但不足以认定被害人有过错。综合全案，不足以对付某见从轻处罚，故以以危险方法危害公共安全罪判处付某见死刑。

【裁判要旨】

对于采用驾驶汽车的危险方法冲撞人群致人死伤的行为，应当综合全案情节，准确界分故意杀人罪、故意伤害罪与以危险方法危害公共安全罪。结合案发时段道路状况、人流量、车流量、撞击速度、撞击次数等情况，认为所涉行为与放火、决水、爆炸、投放危险物质具有相当性，危害不特定多数人生命、健康和公私财产安全的，应当认定为以危险方法危害公共安全罪。

【关联索引】

《中华人民共和国刑法》第 115 条第 1 款

一审：重庆市第五中级人民法院（2015）渝五中法刑初字第 144 号刑事附带民事判决（2016 年 10 月 12 日）

二审：重庆市高级人民法院（2017）渝刑终 54 号刑事附带民事裁定（2017 年 6 月 27 日）

复核：最高人民法院死刑复核刑事裁定（2018 年 7 月 3 日）

法官解读

驾驶汽车冲撞人群致人死伤行为的定性
——《付某见以危险方法危害公共安全案（入库编号：2024-18-1-017-001）》解读

蒋佳芸[*]

《中华人民共和国刑法》第一百一十四条及第一百一十五条第一款规定，以"放火、决水、爆炸以及投放毒害性、放射性、传染病病原体等物质"之外的"其他危险方法"危害公共安全的，构成以危险方法危害公共安全罪。刑法对本罪的行为方式采用了高度概括的表述，将其作为放火罪、决水罪、爆炸罪、投放危险物质罪的兜底性罪名予以规定。司法实践中，对本罪的认定不宜泛化，甚至作为"口袋罪"适用。对此，关键在于准确把握"其他危险方法"的认定标准。特别是，具体适用之中经常涉及本罪与故意杀人罪、故意伤害罪的界分。由此，人民法院案例库入库参考案例《付某见以危险方法危害公共安全案（入库编号：2024-18-1-017-001）》的裁判要旨针对采用驾驶汽车冲撞人群致人死伤行为的定性提出指引，要求综合全案情节准确界分罪名，明确："结合案发时段道路状况、人流量、车流量、撞击速度、撞击次数等情况，认为所涉行为与放火、决水、爆炸、投放危险物质具有相当性，危害不特定多数人生命、健康和公私财产安全的，应当认定为以危险方法危害公共安全罪。"

---

[*] 作者单位：重庆市高级人民法院。

一、驾驶汽车冲撞人群致人死伤行为的定性规则

"其他危险方法"危害公共安全是构成以危险方法危害公共安全罪的关键。目前，理论界和实务界可以达成的共识是，"其他危险方法"不能泛指任何危害公共安全的方法，而是在危险程度上与放火、决水、爆炸、投放危险物质等行为的危险性相当的方法。

驾驶汽车撞人致死伤的，既可能构成故意伤害罪或者故意杀人罪，也可能构成以危险方法危害公共安全罪。对此类案件的定性，关键在于判断所涉行为是否与放火、决水、爆炸、投放危险物质等行为具有相当的危险性。如果所涉危险性并不相当，只危害特定人的生命健康，则依法以故意杀人罪或者故意伤害罪定罪处罚。人民法院案例库入库参考案例《韩某禄故意杀人案（入库编号：2024-02-1-177-002）》即是适例。被告人韩某禄酒后不听劝阻，强行开车通过未通车的新修马路，在明知车辆前进方向上有人阻拦的情况下，驾车故意冲撞他人并拖曳10余米，造成被害人轻伤。由于所涉行为针对的是特定人，因被害人反应较为机敏，未造成死亡的严重后果，故法院依法适用故意杀人罪（未遂）定罪处罚。与之不同，如果结合案发时段道路状况、人流量、车流量、撞击速度、撞击次数等情况，认为所涉行为与放火、决水、爆炸、投放危险物质具有相当性，危害不特定多数人生命、健康和公私财产安全，则应当适用以危险方法危害公共安全罪。因此，方能实现对行为的完整、准确评价。

二、对付某见以危险方法危害公共安全案的具体分析

本案中，被告人付某见驾车冲撞人群的行为具有与放火、决水、爆炸、投放危险物质等行为相当的危险性。付某见酒后在与他人发生纠纷被劝阻后驾车离去，随即逆向驾车、加速折返现场，高速直接冲撞人群。付某见酒后驾驶汽车故意实施严重超速、逆向行驶、冲撞人群的行为，造成一人死亡，一人重伤，一人左胸壁软组织挫伤及三车受损的严重后

果,危及不特定多数人的生命健康和公私财产安全。可见,所涉行为的危险性与放火、决水、爆炸、投放危险物质等行为相当。

尽管被告人付某见因琐事与刘某各、刘某续发生纠纷,为报复他人而实施驾车撞人行为,但是否危害公共安全,不能仅以其主观目的是侵犯特定对象或者目标为判断标准,而应当结合其行为性质准确认定。本案发生时虽为凌晨,但现场监控录像显示,付某见驾车逆向、高速行驶的整个路段,道路上仍有较多的行驶车辆和行人。付某见驾车撞击刘某续、刘某致等8人所在的人群,后又撞上路人及停放在路边的车辆,客观上严重危害公共安全。

被告人付某见驾驶汽车冲撞人群致人死伤,对其适用故意杀人罪还是以危险方法危害公共安全罪,取决于适用哪个罪名更有助于全面保护法益,确保全面准确评价其行为性质。综合全案情节考量,显而易见,对付某见以以危险方法危害公共安全罪定罪处罚更能完整评价其行为,故法院依法适用该罪名。

入库编号：2024-05-1-048-001

4. 于某非法持有枪支准许撤回起诉案
——对以收藏、娱乐为目的非法购买、持有以压缩气体为动力且枪口比动能较低的枪支案件的处理

> 关键词：刑事　非法持有枪支罪　气枪　枪口比动能较低　准许撤回起诉

【基本案情】

2016年8月，辽宁省鞍山市公安局经济技术开发区分局接群众举报称，被告人于某在家中私藏枪支。公安民警依法到于某家中搜查，并在其家中二楼房间内搜查出9支仿真枪和2发54式手枪弹。公安民警据此将其带回调查。于某供述，其于2006年通过互联网购买了7支仿真枪，2007年在鞍山市景子街商场里的某户外用品店购买2支仿真手枪，并经其测试完好后，将上述9支仿真枪收藏在家中。

2016年8月，鞍山市公安局经济技术开发区分局委托鞍山市公安司法鉴定中心对从被告人于某家中扣押的枪形物进行鉴定。因4支损坏未能鉴定，仅对其中的5支枪形物进行鉴定。经鉴定，5支气枪均以气体为动力，枪口比动能分别为2.6焦耳/平方厘米、2.8焦耳/平方厘米、3.4焦耳/平方厘米、2.4焦耳/平方厘米、5.6焦耳/平方厘米。有鉴于此，认定从于某处扣押的5支枪形物均为以气体为动力的枪支。

被告人于某接到鞍山市公安司法鉴定中心鉴定意见后，遂申请重新鉴定。2016年10月，公安部物证鉴定中心接受辽宁省鞍山市公安局经济技术开发区分局的委托，对其送检的5支疑似气枪进行鉴定。鉴定意

见为：送检的5支疑似气枪均是以气体为动力，枪口比动能超过1.8焦耳/平方厘米，均为枪支。

另查明，被告人于某系退伍军人，转业后在鞍山某集团有限公司工作，服役期间和转业后曾屡次受表彰，并曾参加抗洪抢险等重大任务，平时表现良好。

2017年1月13日，辽宁省鞍山市铁东区人民检察院指控被告人于某犯非法持有枪支罪，向鞍山市铁东区人民法院提起公诉。2020年7月6日，辽宁省鞍山市铁东区人民检察院提出撤回起诉。鞍山市铁东区人民法院于2020年7月20日作出（2017）辽0302刑初70号刑事裁定，准许鞍山市铁东区人民检察院撤回起诉。2020年7月22日，鞍山市铁东区人民检察院作出不起诉决定。

【裁判理由】

法院生效裁判认为：《最高人民法院、最高人民检察院关于涉以压缩气体为动力的枪支、气枪铅弹刑事案件定罪量刑问题的批复》（法释〔2018〕8号）第一条规定："对于非法制造、买卖、运输、邮寄、储存、持有、私藏、走私以压缩气体为动力且枪口比动能较低的枪支的行为，在决定是否追究刑事责任以及如何裁量刑罚时，不仅应当考虑涉案枪支的数量，而且应当充分考虑涉案枪支的外观、材质、发射物、购买场所和渠道、价格、用途、致伤力大小、是否易于通过改制提升致伤力，以及行为人的主观认知、动机目的、一贯表现、违法所得、是否规避调查等情节，综合评估社会危害性，坚持主客观相统一，确保罪责刑相适应。"本案中，被告人于某非法持有以压缩气体为动力，枪口比动能超过1.8焦耳/平方厘米的5支枪支，但涉案枪支枪口比动能较低，且发射物为BB弹。而且，于某出于个人爱好，通过网络、商场购买等方式购进仿真枪支，收藏在家中，其持有枪支目的是收藏。于某在庭审中如实供述上述事实。此外，于某在单位表现一贯良好，退伍后在单位从事武装保卫管理工作，并加入预备役，参加抗洪救灾等多项重大任务。综上所述，根据于某犯罪情节及平时表现，认定犯罪情节显著轻微危害不大，不作为犯罪处理。故法院依法作出如上裁判。

【裁判要旨】

对于以收藏、娱乐为目的，非法购买、持有以压缩气体为动力且枪口比动能较低的枪支的案件，应当综合评估社会危害性，坚持主客观相统一，确保罪责刑相适应。经综合评估认为社会危害性较小的，依法从宽处理；犯罪情节轻微不需要判处刑罚的，可以免予刑事处罚；情节显著轻微社会危害不大的，不作为犯罪处理。

【关联索引】

《中华人民共和国刑法》第 128 条

《最高人民法院、最高人民检察院关于涉以压缩气体为动力的枪支、气枪铅弹刑事案件定罪量刑问题的批复》（法释〔2018〕8 号）第 1 条

一审：辽宁省鞍山市铁东区人民法院（2017）辽 0302 刑初 70 号刑事裁定（2020 年 7 月 20 日）

> 法官解读

从唯数量论到综合裁量

——《于某非法持有枪支准许撤回起诉案（入库编号：2024-05-1-048-001）》解读

喻海松[*] 徐金平[**]

《中华人民共和国刑法》第一百二十八条规定了非法持有、私藏枪支、弹药罪。为依法严惩涉枪犯罪，最高人民法院于 2001 年制定了《关于审理非法制造、买卖、运输枪支、弹药、爆炸物等刑事案件具体应用法律若干问题的解释》（以下简称《解释》，后于 2009 年修正后重新公布），主要以数量为基准对非法持有、私藏枪支、弹药罪的定罪量刑标准作了规定。2018 年，最高人民法院、最高人民检察院联合发布《关于涉以压缩气体为动力的枪支、气枪铅弹刑事案件定罪量刑问题的批复》（法释〔2018〕8 号，以下简称《批复》），对于涉以压缩气体为动力且枪口比动能较低的枪支案件，规定在定罪量刑时不应唯数量论，而应综合裁量。由此，人民法院案例库入库案例《于某非法持有枪支准许撤回起诉案（入库编号：2024-05-1-048-001）》对非法持有以压缩气体为动力且枪口比动能较低的枪支案件的综合裁量规则作了进一步细化，提出："对于以收藏、娱乐为目的，非法购买、持有以压缩气体为动力且枪口比动能较低的枪支的案件，应当综合评估社会危害性，坚持主客观相统一，确保罪责刑相适应。经综合评估认为社会危害性较小的，依法从宽处理；犯罪情节轻微不需要判处刑罚的，可以免予刑事处罚；情节显著轻微社会危害不大的，不作为犯罪处理。"

---

[*] 作者单位：最高人民法院。
[**] 作者单位：辽宁省鞍山市铁东区人民法院。

一、非法持有以压缩气体为动力且枪口比动能较低的枪支案件的综合裁量规则

为彰显对涉枪犯罪的严惩立场,《解释》设置了较低的入罪门槛和升档量刑标准。具体而言,非法持有、私藏军用枪支 1 支以上的,或者非法持有、私藏以火药为动力发射枪弹的非军用枪支 1 支或者以压缩气体等为动力的其他非军用枪支 2 支以上的,即构成犯罪;枪支数量达到上述标准 2 倍(或者 2.5 倍)以上的,即要升档量刑。上述标准是与当时确立的射击干燥松木板的枪支鉴定标准相衔接的。据了解,射击干燥松木板标准对应的枪口比动能在 16 焦耳 / 平方厘米左右。

2010 年,《公安机关涉案枪支弹药性能鉴定工作规定》(公通字〔2010〕67 号)明确,对不能发射制式弹药的非制式枪支,"枪口比动能大于等于 1.8 焦耳 / 平方厘米时,一律认定为枪支"。在枪支鉴定标准作出上述调整后,涉枪案件呈现出多样性、复杂性的特点。特别是,一些涉以压缩气体为动力且枪口比动能较低的枪支的案件,涉案枪支的致伤力较低,在决定是否追究刑事责任及裁量刑罚时唯枪支数量论,易背离一般公众的认知,也违背罪责刑相适应原则的要求。

从实践反映的情况看,以压缩气体为动力的枪支的枪口比动能范围很宽:高则能达上百焦耳 / 平方厘米,危害性不小于以火药为动力的枪支;低则可能刚刚达到枪支的认定标准,致伤力较低。有鉴于此,对于涉此类枪支案件的刑事责任追究和刑罚裁量,如不作区别,明显不符合宽严相济刑事政策和罪责刑相适应原则的基本要求。基于此,《批复》对涉以压缩气体为动力且枪口比动能较低的枪支案件的定罪量刑标准作出调整,实行差别化的定罪量刑标准,要求根据涉案枪支的数量、外观、材质、发射物、购买场所和渠道、价格、用途、致伤力大小、是否易于通过改制提升致伤力,以及行为人的主观认知、动机目的、一贯表现、违法所得、是否规避调查等情节,综合评估社会危害性,妥当定罪量刑,而不再笼统执行《解释》规定的定罪量刑标准。

本参考案例正是一起非法持有以压缩气体为动力且枪口比动能较低的枪支案件，所涉裁判要旨根据《批复》所确定的原则，强调坚持综合裁量，并在此基础上对具体处理规则作了进一步细化，特别明确可以根据案件具体情节免予刑事处罚或者作出罪处理。这彰显了宽严相济刑事政策的基本要求，有利于进一步优化涉枪案件的处理效果，确保人民群众在每一个涉枪犯罪案件的处理中感受到公平正义。

二、于某非法持有枪支准许撤回起诉案的具体分析

经综合裁量，法院认定被告人于某非法持有枪支的行为属于犯罪情节显著轻微危害不大，依法裁定准许检察机关撤回起诉。具体而言，主要基于如下情节。

其一，涉案枪支的致伤力较低。被告人于某非法持有以压缩气体为动力且枪口比动能超过1.8焦耳/平方厘米的5支枪支，但涉案枪支枪口比动能较低：最小2.4焦耳/平方厘米，最大5.6焦耳/平方厘米。除2支充气枪托为锌合金外，其余均为塑料材质，发射物为6毫米的BB弹。此外，涉案枪支通过焊接、黏接等改造提升致伤力的可能性较低。

其二，于某持有枪支以收藏、娱乐为目的。被告人于某作为退伍军人及军事爱好者，通过网络、商场购买等方式购进仿真枪支，放置于家中，其持有枪支目的是收藏。于某持续持有涉案枪支十余年，并未实际用于违法活动，更未伤害他人。

其三，于某一贯表现良好。被告人于某退伍后在单位工作表现良好，并加入预备役，连续两年被评为优秀预备役军官，常年无偿献血，没有任何违法犯罪记录；案发后，也积极配合调查，如实说明事实。

三、本参考案例裁判规则对类似案件的借鉴意义

刑法的适用不是机械适用定罪量刑标准的过程，必须考虑适用结论是否符合一般人的认知。本参考案例所强调的综合考量规则，虽然针对的是涉枪案件，但实际可以在其他案件的处理之中"推而广之"。特别

是，对于相关定罪量刑标准明显滞后于经济社会发展状况或者前置法作出较大调整的情况，相关案件的处理更需要综合考量社会危害性，坚持实事求是，实现法理情统一，确保案例的处理效果。

  在这一过程之中，舍弃综合裁量，机械适用相关定罪量刑标准，可能会造成法理情不统一，严重背离民众的法感情。基于此，新近相关司法解释在设置定罪量刑标准的同时，设法赋予司法人员一定的裁量空间。例如，《最高人民法院、最高人民检察院关于办理破坏野生动物资源刑事案件适用法律若干问题的解释》（法释〔2022〕12号）第十三条第一款规定，对相关案件根据该司法解释的规定定罪量刑明显过重的，允许根据案件的事实、情节和社会危害程度，依法作出妥当处理。这正是新近司法解释蕴含和彰显的综合裁量原则，值得我们每一个司法实务工作者认真揣摩并加以实践。

入库编号：2024-06-1-054-003

5. 陈某交通肇事案
——道路交通事故认定书的审查与认定

> 关键词：刑事　交通肇事罪　道路交通事故认定书　逃逸　实质审查

【基本案情】

2018年8月6日15时40分许，被告人陈某驾驶不符合安全技术标准的电动自行车，在与被害人储某驾驶的电动自行车近距离并行时，由于安装在陈某车辆后备箱处的保温箱左侧碰撞到储某驾驶的电动自行车右前车把，致使储某车辆失控、储某倒地受伤。陈某回头观望到储某倒地后立即停车查看，但在拨打110报警电话时隐瞒储某摔倒系其造成的事实，并在公安民警到场前逃离案发现场。经鉴定，储某为脑挫裂伤，伴神经症状和体征，构成重伤。经道路交通事故认定，陈某负事故全部责任。

上海市长宁区人民法院于2019年1月30日作出（2018）沪0105刑初1180号刑事判决：被告人陈某犯交通肇事罪，判处有期徒刑一年六个月。宣判后，陈某提出上诉。上海市第一中级人民法院于2019年8月2日作出（2019）沪01刑终588号刑事判决：一、撤销上海市长宁区人民法院（2018）沪0105刑初1180号刑事判决；二、陈某犯交通肇事罪，判处有期徒刑十一个月。

【裁判理由】

法院生效裁判认为：根据《中华人民共和国刑法》第一百三十三条的规定，违反交通运输管理法规，因而发生重大事故，致人重伤、死亡或者使公私财产遭受重大损失的，构成交通肇事罪。《最高人民法院关于审理交通肇事刑事案件具体应用法律若干问题的解释》（法释〔2000〕33号）第二条第二款进一步明确，交通肇事致一人以上重伤，负事故全部或者主要责任，并具有为逃避法律追究逃离事故现场情节的，以交通肇事罪定罪处罚。本案中，被告人陈某交通肇事致一人重伤，负事故全部责任，为逃避法律追究逃离事故现场，构成交通肇事罪。

本案中，陈某及其辩护人提出对逃逸情节存在重复评价。经查，在交通事故责任认定中，交通管理部门基于肇事者的逃逸情节即可以认定其负全部责任。但就本案而言，被告人陈某在超车过程中未尽到谨慎观察义务，因其碰撞被害人车辆导致事故发生，且其驾驶的电动自行车不符合安全技术标准，即使剔除其交通事故后的逃逸情节，亦足以认定其对本起交通事故负全部责任，故认定其负有全部责任并未对逃逸情节加以评价。在此基础上，依据交通肇事致一人重伤、负事故全部责任和逃逸情节认定陈某构成交通肇事罪，不违反禁止重复评价原则。

经综合考虑被告人陈某在二审期间认罪悔罪，并积极赔偿被害人经济损失，取得被害人的谅解等情节，二审法院对陈某的量刑酌情予以调整，依法作出如上裁判。

【裁判要旨】

1.办理交通肇事刑事案件，应当对公安机关出具的道路交通事故认定书进行实质审查，剔除特殊加重责任情节，结合其他证据，依据对事故发生的原因力大小确定事故责任。

2.根据刑法第一百三十三条和《最高人民法院关于审理交通肇事刑事案件具体应用法律若干问题的解释》（法释〔2000〕33号）第二条第

二款的规定，交通肇事致一人以上重伤，负事故全部或者主要责任，并具有为逃避法律追究逃离事故现场情节的，以交通肇事罪定罪处罚。对于交通肇事致一人以上重伤，并具有为逃避法律追究逃离事故现场情节的，如果不考虑逃逸情节亦可以认定行为人负事故全部或者主要责任的，依法以交通肇事罪定罪处罚。

【关联索引】

《中华人民共和国刑法》第133条

《最高人民法院关于审理交通肇事刑事案件具体应用法律若干问题的解释》（法释〔2000〕33号）第2条

一审：上海市长宁区人民法院（2018）沪0105刑初1180号刑事判决（2019年1月30日）

二审：上海市第一中级人民法院（2019）沪01刑终588号刑事判决（2019年8月2日）

> 法官解读

交通肇事刑事案件中事故责任的判定规则

——《陈某交通肇事案（入库编号：2024-06-1-054-003）》解读

周 婧[*]

《中华人民共和国刑法》第一百三十三条规定了交通肇事罪。为依法惩治交通肇事犯罪，最高人民法院于2000年发布《关于审理交通肇事刑事案件具体应用法律若干问题的解释》（法释〔2000〕33号，以下简称《解释》），将事故责任作为认定交通肇事罪的重要条件。《道路交通安全法实施条例》第九十一条规定："公安机关交通管理部门应当根据交通事故当事人的行为对发生交通事故所起的作用以及过错的严重程度，确定当事人的责任。"而根据刑事诉讼法第五十条第一款的规定，可以用于证明案件事实的材料都是证据。据此，道路交通事故认定书无疑属于证据材料，具有刑事证据资格。但与之同时，在刑事案件的办理中，应当对道路交通事故认定书进行实质审查，不能因为道路交通事故认定书确定行为人承担何种责任，即不加区分地直接援用，而应当对事故责任认定进行实质判断。对此，人民法院案例库入库参考案例《陈某交通肇事案（入库编号：2024-06-1-054-003）》的裁判要旨之一提出："办理交通肇事刑事案件，应当对公安机关出具的道路交通事故认定书进行实质审查，剔除特殊加重责任情节，结合其他证据，依据对事故发生的原因力大小确定事故责任。"这就明确在交通肇事刑事案件中对交通事故责任认定应当作实质审查，为类似案件裁判提供了指引。

道路交通事故认定书是公安机关交通管理部门根据交通事故现场勘验、检查、调查情况和有关检验、鉴定意见等及时制作，载明交通事故

---

[*] 作者单位：上海市第一中级人民法院。

的基本事实、成因和当事人责任的书面材料。需要注意的是，道路交通事故认定书中的责任确定，并非一律基于事故发生的因果关系，故确定的责任与当事人实际对事故发生所起作用可能存在不一致。例如，《道路交通安全法实施条例》第九十二条第一款规定："发生交通事故后当事人逃逸的，逃逸的当事人承担全部责任。但是，有证据证明对方当事人也有过错的，可以减轻责任。"《道路交通事故处理程序规定》第六十一条第二款进一步规定："为逃避法律责任追究，当事人弃车逃逸以及潜逃藏匿的，如有证据证明其他当事人也有过错，可以适当减轻责任……"显而易见，道路交通事故认定书对逃逸者定责并非以因果关系为主，而是采用特殊加重原则。但是，刑事责任的根据是行为与危害结果之间具有刑法意义上的因果关系，即行为人的危害行为是犯罪结果的原因。具体就交通肇事罪而言，《解释》所规定的"负事故全部或者主要责任""负事故同等责任"系指对引发交通事故的责任。道路交通事故认定书中用于确定交通事故责任的逃逸或者故意破坏、伪造现场、毁灭证据等情节，发生在交通事故之后，显然不属于交通事故的原因。有鉴于此，认定是否成立交通肇事罪，应当对道路交通事故认定书中的事故责任认定进行实质审查与判断。

一方面，应当剔除特殊加重责任情节认定事故责任。如前所述，特殊加重责任不一定符合事实上的因果关系。道路交通事故认定书中的特殊加重责任主要目的在于维护道路交通的安全和秩序，以及划清责任解决后续损害赔偿责任等。而交通肇事罪构成要件中的事故责任要件，需要对交通事故发生的事实进行实质判断，故不能将道路交通事故认定书中的特殊加重责任当然作为认定交通肇事罪中事故责任的依据。在具体认定中，可以将道路交通事故认定书作为基础，但应当剔除特殊加重责任情节，结合现场勘查、录像、证人证言、检验报告、痕迹等证据对事故的原因及案发时双方的过错程度作出分析，分清事故责任。

另一方面，剔除的特殊加重责任情节可以作为事故责任以外的定罪量刑情节予以评价。尽管特殊加重责任情节应当在事故责任认定审查中予以排除，但不影响将所涉情节作为定罪量刑情节予以评价。例如，刑法及相关司法解释明确将逃逸情节规定为入罪情节和加重处罚情节。根据刑法第一百三十三条的规定，交通肇事后"逃逸"的，处三年以上七年以下有期徒刑；因"逃逸"致人死亡的，处七年以上有期徒刑。根据《解释》第二条第二款的规定，交通肇事致一人以上重伤，负事故全部或者主要责任，并具有"逃逸"情节的，以交通肇事罪定罪处罚。因此，在道路交通事故认定书实质审查之中剔除的逃逸情节，仍然可以用于评价所涉行为是否构成交通肇事罪及应否升档量刑，这并不属于重复评价。

本案中，经过对道路交通事故认定书进行实质审查，结合其他在案证据查明，被告人陈某在超车过程中未尽到谨慎观察义务，因其碰擦被害人车辆导致事故发生，且其驾驶的电动自行车不符合安全技术标准，据此认定其对本案交通事故发生负全部责任，并非依据陈某的逃逸情节直接推定其对交通事故负全部责任。基于此，在事故责任认定已经剔除逃逸情节的前提下，依据逃逸情节和致一人重伤、负事故全部责任等情节认定陈某构成交通肇事罪，不违反禁止重复评价原则，故法院对陈某及其辩护人所提出的相关意见未予采纳。在此基础上，本参考案例的裁判要旨之二进一步明确："……对于交通肇事致一人以上重伤，并具有为逃避法律追究逃离事故现场情节的，如果不考虑逃逸情节亦可以认定行为人负事故全部或者主要责任的，依法以交通肇事罪定罪处罚。"

入库编号：2024-18-1-054-002

6. 刘某江交通肇事宣告无罪案
——对道路交通事故认定书的实质审查

关键词：刑事　交通肇事罪　道路交通事故认定书　实质审查　事故责任　逃逸

【基本案情】

2023年6月9日11时30分许，被告人刘某江驾驶无号牌电动正三轮摩托车沿河北省邢台市任泽区杨官线由西向东行驶，孙某平驾驶无号牌二轮摩托车（载被害人李某坤）在超越同向行驶的刘某江时，两车发生交通事故。事故造成李某坤受伤并经抢救无效死亡，以及电动正三轮摩托车损坏。事故发生后，刘某江在现场短暂停留后驾车离开。

对于本次事故，交警部门出具的道路交通事故认定书记载：（1）关于事故发生原因。孙某平在未取得机动车驾驶证的情况下驾驶机动车、驾驶未经公安机关交通管理部门登记的机动车上路行驶、在与对面来车有会车可能时超车、未戴安全头盔，是造成本次交通事故的主要原因，其行为对发生交通事故所起的作用及过错程度较大。刘某江在未取得机动车驾驶证的情况下驾驶机动车、驾驶未经公安机关交通管理部门登记的机动车上路行驶、驶出道路时未确保安全、未戴安全头盔，是造成本次交通事故的次要原因，其行为对发生交通事故所起的作用以及过错程度较小。李某坤乘坐摩托车未戴安全头盔，是造成本次交通事故的次要原因，其行为对发生交通事故所起的作用以及过错程度较小。（2）关于责任认定。刘某江在未取得机动车驾驶证的情况下驾驶机动车、驾驶未经公安机关交通管理部门登记的机动车上路行驶、驶出道路时未确保安全、未戴安全头盔、发生事故后驾车逃逸,违反了道路交通安全法、《道路交通事故处理程序规定》的相关规定,认定刘某江负此事故的全部责任,孙某平、李某坤无责任。

河北省邢台市任泽区人民法院于2024年7月16日作出(2024)冀0505刑初8号刑事判决:被告人刘某江无罪。宣判后,没有上诉、抗诉,判决已发生法律效力。

【裁判理由】

法院生效裁判认为:根据《中华人民共和国刑法》第一百三十三条的规定,违反交通运输管理法规,因而发生重大事故,致人重伤、死亡或者使公私财产遭受重大损失的,构成交通肇事罪。《最高人民法院关于审理交通肇事刑事案件具体应用法律若干问题的解释》(法释〔2000〕33号)第二条第一款进一步明确,"死亡一人或者重伤三人以上,负事故全部或者主要责任的",以交通肇事罪定罪处罚。本案中,由于交通事故造成一人死亡,故认定罪与非罪的关键在于,被告人刘某江是否负事故全部或者主要责任。

上述司法解释所规定的"负事故全部或者主要责任"等情形,系指对引发交通事故的责任。道路交通事故认定书中用于确定交通事故责任的逃逸等特殊加重责任情节,发生在交通事故之后,显然不属于交通事故的原因。有鉴于此,认定是否成立交通肇事罪,应当对道路交通事故认定书中的事故责任认定进行实质审查与判断。本案中,交警部门出具的道路交通事故认定书认定被告人刘某江负事故的全部责任,系基于刘某江发生事故后驾车逃逸的情节,属于根据《道路交通安全法实施条例》第九十二条第一款中"发生交通事故后当事人逃逸的,逃逸的当事人承担全部责任"的规定所作的特殊加重责任认定。但是,刘某江的逃逸行为发生在事故之后,且其交通违法行为是引起事故发生的次要原因,对发生交通事故所起的作用较小,道路交通事故认定书对此也作了认定。

经综合全案事实认定，刘某江对本案事故的发生不负全部或者主要责任，其行为不构成交通肇事罪，故法院依法作出如上裁判。

【裁判要旨】

办理交通肇事刑事案件，应当对公安机关出具的道路交通事故认定书进行实质审查，剔除特殊加重责任情节，结合其他证据，依据对事故发生的原因力大小确定事故责任。剔除特殊加重责任情节后，行为人对道路交通事故所负责任不符合交通肇事罪所要求的事故责任要件的，依法不构成交通肇事罪。

【关联索引】

《中华人民共和国刑法》第 133 条

《最高人民法院关于审理交通肇事刑事案件具体应用法律若干问题的解释》（法释〔2000〕33 号）第 2 条

一审：河北省邢台市任泽区人民法院（2024）冀 0505 刑初 8 号刑事判决（2024 年 7 月 16 日）

法官解读

道路交通事故认定书的审查路径

——《刘某江交通肇事宣告无罪案
（入库编号：2024-18-1-054-002）》解读

徐翠翠[*] 田子超[**]

在办理交通肇事刑事案件中，道路交通事故认定书是人民法院认定行为人是否构成交通肇事罪的重要依据。但司法实践中，存在过于倚重道路交通事故认定书，甚至将其所认定的事故责任不加区分地直接等同于交通肇事罪所要求的事故责任等问题。对此，人民法院案例库入库参考案例《刘某江交通肇事宣告无罪案（入库编号：2024-18-1-054-002）》的裁判要旨明确："办理交通肇事刑事案件，应当对公安机关出具的道路交通事故认定书进行实质审查，剔除特殊加重责任情节，结合其他证据，依据对事故发生的原因力大小确定事故责任。剔除特殊加重责任情节后，行为人对道路交通事故所负责任不符合交通肇事罪所要求的事故责任要件的，依法不构成交通肇事罪。"本参考案例与《陈某交通肇事案（入库编号：2024-06-1-054-003）》均涉及对逃逸等特殊加重责任情节的评价问题，两件案例侧重点不同，共同推动裁判规则群的形成，为类似案件的处理提供参考指引。在本案例的参考适用中，应当注意把握以下几点。

一、道路交通事故认定书作为定案根据须经审查

根据《中华人民共和国刑法》第一百三十三条的规定，违反交通运输管理法规，因而发生重大事故，致人重伤、死亡或者使公私财产遭受

---

[*] 作者单位：河北省高级人民法院。
[**] 作者单位：河北省邢台市任泽区人民法院。

重大损失的，构成交通肇事罪。《最高人民法院关于审理交通肇事刑事案件具体应用法律若干问题的解释》（法释〔2000〕33号，以下简称《解释》）将事故责任作为认定交通肇事罪的重要条件，并根据交通事故的程度设定了不同的事故责任要件。至于行为人是否违反交通运输管理法规及相应责任程度，一般需要先由公安机关交通管理部门出具道路交通事故认定书予以确定。道路交通事故认定书无疑属于证据材料，在刑事诉讼中可以作为证据使用。但是，证据材料只有经过查证属实的，才能作为定案的根据。因此，人民法院需要实质审查道路交通事故认定书所记载的内容，不能直接将道路交通事故认定书认定的事故责任直接等同于交通肇事罪的责任构成要件，而应当结合全案证据综合判定造成事故的原因、行为人对事故发生所负责任大小，进而确定行为人是否构成交通肇事罪。

二、应当区分两种意义上的"事故责任"

在交通肇事刑事案件中，通常存在两种意义上的"事故责任"：一种是交通运输管理法规意义上的"事故责任"，另一种是用于认定交通肇事罪的刑法意义上的"事故责任"。二者在认定过程、标准等方面存在明显差异，在案件办理中应当注意区分。

关于交通运输管理法规意义上的"事故责任"认定，《道路交通安全法实施条例》第九十一条规定："公安机关交通管理部门应当根据交通事故当事人的行为对发生交通事故所起的作用以及过错的严重程度，确定当事人的责任。"据此，原则上，公安机关交通管理部门出具的责任认定意见可以作为确定行为人是否构成交通肇事罪及责任大小的证据。但是，出于行政管理的需要，交通运输管理法规设置了一些特殊加重责任情节。例如，《道路交通安全法实施条例》第九十二条规定："发生交通事故后当事人逃逸的，逃逸的当事人承担全部责任。……当事人故意破坏、伪造现场、毁灭证据的，承担全部责任。"因此，对于行为人具有逃逸等行为的，公安机关交通管理部门可能基于逃逸等行为而认定行为人负有全部责任。而《解释》所规定的"负事故全部或者主要责任""负事故同等责任"系指所涉行为对引发交通事故的责任。道路交通事故认定书中用于确定事故责任的逃逸或者故意破坏、伪造现场、毁灭证据等特殊加重责任情节，系在交通事故发生之后实施的，显然不属于交通事故的原因。

此外，刑事责任是以刑罚为惩治手段的最严厉的法律责任，其所要求的证明标准高于行政责任的证明标准。人民法院办理交通肇事刑事案件，应当按照刑事案件证据审查认定标准，准确划分责任，进一步判断是否构成交通肇事罪。因此，公安机关交通管理部门基于逃逸等情节认定的特殊加重责任，不能直接作为认定刑事责任的根据。人民法院应当对道路交通事故认定书进行实质审查，依据查明的事实，结合其他在案证据认定刑法意义上的"事故责任"。

三、道路交通事故认定书的实质审查流程

第一步，剔除特殊加重责任情节。交通运输管理法规的规范目的是维护道路交通参与者的安全和确保道路畅通，对公共安全的维护和对行政管理效率的追求是并重的。有鉴于此，交通运输管理法规关于特殊加重责任的规定有利于遏制交通肇事逃逸及故意破坏、伪造现场、毁灭证据等违法行为的发生，有利于保护受害人的合法权益和保证道路交通管理的正常秩序。但如前所述，逃逸或故意破坏、伪造现场、毁灭证据均是交通事故发生之后的行为，原因不可能发生在结果之后，故上述行为不可能成为发生交通事故的原因。综上所述，特殊加重责任情节是对交通事故发生之后行为的评价，不是对事故发生原因的评价，不符合交通肇事罪犯罪构成的事故责任要件，不能将道路交通事故认定书中的特殊加重责任直接作为认定交通肇事罪中事故责任的依据。因此，在办理交通肇事刑事案件认定行为人的事故责任时，应当将道路交通事故认定书中的特殊加重责任情节剔除后，结合全案证据综合认定事故责任。

第二步，确定与危害结果具有因果关系的危害行为。在交通事故中，各交通参与人可能分别存在多项违反交通运输管理法规的行为。实践中，在事故发生后，交通管理部门只是根据行为人是否违反交通运输管理法

规及其违反程度，确定行为人所负的事故责任。公安机关交通管理部门出具的道路交通事故认定书虽然一般会列明事故前后各交通参与人的全部违法行为，但各交通参与人的违法行为并非都是交通肇事罪的实行行为，并非都是造成危害结果的原因。因此，在审查道路交通事故认定书时应当仔细区分行为人是否具有刑法意义的违法行为，以及主观上是否存在过失，不能将一切违法行为都认定为交通肇事罪的危害行为。故而，将特殊加重责任情节剔除后，应当仅考量与危害结果具有因果关系的危害行为，据此确定对事故发生的原因力大小，准确认定行为人是否应当承担刑事责任。

第三步，对特殊加重责任情节进行评价。对于行为人逃逸但并非逃逸致人死亡的，在剔除逃逸这一特殊加重责任情节后，成立交通肇事罪的，对逃逸情节应作为加重处罚情节予以评价；若认定行为人对事故发生的责任大小不符合交通肇事罪的事故责任要件，即便存在损害结果，其行为也不构成交通肇事罪。需要注意的是，根据《解释》第二条第二款的规定，交通肇事致一人以上重伤，负事故全部或者主要责任，并有逃逸情节的，以交通肇事罪定罪处罚。因此，在交通事故致一人以上重伤的情况下，若经实质审查认定行为人对事故发生负全部或者主要责任，应当将在认定责任时剔除的逃逸情节作为入罪条件。《陈某交通肇事案（入库编号：2024-06-1-054-003）》即是适例。但是，在此类案件中，不应再把逃逸情节作为加重处罚情节，以避免对逃逸情节进行重复评价。

四、刘某江交通肇事宣告无罪案的具体分析

根据《解释》第二条第一款的规定"死亡一人或者重伤三人以上，负事故全部或者主要责任的"，以交通肇事罪定罪处罚。据此，同时满足"死亡一人或者重伤三人以上"加"负事故全部或者主要责任"（剔除特殊加重责任后），方可构成交通肇事罪。本案例中，交通事故造成一人死亡，故认定罪与非罪的关键在于被告人刘某江是否负事故全部或者主要责任。经对道路交通事故认定书进行实质审查后查明，本案例所涉道路交通事故认定书认定刘某江负事故的全部责任,是基于刘某江发生事故后驾车逃逸的情节,属于根据《道路交通安全法实施条例》第九十二条第一款所作的特殊加重责任认定。但刘某江的逃逸行为发生在事故之后,不是引起事故发生的原因,且道路交通事故认定书亦认定其交通违法行为是引起事故发生的次要原因,其虽主观上存在过失,但对发生交通事故所起的作用较小。经综合全案事实,人民法院认为被告人刘某江对本案事故的发生不负全部或者主要责任,不符合交通肇事罪的事故责任要件,依法宣告被告人刘某江无罪。

入库编号：2024-06-1-055-046

7. 孙某华危险驾驶案
——网约车司机隔夜醉酒驾驶机动车载客行为的处理

关键词：刑事　危险驾驶罪　隔夜醉驾　营运活动　从重处理

【基本案情】

2023年11月21日23时30分许，被告人孙某华在家中饮用大约半斤白酒，次日睡醒后，5时30分即出门驾驶小型载客汽车，在某网约车平台上接单。8时许，孙某华驾驶载有乘客的汽车，行驶至北京市东城区广渠门内大街某路口处，被民警查获。经鉴定，孙某华血液酒精含量为193.9毫克/100毫升，属醉酒。当日，孙某华在被查获前已在某网约车平台完成2个订单。

北京市东城区人民法院于2024年1月2日作出（2023）京0101刑初709号刑事判决：被告人孙某华犯危险驾驶罪，判处拘役一个月十五日，并处罚金人民币五千元。宣判后，没有上诉、抗诉，判决已经发生法律效力。

【裁判理由】

根据《中华人民共和国刑法》第一百三十三条之一第一款的规定，在道路上醉酒驾驶机动车的，构成危险驾驶罪。本案争议焦点有二个：一是隔夜醉驾的，是否构成危险驾驶罪；二是如果构罪，能否认定为情节较轻，对被告人从宽处理。

其一，被告人孙某华隔夜醉驾的行为，构成危险驾驶罪。一是孙某华实施了在道路上醉酒驾驶机动车行为。根据《最高人民法院、最高人民检察院、公安部、司法部关于办理醉酒危险驾驶刑事案件的意见》(高检发办字〔2023〕187号，以下简称《醉驾意见》)第四条的规定，血液酒精含量达到80毫克/100毫升以上的，属于醉酒，至于行为人饮酒与驾车行为的间隔时长，不影响驾驶时系醉酒状态的认定。本案中，孙某华驾车被查获时血液酒精含量高达193.9毫克/100毫升，显然属于醉酒驾驶。二是孙某华具有醉酒驾驶的犯罪故意。尽管酒后休息可以一定程度降低血液酒精含量，但不能据此否定行为人具有醉酒驾驶的犯罪故意。行为人基于饮酒量、间隔时长、身体状态等因素，明知自己仍然处于醉酒状态，或者明知自己可能处于醉酒状态而持放任心态的，具有相应犯罪故意。本案中，孙某华饮用大约半斤白酒，只休息5个小时左右，结合其血液酒精含量高达193.9毫克/100毫升的情节，其对自己仍处醉酒状态具有一定认知，仍驾驶机动车在道路上行驶，具有醉酒驾驶的犯罪故意。

其二，对隔夜醉驾的情形是否从宽处理，需要具体案件具体分析。《醉驾意见》第十条规定："醉驾具有下列情形之一，尚不构成其他犯罪的，从重处理：……（六）驾驶机动车从事客运活动且载有乘客的……"本案中，案发时被告人孙某华驾驶机动车从事客运活动并载有乘客，在被查获前已完成2个载客订单，且醉酒程度高，综合考虑全案情节，总体上应作从严把握。故法院依法判处实刑。

【裁判要旨】

隔夜醉酒驾驶机动车的行为人，与饮酒后不久即驾驶机动车的行为人在主观恶性上有所区别，原则上应对其从宽处理。但具有《最高人民法院、最高人民检察院、公安部、司法部关于办理醉酒危险驾驶刑事案件的意见》(高检发办字〔2023〕187号)第十条规定的从重处理情形的，即使系隔夜、隔时醉驾，亦应依法从重处理，并结合具体案情，准确把握宽严尺度。

【关联索引】

《中华人民共和国刑法》第 133 条之一

《最高人民法院、最高人民检察院、公安部、司法部关于办理醉酒危险驾驶刑事案件的意见》（高检发办字〔2023〕187 号）第 4 条、第 10 条

一审：北京市东城区人民法院（2023）京 0101 刑初 709 号刑事判决（2024 年 1 月 2 日）

法官解读

对隔夜醉酒驾驶机动车载客营运行为的处理
——《孙某华危险驾驶案（入库编号2024-06-1-055-046）》

曾 琳* 李 超** 石 魏***

随着醉驾行为入刑，"喝酒不开车，开车不喝酒"的守法观念逐步成为社会共识。为适应新形势新变化，进一步统一执法司法标准，严格规范、依法办理醉驾案件，2023年12月18日，最高人民法院、最高人民检察院、公安部、司法部联合发布《关于办理醉酒危险驾驶刑事案件的意见》（高检发办字〔2023〕187号，以下简称《醉驾意见》），为进一步依法办理醉驾案件提供了有效的规范指引。同时，隔夜醉驾犯罪案件时有发生，对道路交通安全和人民群众生命财产安全造成危险，有必要明确认定规则，指引类似案件处理，引领社会行为规范。对此，人民法院案例库入库参考案例《孙某华危险驾驶案（入库编号2024-06-1-055-046）》在提出隔夜醉驾行为认定要素的同时，准确把握处理此类行为的宽严尺度，对类似案件处理具有参考示范价值。现就有关问题解读如下。

一、隔夜醉驾行为构成危险驾驶罪的认定思路

隔夜醉驾，一般是指行为人在饮酒当日没有驾驶机动车，而是经过一段时间休息，次日驾驶机动车时血液酒精含量仍达醉酒标准的情形。在起草《醉驾意见》过程中，有意见提出，隔夜醉驾的行为人不具有对自己仍处醉酒状态的主观认识，不构成犯罪，即便有一定认识，也应作为"情节显著轻微、危害不大"的情形予以认定。经研究，对该意见未

---
* 作者单位：最高人民法院。
** 作者单位：北京市高级人民法院。
*** 作者单位：北京市东城区人民法院。

予采纳。主要考虑以下几点。

其一,根据《中华人民共和国刑法》第一百三十三条之一第一款的规定,在道路上醉酒驾驶机动车的,处拘役,并处罚金,并未对饮酒行为与驾驶行为的间隔时长作出规定。因此,认定隔夜醉驾行为罪与非罪的重点不在于是否隔夜,而在于行为人是否符合危险驾驶罪的犯罪构成要件。

在客观方面,虽然行为人饮酒后并未立即驾驶机动车,但隔夜驾驶机动车时体内血液酒精含量仍然较高、达到醉驾标准,反映其安全驾驶机动车的能力仍受酒精影响,与饮酒后立即驾驶机动车的行为在危险程度上并无本质区别,均对道路上不特定多数人的生命财产安全造成了威胁。

在主观方面,隔夜醉驾相较于饮酒后立即驾驶的情形,行为人醉驾的主观意愿并不强烈,其之所以醉驾,主要原因是对自己体内酒精尚未完全代谢、仍处醉酒状态的认识不够,但这并不意味着其完全不能认识。人体酒精代谢需要一个过程。前日晚大量饮酒,次日晨起有头痛、恶心等宿醉反应,酒精代谢后的产物通过呼吸、尿液等排出体外,还能闻到"酒气",是大多数人的生活经验。从认识因素看,行为人只要凭生活经验,对自己尚未完全醒酒的状态有一定认识即可,不要求其准确认识到体内血液酒精含量的具体数值。《醉驾意见》第十二条对血液酒精含量不超过150毫克/100毫升,不具有从重处理情形的醉驾行为,已规定可以认定为情节显著轻微、危害不大,若隔夜醉驾仍构成犯罪,一种情形是血液酒精含量超过150毫克/100毫升,醉酒程度高,此时行为人辩解不清楚自己仍处醉酒状态,与其严重醉酒的生理情况不符;另一种情形是血液酒精含量在80—150毫克/100毫升,醉酒程度一般,但具有《醉驾意见》第十条规定的从重处理情形,此种情况就不属于情节显著轻微、危害不大。因此,行为人基于饮酒量、间隔时长、身体状态等因素,明知自己仍然处于醉酒状态,或者明知自己可能处于醉酒状态而持放任心态的,具有相应犯罪故意,不能仅单纯依据隔夜事实即否定行为人的犯罪故意。

其二，不管是隔时醉驾还是隔夜醉驾，一旦规定属于情节显著轻微、危害不大，必然要对具体间隔时间作出规定。个体代谢酒精的差异较大，有的人"千杯不醉"，有的人"一杯就倒"，间隔多长时间为妥，难以划出一条科学、合理的界限，以实际查获时体内血液酒精含量作为客观判断标准更科学、合理，操作性更强，也可限制自由裁量空间。

本案中，被告人孙某华在案发前一晚深夜饮用大约半斤白酒，饮酒量较大，只休息5个小时左右，被查获时血液酒精含量高达193.9毫克/100毫升，严重超出醉酒标准的起始数值，在主观上对自身处于醉酒状态具有一定甚至相当高程度的认知，仍在道路上驾驶机动车，表明其具有危险驾驶的犯罪故意，符合本罪的犯罪构成。

二、准确把握隔夜醉驾的宽严尺度

对隔夜醉驾行为人的处理，不能"一刀切"地从宽或者从严，应当精准落实宽严相济刑事政策。一方面，考虑到行为人隔夜醉驾的主观违法故意程度与饮酒后立即驾车的情形有所区别，尽管出罪时未考虑将隔夜醉驾的情形认定为情节显著轻微、危害不大，但在具体处理上仍可充分体现从宽，可以认定为情节轻微或者较轻的，尽量作出有利于被告人的认定；另一方面，对具体从宽或者从严尺度的判断，需要全面考察被告人驾驶的动机和目的、醉酒程度、机动车类型、道路情况、行驶时间、速度、距离及认罪悔罪表现等因素，作出总体从严或者总体从宽的处理。

本案中，对被告人孙某华的刑罚裁量存在免予刑事处罚、宣告缓刑、判处实刑三种选择，各自体现出对隔夜醉驾行为的不同宽严尺度。虽然孙某华系隔夜醉酒驾驶机动车，未造成实害结果，且其到案后认罪认罚，悔罪态度好，但综合考虑全案具体事实、情节，应对孙某华作出总体从严的处理，判处实刑，理由有以下几方面。

其一，被告人孙某华不符合免予刑事处罚的条件。刑法第三十七条规定："对于犯罪情节轻微不需要判处刑罚的，可以免予刑事处罚……"

根据《醉驾意见》第十三条的规定，认定醉驾犯罪情节轻微，需要综合考虑犯罪嫌疑人驾驶的动机和目的、醉酒程度、机动车类型、道路情况、行驶时间、速度、距离及认罪悔罪表现等因素。如上文所述，隔夜醉驾与常见饮酒后立即驾驶行为的社会危害性不存在显著差异。隔夜仅仅是辅助判断行为人醉驾决意、主观恶性的情节之一，不能因此否定行为人的犯罪故意，更无法直接得出犯罪情节轻微不需要判处刑罚的结论。本案中，孙某华作为网约车司机，应当负有比一般人更高的谨慎驾驶注意义务，却将自己和乘客置于高风险中，在上班早高峰时段行驶在车流量、人流量较大的北京市主城区道路上，先后搭载3个订单的乘客，驾车被查获时血液酒精含量高达193.9毫克/100毫升，安全驾驶能力客观上受到酒精影响，对道路交通安全和不特定多数人的生命财产安全造成较大威胁，不应认定醉驾犯罪情节轻微。

其二，被告人孙某华不符合宣告缓刑的条件。刑法第七十二条第一款规定："对于被判处拘役、三年以下有期徒刑的犯罪分子，同时符合下列条件的，可以宣告缓刑……（一）犯罪情节较轻；（二）有悔罪表现；（三）没有再犯罪的危险；（四）宣告缓刑对所居住社区没有重大不良影响。"虽然孙某华认罪认罚、坦白等罪后情节符合"有悔罪表现"的要求，但其犯罪时的行为表现不属于"犯罪情节较轻"。（1）根据《醉驾意见》第十四条的规定，血液酒精含量超过180毫克/100毫升的，一般不适用缓刑，体现了对醉酒程度较高、肇事风险较大的醉驾行为从严惩处的精神。孙某华血液酒精含量高达193.9毫克/100毫升，已超过180毫克/100毫升。（2）《醉驾意见》第十条规定了15种从重处理的具体情形，其中一种情形是"驾驶机动车从事客运活动且载有乘客的"，体现了对客运活动从业人员安全驾驶责任的更严要求，对不特定乘客人身财产安全的加强保护。此处规定的"客运活动"，是指以营利为目的使用机动车运送旅客的活动，既包括依法取得营运许可的客运活动，也包括未取得营运许可的客运活动。此处规定的"载有乘客"，是指醉驾期间实际载有乘客，既包括查获时载有乘客，也包括乘客下车之后被查获的情形。本案中，孙某华作为网约车平台司机，接单运送旅客，属于从事客运活动；其不仅在被查获时载有乘客，还在被查获前已完成2个载客订单，完全符合上述规定的从重处理情形。孙某华醉驾行为具有一项"一般不适用缓刑"情形、一项"从重处理"情形，不应认定醉驾犯罪情节较轻。

综上所述，被告人孙某华虽系隔夜醉驾，但综合考虑其具体犯罪事实、情节，属于宽严相济刑事政策中"当严则严"的典型情形。基于此，本案例裁判要旨明确："隔夜醉酒驾驶机动车的行为人，与饮酒后不久即驾驶机动车的行为人在主观恶性上有所区别，原则上应对其从宽处理。但具有《最高人民法院、最高人民检察院、公安部、司法部关于办理醉酒危险驾驶刑事案件的意见》（高检发办字〔2023〕187号）第十条规定的从重处理情形的，即使系隔夜、隔时醉驾，亦应依法从重处理，并结合具体案情，准确把握宽严尺度。"

入库编号：2023-05-1-059-002

8. 李某远危险作业案
——关闭消防安全设备"现实危险"的把握标准

> 关键词：刑事　危险作业罪　现实危险　消防安全设备

【基本案情】

2020年，浙江省永康市雅某酒店用品有限公司（以下简称雅某公司）因安全生产需要，在油漆仓库、危废仓库等生产作业区域安装了可燃气体报警器。2021年10月，被告人李某远作为公司负责人，在明知关闭可燃气体报警器会导致无法实时监测生产过程中释放的可燃气体浓度，安全生产存在重大事故隐患的情况下，为节约生产成本而擅自予以关闭。2022年5月10日，雅某公司作业区域发生火灾，因喷漆车间已经连续几天停止作业，相关区域的可燃气体浓度未达到临界值，且发现及时火情得以迅速扑灭，未造成严重后果。5月16日至17日，消防部门对雅某公司进行检查，发现该公司存在擅自停用可燃气体报警装置等影响安全生产的问题，且在上述关闭可燃气体报警器区域内发现存放有大量油漆、固化剂，遂责令该公司立即整改，但李某远一直未予整改。经检验，上述油漆、固化剂均系易燃液体，属于危险化学品。

浙江省永康市人民法院于2022年10月8日作出（2022）浙0784刑初791号刑事判决：被告人李某远犯危险作业罪，判处有期徒刑八个月。宣判后，没有上诉、抗诉，判决已发生法律效力。

【裁判理由】

法院生效裁判认为：被告人李某远的行为符合危险作业罪的构成要件，构成危险作业罪。

《中华人民共和国刑法》第一百三十四条之一规定："在生产、作业中违反有关安全管理的规定，有下列情形之一，具有发生重大伤亡事故或者其他严重后果的现实危险的，处一年以下有期徒刑、拘役或者管制：（一）关闭、破坏直接关系生产安全的……报警……设备、设施……的；（二）因存在重大事故隐患被依法责令……立即采取排除危险的整改措施，而拒不执行的……"本案中，被告人李某远的行为符合刑法第一百三十四条之一第一项、第二项的规定。具体而言：其一，李某远在生产、作业中违反有关安全管理的规定，擅自关闭直接关系生产安全的报警设备；经消防检查，因存在擅自停用可燃气体报警装置等消防安全隐患被责令立即整改，但一直未予整改。其二，其行为具有发生重大伤亡事故或者其他严重后果的现实危险。一是危险具有现实性。涉案现场堆放了大量油漆、固化剂等危险化学品，一旦遇到明火或者可燃气体浓度达到一定数值，将引发火灾或者爆炸事故。二是危险具有紧迫性。案发前，涉案厂区曾发生过火灾，客观上已经出现了"小事故"，之所以没有发生重大伤亡等严重后果，是因为在发生重大险情的时段，喷漆车间已经连续几天停止作业，相关区域的可燃气体浓度恰好未达到临界值，且及时发现火情得以迅速扑灭，属于因偶然因素而侥幸避免严重后果的发生。

综上所述，对被告人李某远依法应当以危险作业罪定罪处罚。李某远归案后能如实供述自己的罪行，系坦白，依法予以从轻处罚。经综合全案情节，法院依法作出如上裁判。

【裁判要旨】

危险作业罪中"具有发生重大伤亡事故或者其他严重后果的现实危险"，是指客观存在的、紧迫的危险，这种危险未及时消除、持续存在，将可能随时导致发生重大伤亡事故或者其他严重后果。对于是否属于"具有发生重大伤亡事故或者其他严重后果的现实危险"，应当结合行业属性、行为对象、现场环境、违规行为严重程度、纠正整改措施的及时性和有效性等具体因素，进行综合判断。对于行为人关闭、破坏直接关系生产安全的监控、报警、防护、救生设备、设施，已经出现重大险情，或者发生了"小事故"，由于偶然性的客观原因而未造成严重后果的情形，可以认定为"具有发生重大伤亡事故或者其他严重后果的现实危险"。

【关联索引】

《中华人民共和国刑法》第134条之一

一审：浙江省永康市人民法院（2022）浙0784刑初791号刑事判决（2022年10月8日）

> **法官解读**

前移关口减少事故隐患　筑牢安全生产作业防线
——《李某远危险作业案（入库编号：2023-05-1-059-002）》解读

冯喜恒*　金华英**

　　安全生产事关人民群众生命财产安全，事关经济发展和社会稳定大局。安全生产治理工作是一项系统性、综合性治理工作，法治在其中发挥着重要作用。《中共中央、国务院关于推进安全生产领域改革发展的意见》（2016年12月9日）要求健全法律法规体系，"研究修改刑法有关条款，将生产经营过程中极易导致重大生产安全事故的违法行为列入刑法调整范围"。2021年《刑法修正案（十一）》适当前移刑事处罚防线，增设了危险作业罪，将虽未发生严重后果，但违反有关安全管理规定、具有发生严重后果现实危险的行为纳入刑事处罚范围。这就进一步严密了刑事法网，对于加大安全生产监管力度，有效遏制重大事故发生，切实保护人民群众生命财产安全发挥了重要作用。然而，具体适用中，如何正确适用刑法新增规定，尤其是"现实危险"的判断标准，成为司法实践难题，亟待司法提供行为规范与规则指引。对此，人民法院案例库入库参考案例《李某远危险作业案（入库编号：2023-05-1-059-002）》的裁判要旨明确："危险作业罪中'具有发生重大伤亡事故或者其他严重后果的现实危险'，是指客观存在的、紧迫的危险，这种危险未及时消除、持续存在，将可能随时导致发生重大伤亡事故或者其他严重后果……对于行为人关闭、破坏直接关系生产安全的监控、报警、防护、救生设备、设施，已经出现重大险情，或者发生了'小事故'，由于偶然

---
* 作者单位：浙江省高级人民法院。
** 作者单位：浙江省永康市人民法院。

性的客观原因而未造成严重后果的情形,可以认定为'具有发生重大伤亡事故或者其他严重后果的现实危险'。"这就为正确把握"现实危险"的认定标准作了明确,也为类似案件裁判提供了指引。现就有关问题解读如下。

一、关于"现实危险"的把握标准

危险作业罪突破传统安全生产犯罪以发生实害后果作为入罪要件的立法模式,明确达到"具有发生重大伤亡事故或者其他严重后果的现实危险",即可成立本罪。从危险作业罪的罪状来看,本罪系具体危险犯,而非行为犯。由此可见,并非所有违反安全生产管理规定的行为均被纳入本罪的惩治范围,前提条件是所涉行为"具有发生重大伤亡事故或者其他严重后果的现实危险"。因此,是否具有刑法第一百三十四条之一规定的"现实危险",即成为此类案件办理过程中界分行政违法与刑事犯罪的关键。具体可以从两个方面把握。

一是所涉行为造成重大事故隐患。《中华人民共和国刑法》第一百三十四条之一对实践中多发易发的三项重大安全生产违法违规情况作了列举式规定。从规定的三种行为方式来看,所涉行为通常能够在生产、作业中造成重大事故隐患。例如,第一项规定"关闭、破坏直接关系生产安全的监控、报警、防护、救生设备、设施,或者篡改、隐瞒、销毁其相关数据、信息的",显而易见,所关闭、破坏的设备、设施或者篡改、隐瞒、销毁的相关数据、信息具有"直接关系生产安全的"属性。概言之,所涉行为对象具有保障安全生产的重要价值,实施关闭、破坏等行为即可能直接导致事故发生,具有重大事故隐患。又如,第二项规定"因存在重大事故隐患被依法责令停产停业、停止施工、停止使用有关设备、设施、场所或者立即采取排除危险的整改措施,而拒不执行的",则是在已经存在重大事故隐患的前提下,拒不执行有关安全管理要求。再如,第三项规定"涉及安全生产的事项未经依法批准或者许可,擅自从事矿山开采、金属冶炼、建筑施工,以及危险物品生产、经营、储存等高度危险的生产作业活动的",则属于所涉领域或者物品往往具有高度危险性,擅自从事相关活动即有重大事故隐患。

二是重大事故隐患具有"现实危险"。在具体认定中,要注意把握不能因为企业存在重大事故隐患就予以刑事处罚,还要看重大事故隐患是否达到"现实危险"的程度,避免危险作业罪的泛化适用。"现实危险"主要是指已经出现了重大险情,或者出现了"冒顶""渗漏"等"小事故",虽然最终没有发生重大严重后果,但之所以没有发生,有的是因为被及时消除了,有的是因为开展了有效救援,有的完全是由于偶然性的客观原因而未发生,对这种"千钧一发"的危险才能认定为"现实危险"。申言之,所涉隐患具有转变为重大事故的现实性和紧迫性:前者意味着发生重大事故的各项条件已经具备,后者意味着重大事故随时可能发生,甚至已经发生了带有征兆性、预警性的安全事故。

二、关于李某远危险作业案的具体分析

综合本案例的全案情节,被告人李某远所实施的行为"具有发生重大伤亡事故或者其他严重后果的现实危险"。具体而言,主要基于如下情节。

其一,关闭消防安全设备造成重大事故隐患。安全生产法第三十六条第三款规定:"生产经营单位不得关闭、破坏直接关系生产安全的监控、报警、防护、救生设备、设施,或者篡改、隐瞒、销毁其相关数据、信息。"《建筑设计防火规范》(GB 50016—2014,2018年版)明确:"建筑内可能散发可燃气体、可燃蒸气的场所应设置可燃气体报警装置。"据此,可燃气体报警器直接关系安全生产。本案例中,被告人李某远关闭可燃气体报警器,导致无法实时监测生产过程中释放的可燃气体浓度。李某远在得知现场可燃气体浓度超标会引发报警装置报警后,不是及时采取措施降低现场可燃气体浓度,而是为了节约生产成本,直接关闭停用报警装置,导致安全生产存在重大事故隐患。

其二,重大事故隐患达到"现实危险"程度。本案例中,涉案现场堆放了大量油漆、固化剂等危险化学品，一旦遇到明火或者可燃气体浓度达到一定数值，将引发火灾或者爆炸事故。而关闭可以探测可燃气体浓度及预警功能的报警装置，即使可燃气体浓度超标亦不能及时采取措施。可以说，重大事故发生的现实条件已经具备。并且，涉案厂区曾发生过火灾，客观上已经出现了"小事故"，之所以没有发生重大伤亡等严重后果，是因为在发生重大险情的时段，喷漆车间已经连续几天停止作业，相关区域的可燃气体浓度恰好未达到临界值，且及时发现火情得以迅速扑灭，属于因偶然因素而侥幸避免严重后果的发生。

此外，本案例中，除了关闭直接关系安全生产的可燃气体报警器之外，在经消防部门检查发现企业存在重大事故隐患，并要求立即整改后，被告人李某远一直未予整改。人民法院结合所涉行业属性、现场环境、纠正整改措施情况等情节，综合认定李某远的行为"具有发生重大伤亡事故或者其他严重后果的现实危险"。基于此，本参考案例的裁判要旨还提出："……对于是否属于'具有发生重大伤亡事故或者其他严重后果的现实危险'，应当结合行业属性、行为对象、现场环境、违规行为严重程度、纠正整改措施的及时性和有效性等具体因素，进行综合判断……"

入库编号：2024-03-1-134-001

9. 李某博集资诈骗案
——以传销方式实施集资诈骗犯罪的处理

> 关键词：刑事　集资诈骗罪　组织、领导传销活动罪　以传销方式实施集资诈骗　以非法占有为目的

【基本案情】

2019年12月，被告人李某博委托郑州某科技有限公司仿照亚某逊公司的图标，制作一款"亚某逊跨境电商"App商城和源代码，并宣称："亚某逊跨境电商"系依托亚某逊平台将中国商品销往其他国家，下载"亚某逊跨境电商"App后，缴纳人民币500元（币种下同）注册成为会员后可以进行投资；会员通过投资日韩仓，1000元起投，14天可以得到20%的利润，并可以进行复利投资；介绍他人投资一代到三代能得到投资款项3%到1%的推荐奖，投资5万元可以成为店主，店主除了享受普通会员的奖励外还享受七代会员投资款项3%的奖励。自2019年12月起，李某博伙同被告人徐某明宣传推广"亚某逊跨境电商"App，并先后发展多人。经统计，该平台发展会员层级达到9级以上，人数202人以上，涉案资金742万余元，李某博获利262万余元。2021年1月18日，李某博到公安机关投案。李某博共支付徐某明工资报酬2.4万元，案发后徐某明家属代其退缴全部违法所得。

河南省灵宝市人民法院于2021年11月25日作出（2021）豫1282刑初338号刑事判决：被告人李某博犯集资诈骗罪，判处有期徒刑十一年，并处罚金人民币二十万元；被告人徐某明犯组织、领导传销活动罪，

判处有期徒刑一年，并处罚金人民币五万元。宣判后，被告人李某博不服，提出上诉。河南省三门峡市中级人民法院于2022年1月19日作出（2021）豫12刑终358号刑事裁定：驳回上诉，维持原判。

【裁判理由】

本案争议的焦点主要有两个：一是行为定性，即对本案应当以组织、领导传销活动罪还是集资诈骗罪论处；二是共犯处理，即对被告人李某博、徐某明应当如何适用罪名和裁量刑罚。

其一，对于组织、领导传销活动罪和集资诈骗罪交织的情形，定性关键在于把握"以非法占有为目的"这一构成要件，具体可以结合所使用的经营模式、资金归还能力、资金用途去向等因素进行综合判断。对于传销活动的组织者、领导者意图非法直接占有所筹集资金的，属于以传销方式集资诈骗犯罪，同时构成组织、领导传销活动罪、集资诈骗罪，应当择一重罪以集资诈骗罪论处。

本案中，被告人李某博通过虚假"亚某逊跨境电商"App平台，在并无实际货物交易的情况下，依托"金字塔"模式，通过高额投资返还比例、发展人员推荐奖励、组织人员参观考察等夸大宣传手段，发展人员组织、实施传销活动，吸引大量会员投资，但在后期拒不兑现提取现金的承诺，且在到案后直至庭审拒不交代吸收会员资金去向，主观上具有明显的非法占有他人财产的目的，依法应当认定为集资诈骗罪。李某博集资诈骗金额742万余元，综合考虑其主动到案情节，法院依法判处其有期徒刑十一年，并处罚金人民币二十万元。

其二，对于以传销方式实施的集资诈骗犯罪活动，往往人数众多、层级复杂，各共同犯罪人是否均具有非法占有目的，难以一概而论。对此，需要根据各共同犯罪人的主观意图和实施的具体犯罪行为，准确适用罪名。对于受犯罪模式复杂、集资款用途不够明确、核心成员隐瞒真相等因素影响，部分共同犯罪人不具有非法占有目的，但符合组织、领导传销活动罪的构成要件的，依照《中华人民共和国刑法》第二百二十四条之一的规定定罪处罚。

本案中，被告人徐某明参与上述传销活动，承担宣传推广等职责，其行为已构成组织、领导传销活动罪，亦应予以惩处。而且，《最高人民法院、最高人民检察院、公安部关于办理组织领导传销活动刑事案件适用法律若干问题的意见》（公通字〔2013〕37号）第四条将"直接或者间接收取参与传销活动人员缴纳的传销资金数额累计达二百五十万元以上的"规定为刑法第二百二十四条之一规定的"情节严重"。本案涉案资金742万余元，应当认定为组织、领导传销活动罪"情节严重"，依法处五年以上有期徒刑，并处罚金。鉴于徐某明在组织、领导传销活动罪共同犯罪中起次要作用，系从犯，对其减轻处罚，并综合考虑其自愿认罪认罚、退缴全部违法所得等情节，法院对其判处有期徒刑一年，并处罚金人民币五万元。

【裁判要旨】

1. 对于组织、领导传销活动罪和集资诈骗罪交织的情形，准确定性的关键在于要正确认定行为人是否"以非法占有为目的"，具体可以结合所使用的经营模式、资金归还能力、资金用途去向等因素进行综合判断。对于传销活动的组织者、领导者意图非法直接占有所筹集资金的，属于以传销方式集资诈骗犯罪，同时构成组织、领导传销活动罪和集资诈骗罪，应当择一重罪以集资诈骗罪论处。

2. 在以传销方式实施集资诈骗的共同犯罪案件中，部分共同犯罪人不具有非法占有目的，但符合组织、领导传销活动罪的构成要件的，以组织、领导传销活动罪定罪处罚。

【关联索引】

《中华人民共和国刑法》第26条、第27条、第192条、第224条之一

《最高人民法院、最高人民检察院、公安部关于办理组织领导传销活

动刑事案件适用法律若干问题的意见》（公通字〔2013〕37号）第4条

一审：河南省灵宝市人民法院（2021）豫1282刑初338号刑事判决（2021年11月25日）

二审：河南省三门峡市中级人民法院（2021）豫12刑终358号刑事裁定（2022年1月19日）

法官解读

以传销方式实施集资诈骗犯罪的罪名界分与共犯处理

——《李某博集资诈骗案（入库编号：2024-03-1-134-001）》解读

李 磊* 徐翠竹**

近年来，传销活动涉及的领域持续扩张，呈现出脱离实物商品的趋势，越来越多地采取编造股票期权、虚拟货币投资等名目，以承诺还本付息或者给付回报等方式引诱他人参加，进而骗取财物。这就使得组织、领导传销活动罪与集资诈骗罪等犯罪交织在一起，存在此罪与彼罪界分的困难。而且，由于传销活动具有人数众多、层级复杂等特点，在对以传销方式实施集资诈骗犯罪的处理中，对各共同犯罪人的罪名准确适用和作用地位妥当判断，往往需要着重加以考量。由此，人民法院案例库入库参考案例《李某博集资诈骗案（入库编号：2024-03-1-134-001）》的裁判要旨对以传销方式实施集资诈骗罪的罪名适用和共犯处罚原则作了明确，为审理类似案件提供了裁判指引。对于所涉裁判要旨，应当注意从以下三个方面加以把握。

第一，以传销方式实施集资诈骗罪的认定。集资诈骗罪与组织、领导传销活动罪在构成要件上具有明显区别。集资诈骗罪在客观方面具有非法性、公开性、利诱性、社会性等行为特征，在主观方面要求行为人以非法占有为目的。在普通集资诈骗犯罪中，犯罪行为人、集资参与人之间通常是"扁平化"结构，一般不具备传销活动的缴纳入门费取得加入资格、组织结构具有层级性等特征。而就组织、领导传销活动罪而言，骗取财物是其特征，行为人主观上也具有非法牟利的目的，但其不能以

---

* 作者单位：河南省高级人民法院。
** 作者单位：河南省三门峡市中级人民法院。

直接占有涉案财物为目的，即不以具有非法占有目的为构罪必要条件。对此，《最高人民法院、最高人民检察院、公安部关于办理组织领导传销活动刑事案件适用法律若干问题的意见》（公通字〔2013〕37号）对组织、领导传销活动罪中"骗取财物"的认定问题作了明确，规定："传销活动的组织者、领导者采取编造、歪曲国家政策，虚构、夸大经营、投资、服务项目及盈利前景，掩饰计酬、返利真实来源或者其他欺诈手段，实施《中华人民共和国刑法》第二百二十四条之一规定的行为，从参与传销活动人员缴纳的费用或者购买商品、服务的费用中非法获利的，应当认定为骗取财物……"据此，组织、领导传销活动罪中"骗取财物"不包括直接占有传销款的情形，司法实践中对非法传销过程中携传销款潜逃行为往往以诈骗罪、合同诈骗罪等诈骗类犯罪论处。

实践中，传销活动的组织者、领导者编造股票期权、虚拟货币投资项目等名目，以承诺还本付息或者给付回报等方式引诱他人参加传销活动的方式组织、实施传销活动的，形式上实际也具备了集资诈骗罪的行为特征。对于上述行为的罪名界分，即构成组织、领导传销活动罪还是集资诈骗罪，关键在于把握"以非法占有为目的"这一构成要件，可以结合所使用的经营模式、资金归还能力、资金用途去向等因素进行综合判断。具体而言，对于传销活动的组织者、领导者不将筹集资金用于生产经营取得盈利以还本付息或者给付回报，意图直接占有筹集资金的，可以认定具有非法占有目的，属于以传销方式集资诈骗犯罪，同时构成组织、领导传销活动罪和集资诈骗罪，应当择一重罪以集资诈骗罪论处。

本案例中，被告人李某博通过虚假"亚某逊跨境电商"App平台，在无实际货物交易的情况下，依托"金字塔"模式，通过高额投资返还比例、发展人员推荐奖励、组织人员参观考察等手段发展人员参加传销活动，吸引大量会员投资，但在后期拒不兑现提取现金的承诺、到案后拒不交代吸收资金去向，具有明显的非法占有目的，故法院依法以集资诈骗罪对其定罪处罚。

在此基础上，本参考案例的裁判要旨之一明确提出："对于传销活动的组织者、领导者意图非法直接占有所筹集资金的，属于以传销方式集资诈骗犯罪，同时构成组织、领导传销活动罪和集资诈骗罪，应当择一重罪以集资诈骗罪论处。"

第二，共同犯罪人行为性质的认定。以传销方式实施的集资诈骗犯罪活动，对具有非法占有目的的组织者、领导者应当以集资诈骗罪定罪处罚。但此类传销活动往往人数众多、层级复杂，各共同犯罪人是否均具有非法占有目的，难以一概而论。可以说，对于传销活动的组织者、领导者，受犯罪模式复杂、集资款用途不够明确、核心成员隐瞒真相等因素影响，并非都具有非法占有目的，需要根据其主观意图和实施的具体犯罪行为，准确适用罪名。对于具有非法占有目的，参与以传销方式实施集资诈骗的，以集资诈骗罪论处；对于虽不具有非法占有目的，但符合组织、领导传销活动罪的构成要件的，依照刑法第二百二十四条之一的规定定罪处罚。

本案例中，被告人徐某明参与被告人李某博组织、领导的传销活动，承担宣传推广等职责，但其没有直接占有集资款，主观上也难以认定其明知李某博实施集资诈骗而为其宣传推广，对其不应以集资诈骗罪论处，故法院依法以组织、领导传销活动罪对其定罪处罚。

在此基础上，本参考案例的裁判要旨之二明确提出："在以传销方式实施集资诈骗的共同犯罪案件中，部分共同犯罪人不具有非法占有目的，但符合组织、领导传销活动罪的构成要件的，以组织、领导传销活动罪定罪处罚。"

第三，共同犯罪中主从犯区分的原则。如前所述，对于以传销方式实施集资诈骗犯罪，根据各共同犯罪人的主观故意和客观行为不同，各共同犯罪人可能分别适用不同罪名。但是，各共同犯罪人在组织、领导传销活动犯罪范围内仍属共同犯罪。对此，根据刑法第二十六条、第二十七条的规定，结合司法实践的惯常做法，仍然可以区分主从犯，而不受主犯实行过限而以重罪集资诈骗罪论处的影响；但各共同犯罪人在共同犯罪中的地位、作用相当的，可以不再区分主从犯。对于在共同犯罪范围内起辅助或者次要作用的,依照刑法第二十七条的规定,可以认定系从犯,且应当从轻、减轻或者免除处罚。

本案例中,组织、领导传销活动罪属于"情节严重",依法应当处五年以上有期徒刑,并处罚金。被告人徐某明参与李某博组织、领导的传销活动,承担宣传推广等职责,在组织、领导传销活动罪共同犯罪中起次要作用,系从犯,故法院依法对其减轻处罚,判处有期徒刑一年,并处罚金人民币五万元。

入库编号：2023-03-1-167-001

10. 陈某荣合同诈骗案
——合同诈骗罪中"合同"的认定

关键词：刑事　合同诈骗罪　虚构事实　市场交易秩序　合同形式

【基本案情】

2021年8月至9月，被告人陈某荣因欠债较多无力偿还，遂以非法占有为目的，虚构需要采购大量白酒的事实，冒用他人名义与多名白酒销售商达成口头合同，欺骗销售商先行交付白酒，其后以"高买低卖"的方式低价转售他人。经查，涉案白酒价值人民币196万余元。案发前，部分被害人多次催款、报警，陈某荣归还人民币61万元。案发后，陈某荣被公安机关抓获归案，并如实供述上述事实。

江苏省盐城市亭湖区人民法院于2022年6月15日作出（2022）苏0902刑初137号刑事判决：被告人陈某荣犯合同诈骗罪，判处有期徒刑七年，并处罚金人民币二十万元。宣判后，没有上诉、抗诉，判决已发生法律效力。

【裁判理由】

法院生效判决认为：根据《中华人民共和国刑法》第二百二十四条的规定，以非法占有为目的，在签订、履行合同过程中，骗取对方当事人财物，数额较大的，构成合同诈骗罪。据此，合同诈骗罪的关键特征是利用签订、履行合同的手段骗取他人财物。合同诈骗行为不仅侵犯他人财产权利，而且破坏市场交易秩序。本案中，被告人陈某荣以非法占有为目的,虚构需要采购大量白酒的事实,假冒他人名义与销售商达成口头合同,骗取销售商财物,数额巨大,其行为已构成合同诈骗罪。尽管陈某荣与白酒销售商达成的系口头合同,但不影响合同诈骗罪的认定。陈某荣归案后如实供述自己的罪行,系坦白,且认罪认罚,依法予以从轻处罚。故法院依法作出如上裁判。

【裁判要旨】

1. 合同诈骗罪的客观方面表现为利用签订、履行合同的手段骗取他人财物。合同诈骗行为不仅侵犯他人财产权利,而且破坏市场交易秩序。没有利用签订、履行合同的手段骗取他人财物的,不适用合同诈骗罪。

2. 在界定合同诈骗罪的合同范围时,不应拘泥于合同的形式。即便是口头合同,只要发生在生产经营领域,破坏市场交易秩序,符合刑法第二百二十四条规定的,亦可以适用合同诈骗罪。

【关联索引】

《中华人民共和国刑法》第 224 条

一审:江苏省盐城市亭湖区人民法院(2022)苏 0902 刑初 137 号刑事判决(2022 年 6 月 15 日)

法官解读

合同诈骗罪中"合同"的认定规则

——《陈某荣合同诈骗案（入库编号：2023-03-1-167-001）》解读

周楷敏 王一晖[*]

合同诈骗罪是从诈骗罪中分离出来的一个独立罪名。1997年修订刑法时，根据合同诈骗犯罪的实际情况和司法经验，单独规定了合同诈骗罪。根据特别法优于一般法的法律适用原则和《中华人民共和国刑法》第二百六十六条"本法另有规定的，依照规定"的规定，对于构成合同诈骗罪的行为，不应以诈骗罪论处。区分合同诈骗罪与诈骗罪的标准当然涉及犯罪构成要件的多个方面，如就客观行为而言，合同诈骗罪的诈骗行为发生在签订、履行合同的过程之中，而诈骗罪的诈骗行为不受上述场域限制。但是，合同诈骗罪中"合同"的范围界定无疑对于准确界分两罪具有决定性意义。正因为如此，在长期的司法实践中，对合同诈骗罪中"合同"的范围和订立形式存在认识分歧。对此，人民法院案例库入库参考案例《陈某荣合同诈骗案（入库编号：2023-03-1-167-001）》的裁判要旨之二明确提出："在界定合同诈骗罪的合同范围时，不应拘泥于合同的形式。即便是口头合同，只要发生在生产经营领域，破坏市场交易秩序，符合刑法第二百二十四条规定的，亦可以适用合同诈骗罪。"这就为合同诈骗罪中"合同"的认定提出了明确裁判规则，有利于明晰类案裁判思路，统一法律适用。

其一，合同诈骗罪中的"合同"必须涉及市场交易秩序。诈骗罪规定于刑法分则第五章"侵犯财产罪"，而合同诈骗罪规定于刑法分则第三章"破坏社会主义市场经济秩序罪"第八节"扰乱市场秩序罪"。从同类

---

[*] 作者单位：江苏省盐城市亭湖区人民法院。

客体的角度解释，与诈骗罪侵犯的客体为单一客体，即侵犯财产权利有所不同，合同诈骗罪的犯罪客体属于双重客体的范畴，不仅包括财产权利，还包括市场秩序。换言之，合同诈骗罪不仅侵犯他人财产权利，还侵犯国家合同管理制度，扰乱市场交易秩序，进而破坏市场经济秩序。故而，合同诈骗罪中的"合同"必须能够体现一定的市场交易秩序。对此，民法典第三编"合同"第二分编涵括了多种典型合同，对合同诈骗罪中"合同"的认定具有重要参考借鉴意义。但需要注意的是，一方面，合同诈骗罪中"合同"的认定不以"典型"的经济合同为限；另一方面，亦不能认为行为人利用民法典合同编及其他编中的典型合同进行诈骗的，一律构成合同诈骗罪，与市场交易秩序无关的各种合同，就不能成为合同诈骗罪中的"合同"。就后者而言，既包括不具有交易性质的赠与合同，也包括婚姻、监护、收养等涉及身份关系的合同。

一言以蔽之，合同诈骗罪中"合同"只是犯罪手段，认定该罪的关键在于对行为侵犯客体的实质判断，即是否通过合同诈骗的行为方式破坏市场交易秩序。基于此，本参考案例的裁判要旨之一亦提出："合同诈骗罪的客观方面表现为利用签订、履行合同的手段骗取他人财物。合同诈骗行为不仅侵犯他人财产权利，而且破坏市场交易秩序。没有利用签订、履行合同的手段骗取他人财物的，不适用合同诈骗罪。"

其二，合同诈骗罪中的"合同"不限于书面合同。从民事法律来看，早期的经济合同法、涉外经济合同法等均严格将所涉合同限定为书面形式。而随着经济社会发展，特别是在网络时代，订立合同的形式不断翻新：书面合同自不待言，基于交易便捷性，采取口头合同形式愈发常见，而通过电子数据交换、电子邮件等信息手段订立合同等形式也不断出现。故而，合同法早已规定合同的订立，既可以采用书面形式，也可以采用口头形式或者其他形式；民法典进一步明确，以电子数据交换、电子邮件等方式能够有形地表现所载内容，并可以随时调取查用的数据电文，视为书面形式。可以说，口头合同和书面合同均为合法有效的合同，同样受到法律的保护。由此，对于合同诈骗罪中的"合同"也不应拘泥于书面形式，关键在于是否具备合同的本质特征。在有证据证明确实存在合同关系的情况下，即使订立的是口头合同，只要发生在经济领域，涉及市场交易秩序，亦可以适用合同诈骗罪。

就本案而言，对于被告人陈某荣所涉行为，在公安侦查阶段和检察批捕阶段，均认为构成诈骗罪，而在检察审查起诉和法院审理阶段则认为依法构成合同诈骗罪。其中，所涉争议的症结主要就在于合同形式。陈某荣以非法占有为目的，假冒他人的名义，通过虚构单位需要用酒的方式，骗得被害人大量白酒，"高买低卖"，所得款项用于挥霍。具体合同的订立采取了口头形式，即陈某荣和被害人达成口头协议，就购买白酒数量、价格、履行期限及方式等，达成了一致意见；而就合同性质而言，所涉口头合同属于经济合同的范畴，体现了市场交易秩序。故而，陈某荣通过"高买低卖""空手套白狼"等形式实施上述诈骗行为，不仅侵犯了对方的财产权利，而且破坏了正常的市场交易秩序，自然应当将所涉口头合同认定为合同诈骗罪中的"合同"，依法适用合同诈骗罪。

由本案出发，对于合同诈骗罪的适用应当采取实质判断的立场，着重审查行为人是否通过签订、履行合同的方式骗取他人财物，进而破坏市场交易秩序。对于发生在经济领域的合同诈骗行为，不论合同是采取书面形式，还是口头形式，抑或其他形式，均有成立合同诈骗罪的空间。对此，应当严格审查判断，确保法律适用准确、案件处理效果良好。

入库编号：2024-18-1-174-001

11. 林某鑫等提供虚假证明文件案
——出售"环评文件资质页"行为的定性

关键词：刑事　提供虚假证明文件罪　虚假证明文件　出售"环评文件资质页"　主观故意　情节严重

【基本案情】

2020年9月，被告人林某鑫为谋取非法利益，与他人共谋成立公司并出售"环评文件资质页"（主要包括《编制单位和编制人员情况表》《编制情况承诺书》《编制人员承诺书》《编制单位承诺书》《社会保险参保证明》《环评工程师资格证书复印件》《营业执照》等材料）。林某鑫指使被告人汪某在山东省青岛市即墨区先后注册成立两家环评公司，林某鑫为公司实际控制人。经他人介绍，持有环境影响评价工程师职业资格证书的被告人靳某燕等人挂靠在上述公司。靳某燕收取费用3.5万元，并根据林某鑫的要求提供生活照片，用于伪造环评文件中环评工程师到项目现场踏勘的证明，但未实际参与环评报告编制、审核和签名。

2020年9月至2021年2月，被告人林某鑫等人通过他人招揽业务，在被告人靳某燕等人未实际参与编制环节、未开展环评工作的情况下，伪造环评工程师签名，将加盖上述公司印章的"环评文件资质页"，以每套300元至3500元不等的价格通过被告人汪某、谷某欢出售给他人，用于编制环境影响报告书、报告表。林某鑫等人以上述公司名义出售"环评文件资质页"，供他人编制环境影响报告书48份、环境影响报告表879份，获利79.91万元。经生态环境部门认定，有25份环境影响报告书、报告表存在遗漏环境保护目标、隐瞒生态保护区等质量问题，所涉项目的环评文件批复已被环评审批部门依法撤销，相关项目因此被责令停产停业。

山东省青岛市即墨区人民法院于2023年5月25日作出（2023）鲁0215刑初188号刑事判决：被告人林某鑫犯提供虚假证明文件罪，判处有期徒刑三年，并处罚金人民币五十万元；被告人汪某犯提供虚假证明文件罪，判处有期徒刑一年六个月，并处罚金人民币七万元；被告人谷某欢犯提供虚假证明文件罪，判处有期徒刑一年二个月，并处罚金人民币六万元；被告人靳某燕犯提供虚假证明文件罪，判处有期徒刑一年，缓刑一年，并处罚金人民币五万元。宣判后，没有上诉、抗诉，判决已发生法律效力。

【裁判理由】

法院生效裁判认为：根据《中华人民共和国刑法》第二百二十九条及司法解释的规定，环境影响评价机构或其人员，故意提供虚假环境影响评价文件，情节严重的，以提供虚假证明文件罪定罪处罚。本案中，被告人林某鑫作为承担环境影响评价职责的中介组织人员，伙同被告人汪某、谷某欢、靳某燕，在未实际开展环评业务，亦未参与编制环评报告的情况下，出售"环评文件资质页"，为他人以涉案环评公司资质、名义编制虚假的环评文件提供帮助，情节严重，构成提供虚假证明文件罪。

关于虚假证明文件的认定，经查，具有环境影响评价工程师职业资质的被告人靳某燕等未实际参与编制环节，涉案环境影响评价证明文件中环评工程师签名系伪造。经环保部门组织专家复核认定，涉案环境影响报告书、环境影响报告表存在项目涉及生态敏感目标错误、环境质量现状监测数据不实、隐瞒生态保护区，以及未开展环境影响预测与评价等问题。上述环境影响评价文件存在基础资料不实、关键内容遗漏、数据结论错误等严重质量问题，无法客观反映项目实施后可能造成的环境影响，应当认定为刑法第二百二十九条规定的"虚假证明文件"。

关于提供虚假证明文件的主观故意，经查，涉案环评公司及相关人员未开展任何环境影响评价工作，而是径行倒卖环境影响评价报告资质页，用于编制环境影响评价报告书、报告表。根据国家有关环境影响评价标准和技术规范，开展环境影响评价，要求技术人员现场踏勘、开展环境现状调查等活动。被告人林某鑫等人违反上述规定，未到涉案项目现场踏勘，未实际参与环境现状调查，直接出售"环评文件资质页"，为他人以上述公司资质、名义编制虚假的环境影响评价证明文件提供帮助，依法认定存在提供虚假证明文件的主观故意。

被告人林某鑫等人通过出售《编制单位和编制人员情况表》等"环评文件资质页"，为他人以涉案环评公司资质、名义编制环评文件提供帮助，违法所得79.91万元，涉案环评文件共计927份，涉及多个省市、众多行业领域的建设项目，扰乱环评市场秩序，破坏环评制度的公信力和有效性，危害生态环境，造成恶劣社会影响，应当认定为刑法第二百二十九条规定的"情节严重"。经综合考虑各被告人在共同犯罪中所起作用以及自首、认罪认罚、退赃等情节，法院依法作出如上裁判。

【裁判要旨】

承担环境影响评价职责的中介组织的人员，未实际参与环境影响评价，直接出售"环评文件资质页"，供他人冒用资质、编制虚假环境影响报告书、环境影响报告表的，属于刑法第二百二十九条规定的"故意提供虚假证明文件"。

【关联索引】

《中华人民共和国刑法》第229条

《中华人民共和国环境影响评价法》第32条

一审：山东省青岛市即墨区人民法院（2023）鲁0215刑初188号刑事判决（2023年5月25日）

法官解读

对"环评报告贩子"的定罪量刑规则

——《林某鑫等提供虚假证明文件案（入库编号：2024-18-1-174-001）》解读

张豪杰　王方宪[*]

环境影响评价，是指对规划和建设项目实施后可能造成的环境影响进行分析、预测和评估，提出预防或者减轻不良环境影响的对策和措施，进行跟踪监测的方法与制度。环境影响评价是专业严谨的评估论证，被称为在发展中守护绿水青山的"第一道防线"，是防范环境风险的法治保障，对协同推进经济高质量发展和生态环境高水平保护发挥着重要作用。环境影响报告表（书）等是环境影响评价的重要载体，具有社会公信力。

由于正常的环评工作专业性强、工作周期长、费用较高，一些不具备资质的环评公司开始通过非法购买"环评文件资质页"，在较短时间内以较低的成本制作形成环评文件。此种模式被环境影响评价行业部分从业人员效仿，并呈现专业化、链条化趋势，造成环评行业混乱，更为生态环境安全埋下隐患。人民法院案例库入库参考案例《林某鑫等提供虚假证明文件案（入库编号：2024-18-1-174-001）》即是全国"环评造假"入刑第一案，并被写入最高人民法院工作报告。本案例的裁判要旨明确："承担环境影响评价职责的中介组织的人员，未实际参与环境影响评价，直接出售'环评文件资质页'，供他人冒用资质、编制虚假环境影响报告书、环境影响报告表的，属于《中华人民共和国刑法》第二百二十九条规定的'故意提供虚假证明文件'。"这就对相关环评造假案件的处理规则作了明确，为类似案件裁判提供了指引。现就有关问题解读如下：

---

[*] 作者单位：山东省青岛市即墨区人民法院。

一、关于虚假证明文件的认定

虚假证明文件，既包括伪造的证明文件，也包括内容虚假、有重大遗漏、误导性内容的文件。对虚假证明文件的认定应当兼顾实质审查与形式审查。实质内容虚假的证明文件因存在数据、结论等方面的内容虚假，从而无法对证明事项起到证明的作用，属于虚假证明文件。而伪造的证明文件本身就缺乏真实性、合法性的基础，天然属于虚假证明文件，即便其实质内容与事实相符，但因其系伪造，也应当认定为虚假证明文件。承担环境影响评价职责的中介组织人员在不参与任何实际环评业务的情况下，将环境影响评价工程师的资质、签名等材料提供给无资质人员，以此制作出虚假的环境影响报告表（书）并使用的，属于提供虚假证明文件的行为。实施上述行为情节严重的，应当以提供虚假证明文件罪定罪处罚。

本案例中，被告人林某鑫等人通过伪造"挂靠"环评工程师的签字向他人出售"环评文件资质页"，购买者将购得的"环评文件资质页"与自行编写或委托他人编写的无资质的环评报告一同胶印成册，形成完整的环境影响评价文件。通过此种方式，在短时间内形成了近千份环境影响评价文件。经相关生态环境部门认定，其中25份环境影响报告书、报告表存在遗漏环境保护目标、隐瞒生态保护区等质量问题。林某鑫让被告人靳某燕等环评工程师将资格证书挂靠在公司，挂靠环评工程师从不参与任何环评业务，林某鑫等人既不具备环评专业知识，也不开展任何实质性环评业务，在"环评文件资质页"上伪造签字，通过出售伪造的"环评文件资质页"牟利，对购买资质页后将要形成的环评文件不加任何审核和甄别，处于完全失控的状态，使环评制度形同虚设。此种行为模式下，涉案环评工程师、公司人员均未参与任何实际环评业务，且通过伪造签字的方式制作环评文件资质页，导致上述环境影响评价文件出现基础资料不实、关键内容遗漏、数据结论错误等严重质量问题，无法客观反映项目实施后可能造成的环境影响。故而，以此形成的环评文件应当认定为伪造的环评文件，属于刑法意义上的虚假证明文件。

二、关于情节严重的认定

根据刑法第二百二十九条的规定，成立提供虚假证明文件罪要求达到"情节严重"的标准。由于虚假证明文件的种类繁多，涉及资产评估、验资、验证、会计、审计、法律服务、保荐、安全评价、环境影响评价、环境监测等众多行业领域，不同行业领域的虚假证明文件又有各自的特点，因此，应当根据证明文件类型、文件数量、业务领域、造成的经济损失、对经济社会秩序的危害程度、违法所得等方面进行综合评判。由于环境影响评价是对建设项目可能造成环境污染的一种前置性风险防范措施，虚假的环评文件可能造成很多短时间内难以显现的潜在危害后果。因此，对于提供虚假环评证明文件案件的情节严重认定标准，还应当着重考虑对所涉生态环境造成的破坏程度及风险隐患。

本案例中，被告人林某鑫等人的犯罪行为对环评行业市场秩序的破坏尤为明显。几名被告人在短时间内制作了大量的虚假环评文件，严重破坏了环评行业的市场秩序，致使舆论认为这种环评制度沦为形式主义。此外，涉案虚假证明文件数量多，涉及建设项目的范围广，对生态环境带来的风险隐患高。本案例涉及全国26个省份927个建设项目，所涉项目的环评文件批复已被环评审批部门依法撤销，相关项目因此被责令停产停业，造成严重经济损失。并且，所涉部分建设项目处于水源保护地、生态保护区内，项目一旦建成，将对当地生态环境造成不可逆转的破坏。总之，几名被告人的行为严重扰乱环评市场秩序，危害生态环境，造成恶劣社会影响，符合刑法第二百二十九条规定的"情节严重"。

顺带提及的是，自2023年8月起施行的《最高人民法院、最高人民检察院关于办理环境污染刑事案件适用法律若干问题的解释》（法释〔2023〕7号）第十条明确列举"违法所得三十万元以上的"属于情节严重的情形，并设置了"其他情节严重的情形"的兜底项。虽然本案例判决时间是在上述司法解释施行以前，但是亦符合上述司法解释关于情节严重认定标准的规定及精神，故本案例依然对当下的类似案件裁判具有参考指引价值。

此外，本案例涉及环评公司经营者、挂靠环评工程师、居间介绍人等众多人员。人民法院依法对环评行业造假行为进行全链条惩治，彰显了对环评领域造假，特别是对"环评报告贩子""零容忍"的坚决态度，为铸牢守护绿水青山的第一道防线提供有力司法保障。

入库编号：2024-18-1-177-002

12. 罗某故意杀人案
——长期中止审理案件的缺席审判程序适用与无受审能力的被告人庭前供述的采信规则

> 关键词：刑事　故意杀人罪　无受审能力　缺席审判程序　被告人庭前供述　审查认定

【基本案情】

被告人罗某家的自留山与被害人赖某某（殁年39岁）家的自留山连界。罗某及其母亲陈某某越界砍割赖某某家自留山上的柴草，引起赖某某不满。2012年12月15日下午，赖某某上山将堆放在赖家自留山上的柴草烧毁，被到达现场的罗某发现，双方发生打斗。罗某用拳头击打赖某某肚子，并将赖某某踹到坡下。罗某追至坡下，赖某某用镰刀划伤罗某手指，罗某夺过镰刀对赖某某头面部、肩部、背部、双上肢等处乱砍，致赖某某死亡。作案后，罗某用柴草将赖某某尸体掩盖，并将作案工具镰刀及作案时所穿衣服藏匿于家中。次日，公安机关在山上找到赖某某尸体。经尸体检验鉴定，被害人赖某某的死亡原因系远端为尖形的锐性砍器（镰刀类）多次砍击头面部、肩部、背部、双上肢致急性大失血、小脑损伤而死亡。2012年12月17日，罗某被抓获归案。罗某到案后如实供述了其主要犯罪事实。

在侦查阶段，2013年1月25日，经四川华西法医学鉴定中心鉴定，被告人罗某患有中度至重度精神发育迟滞，对其2012年12月15日所实施行为评定为具有部分刑事责任能力。另查明，罗某系哑人，听力三级残疾，属于又聋又哑的人。案发后，罗某的亲属向被害人赖某某的亲属赔偿经济损失共计3万元。

在审理过程中，2014年4月11日，经四川华西法医学鉴定中心鉴定，被告人罗某被评定为无受审能力。四川省乐山市中级人民法院于2014年5月5日裁定中止审理。在中止审理期间，2018年5月10日，经重庆市精神卫生中心鉴定，罗某作案时具有限制刑事责任能力，无受审能力。经罗某的法定代理人陈某某同意，乐山市中级人民法院于2022年12月9日裁定恢复审理，于同年12月14日缺席审理。

四川省乐山市中级人民法院于2022年12月21日作出（2013）乐刑初字第32号刑事判决：被告人罗某犯故意杀人罪，判处有期徒刑十一年，剥夺政治权利一年。宣判后，没有上诉、抗诉，判决已发生法律效力。

【裁判理由】

本案主要涉及缺席审判程序的具体适用和无受审能力但具有部分刑事责任能力的被告人庭前供述的采信规则。

本案适用缺席审判程序符合法律规定。《中华人民共和国刑事诉讼法》第二百九十六条规定："因被告人患有严重疾病无法出庭，中止审理超过六个月，被告人仍无法出庭，被告人及其法定代理人、近亲属申请或同意恢复审理的，人民法院可以在被告人不出庭的情况下缺席审理，依法作出判决。"在此基础上，《最高人民法院关于适用〈中华人民共和国刑事诉讼法〉的解释》（法释〔2021〕1号）第六百零五条第一款将"被告人患有严重疾病无法出庭"具体解释为"被告人患有严重疾病导致缺乏受审能力，无法出庭受审"，并针对实践中存在的被告人无法表达意愿的情形，在第二款规定："符合前款规定的情形，被告人无法表达意愿的，其法定代理人、近亲属可以代为申请或同意恢复审理。"本案中，两次鉴定均认为被告人罗某缺乏受审能力，无法出庭受审。本案属于长期中止审理案件，自2014年5月5日裁定中止审理至2022年12月9日裁定恢复审理，已远超六个月。在罗某无法表达意愿的情况下，经其法定代理人陈某某同意，法院依法适用缺席审判程序，符合法律规定。

被告人罗某的庭前供述经审查依法予以采信。经鉴定，罗某作案时系限制行为能力人，审理时缺乏受审能力。但是，对其庭前供述应当结合其认知能力和其他在案证据进行综合审查。经审查认为，罗某所作供述符合其认知能力，且与在案其他证据相互印证，依法予以采信。具体而言：（1）在本案侦查阶段，鉴定机构对罗某于2012年12月15日所实施行为进行鉴定，认为具有部分刑事责任能力，表明其尚未完全丧失辨认和控制能力。而罗某的家人及村民也证实罗某生活能够自理，并可做家务和农活。此外，罗某藏匿带血的衣服和作案工具镰刀的行为，也反映其具有利害关系的辨识能力。而且民警讯问罗某时，罗某在手语翻译人员辅助下，也能够通过点头、摇头及肢体动作表达案发过程的相关情况，讯问过程有同步录音录像，罗某供述的过程自然。（2）罗某供述的打斗情况与现场环境状况、血迹分布情况、被害人赖某某伤情部位情况、案发现场血迹及罗某所穿衣物上检出被害人血迹、案发现场检出罗某与被害人混合血迹的情况等相吻合；罗某供述将带血的衣服和作案工具镰刀藏匿家中，案发后找到上述物品的情况反映，藏匿位置均较为隐蔽；其供述手指被被害人用镰刀划伤的情况与其手指伤情状况相吻合。综上所述，经采纳罗某的庭前供述，结合在案证据，相互印证，形成证据锁链，足以证实被害人赖某某系被告人罗某用镰刀砍击致死。故法院依法作出如上裁判。

【裁判要旨】

1.对于中止审理超过六个月的案件，被告人因患有严重疾病无法就是否恢复审理表达意愿，其法定代理人、近亲属代为申请或者同意恢复审理的，人民法院可以缺席审理，依法作出判决。

2.对于无受审能力但具有部分刑事责任能力的被告人，不能单纯以无受审能力而直接否定其庭前供述。对于被告人庭前供述与其认知能力相适应，且与其他在案证据相互印证的，依法予以采信。

【关联索引】

《中华人民共和国刑事诉讼法》第 296 条

《最高人民法院关于适用〈中华人民共和国刑事诉讼法〉的解释》（法释〔2021〕1 号）第 605 条

一审：四川省乐山市中级人民法院（2013）乐刑初字第 32 号刑事判决（2022 年 12 月 21 日）

法官解读

无受审能力的被告人庭前供述的采信规则
—— 《罗某故意杀人案（入库编号：2024-18-1-177-002）》解读

任 梦[*]

根据《中华人民共和国刑事诉讼法》第二百九十六条和《最高人民法院关于适用〈中华人民共和国刑事诉讼法〉的解释》（法释〔2021〕1号，以下简称《刑事诉讼法解释》）第六百零五条的规定，因被告人患有严重疾病导致缺乏受审能力，无法出庭受审，中止审理超过六个月，被告人仍无法出庭，被告人及其法定代理人、近亲属申请或者同意恢复审理的，人民法院可以在被告人不出庭的情况下缺席审理，依法作出判决。这就有效解决了被告人无受审能力情况下刑事诉讼推进的程序障碍。然而，具体操作中，对于无受审能力的被告人庭前供述的证据能力及其具体审查认定，尚需进一步明晰规则。对此，人民法院案例库入库参考案例《罗某故意杀人案（入库编号：2024-18-1-177-002）》的裁判要旨之二提出："对于无受审能力但具有部分刑事责任能力的被告人，不能单纯以无受审能力而直接否定其庭前供述。对于被告人庭前供述与其认知能力相适应，且与其他在案证据相互印证的，依法予以采信。"这就结合本参考案例的情况，对无受审能力的被告人庭前供述的采信规则作了明确，为类似案件裁判提供了明确指引。现就有关问题解读如下。

一、关于对无受审能力的被告人庭前供述的采信规则

第一，无受审能力的鉴定并不当然否定部分刑事责任被告人在侦查阶段所作的供述。受审能力鉴定通常在刑事诉讼的审查起诉或审判阶段

---

[*] 作者单位：四川省高级人民法院。

作出，主要用于判断被鉴定人的精神障碍是否影响行为人对自身面临的刑事诉讼的性质及其可能后果的认知能力，对刑事诉讼的权利和义务的辨认能力，以及与辩护人有效配合进行合理辩护的能力。受审能力的鉴定仅针对被鉴定人鉴定时的精神状态和受审能力，故无受审能力的鉴定不能当然否定被鉴定人在侦查阶段所作供述和辨认的证据能力。

第二，无受审能力的被告人庭前供述的证据能力判断，以供述内容与其认知能力相适应为判断标准。对无受审能力被告人庭前供述的审查，应当参照适用《刑事诉讼法解释》第一百四十三条的规定，即"下列证据应当慎重使用，有其他证据印证的，可以采信：（一）生理上、精神上有缺陷，对案件事实的认知和表达存在一定困难，但尚未丧失正确认知、表达能力的被害人、证人和被告人所做的陈述、证言和供述……"实际上，被告人因生理上、精神上的缺陷，认知和表达能力减损会导致其供述的证明效力降低，但并不当然丧失证据能力。对所涉被告人供述的审查，应当以被告人是否具有"正确认知、表达能力"为判断基准。具体而言：（1）关于对"正确"的理解。认知和表达能力存在有无及程度的差异，无认知、表达能力的被告人，其供述自然丧失证据能力。有认知和表达能力的被告人，如其认知和表达能力与其供述内容相适应，即可认为具有"正确"的认知和表达能力。（2）就"认知"而言，被告人具备认知的自然属性即可，无须具有认知的社会属性，即认知自己使用镰刀砍杀被害人即可，而无须认识到杀人行为构成故意杀人罪。就"表达"而言，被告人能够理解向他提出的问题，并能够对这些问题作出可被理解的回答。此外，认知通常需要通过语言、文字或者肢体等方式表达，才能实现主观认知的客观呈现，故广义上的"认知能力"也要包含"表达"的内容。综上所述，对于被告人具有"正确认知、表达能力"的，可以认为被告人供述内容与其认知能力相适应。

第三，关于被告人供述内容与其认知能力相适应可结合在案证据综合审查判断，必要时可以委托专家证人辅助判断。何为"被告人供述内容与认知能力相适应"，属于经验法则的判断内容，需要综合被告人的健康状况、日常表现、供述情况等综合考量。普通程序的刑事案件，审判人员可以通过讯问，了解被告人的认知能力，根据经验作出基本判断。如果认为被告人的认知能力存疑的，可以采取鉴定或者专家论证方式辅助判断。对于缺席审判程序的刑事案件，审判人员则可以从被告人的日常表现和供述表现两方面进行审查。关于日常表现，可结合与被告人共同生活的亲属、邻居、村（居）委会干部等证人证言对被告人日常认知能力作出基本判断。关于供述表现，可结合讯问笔录及同步录音录像、案发后被告人的表现等证据，判断被告人的认知能力是否出现减退及是否与其供述的内容相适应。如对被告人的认知能力存疑或者对是否与供述内容相适应存疑，可引入专家辅助判断。

第四，对无受审能力被告人供述的证据审查运用，通常需要采用印证模式，适用口供补强规则。显然，从认知能力角度判断，上述口供的证明力弱于无认知障碍的被告人的口供，故其补强证据的内容和数量应较一般案件更为充分，并注重通过隐蔽性证据进行补强。

二、关于罗某故意杀人案中被告人庭前供述的采信

本案中，在侦查阶段，对被告人罗某于2012年12月15日的违法行为，被评定为罗某具有部分刑事责任能力，表明其尚未完全丧失辨认和控制能力。同时，罗某的家人及村民也证实罗某生活能够自理，并可做家务和农活，罗某具备与生活自理、日常家务劳作相当的认知能力，具备理解日常生活提问和作出被理解的回答（含肢体语言等）的表达能力。罗某藏匿带血的衣服、裤子和作案工具镰刀的行为也反映其具有利害关系的辨识能力和趋利避害的控制能力。并且，民警讯问罗某时，罗某在手语翻译人员辅助下，也能够通过点头、摇头及肢体动作表达案发过程的相关情况，讯问过程有同步录音录像，罗某供述的过程自然。被告人供述的内容未超过被告人的认知能力。

引入专家论证模式，可以辅助审判人员对被告人供述时认知能力的审查判断。本案办理过程中，先后组织法医精神病鉴定专家、刑法学专家召开两次论证会。经论证认为，首先，受审能力鉴定是针对被鉴定人当前精神状态和受审能力的鉴定，审判阶段所作无受审能力的鉴定并不当然否定具有部分刑事责任能力的被告人在侦查阶段所作供述等行为的客观性。其次，对于被告人供述的审查判断，需考虑供述内容与患者精神发育程度即认知能力的匹配度。可以说，被告人庭前供述内容符合其认知能力。

此外，印证模式在本案中也得以应用。本案中，被告人罗某供述的作案时间、侵害对象、作案过程与尸检报告、现场环境状况、血迹分布情况、被害人伤情及部位情况、被害人尸体情况、被告人手指伤情相吻合，与罗某所穿衣物上（外衣更换藏匿，内穿的毛衣未更换）检出被害人血迹、案发现场检出罗某与被害人混合血迹的情况等相吻合。其中，重要物证如作案所穿外衣、蓝色裤子、作案工具镰刀，均是在罗某家中藏匿位置较为隐蔽的地方被找出，且蓝色拖鞋亦是在罗某带领下在案发现场附近被找到。

综上所述，经综合判断，法院认为，被告人罗某所作供述与其认知能力相适应，且与在案其他证据相印证，依法予以采信。

入库编号：2024-18-1-182-001

13. 周某强奸、强制猥亵、抢劫案
——强奸后强制猥亵的罪数处断

关键词：刑事　强奸罪　强制猥亵罪　抢劫罪　数罪并罚　犯罪既遂

【基本案情】

2023年8月21日晚，被告人周某经过重庆市合川区龙市镇某乡村小路时，采取捂嘴、按倒、拖行、恶害言语等方式，将被害人刘某（女）劫持至路旁玉米地劫取现金未果，抢走刘某价值1800元的手机一部。其后，周某采取恶害言语、亮出刀具、拖拽等方式，强迫刘某为其口交并发生性关系。为防止被查处，周某采取恶害言语、亮出刀具等方式，将刘某带回自己位于龙市镇龙腾大道的住处清理犯罪痕迹。周某使用绳子将刘某的手捆绑在床头，清洗自己与刘某的衣物，要求刘某一同洗澡后又强制刘某为其口交。后经刘某劝说，周某于8月22日凌晨将刘某放走。8月26日，周某自动投案并如实供述上述事实。

另查明，被害人刘某于2023年8月17日就医诊断为怀孕约五周，9月9日因胚胎基因问题接受药物流产。

重庆市合川区人民法院于2024年1月15日作出（2023）渝0117刑初576号刑事判决：被告人周某犯强奸罪，判处有期徒刑五年；犯强制猥亵罪，判处有期徒刑三年；犯抢劫罪，判处有期徒刑三年，并处罚金人民币三千元；决定执行有期徒刑十年，并处罚金人民币三千元。宣判后，被告人周某不服，提出上诉。重庆市第一中级人民法院于2024年4

月 18 日作出（2024）渝 01 刑终 122 号刑事裁定：驳回上诉，维持原判。

【裁判理由】

法院生效裁判认为：被告人周某采取暴力、胁迫手段强奸、强制猥亵妇女，分别构成强奸罪、强制猥亵罪；以非法占有为目的，抢劫他人手机，构成抢劫罪。所犯数罪，应予并罚。

其一，关于强奸罪与强制猥亵罪的罪数处断。被告人周某提出强奸罪已经包含了强制猥亵，不再构成强制猥亵罪的辩解意见。经查，本案整个犯罪过程可以明显区分为三个阶段：第一阶段是周某为了满足性欲望，强迫被害人刘某为其口交、进而发生性关系；第二阶段是周某为了逃避侦查，强行将刘某带回家中清理犯罪痕迹；第三阶段是周某再生欲望，强制猥亵刘某。第一阶段之中，周某实施的行为构成强奸罪，应无疑义。在强奸行为实施完毕，周某强行将刘某带回家中清理犯罪痕迹过程中，再对其进行强制猥亵，是另起犯意实施的行为，而非第一阶段强奸行为的延续、发展。而且，由于第一阶段的强奸行为与第三阶段的强制猥亵行为，不仅时间间隔较长，而且空间发生变化，亦不具备吸收条件，不能成立吸收犯。综上所述，对周某的行为应当分别认定为强奸罪、强制猥亵罪，依法予以并罚。

其二，关于刑罚裁量。被告人周某提出原判刑罚过重的上诉理由。经查，门诊病历、诊断证明书证实，案发时被害人刘某系怀孕妇女。周某强奸、强制猥亵怀孕的妇女，故对其所犯强奸罪、强制猥亵罪酌情从重处罚，分别判处有期徒刑五年和有期徒刑三年的刑罚。

其三，关于抢劫罪既遂的认定。被告人周某提出其只想抢劫现金，拿走被害人手机是为了防止对外联系或报警，后其因担心留下指纹丢弃手机，不应认定为抢劫罪既遂的辩解意见。根据《中华人民共和国刑法》第二百六十三条的规定，以暴力、胁迫或者其他方法抢劫公私财物的，构成抢劫罪。本案中，周某采取暴力、胁迫方法劫取被害人刘某的手机，排除刘某对手机的占有、控制，成立犯罪既遂。周某抢劫手机的动机，不影响犯罪既遂的成立；周某将劫取的手机丢弃，系犯罪既遂后对财物的处置，亦不影响犯罪既遂的成立。有鉴于此，对上述辩解意见不予采纳。

综上所述，一审、二审法院依法作出如上裁判。

【裁判要旨】

1. 针对同一被害人实施强奸后，又实施强制猥亵，二行为之间间隔时间较长、空间发生变化的，不宜认为强制猥亵行为是强奸行为的延续，不能成立吸收犯，应当以强奸罪和强制猥亵罪并罚。

2. 对怀孕妇女实施强奸、强制猥亵犯罪的，酌情予以从重处罚。

3. 抢劫公私财物之后丢弃所劫取财物的，属于犯罪既遂之后处置财物的行为，不影响抢劫罪既遂的认定。

【关联索引】

《中华人民共和国刑法》第236条、第237条第1款、第263条

一审：重庆市合川区人民法院（2023）渝0117刑初576号刑事判决（2024年1月15日）

二审：重庆市第一中级人民法院（2024）渝01刑终122号刑事裁定（2024年4月18日）

法官解读

性侵犯罪的罪名界分与罪数处断

——《周某强奸、强制猥亵、抢劫案（入库编号：2024-18-1-182-001）》解读

陈　娥　乔宇飞[*]

　　性侵案件系多发刑事案件，由于侵害行为复杂多样，既易出现强奸罪与猥亵犯罪的界分困难，又易出现数罪并罚还是择一重罪处断的争议难题。司法实践中，一些案件在罪名确定、罪数处断方面存在不一致做法，进而导致定罪、量刑的不统一，影响案件办理的效果。对此，人民法院案例库入库参考案例《周某强奸、强制猥亵、抢劫案（入库编号：2024-18-1-182-001）》的裁判要旨提出："针对同一被害人实施强奸后，又实施强制猥亵，二行为之间间隔时间较长、空间发生变化的，不宜认为强制猥亵行为是强奸行为的延续，不能成立吸收犯，应当以强奸罪和强制猥亵罪并罚。""对怀孕妇女实施强奸、强制猥亵犯罪的，酌情予以从重处罚。"这就结合本参考案例的情况，对性侵犯罪的罪数处断及定罪量刑规则作了明确，为类似案件裁判提供了明确指引。对于所涉裁判要旨，应当注意从三个方面加以把握。

　　第一，以刑法分则规定的构成要件为基准界分罪名，符合罪刑法定原则的要求。罪数处断的前提是准确界分此罪与彼罪。具体而言，当强奸和强制猥亵行为针对同一对象时，罪名界分可能存在一定困难。对此，需要根据犯罪构成要件，依据行为人主客观方面的情形进行判断。强奸罪、强制猥亵罪均规定于刑法分则第四章"侵犯公民人身权利、民主权利罪"，两罪的构成要件虽有一定关联性，但实际区别明显：强奸罪侵

---

[*] 作者单位：重庆市第一中级人民法院。

犯妇女的性自主权利，主观上具有违背妇女意愿强行发生性关系的故意，客观上表现为以暴力、胁迫或者其他手段强奸妇女；强制猥亵罪侵犯妇女性交以外的性自主权利，主观上具有违背妇女意愿强行猥亵的故意，客观上表现为以暴力、胁迫或者其他方法实施性交以外的猥亵妇女的行为。

本案中，被告人周某为满足性欲望，强迫被害人刘某为其口交、进而发生性关系，后将刘某带回家中清理痕迹过程中又强行实施猥亵行为，主观上先后产生强奸和强制猥亵两个故意的内容，客观上分别实施了强奸妇女和强制猥亵妇女两个行为，故应当认定周某的行为分别构成强奸罪和强制猥亵罪。

第二，准确认定强奸罪与强制猥亵罪之间的罪数关系，符合司法处断的通常做法。当强奸和强制猥亵行为针对同一对象时，不仅罪名界分困难，罪数处断亦易出现不同认识。对此，仍然应当以构成要件作为判定基础：行为符合一个犯罪构成的，成立一罪；行为符合数个犯罪构成的，成立数罪。然而，由于强奸与强制猥亵经常伴随发生，犯罪过程和犯罪结果存在一定程度的交叉，有观点认为，应当依据吸收犯理论，以强奸罪一罪判处，强制猥亵行为作为强奸罪的酌定从重情节考察。然而，吸收犯是指数个不同的犯罪行为，依据日常一般观念或法条内容，其中一个行为当然地为他行为所吸收，只成立吸收行为的一个犯罪。一般认为，数个犯罪行为之所以成立吸收关系，是因为其性质基本相同或者属于某种犯罪的同一过程，彼此之间存在密切的联系，前行为可能是后行为发展的所经阶段，后行为可能是前行为发展的自然结果。吸收关系具体主要包括三种：一是重行为吸收轻行为，二是实行行为吸收非实行行为，三是主行为吸收从行为。

本案中，被告人周某实施强奸行为与强制猥亵行为的时间间隔较长，且空间发生变化，强制猥亵行为是另起犯意实施的行为，而非强奸行为的延续、发展。在此情形下，强制猥亵行为既不是强奸行为的必经阶段，也不是强奸行为的自然结果，二者之间缺乏成立吸收犯的正当逻辑关系，故应当单独评价。

第三,对性侵怀孕妇女的犯罪酌情从重处罚,符合宽严相济刑事政策的要求。贯彻宽严相济刑事政策,要根据犯罪的具体情况,实行区别对待,做到该宽则宽,当严则严,宽严相济,罚当其罪。妇女权益保障法第三章对"人身和人格权益"作了专章规定,凸显了国家保护妇女人身和人格权益的鲜明立场。由此,在办理性侵案件时,应当注重对妇女人身和人格权益的有效保护,对于社会危害大或者具有法定、酌定从重处罚情节,以及主观恶性深、人身危险性大的被告人,应当依法从严惩处。特别是,对于"逆向情节"并存的案件,要依法妥当处理。对此,《最高人民法院关于贯彻宽严相济刑事政策的若干意见》(法发〔2010〕9号)第二十八条规定:"对于被告人同时具有法定、酌定从严和法定、酌定从宽处罚情节的案件,要在全面考察犯罪的事实、性质、情节和对社会危害程度的基础上,结合被告人的主观恶性、人身危险性、社会治安状况等因素,综合作出分析判断,总体从严,或者总体从宽。"根据上述规定,要综合全案情节,准确判断总体从严或者总体从宽。

本案中,被告人周某在公共场所强奸怀孕的妇女,将其挟持回家后又进行强制猥亵,虽不属于《中华人民共和国刑法》第二百三十六条明文列举的加重处罚情形,但周某的主观恶性深,行为的社会危害性大,虽有自首的从轻处罚情节,量刑时仍应体现从严,才能实现刑法的公正价值,符合人民群众对公平正义的理解和认知。综合考虑周某犯罪的动机、手段、后果及自首的原因等,生效裁判对其决定执行有期徒刑十年,并处罚金人民币三千元,体现了总体从严的立场和取向。

入库编号：2024-04-1-196-001

14. 李某侮辱、传播淫秽物品案
——传播可识别真实身份的淫秽视频，损害他人人格尊严的处理

关键词：刑事　侮辱罪　传播淫秽物品罪　淫秽视频　严重危害社会秩序

【基本案情】

2021年12月，被告人李某为报复被害人美某某（女），将先前与害人发生性关系时偷拍美某某露脸的裸体视频命名为含有校名、被害人籍贯等信息的视频文件上传至境外黄色网站，后被另一境外黄色网站转载。截至2023年4月6日案发，该视频在境外第二个黄色网站上的浏览量达2.3万余次。经鉴定，上述视频属于淫秽视频。

2021年12月27日至2023年2月28日间，被告人李某在境外黄色网站上传了其与多名女性发生性关系的视频（均未露脸）42部，后被另一境外黄色网站转载。截至2023年4月6日案发，上述视频的浏览量达9000余次。经鉴定，上述42部视频均属于淫秽视频。

被告人李某到案后如实供述了自己的罪行，赔偿被害人美某某人民币2万元并取得谅解。

江苏省苏州工业园区人民法院于2023年12月21日作出（2023）苏0591刑初703号刑事判决：被告人李某犯侮辱罪，判处有期徒刑七个月；犯传播淫秽物品罪，判处有期徒刑六个月，决定执行有期徒刑十个月。宣判后，没有上诉、抗诉，判决已发生法律效力。

【裁判理由】

被告人李某为追求性刺激，在互联网上传播其与多名女性发生性关系的视频42部（均未露脸），情节严重，其行为构成传播淫秽物品罪。对此，控辩双方均无争议。本案争议焦点在于传播可识别真实身份的淫秽视频行为的定性及程序适用问题。

其一，关于侮辱罪与传播淫秽物品罪的界分。侮辱罪侵犯的客体是他人的人格尊严和名誉权，传播淫秽物品罪侵犯的客体是社会管理秩序。行为人传播可准确识别特定自然人身份的私密淫秽视频，不仅妨害社会管理秩序，构成传播淫秽物品罪，同时亦损害被害人的隐私权、名誉权等人格权，可能构成侮辱罪。如果同时符合两罪的构成要件，因侮辱罪的法定刑重于传播淫秽物品罪，按照想象竞合犯择一重罪论处的原则，应当以处罚较重的侮辱罪定罪处罚。因此，区分两罪的关键在于行为人上传视频的主观意图，以及视频内容是否能够识别特定被害人身份。若行为人出于满足自身变态欲望等目的，将他人私密视频上传至互联网，应当依法认定为传播淫秽物品罪；若行为人出于报复、炫耀或者其他变态心理，未经被害人同意，将可识别出被害人真实身份的私密视频恶意上传至互联网，导致其人格尊严、名誉受损的，应当依法认定为侮辱罪。

本案中，被告人李某出于报复心理，将偷拍的被害人露脸的隐私视频标注特定明确信息及具有侮辱性的敏感词后在互联网上传播，公然实施侮辱行为，浏览量达2.3万余次，不仅妨害社会管理秩序，还严重侵害被害人的隐私权、名誉权，造成恶劣社会影响，且传播淫秽物品罪无法全面评价被告人的犯罪行为，应当以侮辱罪定罪处罚。

其二，关于公诉程序的适用。根据《中华人民共和国刑法》第二百四十六条第二款的规定，侮辱罪原则上属于告诉才处理的案件，但是"严重危害社会秩序和国家利益的"除外。根据《最高人民法院、最高人民检察院、公安部关于依法惩治网络暴力违法犯罪的指导意见》（法发〔2023〕14号）的有关规定，对于网络侮辱是否严重危害社会秩序，应当综合侵害对象、动机目的、行为方式、信息传播范围、危害后果等因素作出判定。

本案中,从被告人李某实施网络侮辱的动机目的来看,是其向被害人提出再次发生性关系遭拒后,出于报复目的,将被害人的露脸的私密视频上传至黄色网站,并且为吸引关注,还对私密淫秽视频标注敏感性侮辱词汇,犯罪动机卑劣;从行为方式来看,将被害人的私密视频上传至境外黄色网站,容易被反复转载,难以彻底删除,会长期留痕,且该行为本身亦属于传播淫秽物品的行为,严重妨害社会管理秩序;从传播范围和危害后果来看,该视频被境外其他黄色网站转载后点击量达2.3万余次,且在被害人的熟人之间传播,严重侵害被害人的隐私权、名誉权,还可能对被害人及其亲属今后正常生活造成不可逆转的负面影响。综合上述情形,本案符合刑法第二百四十六条第二款规定的"严重危害社会秩序"的公诉条件。

此外,本案由被害人报警引发,公安机关已对包括网络侮辱在内的犯罪事实全面侦查取证,且被告人的行为触犯了包含传播淫秽物品罪这一公诉罪名在内的两罪,符合公诉条件。被告人的网络侮辱行为同时也构成传播淫秽物品罪这一公诉犯罪,只是因为想象竞合犯择一重罪论处的处断原则而适用侮辱罪。在这种情况下,若再让被害人自行维护权益,不仅需要承受内心创伤,还要耗费精力和时间,克服心理障碍、舆论压力等困难另行启动诉讼,难以保护被害人权利,可能导致其他类似案件被害人望而却步。从更好维护社会公共利益、保护被害人合法权益、节约司法资源等角度出发,本案应当由检察机关依法提起公诉。

综上所述,法院依法认定被告人李某同时构成侮辱罪和传播淫秽物品罪,依法予以数罪并罚。被告人李某的网络侮辱行为严重危害社会秩序,本案适用公诉程序是妥当的。故法院依法作出如上裁判。

【裁判要旨】

1.对于在互联网传播他人私密淫秽电子信息的行为,应当根据行为人的主观意图及信息内容是否能够识别特定自然人身份,准确界分行为构成传播淫秽物品罪还是侮辱罪。行为人出于报复、炫耀或者其他变态心理,未经被害人同意,将可识别出被害人真实身份的私密淫秽电子信息恶意上传至互联网,不仅妨害社会管理秩序,构成传播淫秽物品罪,而且严重损害被害人的人格权,构成侮辱罪,应当按照想象竞合犯择一重罪论处的原则,以侮辱罪定罪处罚。

2. 对于网络侮辱是否严重危害社会秩序,应当综合侵害对象、动机目的、行为方式、信息传播范围、危害后果等因素作出判断。对于传播能够识别被害人身份的私密淫秽电子信息,公然侮辱他人的案件,属于"严重危害社会秩序"情形的,依法适用公诉程序。

【关联索引】

《中华人民共和国刑法》第246条、第364条

《最高人民法院、最高人民检察院、公安部关于依法惩治网络暴力违法犯罪的指导意见》(法发〔2023〕14号)第12条

一审:江苏省苏州工业园区人民法院(2023)苏0591刑初703号刑事判决(2023年12月21日)

法官解读

传播可识别公民真实身份淫秽物品案件的处理规则

《李某侮辱、传播淫秽物品案
（入库编号：2024-04-1-196-001）》解读

徐建东　陈　洁[*]

网络空间是现实社会的延伸，是亿万群众共同的精神家园。网络空间天朗气清、生态良好，符合人民利益。网络空间乌烟瘴气、生态恶化，不符合人民利益。互联网不是法外之地，应当依法加强网络空间治理。随着全媒体时代到来，在信息网络上针对个人肆意发布谩骂侮辱、造谣诽谤、侵犯隐私等信息的违法犯罪也日益猖獗，严重破坏网络秩序，严重侵害人民群众合法权益。近年来，网络侮辱、诽谤等侵犯公民人格权的刑事案件明显增多，基于网络传播速度快、范围广、长期留痕等特点，这类犯罪对被害人造成的身心危害十分严重。有的案件中，行为人在互联网传播可识别他人真实身份的淫秽视频、照片等电子信息，不仅损害良好道德风尚，妨害社会管理秩序，而且严重侵犯他人人格尊严。司法实践中，对于此类行为如何定性及适用追诉程序，存在不同认识。对此，人民法院案例库入库参考案例《李某侮辱、传播淫秽物品案（入库编号：2024-04-1-196-001）》对传播可识别真实身份淫秽视频行为的定性及追诉程序适用规则予以明确，为类案裁判提供参考和指引。现就有关问题解读如下。

一、关于传播淫秽物品罪和侮辱罪的界分

在互联网上传播含有公民个人信息淫秽物品的行为，可能同时符合

---

[*] 作者单位：江苏省苏州工业园区人民法院。

侮辱罪和传播淫秽物品罪的特征，此时依法以何种罪名准确定罪量刑尤为重要。对此，关键在于准确厘清两罪的界限。侮辱罪规定于刑法分则第四章"侵犯公民人身权利、民主权利罪"中，传播淫秽物品罪规定于刑法分则第六章"妨害社会管理秩序罪"中，两罪在犯罪客体、主观方面存在诸多不同：侮辱罪侵犯的客体是他人的人格尊严和名誉权，行为人主观上通常具有贬损他人人格、破坏他人名誉的动机；而传播淫秽物品罪侵犯的客体是社会道德风尚和国家对淫秽物品的管理秩序，该罪的犯罪动机具有多样性。准确界分侮辱罪和传播淫秽物品罪，应当坚持主客观相一致原则，综合考虑行为侵犯的客体和行为人的主观动机，依法作出妥当判定。

而实践中存在一定争议的是在互联网上传播可识别公民真实身份的淫秽物品行为的定性。实际上，若行为人出于报复、炫耀或者其他变态心理，未经被害人同意，将可识别出被害人真实身份的私密淫秽电子信息恶意上传至互联网，情节严重的，不仅妨害社会管理秩序，构成传播淫秽物品罪，同时该行为亦侵害了被害人的隐私权、名誉权等人格权，还依法构成侮辱罪。上述情形属于想象竞合犯，对此应当择一重罪处断。根据《中华人民共和国刑法》第二百四十六条的规定，侮辱罪的法定刑为"三年以下有期徒刑、拘役、管制或者剥夺政治权利"。而根据刑法第三百六十四条的规定，传播淫秽物品罪的法定刑为"二年以下有期徒刑、拘役或者管制"。可见，侮辱罪的法定刑重于传播淫秽物品罪的法定刑，故应当以侮辱罪定罪处罚。当然，若行为人并不知晓亦不关心淫秽电子信息中相关人员具体身份，比如，在随机浏览黄色网站过程中，出于追求刺激等目的将浏览的淫秽电子信息下载后二次传播，因其缺乏侮辱犯罪的主观故意，不宜认定为侮辱罪，符合传播淫秽物品罪入罪条件的，可以适用该罪。

由此，本参考案例裁判要旨之一提出，对在互联网传播他人私密淫秽电子信息的行为"根据行为人的主观意图及信息内容是否能够识别特定自然人身份"准确界分传播淫秽物品罪与侮辱罪，并要求对所涉信息系"可识别出被害人真实身份的私密淫秽电子信息"的情形坚持择一重罪处断规则。

本案例中,传播的私密淫秽视频,根据能否识别特定自然人真实身份,可以区分为两类。对于被告人李某在互联网上传播其与多名女性发生性关系的视频42部(均未露脸),由于无法识别特定自然人身份,无疑应当适用传播淫秽物品罪;而对于李某传播其与被害人美某某发生性关系时偷拍美某某露脸的裸体视频的行为,则应当择一重罪以侮辱罪定罪处罚。顺带提及的是,就后者而言,李某拍摄和上传视频均未征得被害人同意,若将该起犯罪事实认定为传播淫秽物品罪,某种程度上系将被害人视作拍摄淫秽视频的参与者,属于对被害人的污名化。故而,将该起犯罪事实认定为侮辱罪,可以合法确立被害人的诉讼地位,赋予被害人司法救济的权利,从法律层面上实现了"除污名化",体现对被害人的依法保护。

二、关于网络侮辱刑事案件公诉标准的把握

根据刑法第二百四十六条第二款的规定,侮辱罪原则上属于告诉才处理的案件,但是"严重危害社会秩序和国家利益的"除外。2013年9月10日起施行的《最高人民法院、最高人民检察院关于办理利用信息网络实施诽谤等刑事案件适用法律若干问题的解释》(法释〔2013〕21号)第三条明确规定了网络诽谤"严重危害社会秩序和国家利益"的七种情形,亦为网络侮辱的公诉标准提供了参考。随着全媒体时代的到来,网络暴力问题日益凸显,危害越发严重,为应对司法实践中的新情况新问题,《最高人民法院、最高人民检察院、公安部关于依法惩治网络暴力违法犯罪的指导意见》(法发〔2023〕14号,以下简称《意见》)第十二条对网络侮辱、诽谤刑事案件公诉程序的一般原则作出明确,并列举了网络侮辱、诽谤犯罪适用公诉程序的四种具体情形和兜底条款。根据《意见》第十二条的规定,本案例的裁判要旨之二强调,应当综合考量全案因素,准确判断通过传播能够识别被害人身份的私密淫秽电子信息侮

辱他人的案件是否属于"严重危害社会秩序"的情形。

本案例中，被告人李某犯罪动机卑劣，犯罪手段恶劣；特别是，从犯罪后果来看，相关电子信息易被其他网站反复转载传播，难以彻底删除，不仅严重侵害被害人的隐私权、名誉权，还可能对被害人及其亲属今后正常生活造成不可逆转的负面影响。经综合考量，法院认定所涉行为属于"严重危害社会秩序"的情形，依法适用公诉程序。

可以说，将上述严重侵害公民人格权、破坏社会风气和网络秩序的侮辱行为纳入公诉案件范围，具有合法性、正当性；特别是，可以有效避免被害人因自行维权再度承受内心创伤，甚至因为心理障碍、舆论压力等困难而不敢维权。

网络空间不是法外之地，而是法治社会的重要组成部分。任何挑战法律底线的行为都将受到应有的制裁，网络空间亦不能外。网络施暴者必将付出沉重代价，受害者的合法权益必将受到有力维护。本参考案例充分彰显了人民法院坚决维护网络秩序，保护网民合法权益，营造清朗网络空间的鲜明立场。通过入库案例的规范引领功能，希望广大网民自觉守法，合力守护亿万民众的精神家园，让正能量始终充盈网络空间。

入库编号：2024-18-1-214-001

15. 牟某翰虐待案
—— "虐待家庭成员"的认定

关键词：刑事　虐待罪　家庭成员　共同生活　精神虐待　因果关系

【基本案情】

2018年8月，被告人牟某翰与被害人刘某某（系化名，女，殁年24岁）确立恋爱关系。2018年9月至2019年10月，二人在北京市海淀区某大学的学生公寓，以及牟某翰位于北京市朝阳区的家中、刘某某位于广东省东莞市的家中共同居住。其间，二人购买家居用品布置居所，共同进行家务活动，共同生活。2019年1月至2月，在春节前后，牟某翰、刘某某先后到广东省东莞市、山东省青岛市与双方家长见面。双方的关系已得到彼此父母的认可，二人在微信中互称对方家长为父母。双方的经济往来较为频繁，主要用于双方的生活消费。双方实际处于谈婚论嫁的阶段，为共同组建家庭做准备。

2019年1月起，被告人牟某翰因纠结刘某某以往的性经历，心生不满，多次追问刘某某性经历细节，与刘某某发生争吵，高频次、长时间、持续性辱骂刘某某，并表达过让刘某某通过"打胎"方式以换取其心理平衡等过激言词。同年6月13日，刘某某在与牟某翰争吵后割腕自残。同年8月30日，刘某某在与牟某翰争吵后吞食药物，为此，医院对刘某某采取洗胃等急救措施。之后，刘某某康复。

2019年10月9日中午，刘某某与被告人牟某翰在牟某翰位于北京市朝阳区的家中再次发生争吵，并遭到牟某翰的辱骂。当日15时17分许，刘某某独自外出，入住北京市海淀区某宾馆，并网购药品，服药自杀，被发现后送医抢救。2020年4月11日，刘某某经医治无效死亡。

北京市海淀区人民法院于2023年6月15日作出（2021）京0108刑初382号刑事附带民事判决：被告人牟某翰犯虐待罪，判处有期徒刑三年二个月；被告人牟某翰赔偿附带民事诉讼原告人蔡某某（刘某某的母亲）经济损失人民币七十三万二千六百九十九元五角二分。宣判后，附带民事诉讼原告人蔡某某、被告人牟某翰提出上诉。北京市第一中级人民法院于2023年7月25日作出（2023）京01刑终274号刑事附带民事裁定：驳回上诉，维持原判。

【裁判理由】

本案的争议焦点有三个：一是被告人牟某翰与被害人刘某某之间是否具有"家庭成员"关系；二是牟某翰对刘某某实施的精神摧残、折磨行为是否属于虐待行为；三是牟某翰的行为与刘某某自杀身亡是否存在刑法上的因果关系。

第一，被告人牟某翰与被害人刘某某具有共同生活事实，处于较为稳定的同居状态，形成事实上家庭关系，对牟某翰而言，刘某某属于刑法第二百六十条第一款规定的"家庭成员"。根据《中华人民共和国刑法》第二百六十条第一款的规定，虐待罪的犯罪对象是"家庭成员"，但"家庭成员"的范围未被刑法明确界定。1979年刑法规定虐待罪的行为方式为"虐待家庭成员"，该规定被1997年刑法沿用。基于当时的社会背景，无论是立法机关、司法机关，还是社会公众层面，普遍认为应当将"家庭成员"理解为传统婚姻家庭关系中的家庭成员。但随着我国经济社会快速发展，大众的思想观念改变巨大、日益多元，社会环境发生深刻变化，男女婚前同居现象日益增多、常见。实践中，婚前同居关系人员之间的暴力犯罪案件时有发生，对被害人人身权利造成严重侵害，也破坏社会和谐稳定。当前，形成共同生活基础事实的婚前同居关系，很多情形下，同样具有传统家庭成员关系的相互依赖、相对稳定等特征。在具有共同生活基础事实的婚前同居关系中，一方对另一方实施虐待行为，与发生在社会上、同事间、邻里间的殴打、欺凌、辱骂，被害人可以躲避、向执法司法机关求助有所不同，被害人出于继续保持同居关系、"家丑不可外扬"等考虑，往往选择隐忍，致使身心遭受持续的、更大的伤害，甚至导致轻生，具有严重社会危害性。基于此，对虐待罪中的"家庭成员"的理解和把握应当与时俱进、适当拓展，作出符合立法精神、符合时代发展、符合社会生活实际、符合人民群众普遍认知的解释。

2016年3月1日施行的《中华人民共和国反家庭暴力法》第三十七条已经规定："家庭成员以外共同生活的人之间实施的暴力行为，参照本法规定执行。"可见，为了适应社会发展实际，有效保护传统家庭成员以外共同生活的人的人身权利，反家庭暴力法已经拓展了家庭暴力违法犯罪的规制范围，换一个角度看，实际是拓展了"家庭成员"的范围。《最高人民法院、最高人民检察院、公安部、司法部关于依法办理家庭暴力犯罪案件的意见》（法发〔2015〕4号，以下简称《意见》）也明确，家庭暴力犯罪不仅发生在家庭成员之间，还发生在具有监护、扶养、寄养、同居等关系的共同生活人员之间。在此背景下，就虐待罪的犯罪对象而言，除了传统的家庭成员之外，具有共同生活事实，形成较为稳定的同居关系的事实家庭成员，也应纳入其中。

本案中，被告人牟某翰与被害人刘某某之间已形成事实家庭成员关系。具体而言：（1）双方恋爱交往是为了共同组建家庭，主观上具有共同生活的目的；从共同生活的事实，以及双方经济往来支出等情况来看，二人已具备了较为稳定的共同生活关系，且精神上相互依赖，经济上相互融通。（2）双方在重要节假日共同居住于对方家中共度节日，双方家长对二人予以认可，分别以准女婿、准儿媳的态度对待二人，并时常谈起组建家庭的相关事宜。因此，结合社会公众的一般观念，应当认定牟某翰与刘某某之间的婚前同居关系已形成事实家庭成员关系。

第二，被告人牟某翰持续性地采取凌辱、贬损人格等手段，对被害人刘某某实施精神摧残、折磨,属于刑法第二百六十条规定的"虐待"。实践中,虐待罪多表现为,行为人采用殴打、冻饿、强迫过度劳动、限制人身自由等手段,对家庭成员的身体进行摧残、折磨。但是,刑法并未将虐待行为仅限于身体虐待。长期、反复对家庭成员实施精神摧残、折磨,造成被害人的精神极度痛苦的,也应当认定为虐待。对此,《意见》明确,对家庭成员进行精神摧残、折磨的,亦应当认定为虐待罪中的虐待行为。

本案中,被告人牟某翰与被害人刘某某确立恋爱关系、婚前同居后,在共同生活过程中,本应平等互待,理性平和处理二人之间的矛盾,友善协商解决存在的情感问题。牟某翰却出于偏执心理,不能正确对待刘某某以往的性经历,高频次、持续性凌辱刘某某,言词恶劣、内容粗鄙,对刘某某进行精神折磨,严重贬损其人格。刘某某不愿与牟某翰分手,但又不知如何面对牟某翰反复持续施加的精神虐待,以致数次自残、自杀。根据案件事实,应当认定牟某翰所实施的行为属于虐待行为。

第三,被告人牟某翰长期对被害人刘某某实施精神虐待,导致刘某某不堪忍受而自杀,具有刑法上的因果关系。刑法第二百六十条第二款规定,虐待"致使被害人重伤、死亡的",应当以虐待罪论处,加重刑罚。适用该规定,必须以虐待行为与重伤、死亡结果之间存在刑法上的因果关系为条件。从虐待罪的特点看,被害人重伤、死亡的结果,既有可能是虐待行为直接导致的,例如,行为人长期、多次实施虐待行为,逐步累积造成被害人身体损害,进而导致重伤或者死亡;也有可能是间接的,例如,被害人因为遭受虐待,不堪忍受,自残、自杀,进而导致重伤或者死亡。对于后者,无论是从事物发展的自然规律,还是从社会公众的一般观念看,都不应当否定虐待行为与伤亡结果之间的因果关系。

本案中,随着被告人牟某翰与被害人刘某某恋爱关系、同居生活的发展,刘某某对牟某翰的精神依赖程度不断加深。牟某翰的精神虐待行为,致使对其具有高度精神依赖的刘某某精神状态不断恶化,逐渐将刘某某推向精神崩溃的地步。特别是,牟某翰在刘某某因不堪忍受凌辱而出现过割腕自残、大量吞服安眠药等轻生行为的情况下，明知刘某某已极度脆弱，遭遇不良刺激后随时可能再度轻生，仍然无视其所造成的高风险状态，最终导致刘某某不堪忍受、服药自杀身亡。显然，牟某翰实施的精神虐待行为是导致刘某某自杀身亡的决定性因素，应当认定二者之间具有刑法上的因果关系。

综上所述，根据刑法和相关法律规定，基于本案事实、证据，法院依法认定被告人牟某翰凌辱同居女友致其自杀的行为构成虐待罪，并综合考虑犯罪的事实、性质、情节和社会危害程度，对其判处有期徒刑三年二个月。

【裁判要旨】

1. 与行为人具有共同生活事实，处于较为稳定的同居状态，形成事实上家庭关系的人，可以认定为刑法第二百六十条第一款规定的"家庭成员"。

2. 持续采取凌辱、贬损人格等手段，对家庭成员实施精神摧残、折磨的，属于刑法第二百六十条第一款规定的"虐待"。

3. 实施精神虐待致使被害人不堪忍受，处于自残、自杀的高风险状态，进而导致被害人自残、自杀的，应当认定虐待行为与危害结果之间存在因果关系。

【关联索引】

《中华人民共和国刑法》第 260 条

一审：北京市海淀区人民法院（2021）京 0108 刑初 382 号刑事附带民事判决（2023 年 6 月 15 日）

二审：北京市第一中级人民法院（2023）京 01 刑终 274 号刑事附带民事裁定（2023 年 7 月 25 日）

法官解读

"虐待家庭成员"的具体认定规则

——《牟某翰虐待案（入库编号：2024-18-1-214-001）》解读

张　鹏[*]

《中华人民共和国刑法》第二百六十条第一款规定，"虐待家庭成员，情节恶劣的，"构成虐待罪。该罪是典型的家庭暴力犯罪。在很长一段时期内，对该罪的司法认定争议不大。不过，随着经济社会快速发展，虐待刑事案件出现一些新情况、新问题，实践中对相关案件的处理存在一定争议。例如，虐待同居情侣等传统家庭成员以外共同生活的人是否属于虐待"家庭成员"；精神摧残、折磨等"精神虐待"手段是否属于虐待罪的"虐待"。作为"PUA第一案"，牟某翰虐待案涉及上述相关争议问题。为促进法律统一适用，指引类似案件办理，人民法院案例库将该案作为参考案例收录入库，即《牟某翰虐待案（入库编号：2024-18-1-214-001）》。本案例的三个裁判要旨分别对"家庭成员"范围的把握、精神虐待的定性、虐待和自杀身亡的因果关系认定作出了明确。现就有关问题解读如下。

一、虐待罪的"家庭成员"的认定

刑法将虐待罪的犯罪对象规定为与行为人具有家庭成员关系的人，但并未对虐待罪中"家庭成员"概念所包含的人员范围作出明确界定。虐待罪于1979年首次被写入刑法，1997年刑法沿用该规定。当时，无论是立法机关、司法机关，还是社会公众层面，对于"家庭成员"的理解较为统一，因而对于虐待罪犯罪对象的认定尚不成为问题。但随着我

---

[*] 作者单位：北京市海淀区人民法院。

国经济社会快速发展与转型，大众思想观念深刻变迁、日益多元，与虐待行为入刑之初相比较，社会环境发生了深刻变化，尤其是男女婚前同居开始出现。实践中，同居关系人员之间的暴力犯罪案件时有发生，对被害人的人身安全造成严重侵害，进而破坏社会和谐稳定。基于此，对虐待罪中的"家庭成员"的理解和把握亦应与时俱进、适当拓展，作出符合立法精神、符合时代发展、符合社会生活实际、符合人民群众普遍认知的解释。申言之，应将与行为人具有共同生活事实，处于较为稳定的同居状态，形成事实上家庭关系的人，认定为刑法第二百六十条第一款规定的"家庭成员"。主要理由：其一，形成共同生活基础事实的婚前同居关系，很多情形下，同样具有传统家庭成员关系的相互依赖、相对稳定等特征。在具有共同生活基础事实的婚前同居关系中，一方对另一方实施虐待行为，与发生在社会上、同事间、邻里间的殴打、欺凌、辱骂，被害人可以躲避、向执法司法机关求助有所不同，被害人出于继续保持同居关系、"家丑不可外扬"等考虑，往往选择隐忍，致使身心遭受持续的、更大的伤害，甚至导致轻生，具有严重社会危害性。其二，此种解释具有相应法律依据。例如，反家庭暴力法第三十七条规定："家庭成员以外共同生活的人之间实施的暴力行为，参照本法规定执行。"据此，为了有效保护传统家庭成员以外共同生活的人的人身权利，反家庭暴力法已经拓展了家庭暴力违法犯罪的规制范围，换一个角度看，实际是拓展了"家庭成员"的范围。反家庭暴力法与民法典所界定的家庭成员范围之所以并不完全相同，是与两部法律的规范保护目的的不同存在紧密联系的。前者的规范目的是预防和制止家庭暴力，保护家庭成员的合法权益；而后者的规范目的则在于确认家庭成员在法律关系中的权利与义务。此外，反家庭暴力法公布并施行之前，《最高人民法院、最高人民检察院、公安部、司法部关于依法办理家庭暴力犯罪案件的意见》（法发〔2015〕4号，以下简称《意见》）也明确，家庭暴力犯罪不仅发生在家庭成员之间，还发生在具有监护、扶养、寄养、同居等关系的共同生活人员之间。在此背景下，就虐待罪的犯罪对象而言，除了传统的家庭成员之外，具有共同生活事实，形成较为稳定的同居关系的事实家庭成员，也应纳入其中。

本案中，被告人牟某翰并未与刘某某登记为夫妻关系，双方不具有民法典所规定的家庭成员关系，故本案定性的关键在于是否具有共同生活事实，形成较为稳定的同居关系的事实家庭成员。根据在案证据，可以作出如下认定：（1）从牟某翰、刘某某二人确立男女朋友关系后的交往及情感发展过程来看，二人恋爱交往的目的在于共同组建家庭，牟某翰供认二人在确立男女朋友关系之后经常谈论结婚之事，也很想结婚，二人在建立婚姻关系的目标上高度一致，这一事实得到了证人证言及相关微信聊天记录的印证。（2）牟某翰、刘某某确立男女朋友关系后的一系列客观行为也能证实二人确实在为共同组建家庭进行准备。例如，在临近春节及春节期间，牟某翰、刘某某共同前往对方家中与对方家长相见，并共同居住于对方家中；刘某某于中秋节期间前往牟某翰家中与牟某翰及其父母共度节日。这说明牟某翰、刘某某希望通过上述方式得到彼此家长的认可，为今后组建家庭做好铺垫。（3）从双方家长对待牟某翰、刘某某二人的态度及要求上，亦将二人当作准女婿、准儿媳。例如，刘某某的母亲曾提及要在牟某翰、刘某某二人结婚时，出资为牟某翰购置一辆轿车作为礼物。（4）结合言词证据及微信聊天记录，可以证实在牟某翰、刘某某二人自确立男女朋友关系之日起，经常共同居住在一起，购买家居用品布置居所，共同进行家务活动，营造共同生活氛围。（5）牟某翰、刘某某二人确立男女朋友关系之后，有较为频繁的经济往来，用于双方的生活消费支出。

基于上述事实，可以认定被告人牟某翰、刘某某二人不但主观上有共同生活的意愿，而且见家长的时点、双方家长的言行、共同居住的地点、频次、时长及双方经济往来支出的情况可以反映出客观上二人已具备了较为稳定的共同生活事实，且精神上相互依赖，经济上有一定的相互扶助关系。故从主客观相统一的原则出发，并结合社会公众的一般观念，能够认定牟某翰与刘某某之间的共同居住等行为构成了判断具有事实家庭成员关系的共同生活基础事实，二人的男女婚前同居关系应认定为虐待罪中的家庭成员关系。

二、精神虐待行为的定性

反家庭暴力法第二条规定："……家庭暴力，是指家庭成员之间以殴打、捆绑、残害、限制人身自由以及经常性谩骂、恐吓等方式实施的身体、精神等侵害行为。"根据《意见》的规定，虐待是指"采取殴打、冻饿、强迫过度劳动、限制人身自由、恐吓、侮辱、谩骂等手段，对家庭成员的身体和精神进行摧残、折磨"。同时，刑法并未将虐待行为仅限于身体虐待。据此，长期、反复对家庭成员实施精神摧残、折磨，造成被害人的精神极度痛苦的，也应当认定为虐待。

本案中，被告人牟某翰与刘某某之间男女朋友关系确立后，在交往并共同生活的过程中，相互精神依赖程度不断加深，而牟某翰始终纠结于刘某某过往性经历一事，并认为这是刘某某对其亏欠之处，但其不愿意因此而与刘某某分手，仍将刘某某作为其未来的人生伴侣相处。在与刘某某的相处过程中，牟某翰却又无法解开因刘某某性经历一事而产生的心结，因而心生不满，为发泄对刘某某的负面情绪，便通过言语指责、谩骂、侮辱的方式，制造并不断强化刘某某的亏欠心理，从而换取自身的心理平衡。2019年1月至2019年9月，牟某翰高频次、长时间、持续性对刘某某进行指责、凌辱，言词恶劣、内容粗鄙，对刘某某造成了巨大的心理伤害。刘某某不愿与牟某翰分手，但又不知如何面对牟某翰反复持续施加的精神暴力。在日积月累的精神暴力之下，刘某某承受了巨大的心理压力，精神上遭受了极度的摧残与折磨，其实施割腕自残及服用过量药物的自杀行为便是例证。因此，从辱骂的言语内容、辱骂行为发生的频次、时长、持续性及所造成的后果而言，牟某翰对刘某某的凌辱行为已经构成虐待罪中的虐待行为，且达到了情节恶劣的程度。

三、虐待行为与被害人自杀身亡的因果关系认定

根据刑法第二百六十条第二款的规定，虐待"致使被害人重伤、死亡的"，应当以虐待罪论处，加重刑罚。适用该规定，必须以虐待行为与重伤、死亡结果之间存在刑法上的因果关系为条件。在虐待案件中，行为人所实施的虐待行为是否与死伤结果存在因果关系，是案件定性的关键。在结果发生的具体流程上，既可能是虐待行为直接导致的，例如，行为人长期、多次实施虐待行为，逐步累积造成被害人身体损害，进而导致重伤或者死亡；也可能是间接的，例如，被害人因为遭受虐待，不堪忍受，自残、自杀，进而导致重伤或者死亡。

本案中，被告人牟某翰与刘某某确立恋爱关系后，在交往及共同生活过程中，本应相互平等对待，平和理性处理，并基于善意解决双方存在的情感问题。牟某翰却出于偏执心理，不能正确对待对方过往性经历一事，不断借此指责、辱骂对方，恶语相向，将对其具有高度精神依赖关系的刘某某逐渐推向精神崩溃的临界点。

在案证据可以证实，刘某某在与被告人牟某翰确立恋爱关系后，对牟某翰的精神依赖程度不断加深。牟某翰长期对其侮辱、谩骂，进行精神折磨与打压，贬损其人格，刘某某为了维持与牟某翰的恋爱关系，虽然也有反抗、争辩，但最终选择了妥协、沉默和忍受牟某翰的负面情绪。在其服药自杀前两个月，其在网上发布的帖子内容，真实反映了其因牟某翰的指责、辱骂而在精神上遭受的折磨及面对牟某翰双重人格而不知所措的矛盾心态；而据牟某翰本人对2019年10月9日当天双方争吵原因及过程的供述，可以证实正是因为牟某翰所说的刘某某过于依赖他的话语，严重刺激了精神状态已极为脆弱的刘某某，导致刘某某情绪崩溃而大哭。而刘某某在案发时极度脆弱的精神状态，正是由牟某翰日积月累的指责、辱骂行为所造成的。牟某翰作为与刘某某之间具有亲密关系并负有一定扶助义务的共同生活人员，在刘某某已出现割腕自残及服用过量药物后进行洗胃治疗，并被下发病危病重通知书的情况下，本应及

时关注刘某某的精神状况，采取有效措施防止刘某某再次出现极端情况。牟某翰却对由其一手制造的危险视而不见，仍然反复去指责、辱骂刘某某，使得刘某某精神脆弱的高风险状态不断强化、升级，与案发当天的刺激性话语相结合，最终造成刘某某服药自杀身亡的悲剧。

同时，在案证据也可证实，刘某某在与牟某翰确立恋爱关系之前，性格开朗、外向；但在与牟某翰确立恋爱关系之后，由于不断遭受牟某翰的指责、辱骂，其时常精神不振、情绪低落，并出现了割腕自残、服用过量药物而被洗胃治疗等极端情况，在确立恋爱关系仅一年多的时点上便选择了服药自杀，可见正是牟某翰长期的精神打压行为使得刘某某感觉不断丧失自我与尊严，选择自杀，刘某某服药自杀前所发的微信内容也证实了牟某翰的长期精神折磨导致了刘某某对自我价值的错误判断。由此可见，在刘某某精神状态不断恶化，不断出现极端行为并最终自杀的进程中，牟某翰反复实施的高频次、长时间、持续性辱骂行为是导致刘某某自杀的决定性因素。因此，牟某翰的虐待行为与刘某某的自杀身亡这一危害后果具有刑法上的因果关系。

入库编号：2024-18-1-221-001

16. 徐某盗窃、王某掩饰、隐瞒犯罪所得案

——连续多次收购同一上游犯罪所得的处理

> 关键词：刑事　盗窃罪　掩饰、隐瞒犯罪所得罪　情节严重　连续多次　同一上游犯罪　犯罪所得　量刑均衡

【基本案情】

2021年4月至5月，被告人徐某在安徽省明光市某产业园建筑工地从事水电工作，见该工地内脚手架扣件无人看管，先后24次盗窃该工地内脚手架扣件，并分29次将窃得的脚手架扣件运至被告人王某在明光市经营的废品收购点内出售牟利。王某明知徐某所售脚手架扣件来路不明，仍多次予以低价收购，每次几百元至千元不等，并通过微信支付的方式向徐某支付收购款人民币19741元（币种下同）。徐某盗窃脚手架扣件价值32400元。

安徽省明光市人民法院于2021年8月19日作出（2021）皖1182刑初151号刑事判决：一、被告人徐某犯盗窃罪，判处有期徒刑一年六个月，并处罚金人民币一万八千元；二、被告人王某犯掩饰、隐瞒犯罪所得罪，判处有期徒刑七个月，并处罚金人民币八千元。宣判后，没有上诉、抗诉，判决已发生法律效力。

【裁判理由】

本案中，被告人徐某以非法占有为目的，多次盗窃他人财物，价值32400元，数额较大，构成盗窃罪；被告人王某作为从事废品收购的人

员，其明知涉案脚手架扣件来路不明，仍29次低价予以收购，构成掩饰、隐瞒犯罪所得罪。对于上述定性，并无争议。本案争议焦点在于王某的收购行为是否属于掩饰、隐瞒犯罪所得罪"情节严重"。

《中华人民共和国刑法》第三百一十二条第一款规定："明知是犯罪所得及其产生的收益而予以窝藏、转移、收购、代为销售或者以其他方法掩饰、隐瞒的，处三年以下有期徒刑、拘役或者管制，并处或者单处罚金；情节严重的，处三年以上七年以下有期徒刑，并处罚金。"据此，掩饰、隐瞒犯罪所得、犯罪所得收益罪的升档量刑标准为"情节严重"。对此，《最高人民法院关于审理掩饰、隐瞒犯罪所得、犯罪所得收益刑事案件适用法律若干问题的解释》（法释〔2015〕11号，2021年修正，以下简称《解释》）第三条第一款规定："掩饰、隐瞒犯罪所得及其产生的收益，具有下列情形之一的，应当认定为刑法第三百一十二条第一款规定的'情节严重'：……（二）掩饰、隐瞒犯罪所得及其产生的收益十次以上，或者三次以上且价值总额达到五万元以上的……"形式上看，王某的收购行为属于掩饰、隐瞒犯罪所得罪"情节严重"；但加以实质判断，则不宜认定为"情节严重"。主要考虑有以下两方面。

其一，《解释》第一条第二款规定："人民法院审理掩饰、隐瞒犯罪所得、犯罪所得收益刑事案件，应综合考虑上游犯罪的性质、掩饰、隐瞒犯罪所得及其收益的情节、后果及社会危害程度等，依法定罪处罚。"上述规定虽然系直接针对掩饰、隐瞒犯罪所得、犯罪所得收益案件的入罪情形，但其所蕴含的精神亦可以而且应当在升档量刑时予以参考。据此，对掩饰、隐瞒犯罪所得、犯罪所得收益罪"情节严重"的判定，亦应当坚持综合考量的原则。

其二，《解释》第八条第一款规定："认定掩饰、隐瞒犯罪所得、犯罪所得收益罪，以上游犯罪事实成立为前提……"据此，《解释》第三条第一款第二项规定的"十次""三次"，均应当理解为以每次上游行为均构成犯罪为前提。换言之，如果不顾及单次上游行为是否构成犯罪，单纯以掩饰、隐瞒犯罪所得的次数为基准进行评价，则可能导致对掩饰、隐瞒犯罪所得、犯罪所得收益整体社会危害不大的行为升档量刑，出现罪责刑严重不相适应的情况。

本案中，被告人徐某虽然多次盗窃涉案脚手架扣件，但属于概括盗窃故意下的单次犯罪，盗窃财物价值为32400元，依法在"处三年以下有期徒刑、拘役或者管制，并处或者单处罚金"幅度内判处刑罚。而被告人王某仅收购徐某的犯罪所得，如单纯依据王某收购犯罪所得的次数，认定其犯罪"情节严重"，进而在"处三年以上七年以下有期徒刑，并处罚金"的幅度内判处刑罚，必然会导致上下游犯罪量刑失衡。据此，法院以掩饰、隐瞒犯罪所得罪判处王某有期徒刑七个月，并处罚金人民币八千元。

【裁判要旨】

1.对掩饰、隐瞒犯罪所得、犯罪所得收益案件的入罪和升档量刑，应当坚持综合考量原则，结合上游犯罪的性质，掩饰、隐瞒犯罪所得及其收益的情节、后果及社会危害程度等，妥当定罪量刑。

2.认定《最高人民法院关于审理掩饰、隐瞒犯罪所得、犯罪所得收益刑事案件适用法律若干问题的解释》第三条第一款第二项规定的"掩饰、隐瞒犯罪所得及其产生的收益十次以上，或者三次以上且价值总额达到五万元以上"，不应简单以次数进行评判。对于连续多次收购同一上游犯罪所得，收购次数超过十次，且每次收购价值较小，累计价值不大的，一般不宜认定为"情节严重"。

【关联索引】

《中华人民共和国刑法》第264条、第312条

《最高人民法院关于审理掩饰、隐瞒犯罪所得、犯罪所得收益刑事案件适用法律若干问题的解释》（法释〔2015〕11号，2021年修正）第3条

一审：安徽省明光市人民法院（2021）皖1182刑初151号刑事判决（2021年8月19日）

法官解读

掩饰、隐瞒犯罪所得、犯罪所得收益罪中"十次以上"的认定

——《徐某盗窃、王某掩饰、隐瞒犯罪所得案
（入库编号：2024-18-1-221-001）》解读

刘伟玲[*]　龙明浩[**]

近年来，随着侵财犯罪数量不断增长，掩饰、隐瞒犯罪所得、犯罪所得收益刑事案件亦呈逐年上升趋势。最高人民法院公布的《2024年上半年司法审判工作主要数据》载明："侵犯财产罪和妨害社会管理秩序罪案件分别增长23.48%和9.8%，其中盗窃罪、诈骗罪和掩饰、隐瞒犯罪所得、犯罪所得收益罪等犯罪收案增长。"特别是，随着近年来电信网络诈骗和"两卡"犯罪案件频发，掩饰、隐瞒犯罪所得、犯罪所得收益罪的犯罪形式与手段亦呈现出新的情况，司法适用面临新的问题。为适应掩饰、隐瞒犯罪所得、犯罪所得收益犯罪惩治的现实需要，2021年4月7日最高人民法院审判委员会第1835次会议通过《最高人民法院关于修改〈关于审理掩饰、隐瞒犯罪所得、犯罪所得收益刑事案件适用法律若干问题的解释〉的决定》（法释〔2021〕8号，以下简称《修改决定》），自2021年4月15日起施行。由此，掩饰、隐瞒犯罪所得、犯罪所得收益罪的数额标准不再适用，对此类犯罪的入罪和升档量刑不再"唯数额论"。但《最高人民法院关于审理掩饰、隐瞒犯罪所得、犯罪所得收益刑事案件适用法律若干问题的解释》（法释〔2015〕11号，2021年修正，以下简称《解释》）依然对升档量刑保留了数量标准，即第三条第一款明确"掩饰、隐瞒犯罪所得及其产生的收益十次以上，或者三次以上且

---

[*] 作者单位：安徽省高级人民法院。
[**] 作者单位：安徽省明光市人民法院。

价值总额达到五万元以上的"属于"情节严重"。对于上述规定的具体把握，司法实践一直存在困惑和争议。为此，人民法院案例库入库参考案例《徐某盗窃、王某掩饰、隐瞒犯罪所得案（入库编号：2024-18-1-221-001）》的裁判要旨在重申综合考量的基础上对"十次以上"的认定作了明确，为类似案件裁判提供了参考和指引。

一、定罪量刑综合裁量规则的把握

自 2021 年 4 月 15 日起，《修改决定》取消了掩饰、隐瞒犯罪所得、犯罪所得收益罪的数额标准，但同时明确："人民法院审理掩饰、隐瞒犯罪所得、犯罪所得收益刑事案件，应综合考虑上游犯罪的性质、掩饰、隐瞒犯罪所得及其收益的情节、后果及社会危害程度等，依法定罪处罚。"这就意味着对掩饰、隐瞒犯罪所得、犯罪所得收益罪并非"零门槛"入罪，只是改变了过去入罪"唯数额论"的状况，更加强调综合判断。《解释》修改后，一方面，以往"掩饰、隐瞒犯罪所得及其产生的收益价值三千元至一万元以上"方能入罪的标准当然不再适用；对于掩饰、隐瞒犯罪所得及其产生的收益价值不到 3000 元，但经综合考量认为社会危害较大的，例如，多次掩饰、隐瞒或者造成严重后果的，可以依法追究刑事责任。另一方面，取消入罪数额标准，并不意味着对掩饰、隐瞒犯罪所得及其产生的收益价值不到 3000 元的行为不问具体情节如何都要入罪追究。可以说，上述由具体标准向较为概括抽象标准的转变，并非简单扩张或者限缩处罚范围，而是要求对上下游行为进行全面评价、综合考量、妥当判定，恰恰是司法科学化的具体体现，也对司法人员能力和水平提出了更高要求。

本案例中，被告人王某作为从事废品收购人员，明知涉案脚手架扣件来路不明，仍 29 次予以低价收购，每次数百元至一千余元不等，共向徐某支付收购款 19741 元。当然，王某所支付的对价低于徐某盗窃脚手架扣件的价值，后者的价值为 32400 元。经综合全案情节判断，不论王某掩饰、隐瞒的次数，还是犯罪所得的价值，均应当认为王某行为的社会危害已达到需要追究刑事责任的程度，故法院认定王某构成掩饰、隐瞒犯罪所得罪。

从《解释》的条文位置来看，综合考量规则系直接针对掩饰、隐瞒犯罪所得、犯罪所得收益案件的入罪情形，但其所蕴含的精神无疑同样应当在决定应否升档量刑时予以参照。基于此，本参考案例的裁判要旨之一明确："对掩饰、隐瞒犯罪所得、犯罪所得收益案件的入罪和升档量刑，应当坚持综合考量原则，结合上游犯罪的性质，掩饰、隐瞒犯罪所得及其收益的情节、后果及社会危害程度等，妥当定罪量刑。"

二、"情节严重"中"十次以上"的认定

如前所述，由于《解释》依然对升档量刑保留了"次数"标准，"十次以上"的判定直接关乎升档量刑，故实践中一直争议不断。《法答网精选答问（第四批）》即有地方高院的法官咨询："掩饰、隐瞒犯罪所得、犯罪所得收益次数应如何认定？"对此，最高人民法院研究室刑事处有关答疑专家明确提出"掩饰、隐瞒的次数要结合案件具体情况来认定""对于……'十次以上''三次以上'的规定，在个案把握中，不宜简单以转账次数为标准，否则容易造成打击面过大、处罚过严的问题"。与之一脉相承，本参考案例的裁判要旨之二除重申上述答疑意见提及的"不应简单以次数进行评判"外，更是进一步明确："对于连续多次收购同一上游犯罪所得，收购次数超过十次，且每次收购价值较小，累计价值不大的，一般不宜认定为'情节严重'。"司法实践中应当注意把握以下三点。

其一，认定一次掩饰、隐瞒，必须是一个独立行为，包括独立的主观故意，独立的掩饰、隐瞒行为，以及独立的行为结果。如果基于同一个概括故意，在同一地点，在同一时段连续为同一上游犯罪人掩饰、隐瞒犯罪所得及其收益的，一般宜认定为一次掩饰、隐瞒行为。例如，甲在某日晚9时至10时连续三回将盗窃所得赃物出卖给乙，乙明知是赃物仍然购买。对乙而言，宜评价为掩饰、隐瞒犯罪所得一次而不是三次。

其二，严格把握认定掩饰、隐瞒犯罪所得、犯罪所得收益罪必须以上游犯罪事实成立为前提。作为下游犯罪，掩饰、隐瞒犯罪所得、犯罪所得收益罪依附于上游犯罪而成立，故在认定次数时，必须重点考察上游是否成立犯罪，而不能机械地以完成一次掩饰、隐瞒行为即评价为一次。

其三，坚持将综合考量原则运用于次数的判定和升档量刑情节的把握。尽管《解释》第三条规定了"情节严重"的具体情形，但如前所述，在具体案件办理过程中不能将目光局限于该条各项条文，而应当顾及第一条中的综合考量规则。通常而言，依据《解释》第三条规定对行为人认定为"情节严重"，但若其上游犯罪按规定应当判处三年以下有期徒刑，此时作为下游犯罪的量刑已超上游犯罪，则可能会出现上下游犯罪量刑倒挂，罪责刑不相均衡的现象。故而，在以次数作为标准认定"情节严重"时，应当对包括上游犯罪情况在内的全案因素进行综合评判，而不能简单以次数进行评判，导致罪责刑严重失衡。

本案例中，被告人王某收购徐某盗窃所得达29次，但每次数额均较小，案件办理过程中，有意见认为，王某收购次数远超十次，甚至提出其反复收购行为进一步助推了上游盗窃行为的持续、性质恶劣、社会危害大，应当认定为"情节严重"。法院未采纳上述意见。实际上，结合上游犯罪情节和应当判处的刑罚来看，将王某的收购行为升格为"情节严重"亦存在量刑失衡问题。故法院综合全案的性质、情节等因素对其判处有期徒刑七个月，并处罚金八千元。

《中华人民共和国刑法》第五条确立了罪责刑相适应原则，该条规定："刑罚的轻重，应当与犯罪分子所犯罪行和承担的刑事责任相适应。"作为明文写入刑法中的基本原则，无论是掩饰、隐瞒犯罪所得、犯罪所得收益罪，还是其他犯罪，无论是决定是否追究刑事责任，还是判定应否升档量刑，均应体现上述要求。特别是，伴随电信网络诈骗、跨境网络赌博等网络犯罪而来的"两卡"犯罪频发，在网络情境下，掩饰、隐瞒犯罪所得、犯罪所得收益行为更具有跨时空、高频次、金额大等特点，这就更需要司法人员进一步提高能力和水平，持续更新司法理念和认识，坚持罪责刑相适应原则，坚持综合裁量规则，坚持具体问题具体分析，确保每一起案件的处理都符合公平正义的要求。

入库编号：2024-03-1-222-010

17. 丁某君诈骗案
——以借用为名非法占有他人财物行为的定性

关键词：刑事　诈骗罪　盗窃罪　非法占有　处分财物

【基本案情】

2014年9月至11月，被告人丁某君在上海市长宁区、静安区、普陀区、徐汇区等地，多次冒充帮助民警办案的工作人员，专门搭识未成年人，以发生案件需要辨认犯罪嫌疑人、向被害人借手机拍照等为由，借得多名被害人的手机等财物，在让被害人原地等候时逃离。之后，丁某君将赃物销售，所得赃款被挥霍。另查明，丁某君2008年11月因犯盗窃罪被判处有期徒刑一年六个月，并处罚金人民币一千元；2010年3月11日刑满释放。

上海市长宁区人民法院于2015年7月23日作出（2015）长刑初字第343号刑事判决：被告人丁某君犯盗窃罪，判处有期徒刑一年六个月，并处罚金人民币三千元。

宣判后，上海市长宁区人民检察院提出抗诉，认为原判定性错误，在被害人同意被告人丁某君离开时，财物已经交付，且脱离被害人的控制，被害人已实施财物处分行为，财物被转移占有，故丁某君的行为应构成诈骗罪。

上海市第一中级人民法院于2016年7月4日作出（2015）沪一中刑终字第1769号刑事判决：被告人丁某君犯诈骗罪，判处有期徒刑一年六个月，并处罚金人民币三千元。

【裁判理由】

本案的争议焦点为：行为人以借用为名非法占有他人财物的行为，构成盗窃罪还是诈骗罪。

根据《中华人民共和国刑法》第二百六十四条、第二百六十六条的规定，诈骗罪与盗窃罪的区分应当从行为人采取的主要手段和被害人有无处分财物等方面综合加以判断。本案中，被告人丁某君以非法占有为目的，多次以欺骗手段让被害人"自愿"交付财物，数额较大，其行为构成诈骗罪。

其一，盗窃罪与诈骗罪的区分关键之一系犯罪手段不同。诈骗罪主要以欺诈手段骗取财物，盗窃罪通常以秘密手段窃取财物。在一般的以借用为名非法占有他人手机等侵财案件中，被害人与行为人并不存在密切的信任关系，被害人出借财物后多在旁密切关注着手机等财物的使用状况，行为人"借用"后，多是趁被害人不备，秘密携带财物离开现场，进而实现对他人财物的非法占有。因行为人取得财物的主要手段是秘密窃取，所以存在成立盗窃罪的空间。而本案情形不同。被告人丁某君冒充帮助警察办案的工作人员获得了被害人的充分信任，从被害人处骗得了手机等财物，又以去拍照、开警车等欺骗手段使被害人产生错误认识，同意丁某君带着手机等财物离开现场，并在原地等候财物的归还。从整个过程来看，丁某君获取被害人财物的主要方式是欺骗而非窃取，故丁某君的行为不符合盗窃罪的犯罪构成。

其二，盗窃罪与诈骗罪的区分关键之二系被害人是否因认识错误而处分财物。诈骗罪是以欺骗手段使被害人基于错误认识而"自愿"处分财物，即将财物交由行为人占有、支配的犯罪；盗窃罪中亦可能存在被害人交付财物的情节，但被害人并未将财物占有转移给行为人，即不存在被害人处分财物的情节。处分行为是财物支配关系的变化，并不完全等同于日常生活中的交给动作。在借用财物的情形下，被害人将财物交给行为人时，如果被害人仍在现场监督行为人对财物的使用情况，则财物的占有、支配关系在法律上并未转移,亦即被害人并未对财物作出处分。但是,如果在行为人借得财物后,将财物带离现场,被害人同意的,则应当认为财物的占有、支配关系已发生变化,被害人实际已因受骗而对财物作出错误处分。本案中,被害人将手机交给被告人丁某君,并同意丁某君将手机等财物带离现场,此时财物的交付、处分行为已经完成。因本案系因被害人错误认识、处分财物,进而导致财物损失,故丁某君的行为应当构成诈骗罪。

【裁判要旨】

以借用为名非法占有他人财物行为的定性,应当从行为人采取的主要手段和被害人有无处分财物等方面进行判断。行为人采取欺骗手段使被害人交付财物,在被害人同意行为人携带财物离开现场后,行为人非法占有所涉财物的,依法以诈骗罪论处。

【关联索引】

《中华人民共和国刑法》第264条、第266条

一审:上海市长宁区人民法院(2015)长刑初字第343号刑事判决(2015年7月23日)

二审:上海市第一中级人民法院(2015)沪一中刑终字第1769号刑事判决(2016年7月4日)

法官解读

以借用为名非法占有他人财物行为的定性
——《丁某君诈骗案（入库编号：2024-03-1-222-010）》解读

秦现锋[*]

实践中，以借打手机为名进而非法占有的情形较为常见。对此类案件，应当认定为盗窃罪还是诈骗罪，存在一定争议。对此，人民法院案例库入库参考案例《丁某君诈骗案（入库编号：2024-03-1-222-010）》的裁判要旨提出："以借用为名非法占有他人财物行为的定性，应当从行为人采取的主要手段和被害人有无处分财物等方面进行判断。行为人采取欺骗手段使被害人交付财物，在被害人同意行为人携带财物离开现场后，行为人非法占有所涉财物的，依法当以诈骗罪论处。"本参考案例对以借用为名非法占有他人财物行为的定性规则予以明确，为类似案件裁判提供了指引。现就有关问题解读如下。

一、裁判规则解读：诈骗罪与盗窃罪的界分

关于诈骗罪与盗窃罪的区分，理论界和实务界的通说认为，关键在于被害人是否基于认识错误而"自愿"处分财产。换言之，如果不存在被害人"自愿"处分财产的事实，则不可能成立诈骗罪。由此，实践中判断具体行为构成盗窃罪还是诈骗罪，应当从行为人采取的主要手段和被害人有无处分财物等方面加以区分。

其一，界分诈骗罪与盗窃罪，关键在于行为手段是"骗"还是"偷"。特别是，对于盗骗交织的案件，更要注意判别主要行为手段是"骗"还是"偷"。具体而言，诈骗案件中的行为人被社会公众通俗地称

[*] 作者单位：上海市第一中级人民法院。

为骗子,可见社会公认诈骗罪的核心手段是"骗"。盗窃案件中的行为人被社会公众通俗地称为小偷,"偷"即暗地里或者趁人不知做某事,体现出盗窃罪的主要手段是秘密窃取。当然,秘密窃取是相对而言的,即使是被害人以外的其他人已经发现行为人在盗窃,只要被害人不知情,仍然可以成立盗窃罪,例如,扒窃案件中,公交车上的其他人已发现扒手在扒窃,但是被害人未察觉的,扒手的行为仍构成盗窃罪;甚至被害人已经发现行为人在盗窃,但是行为人对此不知情,自认为是秘密窃取的,也仍然可以成立盗窃罪。

其二,界分诈骗罪与盗窃罪,还要注意查明被害人是否因认识错误而处分财物。诈骗犯罪的过程一般由行为人实施诈骗行为、被骗人信以为真产生错误认识、被骗人因错误认识而处分财产、行为人取得财产、被害人遭受财产损失等环节组成。其中,被害人因认识错误而处分财产是其遭受损失的核心环节。与此不同,盗窃犯罪的被害人对财物被盗窃的事实通常系事后得知,自然不可能在行为人实施盗窃的过程中"自愿"处分财产。

基于此,在一般的借打手机案件中,行为人借得手机后通常是趁被害人不备"偷偷"溜走,所以存在成立盗窃罪的空间;特别是上述情形下,有的被害人仍会在现场监督行为人对手机的使用,行为人公然携带手机逃走的,可以认定为抢夺罪;有的被害人可能未密切关注行为人对手机的使用,行为人携带手机秘密逃走的,可以认定为盗窃罪。与之不同,本案中,被告人丁某君先冒充帮助警察办案的工作人员从被害人处骗得手机等财物,又以去拍照、开警车等欺骗手段使被害人同意丁某君带着手机等离开,丁某君并非偷偷取得被害人的手机等财物,而主要是以欺骗的手段获取被害人的财物;而且,被害人实际是同意的,被害人完全丧失了对手机的控制,被告人完全取得对手机的控制,被害人系因认识错误而处分财物。故而,丁某君的行为更符合诈骗罪的行为要件。

二、裁判规则延伸：诈骗罪中"处分"等概念的理解

基于以上分析，是否构成诈骗罪，被害人有无因认识错误而处分财物往往是关键。这就需要正确理解和把握何为"处分"财物。从实践来看，关于刑法意义上的处分，应当围绕处分内容、占有等进行理解和把握。

一是关于诈骗罪中处分内容的把握。传统观点认为，盗窃、诈骗等财产犯罪侵害的客体均为财产所有权，这是此类犯罪的最本质特征。对于通常的盗窃、诈骗犯罪案件而言，被害人失去财物时即丧失了所有权，包括占有、使用、收益和处分的全部权能。但是，在一些特殊案件中则会有所不同。例如，在承租人使用汽车期间汽车被盗的，遭受财产损失的实际是车辆使用人即承租人，但是该承租人对失窃车辆并不具有所有权。由此，应当认为财产犯罪侵犯的客体首先是财产所有权，其次是财物的占有。

与之相对应，诈骗罪中的处分内容既可以是财物的所有权，也可以是对财物的占有。首先，占有可以成为处分的内容。在通常情况下，所有权人享有处分财物的权利，例如，将自己所有之物出售、赠送给他人等。在特殊情况下，占有人也享有处分财物的权利，例如，行为人张三冒充出借人李四的受托人，从借用人王五处取走借用财物的情形中，借用人王五只是临时占有财物，其处分的内容只能是占有，但这并不影响诈骗罪的成立。其次，所有权人仅处分占有的，也可以成立诈骗罪。所有权人可以一并行使、处分全部权利，也可以仅行使、处分占有、使用、收益等其中的一项权能。例如，甲基于诈骗的目的从乙处借得汽车后出售，丙基于诈骗目的从丁处租赁汽车后将汽车低价出售等情形中，所有权人乙、丁出借、出租汽车时，并非将汽车转让或者赠送给他人，其处分的内容仅限于占有，而非所有权，这也不影响诈骗罪的成立。最后，将占有视为处分内容的观点并不背离诈骗罪侵犯财物所有权的传统观点。对所有权的侵犯可以是整体侵犯，也可以是侵犯所有权的部分权能。占有是所有权的权能之一，只要侵犯了占有，即可以认为侵犯了所有权。

本案中，被害人处分的内容仅是占有，并非所有权。本案各被害人对

手机等财物享有所有权，其可向被告人转移所有权，也可仅转移占有。犯罪行为发生时，各被害人并未向被告人转移财物所有权，仅转移了占有。即使如此，被告人丁某君的行为也已经侵犯了被害人财物所有权的完整性。

二是关于诈骗罪中占有的理解。关于刑法意义上的占有，当然包括占有人对财物的直接控制，涉及利用肢体进行的握、持、提、拿等。诚然，利用肢体控制财物固然是占有的最典型表现，但现实社会中，占有人对于在公共场所放于身旁的手提包、放于家中的财物等，同样应被视为占有。基于此，准确而言，占有是指占有人对财物事实上的支配状态，不仅包括利用肢体或者房屋、车辆等在物理支配范围内直接控制，也包括社会观念上可以推知财物支配人的状态。

申言之，刑法意义上的占有不但包括现实的物理管理、支配状态，更强调社会一般观念上的财物管理、支配状态。根据社会一般观念判断占有时，应当综合考虑占有意思、时间、地点等因素进行认定。即使占有从紧密支配状态转变为相对松散支配状态，例如，将手里的手机放入衣服口袋等情形，或者从物理支配状态转变为社会观念支配状态，例如，在公交车上将手提包放在旁边空位上等情形，均属于刑法意义上的占有。

本案中，被害人将手机等财物交给被告人丁某君之后，被害人仍然在场占有财物，被害人可随时要求丁某君归还财物。在丁某君虚构去拍照、开警车等理由携带财物离开时，被害人未要求恢复对财物的物理支配或者保持占有状态，而是默许丁某君离开，丁某君才得以实现对财物的完全支配，占有才彻底发生了转移。

综上所述，被害人在将手机等财物交给被告人时并不能认为已经处分了财物，因为，从一般的社会观念来看，被害人仍然占有财物。正是基于此，此种情形下仍然有成立盗窃罪、抢夺罪的空间。但是，在被害人明知被告人携带财物离开却不反对或者明确表示同意的情况下，行为人完全取得对财物的占有，才可以认为被害人处分了财物。此种情形下，则有成立诈骗罪的空间。本案即属于此种情形，故被告人丁某君的行为构成诈骗罪。

入库编号：2024-18-1-222-001

18. 刘某甲等诈骗案

——诈骗罪与虚假广告罪的界分规则

> 关键词：刑事　诈骗罪　侵犯公民个人信息罪　网络销售型诈骗　虚假广告　保健品　刑罚裁量

【基本案情】

2020年至2023年，被告人刘某甲、吴某勇为谋取非法利益，在河南省信阳市光山县、潢川县租赁房屋，购买手机、电脑等作案工具，先后招揽被告人刘某乙、肖某君、郑某君等人，利用聊天工具，使用统一"话术剧本"，发布虚假广告，以冒充专家、PS虚假图片等方式，对于市场上销售的"杞草黄精植物饮品、植物蛋白固体饮料"普通男性保健品，虚构具有治疗性功能障碍等疾病的功效等事实，以产品进价的10倍价格出售，骗取他人财物。刘某甲、吴某勇从他人处大量购买含有姓名、手机号、家庭住址等信息的个人信息共计11517条。

具体作案通过有针对性选取被害人，进而骗诱下单购买的方式进行。具体包括：（1）"约单"，由业务员专门针对前期购买过男性药品或者保健品的人员进行联系，谎称公司有专业男科指导老师可以治愈男性生理疾病，初步取得客户信任；（2）"打单"，由其他话务员按照"话术"冒充专业男科指导老师等虚假身份与客户联系，诱骗受害人订购冒充具有功效的产品；（3）"跟单"，在骗取客户信任后使用二维码收款、快递货到付款等方式收取受害人钱款，同时进行售后"服务"，在客户提出异议时进行处理。

2020年1月1日至2023年7月31日，刘某甲团伙诈骗金额为6370564.46元。被告人刘某甲、吴某勇在实施诈骗的过程中，雇用员工支付工资等费用2844833.89元。其中，被告人肖某君负责联系被害人实施诈骗，非法获利109650元；被告人郑某君负责联系被害人实施诈骗，非法获利79535元。在审理过程中，肖某君、郑某君全部退出违法所得。

河南省光山县人民法院于2023年12月28日作出（2023）豫1522刑初449号刑事判决，以诈骗罪、侵犯公民个人信息罪分别判处被告人刘某甲有期徒刑九年六个月，并处罚金人民币十五万元，有期徒刑一年，并处罚金人民币五万元，决定执行有期徒刑九年十个月，并处罚金人民币二十万元；以诈骗罪、侵犯公民个人信息罪分别判处被告人吴某勇有期徒刑九年六个月，并处罚金人民币十五万元，有期徒刑一年，并处罚金人民币五万元，决定执行有期徒刑九年十个月，并处罚金人民币二十万元；以诈骗罪分别判处被告人薛某、刘某乙有期徒刑四年六个月，并处罚金人民币八万元、七万元；以诈骗罪分别判处被告人肖某君、郑某君有期徒刑三年，缓刑四年，并处罚金人民币六万元。宣判后，刘某甲、吴某勇、薛某、刘某乙分别提出上诉。河南省信阳市中级人民法院于2024年4月22日作出（2024）豫15刑终24号刑事裁定：驳回上诉，维持原判。

【裁判理由】

法院生效裁判认为：被告人刘某甲、吴某勇等实施电信网络诈骗，数额特别巨大，其行为构成诈骗罪；被告人刘某甲、吴某勇违反国家有关规定，非法购买公民个人信息，情节严重，其行为亦构成侵犯公民个人信息罪。

关于被告人刘某甲、吴某勇及其辩护人提出主观上不具有非法占有的目的，受害人的认定不符合法律规定，无法证明涉案被害人系基于错误认识而主动交付财物，应定性为虚假广告罪而不是诈骗罪的意见，经查，刘某甲、吴某勇等人利用聊天工具，使用统一话术剧本，以冒充专家、PS虚假图片，发布虚假广告等方式，虚构事实，隐瞒真相，使被害人基于错误认识，在业务员的诱导下购买没有实际功效的产品，主观上具有非法占有的目的，客观上实施了骗取他人财物的行为，其行为符合诈骗罪的构成要件。

综上所述，一审、二审法院认定被告人刘某甲、吴某勇构成诈骗罪、侵犯公民个人信息罪，依法予以数罪并罚；认定被告人薛某、刘某乙、肖某君、郑某君构成诈骗罪。经综合考虑各被告人参与时间长短、所起作用大小、违法所得情况等情节，对各被告人依法裁量刑罚，并对肖某君、郑某君适用缓刑。

【裁判要旨】

1. 在网络销售型诈骗犯罪中，行为人往往会对其出售的商品进行虚假宣传。对此，应当根据涉案商品价格、功能、具体行为方式等进行综合判断，妥当把握诈骗罪与虚假广告罪的界限。对于出售商品价格与成本价差距悬殊，采用固定销售"话术剧本"诱使被害人反复购买，致使被害人购买商品所希望达到的目的根本无法实现的，可以认定具有非法占有目的，属于网络销售型诈骗犯罪，依法以诈骗罪论处。

2. 网络销售型诈骗犯罪，往往层级复杂、人员较多。办理相关案件，要坚持宽严相济，准确区分人员地位作用，妥当裁量刑罚，实现罪刑均衡。对于主观恶性大，把"销售"变为"骗术"的组织者、领导者等主犯，从重处罚；对于参与时间短、仅领取少量报酬等发挥作用较小的人员，可以依法从宽处理，通过适用缓刑等，确保案件办理的良好效果。

3. 非法购买公民个人信息，进而实施电信网络诈骗，构成数罪的，依法予以并罚。

【关联索引】

《中华人民共和国刑法》第253条之一、第266条

一审：河南省光山县人民法院（2023）豫1522刑初449号刑事判决（2023年12月28日）

二审：河南省信阳市中级人民法院（2024）豫15刑终24号刑事裁定（2024年4月22日）

法官解读

网络销售型诈骗犯罪的司法认定与处理

——《刘某甲等诈骗案（入库编号：2024-18-1-222-001）》解读

张 琦[*] 张 玲[**]

随着网络时代的兴起，网上购物已经成为一种生活方式，借网络销售之名实施诈骗的犯罪也逐渐增多。此类犯罪往往通过虚构产品功效的方式骗取被害人信任，与虚假广告罪在行为方式上具有一定竞合，存在此罪与彼罪界分的难题；而且，由于涉案人数众多、层级复杂，亦存在地位作用准确判断和刑罚妥当裁量的难题。由此，人民法院案例库入库参考案例《刘某甲等诈骗案（入库编号：2024-18-1-222-001）》裁判要旨对网络销售型诈骗犯罪的定罪规则和共同犯罪中不同地位作用共犯的处理原则作了明确，为审理类似案件提供了裁判指引。对于所涉裁判要旨，应当注意从以下三个方面加以把握。

第一，网络销售型诈骗犯罪的认定。诈骗罪的本质是虚构事实、隐瞒真相，使被害人基于错误认识而自愿交付财物。在网络销售型诈骗中，被告人为了达到骗取钱款的目的，往往需要对其出售的商品进行虚假宣传，这就存在与虚假广告罪的界分问题。因此，对通过网络进行虚假宣传进而销售商品行为的性质判定，要准确把握"虚构事实"这一行为要件，结合涉案商品价格、功能、具体行为方式等因素进行综合判断。由于诈骗行为不具有真实交易目的，故对于行为人出售商品价格与成本价差距过于悬殊、对所销售商品功效及对购买者产生的影响"漠不关心"、采用固定销售"话术剧本"诱使被害人反复购买，致使被害人购买商品

---

[*] 作者单位：河南省高级人民法院。
[**] 作者单位：河南省信阳市中级人民法院。

所希望达到的目的根本无法实现的情形，可以认定具有非法占有目的，属于网络销售型诈骗，对构成犯罪的行为依法以诈骗罪论处。与之不同，如果行为人只是利用广告对商品作虚假宣传，并无骗取客户钱财的非法占有目的，则应认定为虚假广告，对构成犯罪的行为依法以虚假广告罪论处。

本案例中，被告人刘某甲、吴某勇等人以谋取非法利益为目的，利用聊天工具，使用统一"话术剧本"，以冒充专家、PS虚假图片，发布虚假广告等方式，虚构所销售产品可以治愈男性生理疾病的事实，使被害人基于错误认识，在业务员的诱导下购买了没有实际功效的产品，主观上具有非法占有目的，客观上实施了骗取他人财物的行为，其行为符合诈骗罪的构成要件，应当认定为诈骗罪。

在此基础上，本案例的裁判要旨之一明确提出："……对于出售商品价格与成本价差距悬殊，采用固定销售'话术剧本'诱使被害人反复购买，致使被害人购买商品所希望达到的目的根本无法实现的，可以认定具有非法占有目的，属于网络销售型诈骗犯罪，依法以诈骗罪论处。"

第二，共同犯罪中人员地位作用的区分。网络销售型诈骗犯罪案件往往涉案人数众多、层级复杂，不同成员间层级不同、分工不同，在共同犯罪中的地位和作用也不同。办理此类案件，要坚持宽严相济刑事政策，准确区分人员地位作用，妥当裁量刑罚，实现罪刑均衡。特别是，要将严惩的对象聚焦于组织者、领导者等主犯，特别是犯罪集团中的组织者、骨干分子和幕后"金主"；而对发挥作用较小的人员可以依法从宽处理，从而确保案件办理的良好效果。

本案例中，被告人刘某甲、吴某勇购买大量公民个人信息，并招揽被告人薛某、刘某乙、肖某君、郑某君等人通过网络销售的方式实施诈骗，在共同犯罪中起主要作用，系主犯；薛某负责联系被害人实施诈骗并协助吴某勇发货，刘某乙任组长，负责管理员工并联系被害人实施诈骗，二人虽系从犯，但在共同犯罪中参与程度较深；肖某君、郑某君为刘某甲、吴某勇雇用的普通员工，参与诈骗时间短，非法获利数额较少，且认罪认罚,能够积极缴纳罚金,退出违法所得,可予从轻处罚,且二人符合适用缓刑的条件,依法对二人适用缓刑,符合罪责刑相适应原则。

在此基础上,本案例的裁判要旨之二明确提出:"……对于主观恶性大,把'销售'变为'骗术'的组织者、领导者等主犯,从重处罚;对于参与时间短、仅领取少量报酬等发挥作用较小的人员,可以依法从宽处理,通过适用缓刑等,确保案件办理的良好效果。"

第三,涉及购买公民个人信息行为的处断原则。公民个人信息已成为电信网络诈骗犯罪的"基本物料",通过非法购买公民个人信息,可以有针对性地实施诈骗犯罪,促使相关犯罪更易得逞,社会危害性更大。刑法理论一般认为,非法获取公民个人信息的行为与骗取被害人财物的行为之间存在手段行为与目的行为的关系,属于牵连犯。从罪数理论和实务操作来看,对于牵连犯的处断规则亦有发展调整的态势:从过去固守的择一重罪处断到目前开始实行有限的并罚规则;而且,除刑法分则条文之外,不少司法解释、规范性文件亦明确规定对牵连行为进行数罪并罚。之所以逐渐改持数罪并罚的规则,主要是考虑到所涉行为的社会危害较大,旨在实现罪刑均衡、罚当其罪。对此,《最高人民法院、最高人民检察院、公安部关于办理电信网络诈骗等刑事案件适用法律若干问题的意见》(法发〔2016〕32号)规定:"使用非法获取的公民个人信息,实施电信网络诈骗犯罪行为,构成数罪的,应当依法予以并罚。"

本案例中,被告人刘某甲、吴某勇从他人处大量购买含有姓名、手机号、家庭住址等信息的个人信息共计11517条,其行为已构成侵犯公民个人信息罪,随后针对此类人员进行诈骗,其行为又构成诈骗罪,对此应当数罪并罚。

在此基础上,本案例的裁判要旨之三明确提出:"非法购买公民个人信息,进而实施电信网络诈骗,构成数罪的,依法予以并罚。"

入库编号：2023-02-1-233-001

19. 张某细强制医疗案
——对继续强制医疗决定申请复议的处理

> 关键词：刑事　妨害公务罪　强制医疗程序　继续强制医疗决定　复议　不予受理

【基本案情】

张某细因实施暴力行为妨害公务，其行为已经达到犯罪程度，但经法定程序鉴定，其为患有精神分裂症、无刑事责任能力的精神病人，有继续危害社会的可能，符合强制医疗的条件，广东省佛山市禅城区人民法院遂于2020年8月4日作出（2020）粤0604刑医1号强制医疗决定，决定对张某细强制医疗。张某细及其近亲属张某忠不服该决定，向广东省佛山市中级人民法院提出复议申请。佛山市中级人民法院经审理，认为张某细符合强制医疗条件，驳回复议申请，维持原决定。

2021年10月8日，张某忠向佛山市禅城区人民法院申请解除对张某细的强制医疗，佛山市禅城区人民法院于2021年11月3日作出（2021）粤0604刑医解1号决定，决定继续对张某细强制医疗。后张某忠再次向佛山市禅城区人民法院申请解除强制医疗，佛山市禅城区人民法院于2022年12月19日作出（2022）粤0604刑医解2号决定，决定对张某细继续强制医疗。张某忠就该继续强制医疗决定不服，向佛山市中级人民法院申请复议。

佛山市中级人民法院于2023年2月23日作出（2023）粤06刑医复1号决定：对申请复议人张某忠不服佛山市禅城区人民法院（2022）粤

0604 刑医解 2 号继续强制医疗决定的复议申请不予受理。

【裁判理由】

《中华人民共和国刑事诉讼法》第三百零五条规定："人民法院经审理，对于被申请人或者被告人符合强制医疗条件的，应当在一个月以内作出强制医疗的决定。""被决定强制医疗的人、被害人及其法定代理人、近亲属对强制医疗决定不服的，可以向上一级人民法院申请复议。"据此，《最高人民法院关于适用〈中华人民共和国刑事诉讼法〉的解释》（法释〔2021〕1 号，以下简称《刑事诉讼法解释》）第六百四十二条规定："被决定强制医疗的人、被害人及其法定代理人、近亲属对强制医疗决定不服的，可以自收到决定书第二日起五日以内向上一级人民法院申请复议。复议期间不停止执行强制医疗的决定。"

刑事诉讼法第三百零六条规定："强制医疗机构应当定期对被强制医疗的人进行诊断评估。对于已不具有人身危险性，不需要继续强制医疗的，应当及时提出解除意见，报决定强制医疗的人民法院批准。被强制医疗的人及其近亲属有权申请解除强制医疗。"然而，对继续强制医疗决定不服的，是否可以向上一级人民法院申请复议，刑事诉讼法及《刑事诉讼法解释》并未予以明确。

从体系逻辑上而言，刑事诉讼法第三百零五条规定的"强制医疗决定"不应包含继续强制医疗决定，即相关主体没有就继续强制医疗决定申请复议的权利。与此同时，《刑事诉讼法解释》对解除强制医疗申请被驳回后提供了复议之外的救济途径。《刑事诉讼法解释》第六百四十五条第二款规定："被强制医疗的人及其近亲属提出的解除强制医疗申请被人民法院驳回，六个月后再次提出申请的，人民法院应当受理。"故而，不允许相关被强制医疗的人及其近亲属就继续强制医疗决定申请复议，亦不影响申请解除强制医疗的权利。

本案中，张某忠不服继续强制医疗决定，向上一级人民法院提出复议申请缺乏法律依据，同时法院依法保障了张某忠申请解除强制医疗的权利，故法院决定对其就继续强制医疗决定提出的复议申请不予受理。

【裁判要旨】

在强制医疗案件中，被强制医疗的人及其近亲属对人民法院首次作出的强制医疗决定不服的，可以向上一级人民法院申请复议；对人民法院作出的继续强制医疗决定申请复议的，上一级人民法院依法不予受理。

【关联索引】

《中华人民共和国刑事诉讼法》第305条第2款、第306条

《最高人民法院关于适用〈中华人民共和国刑事诉讼法〉的解释》（法释〔2021〕1号）第630条、第642条、第645条、第647条

强制医疗程序：广东省佛山市中级人民法院（2023）粤06刑医复1号决定（2023年2月23日）

法官解读

对继续强制医疗决定不服的，能否申请复议

——《张某细强制医疗案（入库编号：2023-02-1-233-001）》解读

蔡大宇　张拾风[*]

2012年修订的《中华人民共和国刑事诉讼法》专章增设依法不负刑事责任的精神病人的强制医疗程序，并将强制医疗决定权赋予人民法院。为确保强制医疗程序的规范适用，避免有继续危害社会可能的精神病人危害公共安全和公民人身安全，《最高人民法院关于适用〈中华人民共和国刑事诉讼法〉的解释》（法释〔2021〕1号，以下简称《刑事诉讼法解释》）对强制医疗程序的相关问题作了细化规定。为保障被强制医疗的人及其近亲属的合法权益，刑事诉讼法第三百零五条第二款规定："被决定强制医疗的人、被害人及其法定代理人、近亲属对强制医疗决定不服的，可以向上一级人民法院申请复议。"与之同时，刑事诉讼法第三百零六条第二款规定："被强制医疗的人及其近亲属有权申请解除强制医疗。"对解除强制医疗申请，人民法院应当进行审查，根据情况作出解除强制医疗或者继续强制医疗的决定。但是，被强制医疗的人及其近亲属对继续强制医疗的决定不服的，是否可以向上一级人民法院申请复议，刑事诉讼法及《刑事诉讼法解释》对此均未予以明确，司法实践中存在不同认识，法答网上亦有不少相关提问。人民法院案例库入库参考案例《张某细强制医疗案（入库编号：2023-02-1-233-001）》即一起被强制医疗的人的近亲属对继续强制医疗决定申请复议的案例。本参考案例的裁判要旨明确："在强制医疗案件中，被强制医疗的人及其近亲属对人民法院首次作出的强制医疗决定不服的，可以向上一级人民法院申请复议；

---

[*] 作者单位：广东省佛山市中级人民法院。

对人民法院作出的继续强制医疗决定申请复议的,上一级人民法院依法不予受理。"这为类似案件的处理提供了规则指引。现就有关问题解读如下。

一、所涉复议申请没有法律依据

进行刑事诉讼活动应当遵守程序法定原则。程序法定原则要求刑事诉讼程序规则只能由法律来确定和创设,司法机关、刑事诉讼参与人应当严格遵守法律所设定的条件、步骤和方式进行。在对强制医疗决定申请复议时,同样应当遵守程序法定原则。根据刑事诉讼法第三百零五条第二款的规定,被决定强制医疗的人及其法定代理人、近亲属对"强制医疗决定"不服的,可以向上一级人民法院申请复议。对被强制医疗的人及其近亲属的解除强制医疗申请,《刑事诉讼法解释》第六百四十七条第一款规定:"……人民法院应当组成合议庭进行审查,并在一个月内,按照下列情形分别处理:(一)被强制医疗的人已不具有人身危险性,不需要继续强制医疗的,应当作出解除强制医疗的决定,并可责令被强制医疗的人的家属严加看管和医疗;(二)被强制医疗的人仍具有人身危险性,需要继续强制医疗的,应当作出继续强制医疗的决定。"由此来看,刑事诉讼法及《刑诉法解释》将"强制医疗决定""继续强制医疗决定"规定为两种不同的决定程序,并分别赋予被强制医疗的人及其近亲属不同的参与权利。因此,既然法律未规定被强制医疗的人及其近亲属可以就继续强制医疗决定申请复议,则对所涉复议申请,人民法院依法不予受理。如果将刑事诉讼法第三百零五条第二款规定的"强制医疗决定"进行扩大解释,进而把"继续强制医疗决定"涵括其中,那么必然导致程序上的混乱,亦违背立法精神。

二、解除强制医疗申请有配套救济途径

有权利必有救济,无救济即无权利。虽然刑事诉讼法及《刑事诉讼法解释》没有规定被强制医疗的人及其近亲属可以就继续强制医疗决定

申请复议，但仍提供了相配套的其他救济途径，切实保障了被强制医疗的人的合法权益。《刑事诉讼法解释》第六百四十五条第二款规定："被强制医疗的人及其近亲属提出的解除强制医疗申请被人民法院驳回，六个月后再次提出申请的，人民法院应当受理。"据此，被强制医疗的人及其近亲属不服继续强制医疗决定的，并非没有救济途径，只是其救济方式不同于复议方式而已。同时，人民检察院对强制医疗的决定有权进行监督。《刑诉法解释》第六百四十八条规定："人民检察院认为强制医疗决定或者解除强制医疗决定不当，在收到决定书后二十日内提出书面纠正意见的，人民法院应当另行组成合议庭审理，并在一个月内作出决定。"可见，法律对被强制医疗的人及其近亲属申请解除强制医疗的权利赋予了双重保障。

综上所述，在现有制度框架下，对于人民法院审查解除强制医疗申请后作出的继续强制医疗决定，被强制医疗的人及其近亲属没有申请复议的权利，被强制医疗的人及其近亲属提出复议申请的，上一级人民法院依法应不予受理。但被强制医疗的人及其近亲属可以在六个月后重新申请解除强制医疗。

本案中，被强制医疗的人张某细的近亲属张某忠申请解除强制医疗，法院经审查认为张某细仍具有人身危险性，需要继续强制医疗，故依法作出继续强制医疗的决定。张某忠不服该继续强制医疗决定，向上一级人民法院提出复议申请缺乏法律依据，因此，法院决定对其提出的复议申请不予受理。

入库编号：2024-18-1-253-001

20. 丁某提供侵入计算机信息系统程序案
—— "专门用于侵入、非法控制计算机信息系统的程序、工具"的认定

> 关键词：刑事　提供侵入、非法控制计算机信息系统程序、工具罪　专门用于侵入、非法控制计算机信息系统的程序、工具　网络爬虫

【基本案情】

2021年10月5日，被告人丁某在经营马鞍山某信息咨询有限公司期间，从丁某某（另案处理）处购买"汇易获客"软件代理权，明知该款软件未经授权，专门用于入侵短视频平台服务器非法获取用户昵称、UID、sec_uid、留言、评论等未授权人员访问受限的数据，仍将软件改名为"客多多精准获客"并对外销售。2021年10月至12月，丁某在安徽省马鞍山市花山区某大厦，组织其公司销售人员通过网络向他人销售"客多多精准获客"软件。经鉴定，送检的"采集端1.5.vmp.exe"程序在实现获取短视频平台当前热门话题功能的过程中，先发送验证请求至特定IP地址的服务器中"天盾服务端"程序进行验证，之后发送POST请求至特定网址获取X-Gorgon值，最后根据X-Gorgon、X-Khronos等参数值发送GET请求获取短视频平台服务器中上述数据。丁某到案后，如实供述自己的犯罪事实，并退出销售"客多多精准获客"软件的全部违法所得。

江苏省无锡市梁溪区人民法院于2022年5月10日作出（2022）苏0213刑初223号刑事判决：被告人丁某犯提供侵入计算机信息系统程序

罪，判处有期徒刑一年六个月，缓刑二年，并处罚金人民币三万元；禁止被告人丁某在缓刑考验期限内从事互联网相关经营活动。宣判后，没有抗诉、上诉，判决已发生法律效力。

【裁判理由】

法院生效裁判认为：本案争议焦点在于被告人丁某向他人提供的"客多多精准获客"软件是否属于《中华人民共和国刑法》规定的"专门用于侵入、非法控制计算机信息系统的程序、工具"。

刑法第二百八十五条第三款规定："提供专门用于侵入、非法控制计算机信息系统的程序、工具，或者明知他人实施侵入、非法控制计算机信息系统的违法犯罪行为而为其提供程序、工具，情节严重的，依照前款的规定处罚。"《最高人民法院、最高人民检察院关于办理危害计算机信息系统安全刑事案件应用法律若干问题的解释》（法释〔2011〕19号）第二条进一步规定："有下列情形之一的程序、工具，应当认定为刑法第二百八十五条第三款规定的'专门用于侵入、非法控制计算机信息系统的程序、工具'：（一）具有避开或者突破计算机信息系统安全保护措施，未经授权或者超越授权获取计算机信息系统数据的功能的；（二）具有避开或者突破计算机信息系统安全保护措施，未经授权或者超越授权对计算机信息系统实施控制的功能的；（三）其他专门设计用于侵入、非法控制计算机信息系统、非法获取计算机信息系统数据的程序、工具。"据此，认定"专门用于侵入、非法控制计算机信息系统的程序、工具"，关键有二个：一是程序本身具有避开或者突破计算机信息系统安全保护措施的功能；二是程序、工具获取数据和控制的功能，在设计上能在未经授权或者超越授权的状态下得以实现，这是该类程序、工具区别于"中性程序、工具"的典型特征。此外，刑法未专门规定"专门用于非法获取计算机信息系统数据的程序、工具"，而非法获取计算机信息系统数据的行为通常需要以侵入为前提，故一般可以将该类工具归入"专门用于侵入计算机信息系统的程序、工具"的范畴。

本案中，短视频平台服务器采用以 X-Gorgon 加密算法进行签名校验的安全保护措施。具体而言，短视频平台服务器根据发送数据请求用户的信息运用算法得出特定的 X-Gorgon 参数值，与数据请求中所携带的 X-Gorgon 参数值进行匹配，以验证请求的合法性。而涉案"客多多精准获客"软件，经鉴定，系先发送验证请求至特定 IP 地址的服务器中"天盾服务端"程序进行验证，之后发送 POST 请求至特定网址非法获取 X-Gorgon 值，最后利用算法解析出加密的 X-Gorgon 等参数值发送 GET 请求获取短视频平台服务器数据。可见，该软件可以避开短视频平台服务器系统安全保护措施，进而未经授权非法获取服务器中用户昵称、UID、sec_uid、留言、评论等访问受限的数据。据此，该程序属于刑法规定的"专门用于侵入计算机信息系统的程序"。故而，被告人丁某伙同他人，提供专门用于侵入计算机信息系统的程序，情节严重，其行为已构成提供侵入计算机信息系统程序罪。经综合考虑被告人丁某在共同犯罪中所起作用，以及归案后如实供述自己的罪行，自愿认罪认罚等情节，法院宣告缓刑，并依法适用禁止令。

【裁判要旨】

具有避开或者突破网络平台等计算机信息系统安全保护措施，使他人非法获取访问受限的数据的软件，属于刑法第二百八十五条第三款规定的"专门用于侵入计算机信息系统的程序"。行为人提供上述软件，情节严重的，依法以提供侵入计算机信息系统程序罪定罪处罚。

【关联索引】

《中华人民共和国刑法》第 285 条第 3 款

《最高人民法院、最高人民检察院关于办理危害计算机信息系统安全刑事案件应用法律若干问题的解释》（法释〔2011〕19 号）第 2 条、第 3 条

一审：江苏省无锡市梁溪区人民法院（2022）苏 0213 刑初 223 号刑事判决（2022 年 5 月 10 日）

法官解读

提供非法爬虫软件行为的刑法规制

——《丁某提供侵入计算机信息系统程序案（入库编号：2024-18-1-253-001）》解读

王肃之* 黎 鹏**

在大数据时代，信息数据的商业价值日益凸显，获取计算机信息系统数据的软件被广泛应用于搜索引擎、大数据分析预测、舆情监控等各方面，推动了互联网数据生态的繁荣，促进了信息数据向生产力的转化。网络爬虫技术作为典型的数据获取技术，是通过特定的规则，模拟人工自动化访问、浏览网站并抓取、收集目标计算机信息系统数据的信息数据收集、处理技术。信息技术是把"双刃剑"，随着网络爬虫技术的广泛应用，其在批量化、自动化获取系统数据时，可能会破坏计算机信息系统安全、信息数据安全、互联网管理秩序等，对滥用甚至非法使用爬虫技术行为如何进行法律规制逐渐成为司法实践的热点、难点问题。

2009年《刑法修正案（七）》增设提供侵入、非法控制计算机信息系统程序、工具罪，进一步严密保护计算机信息系统和数据安全的刑事法网。实践中，关于"专门用于侵入、非法控制计算机信息系统的程序、工具"的审查判定仍是实务难点，特别是在新型程序、工具日趋替代木马程序成为主流的背景下。人民法院案例库入库参考案例《丁某提供侵入计算机信息系统程序案（入库编号：2024-18-1-253-001）》裁判要旨明确："具有避开或者突破网络平台等计算机信息系统安全保护措施，使他人未经授权非法获取访问受限的数据的软件，属于《中华人民共和国

---
* 作者单位：最高人民法院。
** 作者单位：江苏省无锡市梁溪区人民法院。

刑法》第二百八十五条第三款规定的'专门用于侵入计算机信息系统的程序'。行为人提供上述软件,情节严重的,依法以提供侵入计算机信息系统程序罪定罪处罚。"该裁判要旨为类案提供了审查判断的规则指引。以此为参照,对刑法第二百八十五条第三款规定的"专门用于侵入、非法控制计算机信息系统的程序、工具"的认定,应当注意把握以下几点。

第一,是否具有避开或者突破计算机信息系统安全保护措施的功能。传统的避开或者突破上述措施通常表现在系统安全层面,例如逃避杀毒程序的查杀、防火墙的控制等。但在提供非法爬虫软件的情形中则更为复杂,应当结合具体情况对软件是否具有规避安全防护措施的功能进行实质性审查。(1)作为基础,应当审查相关软件是否避开或者突破计算机信息系统验证措施。计算机信息系统控制者通常会采取设置密码防护、身份认证、数据加密等措施保护数据安全,他人未经授权一般难以轻易进入系统。非法爬虫软件可以通过破解加密算法、规避身份校验、利用系统漏洞、盗窃账号密码等手段,避开、绕开或突破计算机信息系统的验证措施,违背计算机信息系统控制者的意愿,强行或隐蔽地"侵入"他人计算机信息系统。(2)在前述基础上,应当进一步审查相关软件是否避开或者突破反爬措施。设置反爬措施均是规范、限制网络爬虫技术不当使用的技术手段,这在实践中应当成为判定是否具有规避安全防护措施的功能的重要内容。

第二,是否可以突破访问权限获取网络用户数据。获取计算机信息系统数据应在授权范围内进行,而不应未经授权或超越授权范围进行。网络用户在注册或使用相关软件时,不可避免地生成专属个人的相关数据。而相关用户数据的获取与使用,需要在数据主体知情并同意、网络平台许可并授权,遵守合理合法使用、保密使用、最低限度使用、限制扩散等规则的前提下,有限制、有边界地合法使用。未经相关授权或超越授权范围获取数据,既违背了用户的意愿,也损害了网络平台的利益。关于授权与否,可通过是否具有版权声明、授权白名单等明示方式,是否设置安全防护措施、数据加密等默示方式加以判断。此外,需要注意的是，同一类型的网络用户数据可能在不同网络平台设置有差别的访问权限要求。以用户 UID 信息为例，有的网络平台允许查看任何用户 UID 信息，有的网络平台则仅允许用户查看本人的 UID 信息，对此，实践中需要加以准确判断。

第三，是否专门用于侵入、非法控制计算机信息系统。"专门"是对程序、工具本身的用途非法性的限定，即某款程序、工具在功能设计上就只能用来违法实施控制、获取数据的行为，没有其他合法用途。正是基于此，刑法第二百八十五条第三款规定提供专门用于侵入、非法控制计算机信息系统的程序、工具即具有刑事违法性，无须再查实是否为他人违法犯罪提供帮助。与传统的"专门"程序、工具中存在"中性程序"一样，对于爬虫程序，也应注重甄别是否只可用于非法用途。实际上，爬虫技术本身对于互联网的发展和应用至关重要，例如，各大搜索引擎都是依靠爬取网页信息才能提供服务，大量网站也接受数据爬取行为，从而增加访问流量，这些搜索引擎的爬虫程序显然不具有专门用于非法用途的性质。

依据上述判断标准，本案例中案涉"客多多精准获客"软件属于刑法第二百八十五条第三款规定的"专门用于侵入、非法控制计算机信息系统的程序、工具"。具体而言：（1）短视频平台服务器采用以 X-Gorgon 加密算法进行签名校验的安全保护措施，"客多多精准获客"软件系通过非法方式解析 X-Gorgon 等参数值，进而完成验证，发送 GET 请求获取短视频平台服务器数据，突破了计算机信息系统验证措施的功能，无疑具有"避开或者突破计算机信息系统安全保护措施"功能。（2）"客多多精准获客"软件获取的 UID、sec_uid 等数据只限用户登录自行查看，用户本人以外的人员无法通过正常访问渠道获得，该软件的获取行为显然具有未经授权的性质。（3）"客多多精准获客"软件除非法获取短视频平台用户昵称、UID、sec_uid、留言、评论等访问受限的数据并无其他合法用途，属于典型的非法爬虫程序。综上所述，对被告人丁某依法以提供侵入计算机信息系统程序罪定罪处罚。

入库编号：2024-18-1-254-001

21. 张某等人破坏计算机信息系统案
——通过DDoS网站实施网络攻击行为的定罪量刑

> 关键词：刑事　破坏计算机信息系统罪　DDoS攻击　后果严重

【基本案情】

2017年3月，被告人唐某某伙同被告人王某建立了一个具有会员充值、任务提交功能的DDoS网站。唐某某通过网络推广等方式吸收有DDoS攻击需求的人员在网站进行注册会员、充值及提交DDoS攻击任务。2017年9月底开始，唐某某伙同被告人肖某对会员提交的攻击目标IP等内容进行DDoS攻击，致使被攻击的IP等内容的关联网站、服务器等计算机信息系统不能正常运行。经鉴定，该网站具备向指定IP或域名的计算机发起DDoS流量攻击的功能，流量攻击过程中产生的大量网络数据包导致用户无法正常访问被攻击的计算机信息系统，流量攻击对被攻击目标具有破坏性。截至案发，该网站接受会员充值总额为176310元。2018年1月至3月，被告人张某等四人相继在上述网站注册会员充值，并提交DDoS攻击任务，由唐某某等进行操作，造成被攻击计算机信息系统不能正常运行的后果。其中，被告人张某于2018年1月下旬针对武汉多家教育培训公司网站的11个IP地址或域名提交117次套餐攻击，共造成武汉多家教育培训公司的网站或服务器不能正常运行的后果。

江苏省南通市海门区人民法院于2019年5月29日作出（2018）苏0684刑初664号刑事判决，以破坏计算机信息系统罪判处被告人唐某某、王某、肖某、张某等七人有期徒刑五年六个月至有期徒刑十个月不等。宣判后，被告人张某等人提出上诉。江苏省南通市中级人民法院于2019年11月15日作出（2019）苏06刑终318号刑事裁定：驳回上诉，维持原判。

【裁判理由】

法院生效裁判认为：被告人唐某某、王某、肖某建立、运营DDoS网站，接受任务对目标IP等内容进行DDoS攻击，致使被攻击的IP等内容的关联网站、服务器等计算机信息系统不能正常运行，违法所得17万余元，后果特别严重，构成破坏计算机信息系统罪。被告人张某等4人在上述网站注册会员充值并提交DDoS攻击任务，造成目标网站或服务器不能正常运行，后果严重，亦构成破坏计算机信息系统罪。IP地址或者域名的个数不能直接等同于计算机信息系统台数。综合考虑张某等人对11个IP地址或者域名实施DDoS攻击，攻击行为造成网速变慢、变卡、掉线等犯罪情节，可依法认定为《最高人民法院、最高人民检察院关于办理危害计算机信息系统安全刑事案件应用法律若干问题的解释》（法释〔2011〕19号）第四条第一款第五项规定的"造成其他严重后果"。故一审、二审法院依法作出如上裁判。

【裁判要旨】

1.行为人创建、运营为他人提供DDoS攻击的网站，造成被攻击网站、服务器相关计算机信息系统不能正常运行，后果严重的，以破坏计算机信息系统罪论处。对于所涉网站经营管理者、网络攻击请求者，可以根据具体情节认定为共同犯罪。

2.对于通过DDoS攻击他人IP地址、网站的案件，不能简单将被攻击IP地址、网站域名的个数直接等同于计算机信息系统的台数，而应当结合被攻击IP地址、网站域名的数量，攻击持续时间以及所造成的损失或者影响等情节，综合评判是否属于"后果严重"或者"后果特别严重"。

【关联索引】

《中华人民共和国刑法》第 286 条

《最高人民法院、最高人民检察院关于办理危害计算机信息系统安全刑事案件应用法律若干问题的解释》（法释〔2011〕19 号）第 4 条

一审：江苏省南通市海门区人民法院（2018）苏 0684 刑初 664 号刑事判决（2019 年 5 月 29 日）

二审：江苏省南通市中级人民法院（2019）苏 06 刑终 318 号刑事裁定（2019 年 11 月 15 日）

法官解读

通过 DDoS 网站实施网络攻击行为的定罪量刑
——《张某等人破坏计算机信息系统案（入库编号：2024-18-1-254-001）》解读

王肃之[*]　杜开林[**]　丁净玉[***]

随着信息技术的飞速发展，互联网正在深刻改变社会生产结构、公众生活方式。同时，网络犯罪也随之不断发展变化，不仅犯罪主体日趋多元、犯罪方式更加复杂，还形成了产业化、专门化的犯罪产业链，由此引发多重司法认定难题。以往，破坏计算机信息系统犯罪通常是由"黑客"直接实施，但近年来，行为人创建、运营专门提供 DDoS 攻击非法服务的网站的案件时有发生，对相关人员如何定罪量刑，司法实践做法不尽一致，进而影响案件办理效果。对此，人民法院案例库入库参考案例《张某等人破坏计算机信息系统案（入库编号：2024-18-1-254-001）》对新出现的平台型破坏计算机信息系统犯罪的定罪量刑规则作了明确，为类似案件裁判提供了指引。对于所涉裁判要旨，应当注意从以下三个方面加以把握。

第一，创建、运营专门网站提供 DDoS 非法攻击服务的行为认定。《中华人民共和国刑法》第二百八十六条将"干扰"作为破坏计算机信息系统罪的行为类型之一。分布式拒绝服务（DDoS）攻击通过向目标网站发送大量请求，消耗其资源，使其无法正常提供服务，故理论与实践均认为分布式拒绝服务（DDoS）攻击属于干扰计算机信息系统。在专门网站提供 DDoS 非法攻击服务的情况下，尽管网站经营管理者（含非法

---

[*] 作者单位：最高人民法院。
[**] 作者单位：江苏省南通市海门区人民法院。
[***] 作者单位：江苏省南通市中级人民法院。

攻击服务提供者）并非犯意的发起者，属于接受他人报酬实施犯罪，但综合来看，仍应当认定为破坏计算机信息系统罪。一方面，前述网站经营管理者直接提供DDoS非法攻击服务，不是为他人利用信息网络实施犯罪提供技术支持，也并非为他人犯罪发布信息，不宜认定为帮助信息网络犯罪活动罪或非法利用信息网络罪；另一方面，前述网站经营管理者确实具有干扰计算机信息系统的犯罪故意，也实施了DDoS攻击行为，应当以破坏计算机信息系统犯罪论处。由此，本案例的裁判要旨之一提出，"行为人创建、运营为他人提供DDoS攻击的网站，造成被攻击的网站、服务器相关计算机信息系统不能正常运行，后果严重的，以破坏计算机信息系统罪论处"。

本案例中，被告人唐某某伙同被告人王某、肖某等人建立具有会员充值、任务提交功能的DDoS攻击网站，通过网络推广等方式吸收有攻击需求的人员在网站进行注册会员、充值及提交攻击任务，后针对会员提交的攻击目标IP进行DDoS攻击。攻击过程中产生的大量网络数据包导致被攻击IP的网站、服务器相关计算机信息系统不能正常运行，后果特别严重，构成破坏计算机信息系统罪。

第二，网站经营管理者、网络攻击请求者的共同犯罪认定。在专门网站提供DDoS非法攻击服务的情况下，网站经营管理者、网络攻击请求者形成一种"购买"模式的共同犯罪。一方面，网络攻击请求者与网站经营管理者具有意思联络。共同犯罪故意不仅要求行为人具有主观明知，而且要求彼此之间具有意思联络。网络攻击请求者通过DDoS攻击网站发布攻击请求，请求中包括DDoS攻击的目标、方式等具体内容，虽然网络攻击请求者形式上是DDoS非法攻击服务的"购买方"，但实际上是犯意发起者。网站经营管理者接受任务请求，就DDoS攻击的目标、方式等与网络攻击请求者达成合意，双方形成了具体的意思联络。另一方面，网站经营管理者、网络攻击请求者共同完成了犯罪行为。网站经营管理者是按照网络攻击请求者要求的目标、方式完成DDoS攻击，其行为具有共同性。此外，还应注意网站经营管理者的行为具有"一对多"

特征，往往同时向多个对象提供DDoS非法攻击服务，因此在共同犯罪中的地位作用更加突出，在刑罚裁量方面应当着重考虑。由此，本案例的裁判要旨之一提出，上述情形中对于网站经营管理者、网络攻击请求者可以根据具体情节认定为共同犯罪。

本案例中，被告人张某等人在被告人唐某某等人创建、运营的主要从事网络攻击活动的网站进行会员注册、充值并提交攻击任务，借助境外网站对攻击任务中的IP地址、域名实施DDoS攻击，造成被攻击IP的网站、服务器相关计算机信息系统不能正常运行。网络攻击请求者张某及网站经营管理者唐某某等人构成共同犯罪，可根据具体情节以破坏计算机信息系统罪论处。在共同犯罪中，张某系犯意发起者，无疑属于主犯；在DDoS攻击网站涉及的所有犯罪中，唐某某等人属于主犯，依法应当按照其参与或者组织、指挥的全部犯罪处罚。

第三，破坏计算机信息系统"后果严重"的判定。关于破坏计算机信息系统罪的定罪量刑，《最高人民法院、最高人民检察院关于办理危害计算机信息系统安全刑事案件应用法律若干问题的解释》（法释〔2011〕19号，以下简称《解释》）第四条具体规定了"后果严重""后果特别严重"的认定标准，其中，第一款第一项、第二项涉及的被破坏计算机信息系统"台数"是最常用的标准。然而，随着云技术、CDN技术、虚拟主机等新技术的发展应用，网站的组成日趋复杂，域名、IP地址与网站原有的一一对应关系被打破，一个IP地址或域名可能对应多个网站。如果IP地址或域名不能正常访问，也必然会干扰相应的计算机信息系统的正常运行，因此，应当根据案件具体情况予以适用，做到罪责刑相适应。有鉴于此，本案例的裁判要旨提出："对于通过DDoS攻击他人IP地址、网站的案件，不能简单将被攻击IP地址、网站域名的个数直接等同于计算机信息系统的台数，而应当综合被攻击IP地址、网站域名的数量，攻击持续时间以及所造成的损失或者影响等情节，综合评判是否属于'后果严重'或者'后果特别严重'。"

本案例中，被告人张某提交攻击任务中的IP地址或域名指向与相应计算机信息系统存在复杂的对应关系。具体包括三种可能情况：第一种情况是1个IP地址对应1个网站的云服务器，可以认定攻击1台计算机信息系统；第二种情况是有2个IP地址所在的机柜通过交换机连接着7个服务器，此时攻击台数应为交换机及其连接服务器的个数；第三种情况是有2个IP地址分别对应2台云服务器，每台云服务器里托管200多个网站。张某为打压同行、提升自己公司排名，对同行公司网站的11个IP地址或者域名提交百余次DDoS攻击任务，导致被害公司网站登录缓慢、无法打开、无法访问，产生经济损失。结合被攻击IP地址、网站的数量、攻击时间以及所造成的损失或者影响等因素，依据《解释》第四条第一款第五项的兜底性规定，综合评判张某的行为属于"造成其他严重后果"的情形，据此予以定罪处罚。

入库编号：2024-18-1-286-001

22.尉某平、贾某珍开设赌场准许撤回起诉案
—— 无证经营棋牌室，仅收取服务费而未抽头渔利行为的定性

关键词：刑事　开设赌场罪　娱乐活动　服务费　抽头渔利

【基本案情】

2022年4月21日至6月14日，被告人尉某平在其位于河北省石家庄市长安区某小区底商的租住处，私自开设棋牌室，组织他人以打麻将的方式进行娱乐活动，并向每位参与者收取50元的台费。此外，尉某平以每天200元的报酬雇用被告人贾某珍为棋牌室工作人员，负责为参与娱乐活动人员提供支付结算及饮水、保洁等服务。自开业至案发，尉某平累计非法获利32250元，贾某珍非法获利1万元。被告人尉某平、贾某珍已退缴全部违法所得。

河北省石家庄市长安区人民检察院指控被告人尉某平、贾某珍犯开设赌场罪，向石家庄市长安区人民法院提起公诉。2023年12月15日，石家庄市长安区人民检察院提出撤回起诉。石家庄市长安区人民法院于2023年12月22日作出（2023）冀0102刑初466号刑事裁定，准许石家庄市长安区人民检察院撤回起诉。

【裁判理由】

法院生效裁定认为：本案中，被告人尉某平、贾某珍仅收取每位参与者50元（6小时）台费，并无"抽头渔利"行为，其收取费用的标准并不高于本地区同类型棋牌室收费标准，缺乏"以营利为目的"提供赌

博场所的主观故意，应当认定为提供娱乐活动场所。被告人虽然提供了"筹码"兑换服务，但提供该服务仅为了便于参与娱乐活动者结算。打牌结束后，被告人会按照筹码数量退还所对应的钱款，并无其他抽成行为。另外，参与打牌者证实，各参与者输赢数额多在几百元左右，最高数额在 2000 元左右。有鉴于此，不宜认定被告人存在提供场所供他人赌博的行为。故法院依法作出如上裁定。

【裁判要旨】

对于聚众赌博、开设赌场等刑事案件的办理，应当严格把握赌博犯罪与群众文娱活动的界限。根据有关司法解释的规定，对于不以营利为目的，进行带有少量财物输赢的娱乐活动，以及提供棋牌室等娱乐场所，只收取正常的场所和服务费用的经营行为等，不以赌博论处。有鉴于此，对于无证经营棋牌室，仅收取正常服务费、未抽头渔利的行为，不应以赌博犯罪论处。

【关联索引】

《中华人民共和国刑法》第 303 条

一审：河北省石家庄市长安区人民法院（2023）冀 0102 刑初 466 号刑事裁定（2023 年 12 月 22 日）

法官解读

坚持实质判断　准确认定赌博犯罪

——《尉某平、贾某珍开设赌场准许撤回起诉案（入库编号：2024-18-1-286-001）》解读

张华锋[*]　张潇[**]

开设赌场罪是指为赌博提供场所、空间、赌具，为赌客设定赌博规则、方式，帮助赌客进行资金结算等服务，组织招揽他人赌博的行为。在1997年刑法中，开设赌场是赌博罪的客观行为之一。开设赌场犯罪之中，行为人通过管理经营将"以人聚合"的零散聚赌转化为"场所聚合"的有组织性赌博活动，使得涉赌人员较多、赌资金额较大，其社会危害性比一般赌博犯罪更高，具有严厉惩治的必要性。故而，《刑法修正案（六）》将开设赌场行为单独设罪后设定两档法定刑，并将最高法定刑从三年有期徒刑提升为十年有期徒刑；《刑法修正案（十一）》又根据该类犯罪的新特点进一步调整法定刑，将第一档最高法定刑和第二档最低法定刑从三年有期徒刑提升为五年有期徒刑。

通常而言，在赌博犯罪之中，赌博罪和开设赌场罪分别针对不同程度的涉赌行为：赌博罪一般针对聚众赌博中的"赌头"和嗜赌成性、以赌博为业的"赌棍"，该类犯罪中赌博系因人聚合，具有偶发性，危害范围相对较小；而开设赌场罪则针对开设与经营赌场，将零散赌博行为转化为有组织性、持续性大范围赌博的赌场经营，该类犯罪中赌博系因场所聚合，参赌人员具有不特定性，社会危害范围更广。

司法实践中，由于缺乏专门司法解释对赌博罪与开设赌场罪进行明

---

[*] 作者单位：最高人民法院研究室。
[**] 作者单位：河北省石家庄市长安区人民法院。

确界分,对开设赌场罪一定程度存在泛化适用的情形,甚至出现混淆提供日常娱乐场所与开设赌场罪的情况。因此,在开设赌场罪法定刑大幅度提高的背景之下,人民法院案例库入库参考案例《尉某平、贾某珍开设赌场准许撤回起诉案(入库编号:2024-181-286-001)》强调对开设赌场罪的适用应当坚持实质危害性判断的基本立场。细言之,对于赌博犯罪与群众文娱活动的界分,不能仅凭人数众多等单一特征认定开设赌场罪,而要结合涉案行为是否有经营性、组织性、控制性、规模性等特点,判断行为人对涉案赌博活动的管理程度是否较高、相关行为的社会危害性是否较大等,以准确界分罪与非罪。

首先,开设赌场应当具有经营性。行为人具有通过组织管理赌博活动并从中获利的目的。从立法沿革看,赌博罪明确规定了以营利为目的,开设赌场罪系从赌博罪中分离出来的行为,也应以营利为目的。从违法程度看,违法性及可责性较低的赌博行为要求以营利为目的,举轻以明重,违法性及可责性更高的开设赌场行为更需以营利为目的。从实践情况看,极少见到不以营利为目的的开设赌场行为。基于此,应当将开设赌场罪的主观目的限定为以营利为目的,且该赌场营利目的与正常经营活动的营利目的存在明显区别,其通常表现为通过组织或管理赌博行为,以抽头渔利等方式直接从组织或管理赌博活动中获利,该获利往往冠以"回佣""水钱""洗码费""抽水""窖花"等名义,具有隐蔽性、暴利性等特征。

本案中,被告人尉某平、贾某珍虽系无证经营棋牌室,但其是否有经营赌场的营利目的还需进一步审查判断。开设赌场中的营利目的系期望通过对赌博活动进行有组织的管理获得明显高于正常营业收入的不当利益,系直接从赌博的组织管理中获利。经查,上述被告人经营棋牌室在两个月左右时间的获利数额为3万元,扣除正常营业开销后,与本地其他棋牌室的正常收入大体相当,两名被告人的营利方式均为收取每位参与者50元台费,并没有从棋牌的组织管理活动中直接渔利,其收入也未明显超出正常营业收入的范畴,难以认定被告人具有"抽头渔利"等经营赌场的营利目的。

其次，开设赌场应当具有组织性。开设赌场罪中，各行为主体间往往分工明确，具备相对完整的组织构架。为了招揽赌客，将零散的赌博行为转化为有组织性的赌博活动，赌场经营者一般会形成相对明确的组织架构和人员分工，以此提升赌场运营的持续性、隐蔽性。从实践情况看，有人负责提供启动资金，有人负责管理赌博场所，有人负责记录结算赌资，有人负责揽客，有人负责望风等。有些赌场还会建立相对"规范"的经营制度和财务管理制度。正是由于这种组织性，才使得零散赌博行为不断蔓延、赌博规模不断扩大，其对社会的危害程度也不断提升，具有严厉惩治的必要性。

本案中，被告人尉某平、贾某珍经营的棋牌室，并没有完整的组织构架，组织相对松散，各被告人之间的分工存在交叉。其经营活动中没有人出资做庄，没有人揽客望风，也没有人计分结算，行为人并未将棋牌室作为赌场经营，各行为人之间没有形成与赌博相关的经营和财物管理制度，涉案行为欠缺开设赌场罪所需要的组织性特征。

再次，开设赌场应当具有控制性。开设赌场的控制性主要体现为对赌博场所的管理和对赌博活动的控制。开设赌场行为一般有固定的场所或空间，以确保赌博活动顺利进行和持续开展。经营者对赌博活动的控制性，主要体现在由开设赌场的人决定在何地何时开展赌博，且赌场经营者参与制定赌博输赢规则和抽成比例等结算规则。具体来讲，开设赌场的行为人对赌博的场所具有所有权或者使用权，能够控制其所开设的赌场，对具体赌博活动有较强的管理权限，能够制定相关的入场、赌博、收费、结算等规则，能够对参与赌博的人数有所控制。

本案中，被告人尉某平、贾某珍经营的棋牌室虽有固定场所，但两名被告人并未参与棋牌规则的制定和对棋牌活动进行控制。比如，尉某平、贾某珍未制定具体的棋牌规则，也未获取除符合市场价标准的台费外的其他利润，仅为前来打麻将的客人提供饮水、保洁等服务。虽然尉某平、贾某珍有提供筹码的行为，但通过询问打牌人员可知，来该棋牌室打牌兑换筹码并非强制条件，没有形成相对固定和具有强制性的资金结算规则。并且，打牌结束后会按照筹码兑换数量全部退款给参与人。因此，上述被告人没有参与管理棋牌活动，也未制定与游戏方式或资金结算相关的规则，其对场所及打牌活动的控制程度较低。

最后，开设赌场应当具有规模性。开设赌场往往具有一定规模，系以赌场的持续经营来招揽赌客，赌场会向不特定人员开放，并且赌场运营也具有持续性与稳定性。赌场开设时间、地点会向不特定人群告知，只要在其经营时间内，赌博人员到场均可随时进行赌博活动。除此之外，赌场还会提供多样性的赌博方式，以此来招揽或吸引赌客。

本案中，行为人经营场所虽然固定，但其提供麻将机、麻将及筹码的行为与一般正常经营的棋牌室无异，涉案棋牌室中的顾客大多系参与玩麻将，输赢金额也较小，持续时间较短，难以认定两名被告人组织了相关人员持续进行具有一定规模的赌博行为。

综上所述，被告人尉某平、贾某珍无证经营棋牌室仅收取服务费而未抽头渔利的行为，不符合开设赌场罪的经营性、组织性、控制性、规模性等特点，尚不具备法律所规定的开设赌场罪的社会危害性、刑事违法性和刑事处罚必要性，不应以开设赌场罪论处。基于此，法院依法裁定准许检察机关撤回起诉。当然，就所涉行为实质而言，亦不符合赌博罪的构成要件，也不能以赌博罪论处。在此基础上，本参考案例的裁判要旨明确对于聚众赌博、开设赌场等赌博犯罪的认定应当坚持实质判断的立场，明确："对于聚众赌博、开设赌场等刑事案件的办理，应当严格把握赌博犯罪与群众文娱活动的界限。根据有关司法解释的规定，对于不以营利为目的，进行带有少量财物输赢的娱乐活动，以及提供棋牌室等娱乐场所，只收取正常的场所和服务费用的经营行为等，不以赌博论处。鉴此，对于无证经营棋牌室，仅收取正常服务费、未抽头渔利的行为，不应以赌博犯罪论处。"

入库编号：2024-06-1-314-001

23.王某偷越国（边）境案
——拉拢他人偷越国（边）境行为的定性

关键词：刑事　偷越国（边）境罪　组织他人偷越国（边）境罪　拉拢　组织拉拢

【基本案情】

2020年9月，被告人王某通过玩网络游戏认识网友任某，王某欲出国打工，任某提出由王某拉拢人员偷渡至缅甸并承诺给予其好处。同年10月10日，王某分别拉拢张某、郭某等六人，由任某订购机票乘飞机到达云南省沧源佤族自治县。当晚，王某联系任某，由任某联系当地人员在次日凌晨带领王某及其他六人偷越国境至缅甸。2021年7月21日，王某经公安机关传唤到案并如实供述自己的罪行。

陕西省渭南市华州区人民法院于2021年10月27日作出（2021）陕0503刑初170号刑事判决：被告人王某犯偷越国（边）境罪，判处有期徒刑六个月，并处罚金人民币四千八百元。宣判后，没有上诉、抗诉，判决已发生法律效力。

【裁判理由】

本案争议焦点在于案件定性，即被告人王某的行为应当认定为"拉拢、引诱他人一起偷越国（边）境"，以偷越国（边）境罪论处，还是认定为组织拉拢他人偷越国（边）境，以组织他人偷越国（边）境罪论处。

《最高人民法院、最高人民检察院关于办理妨害国（边）境管理刑事案件应用法律若干问题的解释》（法释〔2012〕17号）第一条第一款规定："……在首要分子指挥下，实施拉拢、引诱、介绍他人偷越国（边）境等行为的，应当认定为刑法第三百一十八条规定的'组织他人偷越国（边）境'。"第五条规定："偷越国（边）境，具有下列情形之一的，应当认定为刑法第三百二十二条规定的'情节严重'：……（三）拉拢、引诱他人一起偷越国（边）境的……"可见，并非拉拢他人一起偷越国（边）境的行为都构成组织他人偷越国（边）境罪，关键在于该拉拢行为是否系在组织偷越国（边）境首要分子的指挥下进行。如果不是在首要分子的指挥下实施拉拢行为，而是拉拢他人一起偷越国（边）境的，则构成偷越国（边）境罪。

本案中，被告人王某为出国打工而偷越国（边）境，因他人承诺多带人可以给其好处，遂拉拢多人一起偷越国（边）境。王某并未参与组织他人偷越国（边）境的行为，只是在自己偷越国（边）境的同时拉拢他人和自己一起偷越国（边）境，对其拉拢行为应当作为偷越国（边）境罪的入罪情节予以考量。

综上所述，法院认定被告人王某构成偷越国（边）境罪。鉴于王某传唤到案后能如实供述犯罪事实，愿意接受处罚，依法予以从轻处罚。故法院依法对其判处有期徒刑六个月，并处罚金人民币四千八百元。

【裁判要旨】

对于拉拢他人偷越国（边）境行为的定性，关键在于该拉拢行为是否系在组织偷越国（边）境首要分子的指挥下进行，是否属于与组织偷越国（边）境的首要分子之间存在协作关系。如果不是在首要分子的指挥下实施拉拢、引诱行为，而是拉拢、引诱他人一起偷越国（边）境的，则构成偷越国（边）境罪。

【关联索引】

《中华人民共和国刑法》第322条

《最高人民法院、最高人民检察院关于办理妨害国（边）境管理刑事案件应用法律若干问题的解释》（法释〔2012〕17号）第5条

一审：陕西省渭南市华州区人民法院（2021）陕0503刑初170号刑事判决（2021年10月27日）

法官解读

偷越国（边）境犯罪中组织拉拢与个人拉拢的界分

——《王某偷越国（边）境案（入库编号：2024-06-1-314-001）》解读

栾小君　党娟莉[*]

近年来，受高薪引诱偷渡至缅甸、老挝、柬埔寨等地打工或者从事电信诈骗、开设赌场等犯罪活动的情况呈高发态势。这不仅严重破坏了我国出入境管理秩序，也危及社会治安，亟须加以规制。《中华人民共和国刑法》对偷渡犯罪直接设置的罪名主要有组织他人偷越国（边）境罪、运送他人偷越国（边）境罪和偷越国（边）境罪，这几个罪名分别从不同角度对偷渡行为进行全链条、全方位惩治，形成了对偷渡犯罪规制的严密刑事法网。但在具体适用中，相关罪名之间的界分亦会出现困难，需要着力加以把握。例如，就组织他人偷越国（边）境罪与偷越国（边）境罪而言，其客观方面均可能涉及"拉拢"行为，需要仔细界分以准确定性。对此，人民法院案例库入库参考案例《王某偷越国（边）境案（入库编号：2024-06-1-314-001）》的裁判要旨提出："对于拉拢他人偷越国（边）境行为的定性，关键在于该拉拢行为是否系在组织偷越国（边）境首要分子的指挥下进行，是否属于与组织偷越国（边）境的首要分子之间存在协作关系。如果不是在首要分子的指挥下实施拉拢、引诱行为，而是拉拢、引诱他人一起偷越国（边）境的，则构成偷越国（边）境罪。"这就对区分组织拉拢与个人拉拢、界分组织他人偷越国（边）境罪与偷越国（边）境罪提供了规则指引，可以为类案裁判提供借鉴和参考。现就有关问题解读如下。

---

[*] 作者单位：陕西省渭南市华州区人民法院。

第一,组织他人偷越国(边)境罪中的"组织"行为界定。组织他人偷越国(边)境罪与偷越国(边)境罪的行为特征存在明显不同,前者集中体现为有组织性。《最高人民法院、最高人民检察院关于办理妨害国(边)境管理刑事案件应用法律若干问题的解释》(法释〔2012〕17号,以下简称《解释》)对此作了明确界定,第一条第一款规定:"领导、策划、指挥他人偷越国(边)境或者在首要分子指挥下,实施拉拢、引诱、介绍他人偷越国(边)境等行为的,应当认定为刑法第三百一十八条规定的'组织他人偷越国(边)境'。"可见,组织他人偷越国(边)境主要表现为两种行为方式:一是领导、策划、指挥他人偷越国(边)境的行为,这也是审判实践中最为典型的"组织"行为;二是在首要分子指挥下,实施拉拢、引诱、介绍他人偷越国(边)境的行为。对于第二种行为方式,具体认定中需要注意以下两点:(1)必须在首要分子的指挥下实施,即所涉行为实际系组织他人偷越国(边)境犯罪的一个环节。如果不是在首要分子的指挥下实施拉拢、引诱、介绍他人偷越国(边)境的行为,依法不认定为组织他人偷越国(边)境。(2)限于拉拢、引诱、介绍三种行为方式,对于通过拉拢、引诱、介绍三种行为方式以外的其他方式实施协助他人偷越国(边)境的行为,依法不认定为组织他人偷越国(边)境。

本案例中,被告人王某为出国打工而偷越国(边)境,因他人承诺多带人可以给其好处,遂拉拢多人一起偷越国(边)境。显然,王某的行为不属于典型的组织他人偷越国(边)境行为,需要进一步分析是否构成第二种行为方式。实际上,王某并未参与组织他人偷越国(边)境行为,对如何安排偷越国(边)境,例如交通工具、时间、路线等,均不知情,其与组织偷越国(边)境犯罪的首要分子之间不存在配合关系,并非在首要分子的指挥下实施拉拢行为,依法不宜认定为组织他人偷越国(边)境。

第二,偷越国(边)境中的"拉拢"行为定性。《解释》第五条规定:"偷越国(边)境,具有下列情形之一的,应当认定为刑法第三百二十二条规定的'情节严重'：……（三）拉拢、引诱他人一起偷越国（边）境的……"可见，并非拉拢他人一起偷越国（边）境的行为都构成组织他人偷越国（边）境罪，关键在于该拉拢行为是否系在组织偷越国（边）境首要分子的指挥下进行。如果不是在首要分子的指挥下实施拉拢、引诱行为，而是拉拢、引诱他人一起偷越国（边）境的，则构成偷越国（边）境罪。换言之，如果行为人未参与组织他人偷越国（边）境行为，只是在自己偷越国（边）境的同时拉拢、引诱他人和自己一起偷越国（边）境，为了偷渡与组织者联系、寻求帮助，则该拉拢、引诱行为应当作为偷越国（边）境罪的入罪情节予以考量。

本案例中，被告人王某拉拢多人一起偷越国（边）境，不属于组织他人偷越国（边）境的环节，而是在自己偷越国（边）境的同时拉拢他人一起偷越，依法应当以偷越国（边）境罪论处。

第三，判定"拉拢"行为构成组织他人偷越国（边）境罪还是偷越国（边）境罪，要充分考量罪责刑相适应。根据罪责刑相适应原则的要求，刑罚的轻重，应当与犯罪分子所犯罪行和承担的刑事责任相适应。组织他人偷越国（边）境罪还是偷越国（边）境罪的法定刑配置存在巨大差异，前者"处二年以上七年以下有期徒刑，并处罚金""处七年以上有期徒刑或者无期徒刑，并处罚金或者没收财产"，而后者"处一年以下有期徒刑、拘役或者管制，并处罚金""处一年以上三年以下有期徒刑，并处罚金"。这就要求对偷渡犯罪中易出现的拉拢行为准确定性，妥当考量行为人应当承担的刑事责任大小。具体而言，如果以拉拢、串联、诱使、煽动等方式，有组织、有计划地安排他人偷越国（边）境的行为，社会危害性明显更大，属于组织他人偷越国（边）境罪中的"组织拉拢"；在偷越国（边）境的过程中，仅是出于私情或者私利，拉拢他人一起偷越国（边）境的，社会危害性相对较小，宜认定为偷越国（边）境罪中的"拉拢"。

本案例中，综合考量被告人王某的拉拢行为，定性为偷越国（边）境罪无疑是妥当的。结合全案情节，法院依法对其判处有期徒刑六个月，并处罚金人民币四千八百元,贯彻了罪责刑相适应原则的要求。

　　顺带提及的是,本参考案例不仅为类案裁判提供了指引,其裁判要旨所持立场也为最新司法文件所肯定。2024 年 6 月 26 日起施行的《最高人民法院、最高人民检察院、公安部关于办理跨境电信网络诈骗等刑事案件适用法律若干问题的意见》(高检发办字〔2024〕166 号)第十条规定:"具有下列情形之一的,应当认定为《最高人民法院 最高人民检察院关于办理妨害国(边)境管理刑事案件应用法律若干问题的解释》第五条第(二)项规定的'结伙':……(3)有犯罪嫌疑人、被告人负责与组织、运送偷越国(边)境的犯罪团伙或者个人联系,并带领其他人员一起偷越国(边)境的。"上述情形实际与本参考案例所涉情形具有一定相似性,上述司法文件将与组织、运送偷越国(边)境者联系进而带领他人一起偷越国(边)境的行为纳入偷越国(边)境罪的评价范围,与本参考案例将在自己偷越国(边)境的同时拉拢他人一起偷越的行为以偷越国(边)境罪处理,实际所持立场一致。

入库编号：2024-11-1-352-001

24. 易某华非法引进外来入侵物种案
——非法引进外来入侵物种罪的司法认定

> 关键词：刑事　非法引进外来入侵物种罪　物种认定　情节严重

【基本案情】

2022年10月21日，被告人易某华驾驶粤澳两地牌照汽车，经港珠澳大桥珠海公路口岸客车进境通道进境，未向海关申报。海关工作人员在依法进行检查时，从该车天窗与遮阳板间隙及扶手箱下改装的暗格内查获疑似红耳彩龟等龟类动物一批。对此，易某华不能出具有效的检疫审批证明。经鉴定，上述涉案动物中的1760只红耳彩龟（学名Trachemys scripta elegans，中文又名巴西龟、红耳龟）为外来入侵物种，被列入《重点管理外来入侵物种名录》，参考总价为人民币88000元（币种下同）。

广东省珠海市中级人民法院于2024年9月18日作出（2024）粤04刑初98号刑事判决：被告人易某华犯非法引进外来入侵物种罪，判处有期徒刑九个月，并处罚金人民币十万元。宣判后，没有上诉、抗诉，判决已发生法律效力。

【裁判理由】

根据《中华人民共和国刑法》第三百四十四条之一的规定，"违反国家规定，非法引进、释放或者丢弃外来入侵物种，情节严重的"，构成非法引进、释放、丢弃外来入侵物种罪。而本案主要涉及外来入侵物种的认定和非法引进外来入侵物种罪的入罪门槛"情节严重"和其他构成要件的判断。

其一，关于外来入侵物种的认定。根据生物安全法第六十条第一款的规定，"国务院农业农村主管部门会同国务院其他有关部门制定外来入侵物种名录和管理办法"。可见，我国对外来入侵物种实行名录管理制度，实践中可以依据有关行政主管部门制定的《重点管理外来入侵物种名录》等确定外来入侵物种的范围。本案中，涉案红耳彩龟被列入《重点管理外来入侵物种名录》，属于外来入侵物种。

其二，被告人易某华的行为构成非法引进外来入侵物种罪。具体而言：（1）易某华未经批准，利用车辆藏匿、运输外来入侵物种红耳彩龟，逃避海关监管，经海关无申报通道过关进境，属于非法引进外来入侵物种；（2）易某华一次性非法引进外来入侵物种红耳彩龟数量多达1760只，参考总价达88000元，应当认定为"情节严重"；（3）易某华虽供称不知道红耳彩龟被列入《重点管理外来入侵物种名录》，但明确供称在过境前明知涉案车辆上藏匿大量红耳彩龟，入境会对生态环境造成破坏，故其具有非法引进外来入侵物种的犯罪故意。

【裁判要旨】

1.根据法律规定，我国对外来入侵物种实行名录管理制度。对于是否属于外来入侵物种，可以根据国务院农业农村主管部门会同国务院其他有关部门制定的外来入侵物种名录予以确定。

2.在认定非法引进、释放或者丢弃外来入侵物种的行为是否属于刑法第三百四十四条之一规定的"情节严重"时，应当结合涉案外来入侵物种的种类、数量、价值、行为人违法行为次数、违法所得、涉案生态区位、危害后果等情节进行综合判断。

【关联索引】

《中华人民共和国刑法》第 344 条之一

《中华人民共和国生物安全法》第 60 条

一审：广东省珠海市中级人民法院（2024）粤 04 刑初 98 号刑事判决（2024 年 9 月 18 日）

> 法官解读

全国首例非法引进外来入侵物种案的参考指引

——《易某华非法引进外来入侵物种案（入库编号：2024-11-1-352-001）》解读

王 丹[*]

生物安全是国家总体安全的重要组成部分。当前，生物安全风险呈现出复杂性特点，境外生物威胁和内部生物风险交织并存。其中，外来入侵物种是世界公认的当地"生态杀手"。外来入侵物种，是指传入定殖并对生态系统、生境、物种带来威胁或者危害，影响我国生态环境，损害农林牧渔业可持续发展和生物多样性的外来物种。据2020年《中国生态环境状况公报》，我国是遭受外来物种入侵危害最为严重的国家之一，目前已成为外来物种入侵的重灾区。不过，还有不少人对外来入侵物种的概念、危害性等认识不足、警惕不够，非法引进饲养"异宠"、违法违规放生等新情况不断出现。近年来，海关监管区内发现的非法引进外来物种案件频发，2023年全国海关从进境寄递和旅客携带物品中查获外来物种1186种、3123批次；其中，"异宠"296种、4.4万只。由此可见，外来入侵物种传入风险持续加大，亟待全社会共同努力，守护国门生物安全。

生物安全法对外来物种入侵等问题作出有效应对；与之相衔接，《刑法修正案（十一）》增设非法引进、释放、丢弃外来入侵物种罪，促使生物安全法律体系不断健全完善。然而，由于《中华人民共和国刑法》对非法引进、释放、丢弃外来入侵物种罪的规定较为原则，导致司法实践对本罪的适用存在一定困难。为此，人民法院案例库将全国首例非法

---

[*] 作者单位：广东省珠海市中级人民法院。

引进外来入侵物种刑事案件作为参考案例收录入库，即《易某华非法引进外来入侵物种案（入库编号：2024-11-1-352-001）》。本参考案例对判定非法引进外来入侵物种违法行为应否入罪提供了规则指引。具体参考中，应当注意把握以下两点。

其一，对于外来入侵物种的认定应当以相关前置规范为依据。从刑法第三百四十四条之一中"违反国家规定"的规定可知，非法引进外来入侵物种罪系行政犯，即本罪的成立应当以行政违法为前提。对于确定哪些物种是外来入侵物种，主要属于有关部门的行政管理范畴。故而，认定本罪中的外来入侵物种范围亦应当依据前置规范进行判断。生物安全法第六十条第一款规定："……国务院农业农村主管部门会同国务院其他有关部门制定外来入侵物种名录和管理办法。"根据生物安全法的规定，农业农村部会同有关单位组织制定了《重点管理外来入侵物种名录》，列明了8个类群共59个需重点管理的外来入侵物种，作为当前和今后一个时期外来入侵物种防控的重点。同时，对《重点管理外来入侵物种名录》实行动态调整原则，后续相关部门会在风险研判和入侵趋势分析基础上，适时进行物种的增减。可见，我国对外来入侵物种实行名录管理制度，判断涉案物种是否属于非法引进、释放、丢弃外来入侵物种罪的犯罪对象，可以根据有关行政部门制定的外来入侵物种名录予以确定。对于非法引进、释放、丢弃其他未被纳入外来入侵物种名录的外来物种，根据罪刑法定及刑法谦抑原则，不宜按照本罪论处。此外，实践中需要注意区分"外来物种"和"外来入侵物种"。具体而言，根据《外来入侵物种管理办法》（农业农村部、自然资源部、生态环境部、海关总署令2022年第4号）第二条的规定，前者是指"在中华人民共和国境内无天然分布，经自然或人为途径传入的物种，包括该物种所有可能存活和繁殖的部分"；后者是指"传入定殖并对生态系统、生境、物种带来威胁或者危害，影响我国生态环境，损害农林牧渔业可持续发展和生物多样性的外来物种"。

本案例中，被告人易某华未经批准，利用车辆藏匿、运输外来入侵物种红耳彩龟，逃避海关监管，经海关无申报通道过关进境，其行为违反生物安全法的有关规定。同时，经鉴定，其非法引进的涉案动物系红耳彩龟，被列入《重点管理外来入侵物种名录》，应当认定为外来入侵物种。基于此，本参考案例的裁判要旨之一明确："根据法律规定，我国对外来入侵物种实行名录管理制度。对于是否属于外来入侵物种，可以根据国务院农业农村主管部门会同国务院其他有关部门制定的外来入侵物种名录予以确定。"

其二，对于"情节严重"的认定应当坚持综合判断原则。对于刑法第三百四十四条之一规定的"情节严重"，虽然目前没有相关司法解释明确具体的认定标准，但并不妨碍司法机关适用刑法条文对危害后果严重、扩散风险较大的非法引进、释放或者丢弃外来物种行为进行刑事处罚。基于本罪的保护法益，审查所涉行为是否属于"情节严重"时，可以按照破坏环境资源保护犯罪常用的"数量（数额）+情节"模式，综合考量涉案外来入侵物种的种类、数量、价值、行为人违法行为次数、违法所得、涉案生态区位、危害后果等情节进行判断。具体而言，可综合考虑行为人非法引进、释放或者丢弃行为手段和次数，涉案外来入侵物种的数量和价值，违法所得数额，以及对当地动植物资源及其生存环境等生态环境造成的破坏情况，涉案生态区位是否涉及国家公园、自然保护区、自然公园、主要粮食产区、生态保护红线区、国家确定的重要江河和湖泊水域等情况，综合判断所涉行为是否达到"情节严重"的入罪标准。

本案例中，被告人易某华一次性非法引进外来入侵物种红耳彩龟多达1760只，数量较大，参考总价达88000元，数额较高，一旦传入我国生态环境，彻底清除难度较大，存在严重破坏入侵地本土龟生存环境，损害农林牧渔业可持续发展和生物多样性，向人畜传染病菌等重大风险，应当认定为"情节严重"，依法应当以非法引进外来入侵物种罪定罪处罚。基于此，本参考案例裁判要旨之二明确："在认定非法引进、释放或者丢弃外来入侵物种的行为是否属于刑法第三百四十四条之一规定的

'情节严重'时,应当结合涉案外来入侵物种的种类、数量、价值、行为人违法行为次数、违法所得、涉案生态区位、危害后果等情节进行综合判断。"

习近平总书记强调,要强化系统治理和全链条防控,加强生物安全法律法规和生物安全知识宣传教育,提高全社会生物安全风险防范意识。① 本参考案例即是一堂生动的法治教育课,对违法犯罪行为形成有力震慑,同时提升社会公众的识别能力和防控意识,让更多的人真正认识到防控外来入侵物种的重要性,守牢国门关口,有效防范和应对外来入侵物种危害,保护生物多样性。

---

① 参见《习近平在中共中央政治局第三十三次集体学习时强调 加强国家生物安全风险防控和治理体系建设 提高国家生物安全治理能力》,载《人民日报》2021年9月29日。

入库编号：2023-06-1-356-029

25. 张某昌制造毒品案

——制造毒品案件中侦查实验笔录的审查认定

关键词：刑事　制造毒品罪　侦查实验笔录　毒品数量认定

【基本案情】

2021年3月至8月，被告人张某昌通过网络获知制造γ-羟丁酸的方法后，通过网络购买烧杯、玻璃瓶等制毒工具及制毒原料。同年8月下旬的一天，张某昌在其租住的位于四川省泸县玉蟾街道某小区的出租屋厨房内，利用事先通过网络获知的制毒方法，将制毒原料按照一定比例进行配比，制造γ-羟丁酸供自己吸食。同年11月4日，泸县公安局民警在泸县玉蟾街道某村将张某昌抓获，在其位于该村的家中厨房内，查获制毒原料、制毒工具等，依法扣押了玻璃试管、烧杯、白色晶体状物品等。经鉴定，扣押的烧杯中检测出毒品γ-羟丁酸和制毒原料成分。经侦查实验，实验人员按照百分之十的比例进行实验后，得出的含有γ-羟丁酸成分的溶液净重85.71克。一审法院根据张某昌已使用的制毒原料的数量，结合侦查实验，认定张某昌制造的γ-羟丁酸达到400克以上。

四川省泸县人民法院于2022年12月27日作出（2022）川0521刑初47号刑事判决：一、被告人张某昌犯制造毒品罪，判处有期徒刑七年二个月，并处罚金人民币二万元；二、对公安机关扣押的玻璃试管等物品，予以没收。宣判后，张某昌不服，提出上诉。四川省泸州市中级人民法院于2023年5月19日作出（2023）川05刑终40号刑事判决：一、维持四川省泸县人民法院（2022）川 0521 刑初 47 号刑事判决第二项；二、撤销四川省泸县人民法院（2022）川 0521 刑初 47 号刑事判决第一项；三、被告人张某昌犯制造毒品罪，判处有期徒刑二年九个月，并处罚金人民币五千元。

【裁判理由】

法院生效裁判认为：被告人张某昌非法制造国家管制能够使人形成瘾癖的麻醉药品和精神药品，其行为已构成制造毒品罪。关于张某昌制造毒品数量的认定，在本案处理过程中存在一定争议。侦查实验系按照张某昌所供述的方法进行，通过该侦查实验证实按照张某昌所述方法能够制造出毒品。但因侦查实验所使用的工具、温度、时间等条件无法与张某昌实际制造毒品时的客观条件完全一致，且存在不同人员操作因素的影响，故侦查实验所制造出的毒品数量与张某昌所述方法制造的毒品数量是否存在比例关系具有不确定性。因此，本案现有证据不能证实张某昌制造毒品 γ-羟丁酸的数量。一审法院以侦查实验所制造的 γ-羟丁酸的数量，推定张某昌制造毒品 γ-羟丁酸的数量达到 400 克以上，属于认定事实不当，应予纠正。

经综合本案证据，应当认定被告人张某昌制造了毒品 γ-羟丁酸。依照《中华人民共和国刑法》第三百四十七条第一款的规定，走私、贩卖、运输、制造毒品，无论数量多少，都应当追究刑事责任，予以刑事处罚。故二审法院依法作出如上裁判。

【裁判要旨】

在制造毒品案件中，未查获毒品实物时，侦查实验笔录与相关物证、书证、被告人供述、证人证言等其他证据能够相互印证，证据确实、充分的，应当认定被告人实施了制造毒品犯罪。对于制造毒品数量的认定，应当根据在案证据依法认定毒品数量，不能仅以侦查实验笔录作为认定毒品数量的依据。

【关联索引】

《中华人民共和国刑法》第 347 条

《最高人民法院关于审理毒品犯罪案件适用法律若干问题的解释》（法释〔2016〕8 号）第 2 条

一审：四川省泸县人民法院（2022）川 0521 刑初 47 号刑事判决（2022 年 12 月 27 日）

二审：四川省泸州市中级人民法院（2023）川 05 刑终 40 号刑事判决（2023 年 5 月 19 日）

法官解读

制造毒品案件中侦查实验笔录的采信规则

——《张某昌制造毒品案（入库编号：2023-06-1-356-029）》解读

雷 刚 刘学武[*]

涉毒品犯罪案件一般以涉案毒品数量作为定罪量刑的尺度，准确认定毒品的种类及数量，关乎能否准确定罪量刑。司法实践中，一些制造毒品案件存在未能查获毒品实物的情况。为了查明案情，需要侦查人员按照犯罪嫌疑人供述的制毒方法、过程进行侦查实验，以核实其供述的真伪，并据此认定其是否实施了制造毒品的行为。因此，侦查实验笔录对制造毒品案件事实的认定具有重要证明作用。2012年修改的《中华人民共和国刑事诉讼法》将侦查实验笔录增列为证据种类之一。对于侦查实验笔录的审查与认定，《最高人民法院关于适用〈中华人民共和国刑事诉讼法〉的解释》（法释〔2021〕1号）第一百零六条、第一百零七条规定："对侦查实验笔录应当着重审查实验的过程、方法，以及笔录的制作是否符合有关规定。""侦查实验的条件与事件发生时的条件有明显差异，或者存在影响实验结论科学性的其他情形的，侦查实验笔录不得作为定案的根据。"然而，在具体操作中，对于侦查实验笔录的具体审查认定，尚需进一步明晰规则。对此，人民法院案例库入库参考案例《张某昌制造毒品案（入库编号：2023-06-1-356-029）》的裁判要旨提出："在制造毒品案件中，未查获毒品实物时，侦查实验笔录与相关物证、书证、被告人供述、证人证言等其他证据能够相互印证，证据确实、充分的，应当认定被告人实施了制造毒品犯罪。对于制造毒品数量的认定，应当根据在案证据依法认定毒品数量，不能仅以侦查实验笔录作为认定毒品数

---

[*] 作者单位：四川省泸州市中级人民法院。

量的依据。"这就结合本参考案例的情况,对涉毒品案件侦查实验笔录的采信规则予以明确,为类案裁判提供了明确指引。

一、关于对制造毒品案件侦查实验笔录的采信规则

第一,侦查实验笔录可以作为认定被告人构成毒品犯罪的证据。侦查实验是一项在侦查过程中模拟案件发生时的环境、条件,进行实验性重演的侦查活动。侦查实验的目的是证明与案件有关的事实是否存在或发生,从而证实犯罪嫌疑人的供述和辩解是否真实,证人证言、被害人陈述是否符合实际等。侦查实验笔录作为对侦查实验过程及结果的客观记载,在刑事诉讼活动中具有重要的作用。根据刑事诉讼法第五十条、第一百三十五条的规定,侦查实验应当依照法定程序进行,侦查实验形成的笔录经查证属实可以作为认定案件事实的根据。

在制造毒品案件中,一些犯罪分子出于逃避罪责或者受自身知识水平所限,并不如实供述或者难以表述清楚自己制造毒品的具体方法和过程,由此给司法人员查明案件相关事实带来了一定困难。对于这种情况,利用被告人供述的制作方法或者查获的制毒原料进行侦查实验,有助于分析和证明被告人实施犯罪的具体手段,辅助判明被告人供述、证人证言等言词证据的真实性、可信性,增强审判人员对全案证据采信和事实认定的内心确信。此外,侦查实验笔录对于制造毒品犯罪既未遂认定亦具有重要参考意义。如果按照被告人供述的制作方法和流程进行侦查实验制造出毒品,原则上可以认定制造毒品犯罪既遂。根据刑法第三百四十七条第一款的规定,走私、贩卖、运输、制造毒品,无论数量多少,都应当追究刑事责任,予以刑事处罚。因此,在制作毒品方法存疑的情形下,通过开展侦查实验能够制造出毒品,结合其他证据,进而认定被告人实施制造毒品行为,是依法严惩毒品犯罪的应有之义。

第二,侦查实验笔录不能单独作为认定被告人制造毒品数量的依据。如前所述,司法实践中,侦查实验多是用以核实被告人供述、证人证言等言词证据的可靠性。但原景毕竟不可能真实再现,故侦查实验仍具有

很强的"实验"性质,同样有出错的可能。应当注意,通过实验加以重演或再现,被证实为不可能的事情,一般是假的;但通过实验证明可能的事,未必就是本案的实际情况。简言之,侦查实验的本质是一种辅助性侦查方法,其笔录不能单独作为侦查中认定或否定某一事实或现象的依据,只有在该笔录能够和其他证据相互印证时,才有可能成为认定案件某一事实或现象的根据。

在制造毒品案件中,由于开展侦查实验时所使用的工具、制毒所需的火候或者温度、空间湿度或者时间长度等条件均无法与被告人实际制造毒品时的客观条件完全一致,且亦存在不同人员操作习惯、技能因素等影响,故通过侦查实验制造的毒品数量与被告人实际制造的毒品数量是否存在比例关系具有不确定性,不能排除合理怀疑。特别是对于被告人尚处于制造毒品初期的案件,在未查获毒品实物的情况下,对于被告人所制造毒品的形态无法进行准确的认定,如果将侦查实验笔录作为认定毒品数量及含量的依据,可能造成涉案毒品数量与实际数量并不相符,进而导致认定被告人犯罪的事实不清、证据不充分和量刑失度。在这种情况下,应当采用严格的证明标准,即认定"制造的毒品数量",必须有充分的证据证明,而不仅仅是按照侦查实验所得的数量推定被告人制造毒品的数量,这是准确理解和贯彻罪责刑相适应原则,实现司法公正的要求。

二、关于张某昌制造毒品案中侦查实验笔录的采信

本案中,在侦查阶段,被告人张某昌在前五次讯问中均供述了自己制造毒品的方法和过程,在第六次、第七次讯问中翻供称没有制造毒品。在此情形下,侦查机关通过利用缴获的制毒原料、工具开展侦查实验,证实按照张某昌供述的方法能够制造出毒品 γ-羟丁酸。一审、二审法院均认为,上述侦查实验笔录和扣押在案的物品、网络购买制毒原料的电子数据、鉴定意见、证人证言、称量笔录、抽样笔录等证据,与张某昌的有罪供述相互印证,能够证实张某昌有制造毒品的行为。

关于被告人张某昌制造毒品的数量，一审法院认为，根据侦查实验，实验人员按照百分之十的比例进行实验后，得出的含有 γ-羟丁酸成分的溶液净重 85.71 克，根据已使用的制毒原料的数量计算，张某昌制造出的毒品远大于 400 克，从而认定毒品数量较大。但二审法院认为，侦查实验所使用的工具、温度、时间等条件无法与被告人张某昌所述制毒方法客观一致，且亦存在不同人员操作因素的影响，故侦查实验制造出的毒品数量与张某昌制造的毒品数量是否存在比例关系具有不确定性，不能排除合理怀疑，本案现有证据不能证实张某昌制造毒品的数量。

综上所述，一审以侦查实验所制造的 γ-羟丁酸数量，推定被告人张某昌制造毒品 γ-羟丁酸的数量达到 400 克以上，属于认定事实不当，综合全案证据，应当认定张某昌制造了毒品 γ-羟丁酸。

入库编号：2024-03-1-402-004

26.李某华贪污案
——通过"影子公司"非法占有公共财物的定性

关键词：刑事　贪污罪　影子公司　实际控制人　虚假合同

【基本案情】

2003年至2013年，被告人李某华利用其担任国家某部综合事业局经营处处长、某建设与管理领导小组办公室副主任等职务上的便利，借负责国家水利风景区评审、管理工作及有关规划、财政项目之机，先后14次设立对外委托课题，以相应规划内容预设课题研究方向，并安排其下属工作人员及相关专家完成规划内容。后在相应规划内容基础上稍加改动即作为课题成果提交，并利用其课题负责人的职务便利，主导课题通过验收。由此，私营企业北京某规划技术中心尽管未实际参与课题研究，却收取了相应课题费用。

经查，北京某规划技术中心的注册股东为被告人李某华的好友和同学，李某华的妻子担任出纳，实际上由李某华本人实际控制并经营。李某华直接参与北京某规划技术中心的设立、经营、注销全过程，通过把控经营、财务、人事等决策权控制公司。该公司存续期间的22个项目均来源于李某华本人决策、推荐或授意下属推荐，且全部为水利规划项目。公司资金用途由李某华及其妻子决定，除用于公司经营外，还直接用于李某华购房等家庭支出。通过上述手段，李某华非法占有某部综合事业局及其下属单位、企业资金共计人民币1007万元。

河北省廊坊市中级人民法院于2021年7月30日作出（2021）冀10

刑初10号刑事判决：被告人李某华犯贪污罪，判处有期徒刑十三年，并处罚金人民币一百万元。宣判后，被告人李某华不服，提出上诉。河北省高级人民法院于2022年4月8日作出（2021）冀刑终295号刑事裁定：驳回上诉，维持原判。

【裁判理由】

法院生效裁判认为：被告人李某华作为国家工作人员，利用职务上的便利，以骗取等手段非法占有公共财物，数额特别巨大，其行为已构成贪污罪。李某华担任国家某部综合事业局经营处处长、某建设与管理领导小组办公室副主任期间，负责并决定国家水利风景区评审、管理及规划等相关工作。李某华利用职务上的便利，由北京某规划技术中心承接相应规划课题，并在该公司未实际参与课题的情况下收取课题费用。并且，李某华系北京某规划技术中心的实际控制人，该公司的经营业务、资金走向、人事安排均由李某华决定，其以此手段非法占有案涉资金。经综合考虑被告人李某华的犯罪事实、性质、情节及对社会的危害程度，一审、二审法院依法作出如上裁判。

【裁判要旨】

1. 国家工作人员利用职务上的便利，通过其控制的"影子公司"签订虚假合同等手段非法占有公共财物，符合《中华人民共和国刑法》第三百八十二条第一款规定的，以贪污罪定罪处罚。

2. 对于国家工作人员是否为企业的实际控制人，应当综合企业重大事项的决策程序、利润分配流向，以及主要负责人与国家工作人员的关系、主营业务与国家工作人员职权的关系等因素进行判断。

【关联索引】

《中华人民共和国刑法》第382条第1款、第383条

一审：河北省廊坊市中级人民法院（2021）冀 10 刑初 10 号刑事判决（2021 年 7 月 30 日）

二审：河北省高级人民法院（2021）冀刑终 295 号刑事裁定（2022 年 4 月 8 日）

法官解读

刺破贪污犯罪中"影子公司"的面纱

——《李某华贪污案（入库编号：2024-03-1-402-004）》解读

徐 兵[*]

党的二十大报告对坚决打赢反腐败斗争攻坚战持久战作出重要部署，强调"惩治新型腐败和隐性腐败"。党的二十届三中全会通过的《中共中央关于进一步全面深化改革、推进中国式现代化的决定》要求"丰富防治新型腐败和隐性腐败的有效办法"。近年来，新型腐败和隐性腐败手段不断变异升级，成为当前反腐败斗争面临的新情况、新挑战。其中，公职人员通过其实际控制的"影子公司"实施职务犯罪即是新型腐败之一。"影子公司"腐败的实质是公共权力的市场化，公职人员隐藏其身份，在合法外衣之下，利用职务便利在经营过程中谋取私利或者输送利益。对此，人民法院案例库入库参考案例《李某华贪污案（入库编号：2024-03-1-402-004）》的裁判要旨之一提出："国家工作人员利用职务上的便利，通过其控制的'影子公司'签订虚假合同等手段非法占有公共财物，符合《中华人民共和国刑法》第三百八十二条第一款规定的，以贪污罪定罪处罚。"这就对通过"影子公司"非法占有公共财物行为的定性规则作了明确，为类似案件裁判提供了指引。现就有关问题解读如下。

一、通过"影子公司"非法占有公共财物的定性规则

在所涉情形下，行为人往往以隐蔽的方式，利用其职务上的便利，以特定关系人的名义设立"影子公司"，借此把权力变异为谋私的工具，将"权力变现"等隐藏在合法交易的"外衣"之下。在此类案件的审理

---

[*] 作者单位：河北省廊坊市中级人民法院。

过程中，审判人员需要运用穿透式思维，透过表面现象审查行为的目的与本质，重点可以从以下三个方面加以把握。

第一，行为人利用职务上的便利为"影子公司"输送利益。与以往行为人直接利用本人主管、负责、承办公务的职权或通过有隶属、制约关系下属的职权，"赤裸裸"直接谋取利益不同，在通过"影子公司"非法占有公共财物的案件中，行为人利用职务上的便利呈现间接化的特点。行权的间接化在形式上弱化了行为人职务与谋利事项的关联关系。公权力隐身操纵，是"影子公司"的重要特征。"影子公司"大多并不具备独立运作、自我发展的能力，往往因特定关系受到业务上的"特殊照顾"和"定向推送"才得以生存。为此，行为人往往作为实际控制人在幕后暗中操纵运作，或者在各种场合"露脸站台"、招揽业务。

第二，行为人利用"影子公司"签订虚假合同掩盖非法目的。企业的经营活动自然离不开合同，与正常企业出于真实交易目的签订合同不同，"影子公司"签订的合同往往是行为人为掩盖非法占有公共财物目的而打造的"合法外衣"。该类合同的当事人身份、签订背景、约定内容及履行情况通常区别于正常合同。例如，为便于掌控合同签订过程及后期利益输送过程，行为人通常选择受其管理、制约的主体或其实际控制的其他"影子公司"作为合同相对方；为实现将公权力变现、获取非法利益的目的，合同订立之前，行为人往往为"影子公司"预设获利模式，并实施相关准备和铺垫行为，为"影子公司"量身打造交易机会；所涉合同往往不是基于合理的市场需求签订，且各方当事人之间缺少协商过程；合同条款有时会背离正常交易规律和交易习惯，特别是关于合同价款的约定，可能与正常市场价格存在明显偏差；且"影子公司"往往接收款项但未提供服务或未提供实质服务等给付的对价。

第三，行为人通过"影子公司"非法占有公共财物。无论是设立"影子公司"，还是充当"影子股东"，行为人的最终目的均是通过"影子公司"获取非法利益，从而实现权力变现。通过"影子公司"获取非法利益可能涉及滥用职权、贪污、受贿等犯罪。在相关案件审理过程中，要牢牢抓住资金来源与流向这个关键问题，据此对所涉行为的性质作出准确认定。行为人利用职务上的便利从事营利活动，收益来源于公共财产，并由其非法占有，或由其指定的收益人非法占有，符合刑法第三百八十二条第一款规定的，以贪污罪定罪处罚。

二、关于李某华贪污案的具体分析

本案即是一起国家工作人员利用职务上的便利，通过操纵"影子公司"签订虚假合同非法占有公共财物的案件。刑法第三百八十二条第一款规定："国家工作人员利用职务上的便利，侵吞、窃取、骗取或者以其他手段非法占有公共财物的，是贪污罪。"本案中，被告人李某华作为国家工作人员，利用职务上的便利，通过其实际控制的公司承接规划的课题等手段非法占有公共财物，数额特别巨大，应当以贪污罪追究其刑事责任。

其一，被告人李某华利用其职务上的便利帮助公司"经营"。李某华在委托课题前已经做好犯罪计划，即预设综合事业局→地方水利单位→北京某规划技术中心的资金走向，为北京某规划技术中心非法占有课题经费进行铺垫。为实现其犯罪目的，李某华利用职务便利将课题委托给相应的地方水利单位，在项目规划已编制完成的情况下，协调地方水利单位将相关课题委托给北京某规划技术中心。由此可见，李某华利用职务便利的行为在犯罪过程中发挥了重要作用。

其二，案涉课题委托研究等并非真实交易。北京某规划技术中心在被告人李某华的实际控制下与地方水利单位签订规划合同，表面上约定由地方水利单位委托北京某规划技术中心编制规划，实际目的系骗取课题经费。地方水利单位受李某华管理、制约，签订的相关合同既无真实供需背景，亦无正常协商过程，部分合同价款明显高于市场价格。并且，合同中约定应当由北京某规划技术中心履行的规划编制义务均由其他主体完成，北京某规划技术中心未实际履行合同义务，仅将相应编制规划简单调整后即提交课题成果，却收取相对方支付的课题研究费用。基于此，双方关于课题的交易并非正常市场行为，北京某规划技术中心收取的费用明显高于其提供服务的应得费用，实质是套取相应课题经费。

其三，被告人李某华将公共财物转化为课题经费予以非法占有。所涉公共财物的流向，即是否被相关国家工作人员非法占有是认定所涉行为成立贪污罪还是其他犯罪的关键。李某华作为国家工作人员，通过系列操作最终将案涉课题经费非法占有。在案涉公司的经营、财务、人事等重大事项决策方面，李某华直接参与决策。在主营业务方面，李某华负责国家水利风景区的评审、管理工作及多项规划项目的组织、实施，而该公司的主营业务正是水利风景区规划编制，且存续期间承接的22个项目全部为水利风景区规划项目，多数与李某华有关联。可见，李某华系案涉公司的实际控制人，且其将大部分骗取的课题经费直接用于其家庭开支，符合贪污罪关于"非法占有公共财物"的要件。

入库编号：2024-03-1-407-001

27.夏某兵行贿案
——撤销缓刑情形中犯新罪与发现漏罪并存的处理

关键词：刑事　行贿罪　缓刑考验期　犯新罪　发现漏罪　撤销缓刑

【基本案情】

2014年12月至2020年6月，被告人夏某兵为谋取不正当利益，在工程项目承接、项目款结算等方面得到关照，多次向他人行贿财物，共计折合人民币174.68万元。另查明，2019年12月30日，夏某兵因犯串通投标罪被江西省井冈山市人民法院判处有期徒刑七个月，缓刑一年（缓刑考验期自2020年1月10日起至2021年1月9日止），并处罚金人民币十万元。

江西省永丰县人民法院于2023年5月10日作出（2023）赣0825刑初6号刑事判决：一、撤销江西省井冈山市人民法院对夏某兵犯串通投标罪宣告的缓刑；二、被告人夏某兵犯行贿罪，判处有期徒刑五年，并处罚金人民币三十万元，与前罪犯串通投标罪被判处的有期徒刑七个月，并处罚金人民币十万元数罪并罚，合并执行有期徒刑五年零二个月，并处罚金人民币四十万元。宣判后，夏某兵不服，提出上诉。江西省吉安市中级人民法院于2023年8月21日作出（2023）赣08刑终131号刑事裁定：驳回上诉，维持原判。

【裁判理由】

法院生效裁判认为：《中华人民共和国刑法》第七十七条第一款规定："被宣告缓刑的犯罪分子，在缓刑考验期限内犯新罪或者发现判决宣告以前还有其他罪没有判决的，应当撤销缓刑，对新犯的罪或者新发现的罪作出判决，把前罪和后罪所判处的刑罚，依照本法第六十九条的规定，决定执行的刑罚。"该款规定的撤销缓刑情形主要有两种：一是被宣告缓刑的犯罪分子，在缓刑考验期限内犯新罪的；二是被宣告缓刑的犯罪分子，在缓刑考验期限内发现判决宣告以前还有其他罪没有判决的。本案中，被告人夏某兵于2019年因犯串通投标罪被宣告缓刑，并涉及犯新罪与漏罪并存情形：（1）2014年12月至宣告缓刑前夏某兵实施的行贿犯罪行为实际系漏罪，但发现时间在缓刑考验期结束后；（2）缓刑考验期开始后至2020年6月夏某兵实施的行贿犯罪行为系新罪，发现时间亦在缓刑考验期结束后。对于上述新罪与漏罪，应当坚持不同的处理规则。具体而言，夏某兵在缓刑考验期限内又犯行贿罪，尽管是在缓刑考验期满后发现的，但依法仍应当撤销前罪所宣告缓刑；夏某兵在缓刑考验期限满后发现漏罪，则不应当仅据此撤销缓刑。但夏某兵犯串通投标罪的判决宣告前后，其连续实施犯罪，即出现漏罪与新罪并存的情形。既然对其所犯新罪应当撤销前罪所宣告缓刑，故此种情况下应当将前罪和所犯新罪及漏罪实行并罚；而鉴于所犯新罪与漏罪均为行贿罪，系同种数罪，故应当对其数额予以累计处理。

【裁判要旨】

1. 被宣告缓刑的犯罪分子，在缓刑考验期限内犯新罪，不论何时发现，均应当依照刑法第七十七条的规定撤销缓刑，与所犯新罪实行并罚。

2. 被宣告缓刑的犯罪分子，在缓刑考验期满后发现判决宣告以前还有其他罪没有判决的，不能撤销缓刑，只应对漏罪单独定罪处罚；但其在缓刑考验期限内还犯有新罪的，则应当撤销缓刑，将前罪和所犯的新罪及漏罪实行并罚。就后者而言，如果所犯新罪与漏罪为同种数罪的，则应当对数量、数额累计或者按照其他方式作一罪处理后，再与被撤销缓刑的前罪实行并罚。

【关联索引】

《中华人民共和国刑法》第 77 条、第 389 条、第 390 条

一审：江西省永丰县人民法院（2023）赣 0825 刑初 6 号刑事判决（2023 年 5 月 10 日）

二审：江西省吉安市中级人民法院（2023）赣 08 刑终 131 号刑事裁定（2023 年 8 月 21 日）

法官解读

撤销缓刑情形中犯新罪与发现漏罪并存的处理规则

——《夏某兵行贿案（入库编号：2024-03-1-407-001）》解读

陈春英　曾嘉明[*]

缓刑是有条件地不执行所判刑罚的制度，具体是指对罪行较轻的罪犯，在符合法定条件的情况下，可以在一定期间内不予关押、暂缓其刑罚的执行，以促进其悔过自新的刑事执行制度。为保障实现缓刑制度的目的，刑法第七十七条规定了撤销缓刑的情形，具体有三种：一是在缓刑考验期限内再犯新罪的；二是在缓刑考验期限内发现漏罪的；三是在缓刑考验期限内违反有关监管规定的。然而，社会生活复杂多样，案件情况千差万别，对实践中一些案件应否撤销缓刑等问题常有不一致认识。例如，对于罪犯在缓刑考验期限内再犯新罪，但缓刑考验期满后才发现的，是否应当撤销缓刑，时有争议；对于发现漏罪的，是否应当撤销缓刑，亦时有争议；甚至还有发现漏罪与犯新罪并存的复杂情形。对此，人民法院案例库入库参考案例《夏某兵行贿案（入库编号：2024-03-1-407-001）》的裁判要旨明确："被宣告缓刑的犯罪分子，在缓刑考验期限内犯新罪，不论何时发现，均应当依照刑法第七十七条的规定撤销缓刑，与所犯新罪实行并罚。""被宣告缓刑的犯罪分子，在缓刑考验期满后发现判决宣告以前还有其他罪没有判决的，不能撤销缓刑，只应对漏罪单独定罪处罚；但其在缓刑考验期限内还犯有新罪的，则应当撤销缓刑，将前罪和所犯的新罪及漏罪实行并罚。就后者而言，如果所犯新罪与漏罪为同种数罪的，则应当对数量、数额累计或者按照其他方式作一罪处理后，再与被撤销缓刑的前罪实行并罚。"这就对相关撤销缓刑案件的处

---

[*] 作者单位：江西省永丰县人民法院。

理规则作了明确，为类似案件裁判提供了指引。现就有关问题解读如下。

第一，撤销缓刑所涉新罪的发现时间不受限制。对于在缓刑考验期限内犯新罪的撤销缓刑情形，刑法第七十七条第一款规定："被宣告缓刑的犯罪分子，在缓刑考验期限内犯新罪……的，应当撤销缓刑……"据此，刑法规定的是"在缓刑考验期限内"犯新罪。具体而言，对于犯新罪的情形，刑法规定的是实施犯罪的时间而非发现犯罪的时间，故实际未限定司法机关发现新罪的时间。申言之，在缓刑考验期限内犯新罪，不论何时发现，均应当撤销缓刑，与所犯新罪实行并罚。

从目的解释的角度看，即便在缓刑考验期满后发现犯罪分子在缓刑考验期限内再犯新罪时予以撤销缓刑，亦符合缓刑制度的规范目的。申言之，缓刑制度的目的侧重于对犯罪分子的教育改造，防止犯罪分子再犯新罪。而犯罪分子在缓刑考验期限内再犯新罪的，应当认定其人身危险性和主观恶性，在宣告缓刑后仍然较高，对其宣告缓刑的目的未能实现，故对所犯新罪不论是否在缓刑考验期限内发现，均应当撤销缓刑，实行数罪并罚。相反，如果只因犯罪分子所犯新罪未在缓刑考验期限内发现，就不予撤销缓刑，则会变相"激励"犯罪分子实施逃避侦查、毁灭证据等行为，有悖公平正义。

第二，撤销缓刑所涉漏罪的发现时间限于缓刑考验期限内。对于在缓刑考验期限内发现漏罪的撤销缓刑情形，刑法第七十七条第一款规定："被宣告缓刑的犯罪分子，在缓刑考验期限内……发现判决宣告以前还有其他罪没有判决的，应当撤销缓刑……"据此，刑法规定的是"在缓刑考验期限内"发现漏罪。具体而言，对于发现漏罪的情形，刑法明确限定发现的时间为缓刑考验期限内，故而在缓刑考验期满后才发现漏罪的，不能撤销缓刑，只应对新罪单独定罪处罚。主要理由在于：实践中漏罪的情形较为复杂，有些情况系由行为人隐瞒所致，有些则可能是案发在异地，由于办案机关沟通不畅所致。所涉情形均由行为人承担不利后果，可能有失公允。基于此，宜作有利于被告人的解释，将缓刑考验期满后才发现漏罪的情形排除在撤销缓刑的情形之外。

第三，对于发现漏罪与犯新罪并存情形的处理规则。通常而言，对于在缓刑考验期限内犯新罪或者发现漏罪的情形，依法予以处理即可。但是，实践中还可能存在一些特殊情形，例如，缓刑考验期满后，发现在缓刑判决宣告以前还有其他罪没有判决，并且在缓刑考验期限内还犯有新罪。对此，应当撤销缓刑，将前罪和所犯的新罪及漏罪实行并罚。此外，如果所犯新罪与漏罪系同种数罪，则还牵涉具体如何并罚的问题。对此，应当对数量、数额累计或者按照其他方式作一罪处理后，再与被撤销缓刑的前罪实行并罚。

本参考案例即是一起具有特殊情形的案例。本案中，被告人夏某兵在2019年因犯串通投标罪被宣告缓刑，缓刑考验期自2020年1月10日起至2021年1月9日止。2022年，也就是缓刑考验期满后，司法机关查明夏某兵在2014年12月至2020年6月多次实施行贿犯罪。本案可以归纳出三个事实：其一，夏某兵在缓刑考验期限内犯新罪；其二，夏某兵在串通投标罪判决以前实施的漏罪，在缓刑考验期满后被发现；其三，夏某兵所实施的上述新罪和漏罪均为行贿罪，系同种数罪。基于此，人民法院根据第一个事实，即在缓刑考验期限内犯新罪的事实，决定撤销缓刑。再对夏某兵所犯新罪和漏罪以一罪处理后，与被撤销缓刑的串通投标罪实行并罚。

民事篇

入库编号：2023-14-2-025-001

28. 王某诉彭某、詹某、宁某、第三人某县民政局收养关系纠纷案

——收养弃婴并办理收养手续的，
不宜因公告瑕疵而否定收养行为的效力

关键词：民事　收养关系　收养行为效力　收养登记效力　公告瑕疵

【基本案情】

王某（男）与彭某（女）于2006年登记结婚，双方婚后一直未生育子女。2017年8月初，彭某父亲彭某甲来电称在自家门口捡拾一名出生不久的女婴，询问二人收养意愿。王某、彭某表示愿意收养，遂于8月13日将女婴接至上海共同照顾抚养，并为其取名王某乙。后彭某甲前往某县民政局咨询如何办理收养登记手续。9月6日，彭某甲向某县民政局提交捡拾弃婴报案证明，载明了彭某甲捡拾弃婴的过程，证明人签名认可，并由彭某甲所在社区居委会和某派出所签章确认属实。收到该报案证明后，某县民政局于9月10日向彭某甲出具了一份收养公告模板，让彭某甲去某县报社办理公告。后某县民政局工作人员于12月18日前往彭某甲所住厂区进行实地调查，对彭某甲进行调查询问并制作了笔录。12月25日，王某、彭某共同向某县民政局书面申请收养王某乙，并提交各自身份证件、生育情况证明、体检报告等办理收养登记所需证明材料；某县民政局当场对王某、彭某进行收养意愿调查，并制作了询问笔录，王某、彭某表示愿意共同收养王某乙并在笔录上签名确认。12月29

日，某县民政局为收养人王某、彭某与被收养人王某乙办理了（2017）某收字第×号收养登记并签发登记证。

2020年4月，彭某以与王某夫妻感情破裂为由向上海市某区人民法院起诉离婚，被判决驳回诉请后，又于2021年1月再次起诉离婚。在此情形下，王某认为其已不适合继续收养王某乙，遂开始寻找王某乙的生父母。后王某获知王某乙的生父母可能为被告詹某、宁某，且经查阅档案发现公告时间在收养登记证签发之后，故认为某县民政局在办理收养登记前未依法公告，遂诉至法院请求判令：1.确认王某、彭某与王某乙之间于2017年所形成的收养关系无效；2.判令詹某、宁某对王某乙履行抚养义务和监护职责。

诉讼中，彭某与某县民政局提交某县新闻中心收取彭某甲公告费的收据和某县融媒体中心出具的证明显示，公告费支付日期为2018年1月17日，拟证明公告实际发生于办理收养登记之后。被告詹某、宁某经法院传票传唤，未到庭参加诉讼。

江西省景德镇市珠山区人民法院于2021年7月5日作出（2021）赣0203民初1036号民事判决：驳回王某的诉讼请求。一审宣判后，王某不服，提起上诉。江西省景德镇市中级人民法院于2021年11月25日作出（2021）赣02民终686号民事判决：驳回上诉，维持原判。

【裁判理由】

法院生效裁判认为：收养登记程序包括当事人申请、登记机关审查和办理收养登记三个阶段。在当事人申请阶段，主要是指收养人要提交相关申请和证明材料。在登记审查阶段，审查的内容主要有：申请人是否符合收养人的条件、申请人真实的收养目的、申请人是否具有完全民事行为能力以及被收养人的情况等。法律规定在收养登记之前进行公告，其目的是最大可能寻找被收养人的生父母或其他监护人，维护未成年人及其生父母的利益。本案中，王某陈述詹某、宁某是王某乙的生父母，因公告程序倒置而影响生父母的权益，且王某陈述詹某、宁某希望孩子回归身边,但在本案审理过程中,詹某、宁某并未到庭参加诉讼。另据王某陈述,詹某与宁某已经生育两个子女。

王某并无证据证明王某乙不是弃婴,亦不能证明案涉派出所盖章的报案证明和某县民政局所作调查询问笔录内容虚假。相对于被遗弃或在儿童福利机构生活,王某乙能够被王某和彭某收养,得到养父母的关爱,对其成长更为有利,也更有利于社会和谐稳定。民法典在对生父母的亲权与未成年人利益的衡量之下,变更了收养法关于"弃婴"的要求,取消了对生父母遗弃未成年人的主观意愿的限定,允许对确实查找不到生父母的未成年人进行收养,这也是未成年人利益最大化原则的要求。本案中,王某作为完全民事行为能力人,自愿与彭某一起收养王某乙并办理收养登记,体现了其对尚处于襁褓之中的王某乙的疼惜。王某乙现已与养父母生活多年,建立起深厚的、难以割舍的感情。如果贸然解除收养关系,必然会对孩子身心健康带来不利影响。为维护未成年人合法权益,宜维持王某乙的生活现状,故法院依法作出如上裁判。

【裁判要旨】

对查找不到生父母的未成年人收养登记前的公告程序,目的是尽可能寻找被收养人的生父母或者其他监护人。民政部门在办理收养登记公告时存在公告倒置等瑕疵,并不影响被收养人事实上处于无人认领的状态;对于收养人符合实质收养要件,并在取得收养登记后与被收养人事实上已形成收养关系的,基于未成年人利益最大化原则考量,人民法院不宜因公告瑕疵而否定收养行为的效力。

【关联索引】

《中华人民共和国民法典》第1093条、第1105条、第1113条(本案适用的是1999年4月1日施行的《中华人民共和国收养法》第4条、第15条、第25条)

一审：江西省景德镇市珠山区人民法院（2021）赣0203民初1036号（2021年7月5日）

二审：江西省景德镇市中级人民法院（2021）赣02民终686号（2021年11月25日）

法官解读

公告瑕疵对收养行为效力影响的判定

——《王某诉彭某、詹某、宁某、第三人某县民政局收养关系纠纷案（入库编号：2023-14-2-025-001）》解读

胡海清[*] 戴 瑞[**]

《中华人民共和国民法典》第一千一百一十三条第一款规定："有本法第一编关于民事法律行为无效规定情形或者违反本编规定的收养行为无效。"因此，收养行为的法律效力审查，既需要适用民法典总则编关于法律行为效力判定的一般规范，也需要适用民法典婚姻家庭编第五章关于收养行为生效要件的特殊规范。民法典第一千一百零五条第二款明确规定："收养查找不到生父母的未成年人的，办理登记的民政部门应当在登记前予以公告。"因此，收养登记前的公告程序即属于"收养查找不到生父母的未成年人"这一情形的特别程序要件。实践中，民政部门在办理查找不到生父母的未成年人的收养登记时，公告瑕疵是否影响收养行为效力，素有争议。对此，人民法院案例库入库参考案例《王某诉彭某、詹某、宁某、第三人某县民政局收养关系纠纷案（入库编号：2023-14-2-025-001）》裁判要旨明确："对查找不到生父母的未成年人收养登记前的公告程序，目的是尽可能寻找被收养人的生父母或者其他监护人。民政部门在办理收养登记公告时存在公告倒置等瑕疵，并不影响被收养人事实上处于无人认领的状态；对于收养人符合实质收养要件，并在取得收养登记后与被收养人事实上已形成收养关系的，基于未成年人利益最大化原则考量，人民法院不宜因公告瑕疵而否定收养行为的效力。"现就

---

[*] 作者单位：江西省景德镇市珠山区人民法院。
[**] 作者单位：江西省景德镇市中级人民法院。

有关问题解读如下。

一、公告瑕疵宜纳入收养关系民事诉讼的审查范围

自 1991 年收养法颁行开始，我国实行民政部门审查收养条件并决定是否准许收养的规定，从而将收养行为纳入国家监管范围。因此，因收养所产生纠纷的司法救济途径包括提起收养关系民事诉讼和撤销收养登记行政诉讼两种，分别适用民事诉讼和行政诉讼两种不同的审查思路，其审查内容也有所区别。对收养查找不到生父母的未成年人规定登记之前应当公告，是为了尽可能寻找未成年人的生父母或者其他监护人，维护未成年人及其生父母的利益。民法典将收养"查找不到生父母的弃婴、儿童"修改为收养"查找不到生父母的未成年人"，进一步扩大了被收养人的范围，不仅包括被生父母遗弃的未成年人，还包括非因生父母意愿脱离监护的未成年人，例如被拐获救的未成年人。公告寻亲对于非因生父母意愿脱离监护的未成年人及其父母具有更为重要的法律意义。收养登记本质属于行政确认行为，单纯通过行政程序撤销收养登记，无法一揽子解决收养关系纠纷。而且，收养作为身份法律行为，其成立与否对被收养人、收养人及送养人的权利义务和身份关系都将产生重大影响。因此，宜将收养登记前的公告瑕疵纳入收养无效民事诉讼的审查范围，通过审查该瑕疵是否影响被收养人确为"查找不到生父母的未成年人"这一事实认定，进而判断其对案涉收养行为效力的影响，一揽子解决收养关系中各方的权利义务关系。

二、公告瑕疵对收养行为效力影响的判断核心：被收养人是否可以被推定为"查找不到生父母的未成年人"

对"查找不到生父母的未成年人"的认定标准视未成年人是否因生父母意愿脱离监护而有所不同。

1. 公告瑕疵不影响被遗弃未成年人事实上处于无人认领的状态

对于被生父母遗弃的未成年人，因生父母主动放弃监护权，公安机

关已出具捡拾报案证明的,仅需以公告形式查找其生父母即可;公告期满,该未成年人的生父母或者其他监护人未认领的,视为查找不到生父母的未成年人。公告瑕疵不影响被收养人事实上处于无人认领的状态。

对收养人而言,上述办理收养登记中的公告瑕疵本质上并不影响其收养权的实现,甚至一定程度上加速实现了其收养被收养人的愿望,收养人嗣后主张该公告瑕疵导致被收养人不属于查找不到生父母的未成年人的,不应得到支持。

对被收养的未成年人而言,相较于被生父母或其他监护人遗弃,能被推定为确实查找不到生父母的未成年人,进而被收养,得到养父母及其家庭的关爱,显然更有利于其成长发展。

2. 公告瑕疵对非因生父母意愿脱离监护的未成年人是否处于无人认领状态的推定应当严格把握

非因生父母意愿脱离监护的未成年人主要是被拐获救的未成年人,理论上也不排除被生父母以外的监护人遗弃的未成年人。对于该类未成年人,是因拐卖或遗弃未成年人的违法犯罪行为导致其脱离生父母的监护,办理收养登记之前进行公告是为了尽可能寻找未成年人的生父母或者其他监护人,维护未成年人及其生父母利益。此种情形,收养登记前公告查找其生父母应当严格按照相关规定进行。如果存在未在规定级别媒体上刊登公告、公告未附弃婴或儿童的照片、公告程序倒置、公告期不足等程序瑕疵,可能直接影响生父母的认领。因此,除非基于未成年人利益最大化考量,公告瑕疵对非因生父母意愿脱离监护的未成年人事实处于无人认领状态的推定应当严格把握。

三、未成年人利益最大化原则下收养行为的效力判定

通过前述分析可知,收养登记公告瑕疵不直接影响收养行为的效力,其通过影响被收养人是否可以被推定为"查找不到生父母的未成年人",进而对收养行为的效力发生影响。在审理因公告瑕疵提起的收养无效之诉中,既不能仅凭收养登记公告瑕疵认定被收养人不符合"查找不到生

父母的未成年人"要求，亦不能对被收养人来源不加区分一律认定公告瑕疵不影响其事实处于无人认领的状态，进而直接判定案涉收养行为的效力。机械适法容易导致个案裁判中收养关系各方利益的失衡，并引发被收养未成年人的利益陷入难以保障的困境。具体到本案，王某虽主张收养关系无效，但并未提供证据证明王某乙不是弃婴；当年办理收养手续亦是王某真实意思表示。王某提起本案诉讼的主要理由是公告登记收费票据的出具时间晚于收养证的出具时间，不属于收养前公告。这确属公告程序瑕疵。但是，公告登记收费票据可以佐证案涉收养已经过法定公告程序，经公告后王某乙无人认领，可以认定为弃婴，公告程序瑕疵并不影响收养行为效力。此外，诉讼中王某乙的生父母知晓王某乙的下落后并未积极主张权利，亦可视为其对王某乙抚养权的放弃。王某乙被彭某收养后，双方已形成良好亲子关系，彭某甚至愿意独自承担王某乙的抚养费，可见其对王某乙的情感之深。维持现有收养关系以避免王某乙再次回到"被遗弃"状态，是出于未成年人利益最大化的慎重考量，有利于王某乙的健康成长和家庭关系稳定。

民法典第一千零四十四条规定，"收养应当遵循最有利于被收养人的原则"。被收养人利益最大化原则不仅是收养法的基本精神，也是子女本位的收养法宗旨的根本要求。公告瑕疵的效力审查及其对收养行为的效力影响应当全面贯彻未成年人利益最大化原则。因此，在审查收养行为符合民事法律行为一般生效要件的前提下，不应过分拘泥于公告程序瑕疵，而应当更侧重对是否有助于实现儿童最大利益进行实质审查。

入库编号：2023-07-2-039-002

29. 舒某泉、林某等诉浙江某物业管理有限公司衢州分公司等排除妨害纠纷案
——物业管理公司依据业主管理公约管理车辆进出不属于妨害物权

> 关键词：民事　排除妨害　妨害物权　业主管理公约　物业管理　车辆进出

【基本案情】

原告舒某泉、林某等诉称：原告均系浙江省衢州市某小区业主，被告为小区物业管理公司，为小区提供物业服务。被告自 2019 年 5 月起，无端阻拦原告等人的车辆进出该小区，原告多次与被告沟通无果，通过向社区反映、报警亦未能得到处理。原告认为，被告系小区的物业管理公司，应当为小区业主营造良好的居住环境，为进出小区提供便利。现被告不仅不提供服务，反而阻碍原告等业主自由出入小区，其行为已构成侵权。请求法院判令：1. 被告允许原告驾驶的车辆自由进出案涉小区，排除妨害。2. 诉讼费用由被告承担。

被告浙江某物业管理有限公司衢州分公司、浙江某物业管理有限公司辩称：被告作为案涉小区的物业管理公司，系依照约定履行物业管理责任，不存在侵权。

法院经审理查明：原告舒某泉与叶某、林某与廖某芳、史某涛与赵某、江某龙与周某琴、陆某云与林某霞系夫妻关系，均为案涉小区业主，浙 H9S×××、浙 H16×××等分别是原告舒某泉、林某等驾驶的车辆，被告系案涉小区前期物业管理公司。案涉小区建成后，因地面停

车位仅有27个，不能满足全体业主车辆停放要求，导致部分业主将车辆停放在车位之外的小区道路上。2019年4月10日，衢州市公安消防支队衢江区大队、衢州市衢江区住房和城乡建设局（以下简称衢江住建局）经实地演练测试后发布《温馨告示》，载明"案涉小区内道路上不应停放机动车辆，也无法增设机动车临时停车位"。此后，为落实文明城市创建要求，加强小区车辆管理，被告结合业主建议及此前衢江区信访部门调处意见，制定了《管理公约》，并由衢江住建局、某社区、小区联系部门衢江区委办党支部于2019年4月22日至25日向业主征求意见，在总计1003户业主中，赞同727户，反对119户，不配合78户，保留意见68户，随大流3户，中立意见6户，弃权2户。2019年4月26日，衢江房管处、某社区对上述征求意见的结果进行了公示，二被告也开始按照上述《管理公约》内容对小区车辆进行管理。根据《管理公约》载明的内容，业主可持身份证、不动产权证、行驶证等资料到物业管理公司前台办理车辆信息登记并录入系统，所有登记车辆均可自由出入小区；小区路面27个地面停车位先到先得，停满后，有车库车位业主需将车辆停入地下车库，无车库车位业主需自行驶离小区；实行临时停靠制度，临时停靠时，车辆须打双闪，停靠时间不得超过30分钟；对违规停放的车辆，物业管理公司将进行文明劝阻，劝阻后仍不配合的，报综合执法局、公安交警及消防部门处理，出现类似行为累计三次的，删除车辆的识别信息。《管理公约》实施后，因原告林某驾驶的浙H16×××等车辆均违反上述《管理公约》累计三次以上，故被告依照《管理公约》规定将上述车辆的自动识别信息删除。此后，双方多次因为通行问题发生纠纷。另查明，被告未删除原告舒某泉驾驶的浙H9S×××车辆的自动识别信息。

浙江省衢州市衢江区人民法院于2020年3月9日作出（2019）浙0803民初3907号民事判决：驳回原告舒某泉、叶某等人的诉讼请求。宣判后，各原告均提起上诉。浙江省衢州市中级人民法院于2020年5月8日作出（2020）浙08民终360号民事判决：驳回上诉，维持原判。

【裁判理由】

法院生效裁判认为：业主大会的决定，对业主具有约束力，业主应当遵守业主大会制定的管理规约。业主在行使物权时，应当遵守法律，尊重社会公德，不得损害公共利益和他人合法权益。本案中，被告作为案涉小区的前期物业管理公司，为解决因车多位少引发的停车纠纷，在结合业主建议及衢州市衢江区信访部门调处意见的基础上，制定了《管理公约》，并经意见征集，获得三分之二以上的业主赞成，故上述《管理公约》对包括原告在内的小区业主均具有约束力。诉讼中，原告提出《管理公约》征求意见的结果不真实，但未提供证据证明，故对其所述意见不予采信。因原告林某等驾驶的浙H16×××等车辆多次不按规定停放，违反《管理公约》三次以上，且又拒绝签署自愿遵守《管理公约》的承诺书，为确保小区消防安全，二被告依据《管理公约》对上述车辆实施管理，并无不当。庭审中，被告明确提出，如原告书面承诺遵守《管理公约》，可以恢复其登记车辆的自动识别信息，使其进出小区不受影响，但上述原告仍明确表示拒绝遵守《管理公约》。这足以表明，原告驾驶的车辆之所以失去进出小区的便利，完全系其自身拒不承担文明停车的义务所致，由此导致的不利后果亦应当由其自行承担。至于原告舒某泉驾驶的浙H9S×××车辆通行问题，因被告辩称其并未将该车的自动识别信息删除，而原告舒某泉、叶某亦未提供证据证明侵权事实存在，故对其诉讼请求亦不予支持。

【裁判要旨】

依据法律规定制定的管理公约或管理规约，对业主具有约束力。物业管理公司执行管理公约中关于限制业主车辆自由进入小区之规定的物业服务行为，不属于妨害物权。业主请求排除妨害的，依法不予支持。

【关联索引】

《中华人民共和国民法典》第 278 条、第 280 条、第 286 条（本案适用的是 2007 年 10 月 1 日施行的《中华人民共和国物权法》第 76 条、第 78 条、第 83 条）

一审：浙江省衢州市衢江区人民法院（2019）浙 0803 民初 3907 号民事判决（2020 年 3 月 9 日）

二审：浙江省衢州市中级人民法院（2020）浙 08 民终 360 号民事判决（2020 年 5 月 8 日）

法官解读

物业公司执行业主管理公约的行为依法应予支持

——《舒某泉、林某等诉浙江某物业管理有限公司衢州分公司等排除妨害纠纷案（入库编号：2023-07-2-039-002）》解读

苏来琪[*]

近年来，随着经济社会高质量发展，人民生活显著改善，私家车作为代步工具，越来越多地进入普通家庭，由此导致停车资源不足的问题更加凸显。尤其是在城市小区内，因停车位供应不足，各类不文明停车现象多发易发，致使业主之间、业主与物业公司之间关系失和。对于上述问题，小区业主如何通过业主公约或管理规约实现自治、物业公司如何进行合法又合理的管理，亟待司法提供行为规范与价值指引。由此，人民法院案例库入库参考案例《舒某泉、林某等诉浙江某物业管理有限公司衢州分公司等排除妨害纠纷案（入库编号：2023-07-2-039-002）》裁判要旨明确："依据法律规定制定的管理公约或管理规约，对业主具有约束力。物业管理公司执行管理公约中关于限制业主车辆自由进入小区之规定的物业服务行为，不属于妨害物权。业主请求排除妨害的，依法不予支持。"现就有关问题解读如下。

一、经法定民主决策程序形成的业主公约、管理规约具有法律约束力

现代法治国家普遍认可社会自治权，其目的在于赋予公民一定程度参与社会活动的灵活性，只有当自治权的行使受阻或者自治权的运行突

---

[*] 作者单位：浙江省衢州智造新城人民法院。

破了法律的框架，国家公权力才有介入并进行干预的必要。依据《中华人民共和国民法典》第二百七十一条、第二百七十八条及第二百八十六条等的规定，业主对于小区内共有部分享有共有和共同管理的权利，该权利的行使以全体业主普遍遵守依照法定的民主决议程序和方式制定或修改形成的业主公约、管理规约等方式实现。具体而言，依据民法典第二百七十八条规定，"制定和修改管理规约"属于法定业主共同决定事项，应当由专有部分面积占比三分之二以上的业主且人数占比三分之二以上的业主参与表决，并经参与表决专有部分面积过半数的业主且参与表决人数过半数的业主同意（双三分之二以上表决，双过半同意）。在此基础上，民法典第二百八十条第一款明确规定："业主大会或者业主委员会的决定，对业主具有法律约束力。"

本案中，案涉小区因建设设计存在先天性不足，地面停车位仅有27个，无法满足全部业主停车需求。为此，小区业委会、物业公司曾尝试在小区内拓展停车位。但经消防部门现场勘测，认为从维护小区消防安全角度出发，小区内道路上不应停放机动车辆，也无法增设机动车临时停车位。结合业主建议以及当地信访部门调处意见制定的案涉《管理公约》明确了小区车辆管理规则，经意见征集已获得三分之二以上的业主赞成通过，符合法定民主决策程序要求，故该《管理公约》对包括原告在内的全体小区业主均具有约束力。

二、物业公司依据合法有效的管理规约进行管理不属于妨害物权行为

依据民法典第二百八十四条第一款及第二百八十五条第一款规定，小区业主既可以自行管理建筑物及其附属设施，也可以委托物业公司管理。物业公司根据业主的委托，依照物业服务合同约定对小区进行管理并接受业主的监督。通常而言，物业公司不仅应当管理相关的建筑物及附属设施，还要维护物业管理区域内的秩序。即物业公司的管理行为包括对物的管理和对人的管理两个部分。对此，民法典第九百四十二条对合同编增设的"物业服务合同"这一典型合同中物业服务人的义务作出了明确规定，即"物业服务人应当按照约定和物业的使用性质，妥善维修、养护、清洁、绿化和经营管理物业服务区域内的业主共有部分，维护物业服务区域内的基本秩序，采取合理措施保护业主的人身、财产安全。对物业服务区域内违反有关治安、环保、消防等法律法规的行为，物业服务人应当及时采取合理措施制止、向有关行政主管部门报告并协助处理"。因此，物业公司之所以能管理小区内相关业主的不当行为，其权利来源于业主的委托与授权。按照小区业主依照法定民主决议程序形成的管理规约要求履行物业服务，属于物业公司基于物业服务合同关系产生的义务。

此外，依据民法典第一百三十二条规定："民事主体不得滥用民事权利损害国家利益、社会公共利益或者他人合法权益。"小区业主在行使自身权利时，应当本着文明善意的原则，遵守法律，尊重社会公德，遵守业主管理公约，不得损害公共利益和他人合法权益。否则，由此导致的不利后果由业主承担。

本案中，个别业主明知业主《管理公约》禁止在小区内乱停车，仍为图方便而随意将车辆停放在车位之外的小区道路上，既影响小区文明形象，又增加消防安全隐患。在此情况下，物业公司对违反管理规定的车辆限制自由进入小区，本质上是执行业主的共同意志，意在维护公共安全，不构成对业主基本通行权利的损害，并非物权妨害行为。

三、物业公司依据管理公约进行管理应当符合比例原则

民法典第二百八十条第二款规定："业主大会或者业主委员会作出的决定侵害业主合法权益的，受侵害的业主可以请求人民法院予以撤销。"可见，我国法律在强调业主自治的同时，还赋予了法院对业主管理公约进行审查的权力。而物业公司在依据管理公约开展管理过程中，仍然要遵循比例原则，确保不侵犯业主的基本权益，这是对物业公司管理行为的合理监督与约束。我国法律虽未明确将业主的通行权列为法定权利，

但根据日常生活经验，业主作为自然人，必然享有正常出入小区的权利，此乃其行使建筑物区分所有权之必要前提，带有强烈的人身属性。因此，即便业主本身存在不当行为，物业公司、其他业主能够对业主车辆进出小区的权利进行限制，但不得超过必要限度。

本案中，针对部分业主违反管理公约的乱停车行为，物业公司前期已经开展多次劝导，庭审中仍试图引导涉事业主主动承诺文明停车，但均未得到有效回应。本案原告等相关业主之所以失去驾驶车辆进出小区的便利，系其自身不愿承担文明停车的义务所致。该物业公司根据业主《管理公约》，对多次违反《管理公约》规定且经劝导无效的车辆，删除其道闸自动识别信息，既可以最大限度凝聚多数业主的意志，又可以消除后续可能出现的消防安全隐患，符合比例原则，具有合理性。

综上所述，对于物业公司执行合法有效的业主管理公约的合理行为，人民法院依法予以支持。由此，通过支持和规范物业管理活动，切实维护广大业主的合法权益，不断改善人民群众的生活环境，共建美好家园。

入库编号：2024-07-2-053-001

30. 阮某海、叶某玲诉叶某仙、叶某华相邻通行纠纷案

——楼梯通道所有权人在特定情况下应当给予相邻一方通行便利

关键词：民事　相邻关系　通行权　所有权　楼梯通道

【基本案情】

原告阮某海、叶某玲诉称：阮某海、叶某玲系湖北省咸宁市通山县某小区第三幢多套室负一楼至一楼的楼梯通道的所有权人，对该楼梯间具有专属所有权，并非与叶某仙、叶某华共同使用楼梯间。根据叶某仙、叶某华所处商铺规划设计图，该商铺还有两处通道，争议楼梯通道非唯一通道。故诉至法院请求判令：1.确认阮某海、叶某玲对案涉楼梯通道具有专属所有权，叶某仙、叶某华不享有通行权；2.诉讼费由叶某仙、叶某华承担。

被告叶某仙、叶某华辩称：1.叶某仙、叶某华与某置业公司签订的《商品房屋买卖合同》明确该楼梯通道为公共通道，且叶某仙、叶某华于2014年7月购买该商用房至今，一直从该楼梯通道出入，从未出现争议。2.楼梯通道应认定为历史形成的通道，且为唯一通道，故叶某仙、叶某华享有该楼道通行权。

法院经审理查明：通山县某小区第二幢房屋与第三幢房屋紧邻。第二幢房屋的负一楼为商铺，第二幢房屋从负一楼至一楼有一楼梯间，上至一楼右边进入相邻的第三幢房屋室内，左边进入第二幢房屋。2014年7月，叶某仙购买第二幢一楼商用房101、102、103室，叶某华购买

104、105、106室。购买后使用过程中,叶某仙、叶某华从上述负一楼至一楼的楼梯间出入至今,且为唯一出入通道。2020年3月22日,阮某海从案外人陈某处购得相邻的第三幢一楼101、102、103、104、105室,并办理了不动产权属登记,权利人为阮某海、叶某玲共有,房屋所有权证载明的建筑面积为308.06平方米,其中室内面积为220.24平方米(含有案涉楼梯间面积6.84平方米),共有分摊面积87.82平方米。购买房屋前后,阮某海、叶某玲及叶某仙、叶某华均从该同一楼梯间出入,后阮某海、叶某玲以案涉楼梯间为其一方所有,叶某仙、叶某华不应占用其所有的楼梯通行为由诉至法院。

湖北省通山县人民法院于2020年12月17日作出(2020)鄂1224民初1829号民事判决:驳回阮某海、叶某玲的诉讼请求。宣判后,阮某海、叶某玲不服,提起上诉。湖北省咸宁市中级人民法院于2021年6月30日作出(2021)鄂12民终679号民事判决:驳回上诉,维持原判。

【裁判理由】

法院生效裁判认为:本案争议焦点是叶某仙、叶某华对诉争楼梯间是否享有通行权。相邻关系中的通行权是基于相邻关系而产生的,双方应当相互给予通行便利,即使相邻关系一方具有所有权,也不能以此为由排除他人通行的权利。本案中,主要考量因素包括案涉通道是否属于历史通道、习惯通道、唯一通道以及通行的便利性等。叶某仙、叶某华在阮某海、叶某玲购买该商铺之前就一直利用该通道上到一楼其所在门店;从通行便利性及整幢建筑的结构来看,该通道系叶某仙、叶某华上到门店所在楼层的唯一正常通道,也是唯一便利通道;从相邻关系人对阮某海、叶某玲的影响来看,案涉楼梯原本在设计时就是一个通道,双方当事人均是通过该通道上楼,叶某仙、叶某华使用该通道并不会影响到阮某海、叶某玲对该通道的使用,这一点亦符合为相邻关系人提供便利的相邻关系处理原则。《中华人民共和国民法典》第二百八十八条规定:"不动产的相邻权利人应当按照有利生产、方便生活、团结互助、公平合理的原则,正确处理相邻关系。"第二百九十一条规定:"不动产权利人对相邻权利人因通行等必须利用其土地的,应当提供必要的便利。"本案适用的是物权法第八十四条、第八十七条,所涉条文内容相同。面对目前的现状,阮某海、叶某玲应当让渡其部分楼梯间的不动产权利,以方便相邻人的通行。这是目前最节约、最简单有效的解决方式,也符合民法典处理相邻关系的基本精神。对于阮某海、叶某玲以其对该通道享有所有权来排除叶某仙、叶某华的通行权的请求,一审、二审法院依法不予支持。

【裁判要旨】

1. 对于基于房屋设计、施工、规划或者登记等原因而引发的房屋楼梯间所有权与相邻通行权冲突,因房屋楼梯间的利用与土地利用有相似之处,可以适用民法典第二百九十一条"不动产权利人对相邻权利人因通行等必须利用其土地的,应当提供必要的便利"作为处理相邻关系的基本原则和规则。

2. 相邻关系中的通行权是基于客观现实需要在不动产权利人的权利使用上设置一定的负担,限制不动产权利人的权利行使,而给予相邻一方通行便利。当所有权与通行权发生冲突时,在特定情形下,应当依法优先保障相邻权利人的通行权。

【关联索引】

《中华人民共和国民法典》第288条、第291条(本案适用的是2007年10月1日起施行的《中华人民共和国物权法》第84条、第87条)

一审:湖北省通山县人民法院(2020)鄂1224民初1829号民事判决(2020年12月17日)

二审:湖北省咸宁市中级人民法院(2021)鄂12民终679号民事判决(2021年6月30日)

法官解读

房屋楼梯所有权与相邻通行权冲突的解决路径
——《阮某海、叶某玲诉叶某仙、叶某华相邻通行纠纷案（入库编号：2024-07-2-053-001）》解读

王洪斌[*]

日常生活中发生的相邻关系纠纷复杂繁多、情形多样，相邻通行纠纷是其中比较常见的一种。对于基于房屋设计、施工、规划或者登记等原因而引发的房屋楼梯间所有权与相邻通行权冲突，何种权利优先，冲突各方往往各执一词。如何依法妥善解决此类纠纷，是实践中面临的一道难题。对此，人民法院案例库入库参考案例《阮某海、叶某玲诉叶某仙、叶某华相邻通行纠纷案（入库编号：2024-07-2-053-001）》给出了可供借鉴的处理方式，提供了明确规则指引。现就有关问题解读如下。

一、相邻人对房屋楼梯的利用，与民法典相邻权利人因通行必须利用不动产权利人的土地具有高度相似性

《中华人民共和国民法典》第二百九十一条规定："不动产权利人对相邻权利人因通行等必须利用其土地的，应当提供必要的便利。"该条规定了邻地通行权（又称"必要通行权"或"相邻通行权"），即由于地理条件的限制，一方必须利用相邻一方所有或使用的土地，取得通行等权利。其中，所谓"必须"是指一方权利的行使以利用相邻一方的土地为条件，否则无法行使其民事权利，影响其正常生产、生活；所谓"土地"是指开发、利用的土地和未开发利用的土地，包括城镇用地、农田、农村宅基地、林地、草地、山岭及其他土地；所谓"提供必要的便利"是

---

[*] 作者单位：湖北省咸宁市中级人民法院。

指不动产权利人要容忍相邻权利人的"借道"通行，并提供便利。邻地通行权一般是长期的，且是无偿的。需要注意的是，民法典第二百九十一条规定的相邻通行权是相邻权利人利用不动产权利人的"土地"予以通行，是对他人"土地"权利的利用。

  本案例中，相邻人对房屋楼梯的利用因涉及房屋所有权人的所有权，不是单纯利用土地，能否运用民法相邻通行权的理论解决该难题，回答是肯定的。第一，从法律关系的主体和内容看，民法典第二百九十一条规定的相邻通行关系涉及不动产权利人与相邻通行人之间的权利义务，即一方须为另一方提供通行便利，另一方借道通行以"必要"为前提。其核心要义是解决相邻通行问题。相邻人对房屋楼梯的利用存在相似的权利义务主体，也包含相似的权利义务内容，亦是要解决相邻人的通行问题。两者具有高度相似性。第二，作为不动产的房屋楼梯，其显著特征就是为通行而建设，而不是用于居住或其他用途。虽然利用他人房屋楼梯涉及房屋所有权，但由于楼梯本身所具有的通行目的，使其与民法典第二百九十一条规定的"利用他人土地"中的"土地"具有相似的功能属性。而且，相较于楼梯在法律上的所有权属性，楼梯用于通行目的的物理属性在处理通行问题上更有实际意义。第三，从解决房屋与土地关系的"地随房走"这一基本原则看，利用房屋楼梯当然包含了利用其所涉土地。由此，利用楼梯的法律内涵可表述为利用"楼梯所有权＋楼梯所涉土地"，故利用楼梯通行可以解释为利用"土地"通行。第四，从利用他人不动产权利的必要性看，民法典第二百九十一条规定利用他人不动产权利以"必须"为条件，而在相邻人对房屋楼梯的利用中，同样须满足"必须"这一条件，因为如不利用他人不动产权利则无法上楼，严重影响其生产、生活，二者在适用条件上亦具有一致性。第五，从民法典第二百八十八条规定的处理相邻关系的原则看，"不动产的相邻权利人应当按照有利生产、方便生活、团结互助、公平合理的原则，正确处理相邻关系"。而相邻人对房屋楼梯的利用，正是要解决相邻关系中有利生产和方便生活的问题，故运用民法典关于土地相邻通行原则来解决相似矛盾冲突,在适用场域和目标上亦高度契合。综上所述,解决房屋所有权与相邻权冲突,可以适用民法典关于土地相邻通行关系的相关规定。

基于此,本案例的裁判要旨之一明确:"对于基于房屋设计、施工、规划或者登记等原因而引发的房屋楼梯间所有权与相邻通行权冲突,因房屋楼梯间的利用与土地利用有相似之处,可以适用民法典第二百九十一条'不动产权利人对相邻权利人因通行等必须利用其土地的,应当提供必要的便利'作为处理相邻关系的基本原则和规则。"

二、在某些特殊情况下所有权与通行权产生冲突时首先保障通行权具有理论依据和客观基础,也是价值权衡的结果

所有权与通行权产生冲突时首先保障通行权具有理论依据及立法依据。一方面,相邻权属于物权范畴,是所有权的延伸,这是理论上较通行的观点。在立法上,民法典以及物权法均将"相邻关系"归入"所有权"编加以规定,也从侧面表明立法对于相邻权性质的态度。作为相邻权重要内容的相邻通行权亦当然具有这一属性。由于所有权与相邻通行权在权利性质上的相似或对等(均属物权范畴),为两者冲突时选择解决方式奠定了理论基础。另一方面,从目前立法对相邻通行权的具体规定看,也体现了通行权优先保障的立法意图。相邻通行权是基于客观现实需要在不动产权利人的权利使用上设置一定的负担,限制不动产权利人的权利行使,而给予相邻一方通行便利。从限制不动产权利以保障通行权这一特征看,通行权对于相邻不动产权利而言具有优先性。

本案例除上述理论及立法依据支撑之外,还有其特有的客观基础及价值考量。第一,本案例中所有权人对楼梯的权利虽涉及房屋所有权,但楼梯的权利行使无论对所有权人还是相邻人都只是通行。在这种情况下让渡所有权实质是让渡所有权人的独占通行权而惠利他人通行,不会损害所有权人在居住权范围内的利益。这是借鉴现有法律规定以保障通行权优先的客观基础。第二,从法律经济学角度来判断,如果以所有权人对楼梯具有所有权为由剥夺相邻人的通行权,受损失的不仅是通行权本身,而且直接影响到相邻人物权的行使,将给相邻权利人造成巨大损失。在房屋楼梯所有权与通行权产生冲突时依法优先保障通行权,既无损于所有权人的居住权,也不会对所有权人自身的通行产生损害,是最简单、最经济、最合理的解决方式。因此,优先保障通行权亦是价值权衡的结果。

基于此,本案例的裁判要旨之二明确:"相邻关系中的通行权是基于客观现实需要在不动产权利人的权利使用上设置一定的负担,限制不动产权利人的权利行使,而给予相邻一方通行便利。当所有权与通行权发生冲突时,在特定情形下,应当依法优先保障相邻权利人的通行权。"

三、本案例的参考价值及适用边界

本案例的价值在于明确当城市房屋在某些特殊情况下其楼梯所有权与相邻通行权产生冲突时,应当以优先保障通行权作为解决路径。这可以说是对民法典第二百八十八条规定的具体化,也是对第二百九十一条规定的扩大解释,妥当解决了争议难题,化解了双方矛盾,并且弘扬了睦邻和谐、友善互助的社会主义核心价值观。

司法适用中,参考本案例还应当注意以下四点:一是房屋建筑仅有一个楼梯,且是上下通行的唯一通道,如果有其他通道,则无权要求所有权人为便利通行让渡权利;二是楼梯唯一通道是历史形成,而非后来人为形成(如封堵了已有的通道),对现状的形成,相邻通道利用人无过错;三是进行价值权衡,保障通行权更有利于化解纠纷,是最经济、最合理的方式;四是防止随意放宽本案例适用的条件,以免对不动产权利人的所有权造成侵害。

入库编号：2024-18-2-053-001

31.车某玲诉朱某芳相邻关系纠纷案
——合理运用日常生活经验法则查明案件事实

关键词：民事　相邻关系　日常生活经验法则　相邻损害事实　现场勘验

【基本案情】

原告车某玲诉称：朱某芳拆除其房屋的承重墙，擅自改变厨房位置，穿墙凿洞打通电梯风井的墙体用来排放其厨房油烟，污染整个楼层，损害其身体健康。故请求判令：朱某芳将1103房承重墙恢复原来的样貌，厨房恢复到原来的位置，风井墙壁上所凿洞口封住填平。

被告朱某芳辩称：其未拆除承重墙。油烟不会对车某玲产生任何影响，油烟通风口在走廊，双方都是锁门的，油烟不可能会跑进室内。

法院经审理查明：车某玲居住的1203房与朱某芳居住的1103房为同一建筑内上下相邻的房屋。朱某芳改变1103房屋内格局，将原来的厨房变更为房间用途，在靠近入户门的客厅部分划出大概3平方米的空间作为厨房，厨房的油烟管是从靠入户门位置通向电梯旁的通风管。根据平面图可见，朱某芳拆除的墙体不属于承重墙。

广东省广州市越秀区人民法院于2021年12月27日作出（2021）粤0104民初44725号民事判决：驳回原告车某玲的全部诉讼请求。宣判后，车某玲以朱某芳改变厨房位置，排放油烟导致车某玲熏呛在内的众多损害为由，提起上诉，并申请对其遭受油烟熏呛的情况进行现场勘验和对成因进行鉴定。广东省广州市中级人民法院组织双方当事人现场勘验,在1103房现有厨房现场炒辣椒并打开油烟机。片刻之后,在1203房对应1103房厨房的房间内可以闻到炒辣椒的油烟味。广东省广州市中级人民法院于2022年4月12日作出(2022)粤01民终1669号民事判决:一、被告朱某芳于判决生效之日起三十日内将1103房的厨房恢复到原来的位置,并将通风管墙壁上凿的洞封住填平;二、驳回原告车某玲的其他诉讼请求。

【裁判理由】

法院生效裁判认为:朱某芳改变厨房位置虽然方便了自己,但是应当以不影响相邻方生活为前提。朱某芳改变厨房位置后,将厨房油烟管接入电梯旁的通风管内,根据二审现场勘验结果可知,1103房厨房所产生的油烟可以弥漫至1203房的房间内,足以对车某玲的生活造成影响,降低其居住品质。朱某芳擅自改变厨房位置并将油烟管接入非专用排烟的通风管内,有一定的安全隐患,且该行为损害了相邻方车某玲的合法权益,车某玲诉请要求朱某芳将厨房恢复到原来位置以及将通风管墙壁上凿的洞封住填平,依据充分,予以支持。鉴于朱某芳拆除的不是承重墙,车某玲要求恢复承重墙的依据不足,不予支持。现有证据足以证明车某玲油烟熏呛与朱某芳改建厨房等行为存在关联,无须启动鉴定程序。故二审法院依法作出如上改判。

【裁判要旨】

当事人对相邻损害事实及发生原因难以自行举证证明的,人民法院可以通过现场勘验、实验等方式固定证据。根据日常生活经验法则可以查明案件事实的,无须启动鉴定程序。

【关联索引】

《中华人民共和国民法典》第288条
《最高人民法院关于适用〈中华人民共和国民事诉讼法〉的解释》

（法释〔2015〕5 号，2022 年修正）第 105 条、第 124 条

一审：广东省广州市越秀区人民法院（2021）粤 0104 民初 44725 号民事判决（2021 年 12 月 27 日）

二审：广东省广州市中级人民法院（2022）粤 01 民终 1669 号民事判决（2022 年 4 月 12 日）

法官解读

从法官现场炒辣椒谈日常生活经验法则的运用

——《车某玲诉朱某芳相邻关系纠纷案（入库编号：2024-18-2-053-001）》解读

刘 欢[*]

司法鉴定作为一种科学的证明方法，对于法官查明案件事实、正确适用法律、化解矛盾纠纷具有重要意义。在当前民事审判活动中，借助鉴定解决事实认定中的专门性问题已十分普遍。然而，审判实践中一些本来通过对现有证据的举证质证即可得出心证结论的问题，也被冠之以有待鉴定方能查明相关事实的专门性问题，进而通过鉴定导致案件审理人为复杂化。例如，在相邻关系纠纷中，相邻损害事实往往贴近实际生活，如果不恰当地启动司法鉴定程序，不仅不利于减轻当事人的诉讼负担，甚至还会激化矛盾。因此，人民法院在审理相邻关系纠纷案件时，应当注重通过开展现场勘验固定证据，并合理运用日常生活经验法则查明案件事实，以更加经济、高效、接地气的方式实质性化解矛盾纠纷，避免程序空转。对此，人民法院案例库入库参考案例《车某玲诉朱某芳相邻关系纠纷案（入库编号：2024-18-2-053-001）》的裁判要旨提出："当事人对相邻损害事实及发生原因难以自行举证证明的，人民法院可以通过现场勘验、实验等方式固定证据。根据日常生活经验法则可以查明案件事实的，无须启动鉴定程序。"这就结合本案例的情况，对运用日常生活经验法则查明案件事实作了明确，为类似案件裁判提供了指引。现就有关问题解读如下。

---

[*] 作者单位：广东省广州市中级人民法院。

一、人民法院可以通过现场勘验、实验等方式固定当事人难以自行提交的证据

《中华人民共和国民事诉讼法》明确将勘验笔录规定为证据形式。《最高人民法院关于适用〈中华人民共和国民事诉讼法〉的解释》（法释〔2015〕5号，2022年修正）第一百二十四条第一款规定："人民法院认为有必要的，可以根据当事人的申请或者依职权对物证或者现场进行勘验。勘验时应当保护他人的隐私和尊严。"据此，法官在诉讼过程中，为了查明一定事实，对与案件争议有关的现场、物品或物体可以亲自或指定有关人员进行查验、拍照、测量，将查验的情况和结果制成笔录，即为勘验笔录。在勘验的启动上，无论当事人申请勘验还是法院依职权进行勘验，都需要以人民法院认为有必要为前提。这种必要性，需要结合案件的具体情况进行判断。一般而言，可以从与案件事实的关联性、是否属于要件事实中的重要事项、是否属于勘验标的的性状可能发生变更的情况、待证事实是否已经清楚等多个方面进行综合判断。当然，对于勘验也不应狭隘地理解为前往现场查看情况，更不能浮于表面、流于形式，应当充分发挥主观能动性，根据现场具体情况灵活处理，如做实验、还原现场情况等方式。

在相邻关系纠纷中，部分相邻损害事实具有特殊性，当事人难以自行通过录音、录像等方式予以固定证据和还原事实，必须通过亲临现场感受的方式才能予以认定，如空调热风侵袭、光污染及油烟熏呛等。本案例中，基于被告改变厨房位置而排放油烟熏呛原告的影响看不见、摸不着，原告客观上难以单方面有效举证。如果简单机械地按照"谁主张，谁举证"的原则来分配举证责任，很可能出现明显违背基本常识的裁判结果。此种情况下，二审法官在现场勘验时采用了炒辣椒的方式，让双方当事人现场直观感受油烟熏呛的影响，并通过制作勘验笔录的方式固定证据，用简单的方法解决了原告举证难的问题。

二、人民法院应当优先运用日常生活经验法则查明相邻损害事实

《最高人民法院关于适用〈中华人民共和国民事诉讼法〉的解释》（法释〔2015〕5号，2022年修正）第一百二十四条第二款规定："人民法院可以要求鉴定人参与勘验。必要时，可以要求鉴定人在勘验中进行鉴定。"勘验过程中，可能会涉及专门性的问题。对于这些专门性问题，如果不超过一般人常识的范围，勘验人即可以作出判断，则没有鉴定的必要。但如果法官无法通过勘验的方法查明专门性问题，则需要在勘验过程中进行鉴定。司法实践中，一般由当事人向人民法院提出鉴定申请，人民法院严格审查拟鉴定事项是否属于查明案件事实的专门性问题。人民法院认为申请鉴定的事项系可以通过生活常识、经验法则认定的事实，系可以通过法庭调查、勘验等方法查明的事实，或与待证事实无关联、对证明待证事实无意义的，不予准许。

在相邻关系纠纷中，一些相邻损害事实是当事人可以直接感受到的，其发生原因并不需要高深的专业知识即可作出判断。在此情形下，应当优先运用日常生活经验法则查明相邻损害事实，只有根据日常生活经验法则难以查明的，才宜启动司法鉴定程序。本案例中，原告不仅申请现场勘验，还申请对油烟熏呛的成因进行鉴定。法官通过错开居民做饭的时间，现场炒辣椒并打开油烟机，排除了其他居民做饭的影响，通过日常生活经验法则认定原告家中的油烟味系来自被告家的厨房。以上对证据的审查判断过程，不仅符合民事证据高度盖然性的证明标准，足以让法官形成内心确信，也符合人民群众直观而朴素的认知。反言之，如果同意原告申请进而启动司法鉴定程序，鉴于油烟成分的复杂性，不一定能够遴选出合适的鉴定机构，且其法律效果和社会效果亦不会优于上述方案。

法律的适用离不开具体、生动的实践活动。法官对证据的审查判断过程，是证明评价的过程，是客观见之于主观的过程。在证据认定过程中，要求审判人员运用逻辑推理和日常生活经验法则对案件的全部证据

进行整体上的评判，进而作出合理的事实认定。本案例针对相邻损害事实的特殊性，没有简单、机械分配举证责任，而是通过勘验、现场做实验等方式，在运用日常生活经验法则能够简单、直观查明案件事实的情况下，未启动鉴定程序，以符合证据规则和人民群众认知的方式明辨是非、定分止争，既提高了办案效率，亦为当事人节省了高额鉴定费用，受到了各方一致好评。由此，每一名法院干警都应当把老百姓的难事当作自己的家事来办，以"如我在诉"的要求做好司法审判工作，通过将心比心、换位思考，在法律框架内寻求化解矛盾纠纷的最优解，促进案件审理回归常情、常理、常识，切实提升和彰显司法公信力。

入库编号:2024-07-2-084-002

32. 张某诉上海某生鲜食品有限公司买卖合同纠纷案
——购买食品时故意分多次小额支付并主张每次结算赔偿
1000元的,应以合理生活消费需要为限在付款总额内
确定计算惩罚性赔偿金的基数

关键词:民事　买卖合同　单次交易　多次小额支付　合理生活消费需要　惩罚性赔偿

【基本案情】

2016年2月20日,原告张某在被告上海某生鲜食品有限公司购买了6枚熟散装咸鸭蛋,每枚单价人民币2.2元(币种下同),生产日期为2015年8月23日,保质期为180天。原告同时通过银行卡刷卡支付6次,由被告同时分别开具6枚咸鸭蛋购物小票6张。购买时,该批咸鸭蛋已过保质期1天。2月21日,原告又在被告处购买了相同批次的40枚咸鸭蛋,同时通过银行卡刷卡支付40次,由被告同时分别开具40枚咸鸭蛋购物小票40张。购买时,该批咸鸭蛋已过保质期2天。原告以46枚咸鸭蛋均已过保质期为由向当地市场监督管理局举报,调解未成后诉至法院,请求法院判令被告退还原告购物款101.2元,并由原告退还被告46枚咸鸭蛋;由被告按照每枚最低赔偿1000元计算,共计赔偿46000元。

上海市浦东新区人民法院于2016年5月13日作出(2016)沪0115民初27746号民事判决:一、被告上海某生鲜食品有限公司于本判决书生效之日起十日内退还原告张某购物款101.2元;二、原告张某于本判决书

生效之日起十日内返还被告上海某生鲜食品有限公司熟散装咸鸭蛋46枚；三、上海某生鲜食品有限公司于本判决书生效之日起十日内偿付原告张某赔偿金1012元；四、被告上海某生鲜食品有限公司于本判决书生效之日起十日内赔偿原告张某交通费、光盘制作费、复印费、照片制作费合计100元；五、驳回原告张某的其余诉讼请求。宣判后，张某不服，提起上诉。上海市第一中级人民法院于2017年3月24日作出（2016）沪01民终10490号民事判决：驳回上诉，维持原判。

【裁判理由】

法院生效裁判认为：原告在被告处购买46枚咸鸭蛋，购买当时均已过保质期，故原告以案涉产品不符合食品安全标准为由主张退款退货，于法有据，应予支持。被告销售超过保质期食品，属于"经营明知是不符合食品安全标准的食品"，应当承担惩罚性赔偿责任。另外，双方虽就同一批次相同过期食品结算了46次，但被告系与张某同一消费者进行交易，而非与不同消费者进行交易。张某于2日内分46次结算购买46枚咸鸭蛋，并据此主张按照每枚咸鸭蛋赔偿1000元为标准计算惩罚性赔偿金共计46000元，明显与《中华人民共和国食品安全法》关于惩罚性赔偿制度的立法精神不符，亦有悖于诚信原则，不应予以支持。张某购买46枚咸鸭蛋所支付的总金额为101.2元，未超出生活消费需要，应当以总金额为基数，计算惩罚性赔偿金。因此，审理法院判决被告退还原告购物款101.2元，赔偿原告1012元。

【裁判要旨】

购买食品时故意分多次小额支付，并依照食品安全法第一百四十八条第二款关于"增加赔偿的金额不足一千元的，为一千元"的规定，请求每次结算赔偿1000元，按结算次数累计计算惩罚性赔偿金的，不符合消费者通常交易习惯，与食品安全法规定的惩罚性赔偿制度精神不符。人民法院应当在合理生活消费需要范围内，将购买人分次支付价款的总额作为计算惩罚性赔偿金的基数。

【关联索引】

《中华人民共和国食品安全法》第148条

《最高人民法院关于审理食品药品纠纷案件适用法律若干问题的规定》（法释〔2013〕28号，2021年修正）第3条［本案适用的是2014年3月15日施行的《最高人民法院关于审理食品药品纠纷案件适用法律若干问题的规定》（法释〔2013〕28号）第3条］

一审：上海市浦东新区人民法院（2016）沪0115民初27746号民事判决（2016年5月13日）

二审：上海市第一中级人民法院（2016）沪01民终10490号民事判决（2017年3月24日）

法官解读

食品安全惩罚性赔偿责任的"消费"要件
——《张某诉上海某生鲜食品有限公司买卖合同纠纷案
（入库编号：2024-07-2-084-002）》解读

谢 勇[*] 胡雪梅[**]

民以食为天，食以安为先。食品安全是人民群众最关心、最直接、最现实的利益问题。为保护食品安全，《中华人民共和国食品安全法》对生产经营不符合食品安全标准食品的行为确立了"退一赔十"的惩罚性赔偿规则。如何准确适用这一法律制度，是司法实践中面临的难题。人民法院案例库入库参考案例《张某诉上海某生鲜食品有限公司买卖合同纠纷案（入库编号：2024-07-2-084-002）》为这一法律制度的准确适用提供了指引。

一、食品安全惩罚性赔偿责任以"消费"为要件

对于在食品安全领域是否支持"知假买假"者提出的惩罚性赔偿请求的问题，《最高人民法院关于审理食品药品纠纷案件适用法律若干问题的规定》（以下简称《食品药品司法解释》）第三条规定："因食品、药品质量问题发生纠纷，购买者向生产者、销售者主张权利，生产者、销售者以购买者明知食品、药品存在质量问题而仍然购买为由进行抗辩的，人民法院不予支持。"有的购买者为牟取不当利益，利用上述规定，远超出生活消费需要大量购买食品，通过扩大"退一赔十"中的"一"达到高额索赔目的，导致有的生产经营者"小过担大责"，背离食品安全法

---
[*] 作者单位：最高人民法院。
[**] 作者单位：上海市浦东新区人民法院。

及《食品药品司法解释》的规定精神,主要表现为:一是在知道食品不符合食品安全标准的情况下远超出生活消费需求大量购买食品,然后请求生产经营者支付价款十倍的惩罚性赔偿金;二是在知道食品不符合食品安全标准的情况下,向同一经营者连续多次购买食品,然后请求生产经营者支付价款十倍的惩罚性赔偿金或者依据食品安全法第一百四十八条第二款关于"增加赔偿的金额不足一千元的,为一千元"的规定请求对每次小额购买赔偿1000元。本案中,张某的索赔行为属于上述第二种行为。

对于购买者远超出生活消费需要大量购买食品、高额索赔行为,无论是全部支持还是一概不支持,均不符合立法精神。如果对购买者请求全部支持,则没有考虑食品安全惩罚性赔偿责任的"消费"要件。食品安全法第一百四十八条第二款规定了三种惩罚性赔偿金计算方法:一是消费者支付价款的十倍;二是消费者受到损失的三倍;三是最低1000元。以消费者支付价款为基数与以消费者受到损失为基数计算惩罚性赔偿金相比,相乘的倍数相差很大。本条规定设定的场景是生活中消费者为生活消费需要购买食品的数量通常不大,所支付的价款也通常不多,因此,在计算惩罚性赔偿金时应当以十倍计。在明知食品不符合食品安全标准的情况下,为了获取高额赔偿金,超出合理生活消费需要购买食品,与食品安全法第一百四十八条第二款的立法精神不符。如果完全不支持购买者请求,则没有考虑食品安全惩罚性赔偿责任保护消费者权益的立法目的,而且与《食品药品司法解释》第三条规定不符。

本案例中,审理法院既未因张某购买46枚咸鸭蛋时坚持要求分46次对每枚咸鸭蛋分别结算、付款有违一般普通消费者的结算交易习惯而驳回其诉讼请求,亦未支持其要求每次结算赔偿1000元,共赔偿46000元的主张,而是以其对每枚咸鸭蛋分别结算、付款不符合消费习惯但46枚咸鸭蛋总数未超出生活消费需要为由,以46枚咸鸭蛋总价款为基数计算价款十倍的惩罚性赔偿金,彰显了食品安全惩罚性赔偿责任应以"消费"为要件的裁判规则,既让违法经营者承担惩罚性赔偿责任,打击遏制违法经营食品的行为,保护人民群众"舌尖上的安全",又避免让经营者"小过担大责",实现了"罚过相当"的效果。

二、准确把握食品安全惩罚性赔偿责任的"消费"要件

1. 不能仅因"知假买假""职业打假"而排除食品安全惩罚性赔偿责任的适用

人民群众通俗地把购买者知道食品不符合食品安全标准仍然购买并维权索赔的行为称为"知假买假"。与此同时,"职业打假"不是法律概念,也没有统一的认定标准,仍表现为知道食品不符合食品安全标准仍然购买并维权索赔的行为。但是,"知假买假"中的"假"非仅指"假货",而是指食品不符合食品安全标准,其范围非常广泛。"知假买假"者购买不符合食品安全标准的食品时,其动机可能各不相同。有的进口红酒、巧克力等预包装食品未按规定标示相关信息,不符合食品安全标准,但有的消费者仍愿意购买用于消费。购买人的主观动机具有隐蔽性、复杂性、易变性。因此,对于"知假买假"者购买食品的行为,如果一概按照其主观动机来判断购买行为是否属于"消费行为",判断难度大,容易导致裁判尺度不统一。完全否定"知假买假""职业打假"者请求生产经营者承担惩罚性赔偿责任的权利,不利于实现打击、遏制违法生产经营食品行为的立法目的。

2. 以合理生活消费需要范围为判断"消费"要件是否满足的依据

按购买者在购买食品时是否知道所购买食品不符合食品安全标准为依据,可以将购买者区分为普通消费者和"知假买假"者。对于普通消费者,应当依法支持其提出的惩罚性赔偿请求。对于"知假买假"者,应当辩证看待其行为,如果其购买食品的数量、频次符合普通消费者的生活消费习惯,则支持其提出的惩罚性赔偿请求;如果其购买食品的数量、频次不符合普通消费者的生活消费习惯,则只对未超出合理生活消费需要部分,支持其提出的惩罚性赔偿请求,对于超出部分,无论按主观动机标准还是按客观需要标准来评判,都不属于"消费行为",不满足食品安全惩罚性赔偿责任的"消费"要件。

以是否超出合理生活消费需要范围作为认定食品安全惩罚性赔偿责任"消费"要件是否满足的依据，有利于统一裁判规则，也在理论上解决了食品安全惩罚性赔偿责任的构成要件问题。普通消费者为个人和家庭生活消费需要购买食品，数量本来就不大。"知假买假"者的主观动机不易判定，以普通消费者合理生活消费需要为限支持其惩罚性赔偿请求，能够实现对恶意高额索赔行为的规制。

本案例中，购买者的交易行为具有"知假买假"的特征，但审理法院并未因此而完全驳回原告的诉讼请求，而是准确把握食品安全惩罚性赔偿责任的"消费"要件，在合理生活消费需要范围内支持其提出的惩罚性赔偿请求。2024年，最高人民法院在充分调研、广泛总结司法实践经验的基础上制定了《最高人民法院关于审理食品药品惩罚性赔偿纠纷案件适用法律若干问题的解释》（法释〔2024〕9号，以下简称《食品药品惩罚性赔偿司法解释》），而本案例所体现的裁判思路及所蕴含的裁判规则亦被吸纳到该司法解释之中。具体而言，《食品药品惩罚性赔偿司法解释》第十三条规定："购买者明知食品不符合食品安全标准，在短时间内多次购买，并依照食品安全法第一百四十八条第二款规定起诉请求同一生产者或者经营者按每次购买金额分别计算惩罚性赔偿金的，人民法院应当根据购买者多次购买相同食品的总数，在合理生活消费需要范围内依法支持其诉讼请求。"

三、贯彻落实《食品药品惩罚性赔偿司法解释》加强对消费者和生产经营者权利保护

审理食品安全惩罚性赔偿纠纷案件，应当坚持以人民为中心的理念，以保护食品安全和广大消费者的生命健康为首要目标。"知假买假"矛盾的主要方面在于"造假""售假"一方，源头在于生产经营不符合食品安全标准食品的违法行为。如果治住了"假"、治住了违法行为，"知假买假"现象自然就会消失。《食品药品惩罚性赔偿司法解释》再次明确支持

"知假买假"者提出的惩罚性赔偿请求,目的是更好保护食品药品安全和消费者权益。发挥人民群众打击假冒伪劣食品的作用,有利于将更多违法行为纳入惩罚性赔偿制度的适用范围,杜绝违法生产经营不合格食品的行为,营造良好营商环境,也有利于保护诚信守法经营者的权利,防止"劣币驱逐良币"。同时,《食品药品惩罚性赔偿司法解释》也确定了对所有购买者均在普通消费者生活消费需要范围内支持惩罚性赔偿请求的裁判规则,规制高额索赔、惩治违法索赔,避免生产经营者"小过担大责",防止正常生产经营秩序因滥用食品安全惩罚性赔偿规则而受到干扰。

人民法院通过更加准确地适用食品安全惩罚性赔偿制度,助力在生产端和消费端都实现更高水平、更高质量的发展,为满足人民群众对美好生活的需要、实现经济社会高质量发展的目标提供更加有力的司法服务和保障。

入库编号：2024-07-2-084-004

33. 沙某诉安徽某食品科技有限公司买卖合同纠纷案

——在合理生活消费需要范围内支持购买者惩罚性赔偿请求

关键词： 民事　买卖合同　食品安全标准　追加购买　合理生活消费需要　惩罚性赔偿

【基本案情】

原告沙某于2020年12月15日在被告安徽某食品科技有限公司开设的网店购买了30盒"黄芪薏米饼干"，付款516元。2020年12月18日签收后，发现不符合食品安全标准，又分别于2020年12月30日、2021年1月12日、2021年3月3日，先后购买40盒、60盒、100盒"黄芪薏米饼干"，分别付款636元、1134元、1890元。四次总计付款4176元。沙某以产品中添加有黄芪粉，违反了有关规定为由起诉请求经营者退还价款4176元，支付相当于价款十倍的赔偿金41760元。

上海铁路运输法院于2021年6月18日作出（2021）沪7101民初345号民事判决：一、安徽某食品科技有限公司应于判决生效之日起十日内退还沙某货款4176元。同时，沙某将所购饼干退还安徽某食品科技有限公司，届时如无法退还，则以18.16元/盒的价格折抵应退货款；二、安徽某食品科技有限公司应于判决生效之日起十日内支付沙某赔偿金5160元。宣判后，沙某提起上诉。上海市第三中级人民法院于2021年8月18日作出（2021）沪03民终86号民事判决，驳回上诉，维持原判。

【裁判理由】

法院生效裁判认为：国家有关部门就在食品中添加黄芪等9种药材开展试点工作，明确了试点审批要求。安徽某食品科技有限公司未按国家规定取得有关部门审批同意就私自在案涉饼干中添加黄芪并进行生产销售，违反我国关于食品安全的相关规定，属于生产经营不符合食品安全标准食品的行为，应当依法承担法律责任。沙某首单购买并收到30盒"黄芪薏米饼干"后又在两个多月时间内多次向同一商家大量加购同款饼干，加购数量共计200盒，总重量高达18.4公斤。对于此种有违一般生活、消费所需大宗购买行为的合理性，沙某的解释是"朋友聚餐"，此种理由显然难以让人信服且无证据证明。《中华人民共和国食品安全法》规定有权请求经营者支付价款十倍赔偿金的请求权人是为了生活、消费需要购买、使用商品或者接受服务的消费者，故判决支持沙某就首单购买饼干提出的惩罚性赔偿请求。

【裁判要旨】

人民法院在适用《最高人民法院关于审理食品药品纠纷案件适用法律若干问题的规定》第三条时，应当与消费者权益保护法第二条和食品安全法第一百四十八条相结合，在"生活消费需要"范围内支持"购买者"关于支付价款十倍惩罚性赔偿金的诉讼请求。

【关联索引】

《中华人民共和国食品安全法》第34条、第38条、第148条

《中华人民共和国消费者权益保护法》第2条

《最高人民法院关于审理食品药品纠纷案件适用法律若干问题的规定》（2021年修正）第3条

一审：上海铁路运输法院（2021）沪7101民初345号民事判决（2021年6月18日）

二审：上海市第三中级人民法院（2021）沪03民终86号民事判决（2021年8月18日）

法官解读

在合理生活消费范围内支持购买者惩罚性赔偿请求
——《沙某诉安徽某食品科技有限公司买卖合同纠纷案（入库编号：2024-07-2-084-004）》解读

鲍韵雯　还雪婷[*]

食品安全关系人民群众的身体健康与生命安全。为确保人民群众"舌尖上的安全"，《中华人民共和国食品安全法》第一百四十八条第二款专门规定了惩罚性赔偿规则，以保障消费者的合法权益，还以高昂的违法成本有效遏制食品领域的违法行为，促使生产者、经营者依法生产经营，从而实现源头治理。为进一步落实"四个最严"要求、惩治食品领域违法行为、维护人民群众生命健康安全，最高人民法院专门制定《关于审理食品药品纠纷案件适用法律若干问题的规定》（以下简称《食品药品司法解释》）并在第三条规定，因食品、药品质量问题发生纠纷，购买者向生产者、销售者主张权利，生产者、销售者以购买者明知食品、药品存在质量问题而仍然购买为由进行抗辩的，人民法院不予支持。

随着法律和司法解释的实施，实践中出现了一些新情况、新问题，引发了争议。例如，对于明知食品存在质量问题仍然购买者能否被认定为消费者，其所主张的十倍惩罚性赔偿诉请能否得到支持。对于何为消费者，《中华人民共和国消费者权益保护法》第二条已经作出规定，即"消费者为生活消费需要购买、使用商品或者接受服务，其权益受本法保护；本法未作规定的，受其他有关法律、法规保护"。因此，在适用《食品药品司法解释》第三条时，应当考虑消费者权益保护法第二条关于"消费者"的规定，并与食品安全法第一百四十八条相结合，在"生活消

---

[*] 作者单位：上海市第三中级人民法院。

费需要"范围内支持"购买者"关于支付价款十倍惩罚性赔偿金的诉讼请求,如此才符合有关法律及司法解释规定的精神。

对于何为"生活消费需要",法律没有明确,需要综合一般人的生活消费习惯、购买目的、商品的价值属性、保质期等因素进行考量。这一判断本身也是一个经验法则的判断,需要法官依据自己的社会经验,作出符合绝大多数普通人价值判断的考量。针对这种考量很难制定一个统一、量化的操作标准,在不同时期,不同地区,考量的结果甚至会存在一定差异。

本案中,根据国家有关部门要求,在食品中添加黄芪等9种药材开展试点工作需要先行审批,安徽某食品科技有限公司生产"黄芪饼干"未得到批准。沙某在2020年12月15日先在该公司经营的网店购买了30盒"黄芪薏米饼干",付款516元。2020年12月18日收到了饼干后,沙某认为饼干配料表中有黄芪粉,属于在普通食品中违规添加药品,违反了食品安全法的禁止性规定。之后,沙某并未像普通消费者那样立即向商家指出食品安全问题并协商退货退款,反而于同年12月30日、2021年1月12日以及3月3日先后加购同款饼干40盒、60盒、100盒,四次总计购买同款饼干230盒,总重量高达18.4公斤,共计付款4176元。对于前述明显异于普通生活消费的购物行为,沙某的解释是用于朋友聚餐食用,但无证据证明。而根据消费者通常的生活、消费习惯,一般不会在短短两个多月时间里重复大量购买同款同口味的饼干,沙某的加购行为显然远远超过了正常的生活消费所需,既没有合理的理由,也不可能在保质期内食用完毕。因此,应当认定其首单购买的部分在生活消费需要内,并据此确定惩罚性赔偿金的计算基数。本案裁判体现了食品安全惩罚性赔偿制度的设置初衷,实现了保护消费者合法权益与维护生产经营秩序两种价值取向的衡平,既惩治食品领域违法生产经营行为,又引导消费者诚信、理性维权,对服务和保障经济社会高质量发展具有积极意义。

入库编号：2023-08-2-084-009

34.北京某建材公司诉北京某科技公司、马某等买卖合同纠纷案

——股东以其对公司的债权抵销出资义务的审查认定

关键词：民事　买卖合同　股东出资　债权出资　抵销

【基本案情】

原告北京某建材公司诉称：北京某科技公司多次从北京某建材公司购买建材，至今尚欠货款人民币381206.77元（币种下同）未清偿。马某、李某泽作为北京某科技公司股东，尚未全面履行出资义务。故诉至法院，请求判令：（1）北京某科技公司向北京某建材公司支付货款381206.77元及利息；（2）马某、李某泽在未出资本息范围内对上述欠款不能清偿部分承担补充赔偿责任。

被告北京某科技公司辩称：确认尚欠北京某建材公司381206.77元货款，同意支付。

被告马某辩称：确认北京某科技公司尚欠381206.77元货款，但马某的出资义务已履行完毕。马某向北京某科技公司的转账记录明确载明系"投资款"的款项为61.75万元。此外，因北京某科技公司经营需要，马某为北京某科技公司垫付了高额资金。北京某科技公司曾召开临时股东会决议，确认将公司对马某借款中的103.25万元转为马某对公司的出资，马某的出资已全部实缴到位。现行法律并无关于股东之债不可抵销股东出资义务的强制性规定，而对债转股却有明确规定。故马某已履行出资义务，无须承担补充赔偿责任。

法院经审理查明：2017年11月21日，北京某建材公司向北京某科技公司发函，载明北京某科技公司尚欠其基材款381206.77元，北京某科技公司在该函上盖章，马某、李某泽在函上签字。

北京某科技公司的工商登记材料显示：马某于2016年3月31日成为该公司股东。2017年1月9日该公司章程载明，注册资本300万元，马某认缴出资数额165万元，出资方式为货币，出资时间为2024年6月30日。2018年5月7日修改后的该公司章程载明，注册资本300万元，马某认缴出资额165万元，出资方式为货币，出资时间为2017年12月25日。前述工商登记材料中无验资相关材料。马某称，修改章程时已有债权人向北京某科技公司提起诉讼。

2018年4月26日，北京某科技公司临时股东会决议载明，经大会审议投票表决，一致通过以下决议：（1）修改北京某科技公司章程第七条。修改后马某的出资信息为，认缴出资额165万元，实缴出资额165万元，出资方式为货币、债权，出资期限为2018年6月30日。（2）公司审阅财务账簿后得出公司对马某借款为104万元，现公司决议将公司对马某借款中的103.25万元转为马某对公司的出资，自即日起马某的出资全部实缴到位。该临时股东会决议未在工商登记机关备案。

国家企业信用信息公示系统显示，北京某科技公司于2019年6月26日公示的2018年度企业年报载明，马某认缴出资额165万元，实缴出资额61.75万元。北京某科技公司于2020年6月25日公示的2019年度企业年报载明，马某认缴出资额165万元，实缴出资额165万元。

另查明，2016年5月11日至2018年5月16日，马某向北京某科技公司进行多笔转账，其中61.75万元的摘要为"投资款"，其余摘要为"借款""社保""工资"等。马某还向北京某科技公司的交易方进行多笔转账，马某称其系替北京某科技公司向第三人支付租金、发放工资等。北京某科技公司向马某亦有转账，马某认为其向北京某科技公司直接转账和替北京某科技公司向第三人转账的金额，远高于北京某科技公司向马某转账的金额，二者差额已高于马某认缴的出资额。

2018年北京某科技公司有多起作为被执行人的案件，因无财产可供执行，法院裁定终结本次执行。北京某科技公司曾于2018年向法院申请破产清算，后经法院裁定准许撤回破产清算申请。

北京市门头沟区人民法院于2021年1月26日作出（2020）京0109民初1877号民事判决：一、北京某科技公司于判决生效之日起七日内向北京某建材公司支付货款人民币381206.77元及相应利息；二、马某在未出资103.25万元本息的范围内对上述欠款不能清偿的部分承担补充赔偿责任；三、李某泽在未出资58万元本息的范围内对上述欠款不能清偿的部分承担补充赔偿责任。宣判后，马某提起上诉。北京市第一中级人民法院于2021年7月19日作出（2021）京01民终4078号民事判决：驳回上诉，维持原判。

【裁判理由】

法院生效裁判认为：本案争议焦点为马某对北京某科技公司的出资义务是否与北京某科技公司对马某的债务抵销。

从《中华人民共和国公司法》关于资本缴付规定的立法本意看，股东认缴的出资系公司经营的基础和公司债权人利益的保障。相较于股东对公司的债权而言，股东对公司的出资义务是法定义务，二者抵销需考量是否损害其他债权人的利益。本案中，马某提交的2018年4月26日临时股东会决议载明，将北京某科技公司章程中的出资信息修改为，马某认缴出资额165万元，实缴出资额165万元，出资方式为货币、债权，出资期限为2018年6月30日。但该股东会决议未在工商登记机关备案，且北京某科技公司在工商登记机关备案的2018年5月7日修改的公司章程中并未体现上述修改内容，仍载明马某认缴出资额165万元，出资方式为货币。马某确认，上述临时股东会决议作出时，已有债权人对北京某科技公司提起诉讼。法院作出的执行裁定亦确认，北京某科技公司无财产可供执行。故在北京某建材公司已起诉请求马某承担出资瑕疵赔偿责任的情况下，马某主张以其对北京某科技公司享有的债权抵销出资义务，等同于股东债权优先于其他债权受偿，损害了公司其他债权人的利益。因此，对于马某主张以其对北京某科技公司享有的债权抵销出资义务的主张，法院不予支持。综上所述，法院依法作出如上裁判。

【裁判要旨】

未履行或者未全面履行出资义务的股东以其对公司享有的到期债权抵销出资义务的，应当符合以下条件：（1）应当通过股东会决议修改公司章程，将出资方式变更为债权出资，并确认实缴出资；（2）前述股东会决议作出时，公司应当具有充足的清偿能力；（3）修改后的公司章程应当经公司登记机关备案。对于不符合上述条件的，公司债权人请求未履行或者未全面履行出资义务的股东在未出资本息范围内对公司债务不能清偿的部分承担补充赔偿责任的，人民法院依法予以支持。

【关联索引】

《中华人民共和国民法典》第 568 条第 1 款、第 569 条

《中华人民共和国公司法》第 48 条

《最高人民法院关于适用〈中华人民共和国企业破产法〉若干问题的规定（二）》（法释〔2013〕22 号，2020 年修正）第 46 条

一审：北京市门头沟区人民法院（2020）京 0109 民初 1877 号民事判决（2021 年 1 月 26 日）

二审：北京市第一中级人民法院（2021）京 01 民终 4078 号民事判决（2021 年 7 月 19 日）

法官解读

股东能否以其对公司的债权与出资义务进行抵销
——《北京某建材公司诉北京某科技公司、马某等买卖合同纠纷案（入库编号：2023-08-2-084-009）》解读

李洪威[*]

2023年修订的《中华人民共和国公司法》第四十八条增加列举"债权"作为非货币财产出资方式，正式认可债权出资的法律地位。债权出资，包括以股东对第三人享有的债权出资和以股东对公司享有的债权出资。其中，以股东对公司享有的债权出资又存在两种形式：一是以股东对公司享有的债权增资入股；二是在已认缴出资的情形下，以股东对公司享有的债权抵销出资义务。债权增资入股情形下原债权人转变为公司股东，不损及原有公司资本，实务均予认可。但是，股东以其对公司享有的债权抵销其对公司承担的出资义务应否许可，实践认识不一。对此，人民法院案例库参考案例《北京某建材公司诉北京某科技公司、马某等买卖合同纠纷案（入库编号：2023-08-2-084-009）》明确了股东以其对公司的债权与出资义务相互抵销的适用条件，即"未履行或者未全面履行出资义务的股东以其对公司享有的到期债权抵销出资义务的，应当符合以下条件：（1）应当通过股东会决议修改公司章程，将出资方式变更为债权出资，并确认实缴出资；（2）前述股东会决议作出时，公司应当具有充足的清偿能力；（3）修改后的公司章程应当经公司登记机关备案。对于不符合上述条件的，公司债权人请求未履行或者未全面履行出资义务的股东在未出资本息范围内对公司债务不能清偿的部分承担补充赔偿责任的，人民法院依法予以支持。"本案为类案裁判提供了可资借鉴的规

---
[*] 作者单位：北京市第一中级人民法院。

则指引。现就有关问题解读如下。

一、股东以其对公司的债权与出资义务相互抵销的实质要件

股东主张以其对公司的债权与出资义务抵销属于债法与组织法交叉问题，既要满足合同法关于抵销的要件，也要符合公司法对于公司资本充实的要求，还要受到破产法规制偏颇清偿的约束。股东以其对公司的债权与出资义务抵销应以公司具有充足的清偿能力为实质要件，否则将侵蚀公司资本制度，损害公司其他债权人的利益。

第一，从合同法上看，若公司资不抵债，债权人存在不能从公司获得足额清偿的风险。此时，允许股东以其对公司享有的难以足额受偿的债权抵销本应全额缴纳的出资义务，不符合《中华人民共和国民法典》第五百六十八条第一款"标的物品质相同"的抵销要件。

第二，从公司法上看，公司资本是公司财产的原始来源，具有经营功能和担保功能，是公司经营的基础和债权人利益的保障。股东出资义务的履行，对于确保公司资本的充实性具有重要意义。公司法明确规定股东应当按期足额缴纳出资，并设立禁止抽逃出资、严格规制非货币出资、严格限定利润分配条件等一系列配套规范。公司不具有充足的清偿能力时，允许股东以其对公司享有的难以足额受偿的债权抵销本应全额缴纳的出资义务，会严重减损公司资本的充实性。

第三，从破产法上看，根据《最高人民法院关于适用〈中华人民共和国企业破产法〉若干问题的规定（二）》第四十六条的规定，公司进入破产程序后，股东不得以对公司的债权抵销欠缴的出资。当公司不具有充足的清偿能力但未申请破产时，允许股东以其对公司享有的难以足额受偿的债权抵销本应全额缴纳的出资义务，实质产生该股东优先于公司其他债权人受偿的效果。特别是公司其他债权人对公司享有的债权陷入执行不能时，股东应当先足额缴纳全部出资，再通过执行或者破产程序，与其他债权人平等地向公司主张权利。

本案例中，北京某科技公司曾向法院申请破产清算，后经法院准许撤回破产清算申请。尽管在形式上，北京某科技公司未处于破产程序中，但法院执行裁定已认定北京某科技公司名下暂无财产可供执行并裁定终结本次执行。此外，在北京某科技公司临时股东会关于马某以其对公司的债权抵销出资义务的决议作出时，已有债权人对北京某科技公司提起诉讼。据此，应当认定北京某科技公司已不具备充足的清偿能力，即便临时股东会决议真实有效，因马某主张以其对公司的债权抵销出资义务客观上将导致马某获得偏颇清偿的效果，故不应得到准许。

二、股东以其对公司的债权与出资义务相互抵销的形式要件

股东以其对公司的债权与出资义务抵销的本质，是将股东的出资方式由货币出资变更为债权出资。因非货币出资的财产价值具有不确定性，货币出资与非货币出资存在重大差别，在法律上受到更加严格的规制。公司设立时确定的出资方式是股东协商的结果，出资方式的变更关涉其他股东、公司乃至债权人的利益。因此，公司法明确要求在公司章程中载明股东的出资方式，同时规定用以出资的非货币财产应当评估作价。因此，股东以其对公司的债权与出资义务抵销必须经评估作价，通过股东会决议修改公司章程中载明的出资方式为债权出资，并在章程中确认股东已实缴出资。

同时，股东通过公司决议以对公司享有的债权抵销出资义务，具有一定的隐蔽性，不易为公司外部债权人知悉。如无一定的公示机制，股东可能与公司其他股东串通，在公司资不抵债后，倒签股东会决议作出的时间，损害公司债权人的利益。因此，在修改公司章程载明的出资方式和实缴出资额后，应当将新的公司章程向公司登记机关备案。另外，结合公司法第四十条的规定，有限责任公司股东认缴和实缴的出资额、出资方式和出资日期，属于公司应当通过国家企业信用信息公示系统公示的信息。因此，公司还应在国家企业信用信息公示系统公示股东出资方式的变化以及实缴出资的数额和日期。否则，抵销行为不得对公司债权人产生不利影响。

本案例中，北京某科技公司 2018 年 4 月 26 日作出的临时股东会决议同意马某以其对公司的债权抵销其出资义务，将马某出资方式修改为货币、债权，确认实缴全部出资，但该股东会决议未经公司登记机关备案。2018 年 5 月 7 日公司登记机关备案的公司章程亦未按照前述决议内容进行修改。北京某科技公司 2019 年 6 月 26 日公示的 2018 年度企业年报仍载明，马某认缴出资额 165 万元，实缴出资额 61.75 万元，并非已实缴全部出资。故综合本案事实，马某经临时股东会决议抵销其出资义务的主张不得对抗债权人北京某建材公司。因此，北京某建材公司依法有权请求马某在未出资本息范围内对北京某科技公司不能清偿的债务承担补充赔偿责任。

本案例明确股东以其对公司享有的债权与其对公司负担的出资义务抵销所需满足的实质要件与形式要件，为公司法新增债权出资规范的具体适用和实务认定提供了有益路径参考。

入库编号：2024-08-2-483-011

35. 重庆市某电缆公司诉重庆某房地产公司、西南某房地产集团公司合同纠纷案

——非上市公司为其间接持股100%的公司提供担保无须决议

> 关键词：民事　合同　公司对外担保　全资子公司　间接持股100%　决议程序

【基本案情】

2021年6月30日，重庆某房地产开发有限公司（以下简称重庆某房地产公司）签发了票据金额为人民币100万元（币种下同）的电子商业承兑汇票一张，票面记载出票人和承兑人为重庆某房地产公司，收票人为重庆某机电设备安装有限公司，汇票到期日2021年12月29日，承兑人承诺：本汇票已经承兑，到期无条件付款。2021年11月19日，重庆某机电设备安装有限公司将案涉票据背书转让给重庆市某电缆有限公司（以下简称重庆某电缆公司）。重庆某电缆公司于2022年1月18日提示付款，当日遭到拒付。

2022年3月9日，持票人重庆某电缆公司（甲方）与承兑人重庆某房地产公司（乙方）、保证人西南某房地产开发（集团）有限公司（以下简称西南某房地产集团公司）(丙方)达成《商票兑付延期协议》。该协议主要约定：三方一致同意将前述商票的兑付时间延期至2022年3月22日，乙方向甲方完成线下兑付，同时乙方于2022年3月22日向甲方支付资金占用费17054.79元；乙方应于兑付当日将应承兑的商票票面金额及对应的资金占用费转入甲方指定账户；若乙方未按本协议约定完成

线下兑付商票及支付资金占用费,则自逾期之日起,乙方向甲方以应付未付款金额为基数计算按日万分之五支付违约金;甲方为实现债权而实际支出的诉讼费、差旅费、律师费等费用,全部由乙方承担;丙方对本协议项下乙方所付全部商票兑付义务、资金占用费支付义务、违约金或损失支付义务(若有)提供连带责任担保。甲、乙、丙三方分别在协议上加盖公章。约定付款到期后,重庆某房地产公司未能按约履行上述义务。故重庆某电缆公司提起诉讼,请求法院判令:(1)重庆某房地产公司向重庆某电缆公司支付商票兑付款100万元、资金占用费17054.79元及按照约定计算的迟延支付违约金、律师费5万元;(2)西南某房地产集团公司对重庆某房地产公司前述债务承担连带清偿责任;(3)诉讼费、保全费、担保费由重庆某房地产公司、西南某房地产集团公司承担。

另查明,《商票兑付延期协议》签订时,西南某房地产集团公司并未提供董事会或股东会决议。此外,西南某房地产集团公司持有某霖公司100%股权,某霖公司持有某申公司100%股权,某申公司持有某麒公司100%股权,某麒公司持有重庆某房地产公司70%股权;西南某房地产集团公司持有某地公司100%股权,某地公司持有重庆某房地产公司30%股权,即:西南某房地产集团公司间接持有重庆某房地产公司100%股权。重庆某电缆公司委托律师处理本案诉讼事宜,支出律师费5万元。

重庆市江津区人民法院于2022年5月19日作出(2022)渝0116民初5555号民事判决:一、重庆某房地产公司自本判决生效之日起五日内向重庆某电缆公司支付100万元;二、重庆某房地产公司自本判决生效之日起五日内向重庆某电缆公司支付前期资金占用损失费17054.79元;三、重庆某房地产公司自本判决生效之日起五日内向重庆某电缆公司支付违约金(以100万元基数,从2022年3月23日起直至清偿完毕之日止,按全国银行间同业拆借中心公布的一年期贷款市场报价利率3倍计付);四、重庆某房地产公司自本判决生效之日起五日内向重庆某电缆公司支付律师费5万元;五、西南某房地产集团公司对重庆某房地产公司上述支付义务承担连带清偿责任；六、驳回重庆某电缆公司的其他诉讼请求。宣判后，重庆某房地产公司不服，提起上诉。重庆市第五中级人民法院于2022年7月27日作出（2022）渝05民终5682号民事判决：驳回上诉，维持原判。

【裁判理由】

法院生效裁判认为：本案争议焦点是西南某房地产集团公司未经公司决议订立案涉《商票兑付延期协议》，为重庆某房地产公司债务提供担保，应否按照约定承担担保责任。

根据《最高人民法院关于适用〈中华人民共和国民法典〉有关担保制度的解释》（法释〔2020〕28号，以下简称《担保解释》）第八条第一款第二项的规定，非上市公司为其全资子公司开展经营活动提供担保，公司以其未依照公司法关于公司对外担保的规定作出决议为由主张不承担担保责任的，人民法院不予支持。本案中，西南某房地产集团公司并非上市公司。《商票兑付延期协议》签订时，重庆某房地产公司不是西南某房地产集团公司的全资子公司。西南某房地产集团公司系间接持有重庆某房地产公司100%股权的实际控制人。西南某房地产集团公司为重庆某房地产公司提供担保是否需要公司决议，应当根据《中华人民共和国公司法》（2018年修正）第十六条和《担保解释》第八条的规定及立法目的予以判定。

根据公司法（2018年修正）第十六条的规定，公司对外担保需要公司决议。公司法如此规定，是考虑到公司对外担保可能会承担相应的责任，对公司和股东利益带来影响，故以公司决议作为切入点来规制公司对外担保行为，以确保公司担保符合公司真实意思，防止法定代表人或公司其他人员为他人利益而损害公司及股东的合法利益。公司法（2018年修正）第十六条是以公司决议来证明公司对外担保符合公司的真实意思表示。《担保解释》第八条第一款第二项关于非上市公司为其全资子公司开展经营活动提供担保无须公司决议的规定，则是考虑到公司持有子公司全部股权，而全资子公司利益全部归属于公司，与其他主体无关。公司为全资子公司经营活动提供担保是为自身利益提供担保，也不存在向子公司其他股东不当输送利益的情形，可以认定公司具有对外担保的真实意思表示。前述规定，既可以避免扰乱安定的公司交易秩序，又能防范公司恶意逃避担保责任的道德风险。同理，在担保人公司为其实际控制、间接持有100%股权的公司提供担保时，也是为了自己的利益，亦不存在为其他股东输送利益的情形。此种情形下，即使公司对外担保未经公司决议，也不违背公司法（2018年修正）第十六条的立法目的和《担保解释》第八条第一款第二项的规范目的，不能因此认定该担保对公司不发生效力。本案中，西南某房地产集团公司未经公司决议通过订立《商票兑付延期协议》为重庆某房地产公司提供担保，该协议仍应对其发生效力，西南某房地产集团公司应当承担相应担保责任。故法院依法作出如上裁判。

【裁判要旨】

非上市公司为其采用多层股权架构间接持股100%的公司提供担保，实质系为其自己利益进行担保，并无损害中小股东或其他股东权益之虞，可以认定属于《最高人民法院关于适用〈中华人民共和国民法典〉有关担保制度的解释》（法释〔2020〕28号）第八条第一款第二项规定的公司对外担保无须决议的情形。

【关联索引】

《中华人民共和国公司法》第15条（本案适用的是2018年10月26日修正的《中华人民共和国公司法》第16条）

《最高人民法院关于适用〈中华人民共和国民法典〉有关担保制度的解释》（法释〔2020〕28号）第8条

一审：重庆市江津区人民法院（2022）渝0116民初5555号民事判决（2022年5月19日）

二审：重庆市第五中级人民法院（2022）渝05民终5682号民事判决（2022年7月27日）

法官解读

非上市公司未经决议为其间接持股100%的公司提供担保的效力认定

——《重庆市某电缆有限公司诉重庆某房地产开发有限公司、西南某房地产开发（集团）有限公司合同纠纷案（入库编号：2024-08-2-483-011）》解读

柳光洪　陈　璐*

根据《中华人民共和国公司法》第十五条（2023年修订前为第十六条，此次修订仅将条文序号调整为第十五条，内容并无实质性变化）的规定，公司为他人提供担保，通常必须依照公司章程规定由董事会或者股东会依法履行决议程序。《最高人民法院关于适用〈中华人民共和国民法典〉有关担保制度的解释》（法释〔2020〕28号，以下简称《担保解释》）第八条第一款进一步规定三种情形下公司对外担保无须履行决议程序，尤其是承认非上市公司为其全资子公司开展经营活动提供担保无须决议。司法实践中，对于非上市公司未经决议为其间接持股100%的公司提供担保的效力如何认定，存有争议。对此，人民法院案例库入库参考案例《重庆市某电缆有限公司诉重庆某房地产开发有限公司、西南某房地产开发（集团）有限公司合同纠纷案（入库编号：2024-08-2-483-011）》裁判要旨明确："非上市公司为其采用多层股权架构间接持股100%的公司提供担保，实质系为其自己利益进行担保，并无损害中小股东或其他股东权益之虞，可以认定属于《最高人民法院关于适用〈中华人民共和国民法典〉有关担保制度的解释》（法释〔2020〕28号）第八条第一款第二项规定的公司对外担保无需决议的情形。"该裁判要旨为类

---

* 作者单位：重庆市第五中级人民法院。

案裁判提供了明确规则指引。现就有关问题解读如下。

一、公司为他人提供担保须经决议程序及其例外

为防止法定代表人随意代表公司为他人提供担保给公司造成损失，损害中小股东利益，公司法第十五条对法定代表人的代表权进行了限制。根据该条的立法精神，担保行为不是法定代表人所能单独决定的事项，而必须以公司股东会、董事会等公司机关的决议作为授权的基础和来源。因此，公司作为组织体，其对外担保意思须以决议方式作出并符合法定比例要求。董事会或股东会决议是公司为他人提供担保的真实意思表示和中小股东权益保护的程序保障。

然而，公司未经决议而对外提供担保的情况在实践中较为普遍。若公司对外提供担保后一律以未经决议为由否定担保效力，则易引发公司利用该规则背信逃避担保责任的道德风险。为平衡中小股东权益保护与担保秩序维护，《担保解释》第八条第一款规定："有下列情形之一，公司以其未依照公司法关于公司对外担保的规定作出决议为由主张不承担担保责任的，人民法院不予支持：（一）金融机构开立保函或者担保公司提供担保；（二）公司为其全资子公司开展经营活动提供担保；（三）担保合同系由单独或者共同持有公司三分之二以上对担保事项有表决权的股东签字同意。"第二款规定："上市公司对外提供担保，不适用前款第二项、第三项的规定。"该条对豁免公司担保决议程序的情形作出了明确。其中，将第一款第二项规定的情形，即非上市公司为其全资子公司开展经营活动提供担保作为豁免公司担保决议程序的情形之一的理由在于，该情形实质上是公司为自己利益提供担保，并无损害中小股东或其他股东权益之虞，故可以认定此类情形的公司对外担保行为符合公司的真实意思表示。

二、非上市公司为其间接持股 100% 公司提供担保无须决议

理论上，母子公司关系不仅包括前述提及的母公司与全资子公司情形，还包括母公司采取部分持股、多层股权架构间接持股或者通过持股协议等方式实际控制目标公司的情形。后一类情形中，因母公司并非直接持有目标公司100%的股权，多层股权架构中难免涉及其他股东利益，通常无法认定目标公司利益全部归属于母公司。此时，母公司为其间接持股的公司提供担保，不符合前述非上市公司为其全资子公司提供担保无须决议的规范目的，不得轻易突破公司为他人提供担保需履行决议程序的原则。

不同于一般的公司为其间接持股的公司提供担保的情形，非上市公司为其间接持股100%公司提供担保虽表面上不属于非上市公司为其全资子公司提供担保，但仍应作相同处理。理由在于，非上市公司间接持有目标公司100%股权时，目标公司所获利益通过该公司采取的多层股权架构及其控制的附属公司最终全部流向该公司。此时，非上市公司为其间接持股100%公司开展经营活动提供担保，并不涉及股权架构中其他股东权益，与《担保解释》第八条第一款第二项规定的非上市公司为其全资子公司提供担保无须决议的情形实质相同。因此，从公司为自己利益担保无须决议的规范目的角度出发，对《担保解释》第八条第一款第二项的"全资子公司"进行目的性扩张解释，将"公司间接控股目标公司100%股权"这一情形纳入其中，是对此类案件裁判理念的延续，合乎公司对外担保法理，也符合公司为自己利益对外担保的真实意思表示。

综上所述，无论是非上市公司为其全资子公司开展经营活动提供担保，还是非上市公司为其间接持股100%公司开展经营活动提供担保，实质均是为股东自己利益进行担保，不涉及其他股东利益保护，属于公司对外担保豁免决议程序的情形，公司不得以未经决议对外担保为由拒绝承担担保责任。

三、本案例的参考价值及其边界

本案中，西南某房地产开发（集团）有限公司（以下简称西南某房地产集团公司)、重庆某房地产开发有限公司(以下简称重庆某房地产公司)均非上市公司。西南某房地产集团公司通过多层股权架构间接持有重庆某房地产公司100%的股权。西南某房地产集团公司通过签订案涉《商票兑付延期协议》为重庆某房地产公司经营活动提供担保,实质上是为其自己利益提供担保。因此,本案裁判结合《担保解释》第八条第一款第二项的规范目的,通过目的性扩张将"非上市公司为其间接持股100%公司提供担保"解释归入"非上市公司为其全资子公司提供担保"情形,依法认定案涉《商票兑付延期协议》对西南某房地产集团公司发生效力,并判决西南某房地产集团有限公司对重庆某电缆公司承担担保责任,为类案裁判提供了指引。

需要注意的是,《担保解释》第八条第二款已明确规定:"上市公司对外提供担保,不适用前款第二项、第三项的规定。"上市公司系公众公司,涉及众多中小投资者利益,上市公司、上市公司控股子公司以及股票在国务院批准的其他全国性证券交易场所交易的公司对外担保事项属于法律规定的信息披露事项,关涉证券市场的健康、有序发展。因此,无论上市公司为其全资子公司还是间接持股100%的公司提供担保,均无法参照本案例规则进行裁判。此外,依据企业国有资产法第三十条及第三十二条的规定,国家出资企业为他人提供大额担保,国有独资企业由负责人集体讨论决定,国有独资公司由董事会决定,也不能参照适用本案例的裁判规则。

入库编号：2024-07-2-121-001

36.聂某诉碧某生活服务集团股份有限公司东莞分公司等物业服务合同纠纷案

——物业服务企业应为业主安装电动汽车充电设施提供便利

关键词：民事　物业服务合同　绿色原则　合理使用　充电桩

【基本案情】

原告聂某诉称：2018年，原告获得案涉小区地下车库编号为47*号车位的使用权，2020年9月，原告购买电动汽车一辆，后多次向物业公司申请出具同意安装电动汽车充电桩的证明，均被物业公司拒绝。故聂某诉至法院，请求判令被告向原告出具同意在案涉车位上安装电动汽车充电桩的证明。

被告碧某生活服务集团股份有限公司东莞分公司（以下简称碧某服务公司东莞分公司）、碧某生活服务集团股份有限公司（以下简称碧某服务公司）共同辩称：（1）原告在小区地下车库安装电动汽车充电桩，涉及小区业主对小区公共资源的共同利益，物业公司无权出具相关证明。（2）针对原告诉求，被告多次协调原告与小区业委会成员沟通以及提供在地面车位上集中安装充电桩的替代解决方案，并积极协调、跟进小区业委会尽早召开业主大会就电动汽车充电桩安装事宜形成决策，已尽到配合、协调义务。（3）案涉车位为人防车位，在未确保充电桩的安装、使用不会破坏人防工程相关功能的前提下，被告亦无权出具同意安装电动汽车充电桩的证明。案涉小区建成已久，小区地下车库的配电容量设计及电缆负载没有预留安装汽车充电桩的容量及用电负载，充电桩安装、接电、使用过程中存在安全隐患。故请求驳回原告的诉讼请求。

法院经审理查明：聂某系案涉小区业主，对小区地下车库编号47*号人防车位享有使用权。碧某服务公司、碧某服务公司东莞分公司为该小区提供物业管理服务。2020年9月，聂某因需在前述车位上安装电动汽车充电桩，要求碧某服务公司、碧某服务公司东莞分公司出具同意安装的证明。碧某服务公司称出具同意安装证明涉及业主公共利益和公共安全，且须经全体业主表决，不同意出具，双方遂产生纠纷。广东省东莞市第一人民法院向某电网东莞万江供电分局发函调查，调查内容为：（1）位于案涉小区地下停车库的车位是否具备安装充电桩的条件；（2）车位安装充电桩是否必须由物业公司出具同意安装的证明。该局复函称，安装充电桩一般须考虑以下因素：一是电动汽车充电基础设施的选址及建设是否符合道路交通、消防安全、供用电安全、环境保护等要求；二是小区变压器的容量及用电负荷是否满足住户充电桩的用电需求；三是案涉小区物业公司的同意证明，这是该用户申报安装充电桩专用电表用电业务必备条件之一。

广东省东莞市第一人民法院于2021年8月23日作出（2021）粤1971民初12114号民事判决：驳回聂某的全部诉讼请求。宣判后，聂某不服，提起上诉。广东省东莞市中级人民法院于2021年12月28日作出（2021）粤19民终12866号民事判决：一、撤销广东省东莞市第一人民法院（2021）粤1971民初12114号民事判决；二、碧某服务公司、碧某服务公司东莞分公司于本判决生效之日起七日内向聂某出具同意其在小区地下车库编号47*号车位上安装电动汽车充电桩的证明。

【裁判理由】

法院生效裁判认为：本案争议焦点为碧某服务公司、碧某服务公司东莞分公司是否有义务为聂某出具同意在其使用的车位上安装电动汽车充电桩的证明。

第一，《中华人民共和国民法典》第九条规定："民事主体从事民事活动，应当有利于节约资源、保护生态环境。"大力发展新能源汽车，对促进节能减排、防治大气污染具有积极意义。充电设施建设，是电动汽车应用推广的重要举措。国家部委、广东省、东莞市发布的相关部门规章、行政规章等均要求物业服务企业在充电设施建设时发挥积极作用。碧某服务公司、碧某服务公司东莞分公司作为案涉小区的物业公司应当积极响应国家节能减排举措，在业主申请充电设施建设时予以配合、提供便利。聂某申请在其使用车位安装充电桩，按照供电公司的要求，需要小区物业公司出具允许施工的相关证明。碧某服务公司、碧某服务公司东莞分公司主张出具同意在车位上安装充电桩的证明并非其法定或约定义务的理据不足。

第二，依据《最高人民法院关于审理建筑物区分所有权纠纷案件适用法律若干问题的解释》（法释〔2020〕17号）第四条的规定，业主基于专有部分享有的权利，难免有利用共有部分的现实需要，这种需求应是业主专有权利行使的合理延伸，是为了更好地利用专有部分。聂某为了自有车辆充电需要，在其车位上加装充电设施，是为了更好地利用其车位，符合绿色环保的理念。同时，碧某服务公司、碧某服务公司东莞分公司出具同意安装的证明，仅是安装充电桩的一个环节。聂某使用的案涉车位是否具备安装充电桩的条件，是否会对用电安全、消防安全、道路交通、人防效能等产生影响，还有赖于供电公司等相关部门依据现场勘查情况进行后续判断。因此，碧某服务公司、碧某服务公司东莞分公司以出具安装证明涉及业主公共利益和公共安全，需要征得小区业主同意为由，不同意出具同意安装证明，理由不成立。

综上所述，法院判决碧某服务公司、碧某服务公司东莞分公司应当为聂某出具同意在其使用的车位上安装充电桩的证明。

【裁判要旨】

小区业主在自有车位上加装充电设施系对车位的合理使用。在未对用电安全、消防安全、道路交通、人防效能等产生影响的情况下，物业服务公司不得径行以出具安装证明涉及业主公共利益或公共安全需征得小区业主同意为由，消极对待业主的安装申请。业主安装充电桩后，物业服务公司发现充电设施存在安全隐患时，可以及时行使物业管理职权予以制止、纠正，相关权益人也应当配合物业服务企业的监管。

【关联索引】

《中华人民共和国民法典》第 9 条

《最高人民法院关于审理建筑物区分所有权纠纷案件适用法律若干问题的解释》（法释〔2020〕17 号）第 4 条

一审：广东省东莞市第一人民法院（2021）粤 1971 民初 12114 号民事判决（2021 年 8 月 23 日）

二审：广东省东莞市中级人民法院（2021）粤 19 民终 12866 号民事判决（2021 年 12 月 28 日）

法官解读

安装充电设施符合绿色原则　物业公司应为业主提供便利

——《聂某诉碧某生活服务集团股份有限公司东莞分公司等物业服务合同纠纷案（入库编号：2024-07-2-121-001）》解读

杨　诚[*]

近年来，新能源汽车产业稳步发展，新能源汽车销量逐年上升，小区业主对新能源汽车充电桩的需求也不断增长。新能源汽车车主为了使用新能源汽车便利，克服续航里程焦虑，降低用车成本，提高用车体验，往往希望在自有车位上安装充电桩。但个别车主在向小区物业公司申请配合安装充电桩时却遭到了拖延和拒绝。对此，聂某诉碧某生活服务集团股份有限公司东莞分公司等物业服务合同纠纷案（入库编号：2024-07-2-121-001）裁判要旨明确："小区业主在自有车位上加装充电设施系对车位的合理使用。在未对用电安全、消防安全、道路交通、人防效能等产生影响的情况下，物业服务公司不得径行以出具安装证明涉及业主公共利益或公共安全需征得小区业主同意为由，消极对待业主的安装申请。业主安装充电桩后，物业服务公司发现充电设施存在安全隐患时，可以及时行使物业管理职权予以制止、纠正，相关权益人也应当配合物业服务企业的监管。"现就相关问题解读如下。

一、绿色原则应成为民事主体从事民事活动的价值导向

习近平总书记指出："绿色发展是构建高质量现代化经济体系的必然

---

[*] 作者单位：广东省东莞市中级人民法院。

要求，是解决污染问题的根本之策。"①绿色低碳正成为越来越多人的生活方式，支持、推动新能源汽车的应用，让绿色成为高质量发展的鲜明底色，应当成为全社会的共识和共同为之奋斗的方向。因此，《中华人民共和国民法典》第九条规定，民事主体从事民事活动，应当有利于节约资源、保护生态环境。绿色原则应当成为民事主体从事民事活动的价值导向。

大力发展新能源汽车，对保障能源安全、促进节能减排、保护生态环境具有积极的促进作用，与民法典规定的绿色原则高度契合。推广新能源汽车除了要解决汽车本身的技术难题，更需要打通新能源汽车的应用"梗阻"。充电设施建设是新能源汽车应用推广的关键环节，充电设施进小区将极大方便新能源汽车的使用。因此，在新能源汽车的推广布局中，物业服务企业所扮演的角色十分关键。早在2016年，国家发展和改革委员会、国家能源局、工业和信息化部、住房和城乡建设部就联合发布了《关于加快居民区电动汽车充电基础设施建设的通知》，要求"在居民区充电基础设施安装过程中，物业服务企业应配合业主或其委托的建设单位，及时提供相关图纸资料，积极配合并协助现场勘查、施工"。各省市也相继出台了相关的意见或办法，要求物业服务企业为业主安装充电设施提供便利。国家大力推动新能源汽车发展，居民有实际用车需求，而物业服务企业作为为社区居民提供生活服务的机构，以及管理小区、服务业主的责任人，不应成为"拦路虎"，而应依法依规积极作为，为业主安装充电设施提供便利并予以协助。

二、业主在车位上加装充电设施应认定为对专有部分的合理使用

《最高人民法院关于审理建筑物区分所有权纠纷案件适用法律若干问题的解释》（法释〔2020〕17号）第四条规定："业主基于对住宅、经营性用房等专有部分特定使用功能的合理需要，无偿利用屋顶以及与其专有部分相对应的外墙面等共有部分的，不应认定为侵权。但违反法律、

---

① 《习近平：坚决打好污染防治攻坚战 推动生态文明建设迈上新台阶》，载《人民日报》2018年5月20日。

法规、管理规约，损害他人合法权益的除外。"业主基于专有部分享有的权利，难免有利用共有部分的现实需要，在安装充电桩时因布线等原因需要使用共有部分，亦属于建筑物区分所有权人为提升专有部分使用价值而对共有部分的合理使用。业主为了车辆充电的日常需要，在自有车位上加装充电设施，是为了更好地利用车位，符合其正常使用性能，这种需求应是业主专有权利行使的合理延伸。故而，仅在个人使用的车位上安装充电桩，不涉及改变共有部分用途，不属于民法典第二百七十八条规定的应由业主共同决定的事项。

三、物业公司出具同意安装证明不等于放任监管

新能源汽车正处于蓬勃发展时期，物业公司出于安全考量对小区车位加装充电桩有顾虑，确属合理。但是，物业公司不能以对安全隐患存在担忧为由，以"一刀切"的态度径行拒绝业主的正当需求。毕竟，物业服务企业出具同意安装的证明，仅是安装充电桩的一个过程环节，至于最终是否具备安装充电桩的条件，是否会对用电安全、消防安全、道路交通、人防效能等产生影响，有赖于供电公司等相关部门依据现场勘查情况进行后续判断。物业服务企业应当积极履职、主动作为，而不能仅以出具安装证明涉及业主公共利益或公共安全为由，消极对待业主的安装申请。

此外，物业服务企业同意业主安装充电桩，属于配合义务，至于充电桩最终能否安装，还需经消防等有关行政主管部门进行审查。即使物业服务企业同意也并不意味着物业服务企业可以放松管理，也不意味着充电桩的所有人、使用人等相关权益人可以放弃对充电桩的管理、维护等责任。当物业服务企业发现充电设施存在安全隐患时，应当及时行使物业管理职权予以制止、纠正。同时，业主在行使车位权利过程中亦应尽审慎注意义务，安装、使用充电桩时不得危及建筑物安全，亦不得损害他人的合法权益，并配合物业服务企业的监管，保障自身及小区其他业主的生命财产安全，共同营造文明和谐的居住环境。

本案例聚焦影响新能源汽车发展的充电基础设施建设问题，准确界定物业公司的权利义务，对破解充电桩及配套设施安装难题、推动新能源汽车行业发展发挥了良好的示范效应，是司法助力碳达峰、碳中和战略目标及人民法院践行社会主义核心价值观的体现，具有类案参考价值。

入库编号：2024-09-2-158-016

37. 上海芯某智能科技有限公司诉龙某技术股份有限公司、广东某丘科技有限公司著作权侵权及不正当竞争纠纷案

——指令集知识产权保护的边界和规则

关键词：民事　著作权侵权　不正当竞争　指令集　思想与表达二分法　著作权法保护对象　"抽象—过滤—对比"分析法

【基本案情】

原告上海芯某智能科技有限公司（以下简称上海芯某智能公司）诉称：案外人某思科技有限责任公司（以下简称某思科技公司）自1985年起开发了M指令集。M指令集中，至少包含其《The M64® Instruction Set Reference Manual，Revision 6.06》等6本参考手册（以下简称6本参考手册）。上海芯某智能公司从某思科技公司处获得了M技术（包括M指令集的著作权等）在中国境内（含香港及澳门地区）的相关授权，有权对在中国境内侵犯M指令集相关权益的行为提起诉讼。2021年4月30日，被告龙某技术股份有限公司（以下简称龙某技术公司）在网络上公开发布的L指令集与M指令集构成实质性相似。此外，龙某技术公司还基于L指令集设计、制造或委托其他厂商制造L处理器，通过被告广东某丘智能科技有限公司（以下简称广东某丘智能公司）等进行销售，并于2021年7月23日正式发布L处理器以及基于该处理器的服务器处理器等。上海芯某智能公司认为，龙某技术公司、广东某丘智能公司的上述

行为侵犯了其公司对 M 指令集享有的相关著作权权利，包括署名权、修改权、复制权、改编权、汇编权、信息网络传播权。同时，龙某技术公司公开宣称 L 指令集是"自主指令集"的行为还构成虚假宣传，且违反了反不正当竞争法第二条的规定。故诉至法院，请求判令：被告龙某技术公司、广东某丘智能公司停止侵权及不正当竞争行为、消除影响、赔偿原告上海芯某智能公司经济损失及合理开支人民币 6000 万元（币种下同）。

被告龙某技术公司辩称：L 指令集是其推出的自主指令集，已被各大媒体广泛宣传，并得到多个开源社区的认可，L 指令集未侵犯 M 指令集的著作权，不构成虚假宣传，未违反反不正当竞争法第二条的规定。

被告广东某丘智能公司辩称：现无证据证明其公司销售 L 处理器，不存任何侵权行为，请求驳回上海芯某智能公司的诉讼请求。

法院经审理查明：上海芯某智能公司成立于 2018 年 12 月 26 日，主要从事自有技术转让、集成电路芯片的设计、智能科技等。龙某技术公司成立于 2008 年 3 月 5 日，主要从事集成电路芯片产品制造、软件开发、基础软件服务等。

上海芯某智能公司主张的实质性相似内容如下：（1）助记符的组词方式或命名规则相同，如使用计算机领域动词英文前三个字母作为开头、最后一个字母表示扩展；（2）指令的文字描述结构相同，如用伪代码 + 文字的结构来描述一条指令等；（3）对于名称、编码、格式不同的指令，从技术上而言，解决的技术问题仍相同；（4）指令行为组合的选择和编排相同；（5）所有浮点单元（FPU）具有的功能均相同。

L 指令集卷一与 M 指令集 6 本参考手册对应部分的内容描述在章节结构、指令说明结构及文字表述、寄存器及其他功能文字表述方面均不同。L 指令系统与 M 指令系统的助记符相同且指令功能相同的指令共计 10 条；助记符相同、指令功能相似但存在区别的指令共计 6 条；其余指令均不相同。指令操作码和伪码使用 L 指令集自有的编码和标识符体系。两者对单条指令的描述存在一些助记符相同、功能相似，但就整体篇幅而言，所占比例低于 0.01%。

北京知识产权法院于 2023 年 2 月 6 日作出（2022）京 73 民初 1063 号民事判决：判令驳回上海芯某智能公司的全部诉讼请求。宣判后，上海芯某智能公司提起上诉。北京市高级人民法院于 2023 年 7 月 7 日作出（2023）京民终 44 号民事判决：判令驳回上诉，维持原判。

【裁判理由】

指令集以指令集参考手册形式，用文字、数字、符号等方式表达出来供使用者使用。用以表达指令集所蕴含的规范之文字、数字、符号，是著作权法保护的表达，其中的规范则属于思想和功能性要素的范畴，存在通过专利、商业秘密等提供保护的可能，但并非《中华人民共和国著作权法》保护的对象。上海芯某智能公司基于 M 指令集在文字、数字、符号之外所体现出的不同于其他指令集的"精简、可靠"等构思和风格，属于思想层面，并非著作权法保护的独创性表达。本案不具备将 M 指令集认定为其他作品的必要，对上海芯某智能公司有关 M 指令集构成著作权法第三条第九项规定的"符合作品特征的其他智力成果"之主张，不予支持。

M 指令集 6 本参考手册中的文字、数字或者符号，符合著作权法实施条例有关文字作品的定义，可以作为文字作品受到保护。M 指令集作为文字作品，可受著作权法保护的只是其中具有独创性的表达，除此以外，该文字作品中所包含的技术方案、思想和功能本身均非著作权法保护的对象。上海芯某智能公司主张的 M 指令集最早提出 64 位指令框架向后兼容 32 位、特权架构和尽量避免模式切换的设计思路等属于技术方案、操作方法等，且已申请专利权保护，不应纳入本案著作权侵权比对考虑范围。同时，由于精简指令集加、减、乘、除等要素系由于指令集语言中的特殊格式、规范等限制而出现的有限表达，亦应在侵权比对的考虑因素中予以排除。描述指令助记符、指令说明、周期、操作码和状态位等信息正是指令集的目的所在，其内容受制于芯片的设计和功能，而指令采用英文首字母排序则更是通行的排列方式，不应受到著作权法的保护。根据查明的事实，L指令集卷一与M指令集6本参考手册相比，文字表达相同的内容数量极少、占比极低，且分散在各个不同章节。在指令说明结构及文字表述、寄存器及其他功能文字表述、章节结构等其他方面均不同，且使用了不同的指令操作码和伪代码的编码体系和标识符体系。因此，上述占比极低的相同文字表述的助记符，属合理借鉴范畴，可以忽略不计。

综上所述，L指令集卷一与M指令集6本参考手册不构成著作权法意义上的实质性相似，上海芯某智能公司所列举的助记符的组词方式或命名规则，以及指令的文字描述结构等方面的相同，均不是侵害文字作品复制权、改编权、汇编权的行为，进而也不存在侵害署名权、修改权和信息网络传播权的行为。鉴于上海芯某智能公司有关L指令集侵害其著作权的主张不能成立，且上海芯某智能公司并未举证证明L指令集并非龙某技术公司自主研发的产物，故龙某技术公司将L指令集宣传为"自主指令集"并不属于虚假宣传。同时，因上海芯某智能公司有关L指令集侵害M指令集著作权以及龙某技术公司构成不正当竞争的主张均不成立，故广东某丘智能公司的行为亦不构成侵权。

【裁判要旨】

指令集参考手册作为文字作品，可受著作权法保护的只是其中具有独创性的表达，除此以外，该文字作品中所包含的技术方案、思想和功能本身均非著作权法保护的对象。具体而言，即使在构成作品的情况下，指令集的设计思路等属于技术方案、操作方法，不应纳入著作权侵权比对考虑范围。同时，由于精简指令集加、减、乘、除等要素系由于指令集语言中的特殊格式、规范等限制而出现的有限表达，亦应在侵权比对的考虑因素中予以排除。描述指令助记符、指令说明、周期、操作码和状态位等信息正是指令集的目的所在，其内容受制于芯片的设计和功能，而指令采用英文首字母排序则更是通行的排列方式，不应受到著作权法的保护。

【关联索引】

《中华人民共和国著作权法》第 3 条

一审：北京知识产权法院（2022）京 73 民初 1063 号民事判决（2023 年 2 月 6 日）

二审：北京市高级人民法院（2023）京民终 44 号民事判决（2023 年 7 月 7 日）

法官解读

指令集知识产权保护的边界和规则

——《上海芯某智能科技有限公司诉龙某技术股份有限公司、广东某丘科技有限公司著作权侵权及不正当竞争纠纷案（入库编号：2024-09-2-158-016）》解读

谢甄珂　李迎新[*]

指令集是处理器芯片可执行的一整套指令的集合，是计算机硬件的语言系统，也是处理器提供给软件人员的一种编程语言。处理器厂商一般将基础指令系统通过参考手册的方式公开，以供处理器使用者进行软件开发。从技术功能的角度来看，指令集作为软件与处理器硬件微码之间的桥梁，其与处理器硬件、软件、电源、外部设备等组成了计算机整机。从产业链所属关系的角度来看，计算机整机产业链中含有芯片产业链和软件产业链，而指令集属于芯片产业链中芯片设计中的一个环节。如果将信息产业比作盖房子，而指令集就是信息产业的墙基，支撑信息技术体系和产业生态，其重要性不言而喻。指令集中的特有指令往往通过方法专利的形式保护其技术方案，但指令集可否作为著作权保护的客体以及可予保护的范围为何，尚无在先案例可资借鉴。对此，人民法院案例库参考案例《上海芯某智能科技有限公司诉龙某技术股份有限公司、广东某丘科技有限公司著作权侵权及不正当竞争纠纷案（入库编号：2024-09-2-158-016）》明确了指令集参考手册著作权保护的客体和范围："指令集参考手册作为文字作品，可受著作权法保护的只是其中具有独创性的表达，除此以外，该文字作品中所包含的技术方案、思想和功能本身均非著作权法保护的对象。具体而言，即使在构成作品的情况下，

---

[*] 作者单位：北京知识产权法院。

指令集的设计思路等属于技术方案、操作方法,不应纳入本案著作权侵权比对考虑范围。同时,由于精简指令集加、减、乘、除等要素系由于指令集语言中的特殊格式、规范等限制而出现的有限表达,亦应在侵权比对的考虑因素中予以排除。描述指令助记符、指令说明、周期、操作码和状态位等信息正是指令集的目的所在,其内容受制于芯片的设计和功能,而指令采用英文首字母排序则更是通行的排列方式,不应受到著作权法的保护。"本案为类案裁判提供了规则指引。现就有关问题解读如下。

一、著作权法保护的作品的定义和范围

《中华人民共和国著作权法》第三条规定:"本法所称的作品,是指文学、艺术和科学领域内具有独创性并能以一定形式表现的智力成果。包括:(一)文字作品;(二)口述作品;(三)音乐、戏剧、曲艺、舞蹈、杂技艺术作品;(四)美术、建筑作品;(五)摄影作品;(六)视听作品;(七)工程设计图、产品设计图、地图、示意图等图形作品和模型作品;(八)计算机软件;(九)符合作品特征的其他智力成果。"根据该法律条文规定,构成作品需要符合以下要件:属于文学、艺术和科学领域;具有独创性;具有一定的表现形式;属于智力成果。同时,作品包括文字作品等九种具体类型。指令集是计算机软件和硬件的接口,确定了CPU的工作方式和与之相适应的CPU内部的硬件架构,不仅包括计算机支持的所有指令,还包括指令格式、操作数类型、寻址模式、编程模式、存储空间架构、中断和异常等一系列计算机完整运行所必需的规范。指令集以指令集参考手册形式,用文字、数字、符号等方式表达出来供使用者使用。可见,指令集参考手册属于科学领域内具有独创性并能以有形形式复制的智力成果,属于著作权法第三条保护的作品,依法受到著作权法的保护。同时,用以表达指令集所蕴含的规范之文字、数字、符号,是著作权法保护的表达,可以作为"文字作品"予以保护。

二、"思想与表达二分法"原则下的著作权法保护对象

TRIPS 协定①第九条第二款规定:"版权保护应延及表达,而不延及思想、工艺、操作方法或数学概念之类。"我国著作权法虽未直接规定"思想与表达二分法",但司法实践普遍认可这一原则。《计算机软件保护条例》第六条明确规定了著作权不保护思想,该条规定:"本条例对软件著作权的保护不延及开发软件所用的思想、处理过程、操作方法或者数学概念。"可见,按照"思想与表达二分法"原则,著作权法不保护思想,只保护具体的表达。具体而言,著作权法并不保护抽象的思想、思路、观念、理论、构思、创意、概念、工艺、系统、操作方法、技术方案。指令集作为文字作品,可受著作权法保护的只是其中具有独创性的表达,而其所包含的技术方案、思想和功能本身均非著作权法保护的对象,且无作为"其他作品"保护的必要性。

本案中,案涉指令集的功能实现属于思想和功能性要素的范畴,存在通过专利、商业秘密等提供保护的可能,并非著作权法保护的对象。比如,案涉指令集在文字、数字、符号之外所体现出的不同于其他指令集的"精简、可靠"等构思和风格,属于思想层面的内容,不属于著作权法保护的对象。又如,案涉指令集 64 位指令框架向后兼容 32 位、特权架构等属于技术方案、操作方法,也非著作权保护范围。因此,指令集可以作为文字作品予以保护,不应当基于其功能实现具有"独创性"而认定为"其他作品"。

三、文字作品著作权侵权的认定方法

在著作权侵权案件中,通常采取"接触+实质性相似"的方法判断被诉侵权作品是否使用了享有著作权的作品。"接触"的认定较为简单,一般情况下,如果在先作品已经公开发表,则推定在后作品有接触在先作品的可能。"实质性相似"则是通过比对的方式开展,文字作品的比对

---

① TRIPS 协定是《与贸易有关的知识产权协议》的简称。这个文件是知识产权保护的国际标准。

方式是"抽象—过滤—对比"法，该方法包括抽象、过滤、比对三个步骤。首先，按照"思想与表达二分法"进行层层抽象，其次仅留下属于表达部分，并将其中属于公有领域和有限表达的部分予以过滤剔除，最后对剩余的具体的独创性表达部分进行比较，判断是否构成实质性相似。

第一，抽象。指令集作为文字作品，可受著作权法保护的只是其中具有独创性的表达。除此以外，该文字作品中所包含的技术方案、思想和功能本身均非著作权法保护的对象。本案中，指令集64位指令框架向后兼容32位、特权架构等属于技术方案、操作方法，不应纳入著作权侵权比对的考虑范围。

第二，过滤。著作权保护表达而不保护思想，然而，并非任何表达均受到著作权法保护。例如，由效率决定的要素（elements dictated by efficiency）、由外部因素决定的要素（elements dictated by external）和公有领域要素（elements taken from public domain）均应排除出作品的独创性表达之外。

"由效率决定的要素"是指当特定思想只有一种或有限的表达方式时，或描述特定主题必须要用到特定表达时，保护表达可能会产生思想垄断的后果，为此，著作权法所采取的在特定情况下不保护特定表达的法律处理方式，被称为"有限表达"。本案中，案涉权利作品中呈现的以加、减、乘、除等要素构成的精简指令集表达方式，系由于指令集语言中的特殊格式、规范等限制而出现的有限表达，故应当在侵权比对的考虑因素中予以排除。

关于"公有领域要素"，是指任何处于公共领域内的要素以及无独创性的内容都将被排除在著作权法保护范围之外。指令集中的创意、素材或公有领域的信息、创作形式、必要场景等内容应予以排除。本案中，案涉M指令集结构体系中存在的32位指令长度、精简指令集的分类等已属于公有领域，应予以排除。另外，通用表达方式尤其在指令集语汇的选择受制于所描述产品的功能时，该表达本身在很大程度上就是思想的体现，难谓有独创性表达，亦应当予以排除。具体到案涉指令集参考手册,指令助记符、指令说明、周期、操作码和状态位等信息正是指令集的目的所在,其内容受制于芯片的设计和功能。而指令采用英文首字母排序则更是通行的排列方式,不应受到著作权法的保护。

第三,比对。过滤上述内容后,将权利作品剩余的独创性表达部分与被诉侵权内容相比较,如果相同或相似内容达到相当比例,则可以认定构成实质性相似。如果只有零散的相同表达,则可能不构成实质性相似,进而不构成侵权。判断两个指令集是否构成著作权法意义上的实质性相似,需通过对二者对应部分的篇章结构,以及为解决相关技术问题或实现相关功能时的结构设计、指令定义、编码和格式等具体的表达形式进行分析判断,而非比对解决的技术问题和功能要素分类后实现的功能。根据查明的事实,L指令集卷一与M指令集6本参考手册相比,文字表达相同的内容数量极少、占比极低,且分散在各个不同章节。在指令说明结构及文字表述、寄存器及其他功能文字表述、章节结构等其他方面均不同,且使用了不同的指令操作码和伪代码的编码体系和标识符体系。因此,L指令集与M指令集不构成实质性相似。

本案例明确指令集知识产权保护的三大边界,即指令集的设计思路、功能实现等技术方案可通过专利或商业秘密保护而非著作权法保护对象;因技术规范限制产生的基础指令、通用表达方式等有限表达及公有领域要素不构成独创性表达;判断实质性相似需比对章节结构、编码体系、文字表述等具体表达形式而非抽象技术功能或思想。相关边界和规则对类案审判具有参考指引作用。

入库编号：2024-09-2-159-004

38. 南某有限公司诉淮安市华某庄园酿酒有限公司、杭州正某贸易有限公司商标权权属、侵权纠纷案

——未注册驰名商标的保护

> 关键词：民事　商标权权属、侵权　未注册驰名商标　抢注商标

【基本案情】

南某有限公司（以下简称南某公司）系知名葡萄酒品牌"Penfolds"注册商标的权利人。20世纪90年代"Penfolds"葡萄酒进入中国后，南某公司将"奔富"作为"Penfolds"葡萄酒的中文名称一直沿用至今。经过南某公司长时间、大范围、持续地宣传、销售和推广，"奔富"葡萄酒获得了较高的知名度和影响力，被广大消费者所熟悉和认可。在葡萄酒商品上，"奔富"与"Penfolds"也逐渐形成了唯一对应的关系。《中国食品》《中华工商时报》等媒体将"奔富"作为"Penfolds"的中文翻译使用在宣传报道中，原国家工商行政管理总局商标局（以下简称商标局）、原工商行政管理总局商标评审委员会（以下简称商评委）以及法院在相关裁定和判决中，曾多次认定"奔富"与"Penfolds"具有对应性。

"奔富"商标积累了巨大的商业价值，导致案外人恶意抢注。2011年南某公司申请注册"奔富"商标时，因与在先注册的商标近似，被商标局驳回申请。南某公司不服提起行政诉讼，经过一审、二审和再审程序，最高人民法院作出判决：撤销一审、二审行政判决和商评委决定，商评委就"奔富"商标重新作出决定。本案诉讼期间，南某公司申请的"奔富"商标已初审公告。

273

淮安市华某庄园酿酒有限公司（以下简称淮安华某公司）多次向商标局申请注册"PENFOILLS""PENFUNILS"等与"Penfolds"近似的英文商标，同时还从案外人处受让了"奔富尼澳"中文注册商标，并将"奔富""奔富尼澳""Penfunils"等标识大量地使用在其生产的葡萄酒商品上，由被告杭州正某贸易有限公司（以下简称杭州正某公司）进行销售。经南某公司申请，"奔富尼澳"商标被商评委宣告无效，"PENFOILLS""PENFUNILS"的商标注册申请亦被商标局驳回。原告南某公司认为两被告上述行为侵害了其商标权，提起诉讼要求被告淮安华某公司、杭州正某公司立即停止侵权并赔偿其经济损失及合理维权支出100万元。

江苏省南京市中级人民法院于2020年1月14日作出（2018）苏01民初3450号民事判决：两被告立即停止侵害原告享有的"PENFOLDS""Penfolds"注册商标专用权及"奔富"未注册驰名商标权的行为，淮安华某公司赔偿原告经济损失及维权合理费用100万元，杭州正某公司对其中的20万元承担连带赔偿责任。宣判后，双方当事人均未上诉，判决已发生法律效力。

【裁判理由】

本案的争议焦点有三个：（1）"奔富"是否属于未注册驰名商标；（2）两被告的行为是否构成商标侵权；（3）若侵权成立，两被告应当承担何种民事责任。

第一，原告的"奔富"商标有必要且能够被认定为未注册驰名商标。首先，商标是识别商品或者服务来源的标志，其价值建立在以使用为基础的商业信誉之上。同注册商标一样，未注册商标因长期使用行为也能够积累商业信誉，具备显著性和知名度，相关公众可以凭借未注册商标将特定商品与其他商品进行区分。因此，未注册商标达到一定知名度时，客观上能够产生市场价值和商业利益，未注册驰名商标的合法权益应当受到法律保护。其次，南某公司在其商品包装、经销合同、广告宣传中大量地使用"奔富（Penfolds）""奔富/Penfolds""Penfolds（奔富）"等标识，相关媒体、经销商、活动举办方等也在报道或商事活动中将"奔富"与"Penfolds"组合使用，英文"Penfolds"商标与中文"奔富"商标已形成对应关系，在国内葡萄酒消费群体中，"奔富"已经具有了区别商品来源的作用。再次，因案外人的抢注行为，导致南某公司使用的"奔富"商标长期未能核准注册。而对于被诉侵权行为是否成立的判断需要以"奔富"是否属于未注册驰名商标作为事实依据。因此，根据当事人的请求和本案的具体情况，有必要认定"奔富"是否属于未注册驰名商标。最后，根据《中华人民共和国商标法》第十四条的规定，结合相关公众对"奔富"商标的知晓程度、"奔富"商标使用的持续时间、"奔富"葡萄酒的销售数量、南某公司相关宣传所持续的时间、程度和地理范围以及"奔富"商标受保护记录等多方面因素，应当认定"奔富"为未注册驰名商标。

第二，两被告的行为构成商标侵权。本案中，从主观恶意来看，淮安华某公司违反了诚实信用的基本原则，申请注册了多件与南某公司具有较强显著性商标相同或近似的商标，且其未对此作出合理解释，可以确认淮安华某公司具有明显攀附他人品牌商誉的主观故意。从客观行为来看，淮安华某公司、杭州正某公司在其生产、销售的葡萄酒商品及相关宣传材料上使用的"奔富"标识与未注册驰名商标"奔富"构成相同，使用的"Penfunils"标识与南某公司享有的"Penfolds"注册商标构成近似，属于商标侵权行为。

第三，两被告应承担停止侵权并赔偿经济损失的法律责任。未注册驰名商标属于商标权人的合法民事权利，侵害未注册驰名商标造成权利人损害的，应当依法承担赔偿责任。本案中，淮安华某公司生产、销售的，杭州正某公司销售的被诉侵权商品侵害了南某公司享有的"Penfolds"注册商标专用权和"奔富"未注册驰名商标的权利，依法应当承担停止侵权、赔偿损失的民事法律责任。

【裁判要旨】

1. 对于相关公众广为知晓但因他人抢注而未能核准注册的商标,人民法院可以根据当事人请求,在商标侵权案件中结合该商标使用持续时间、宣传投入、范围、程度以及受保护记录等因素,依法认定为未注册驰名商标并予以保护。

2. 行为人违反诚实信用原则,对于明知是他人未在中国注册的驰名商标,利用商标注册先申请原则,抢先申请注册或者受让与该未注册驰名商标相同或者近似的商标,并使用在相同或者类似商品上,获得不当利益,给权利人造成损害的,人民法院可以根据权利人请求,判令行为人停止使用并赔偿损失。

【关联索引】

《中华人民共和国商标法》第 14 条、第 48 条、第 57 条、第 63 条

一审:江苏省南京市中级人民法院(2018)苏 01 民初 3450 号民事判决(2020 年 1 月 14 日)

法官解读

未注册驰名商标的认定标准及其侵权责任

——《南某有限公司诉淮安市华某庄园酿酒有限公司、杭州正某贸易有限公司商标权权属、侵权纠纷案（入库编号：2024-09-2-159-004）》解读

柯胥宁　葛明秀 *

未注册驰名商标，是指尚未完成注册程序但已具备驰名程度的商标。作为商标法体系中的特殊规范，未注册驰名商标保护制度突破了形式注册的局限，将保护范围延伸至实质使用层面，通过"使用产生权利"的事实状态弥补注册制度的滞后性。我国对未注册驰名商标的保护经历了"未规定驰名商标保护""仅保护注册驰名商标""注册、未注册驰名商标区分保护"等发展阶段。目前，《中华人民共和国商标法》第十三条、第十四条对"未在中国注册的驰名商标"以及人民法院认定未注册驰名商标的考量因素作出了规定，但对于何种情形下人民法院应认定涉案商标为未注册驰名商标，以及侵害未注册驰名商标的法律责任缺乏进一步规定。由此，人民法院案例库入库参考案例《南某有限公司诉淮安市华某庄园酿酒有限公司、杭州正某贸易有限公司商标权权属、侵权纠纷案（入库编号：2024-09-2-159-004）》的裁判要旨，对认定未注册驰名商标的考量因素以及侵权责任作出了解释和明确，为审理类似案件提供了裁判指引。现就有关问题解读如下。

---

* 作者单位：江苏省南京市中级人民法院。

一、未注册驰名商标保护的法理基础

1. 国际贸易规则的制度回应

未注册驰名商标保护制度的建立，本质上是商标权保护适应经济全球化的必然结果。随着商品在国际市场的流通范围不断拓展，商标所承载的商业声誉突破地域界限，逐渐产生商标"所涉及的声誉在多大程度上可以提前或在现有市场之外得到保护，以及这种保护应该延伸到多大程度的问题"①。对此，《保护工业产权巴黎公约》对未注册驰名商标的几次修改，历经不予保护、限制保护直至扩大保护的三个阶段，体现出对国际贸易发展需要的客观回应。

2. 商誉权保护的本质回归

未注册驰名商标保护的法理内核在于商誉权的法律确认。商誉作为经营者通过长期市场经营积累的商业信誉和商品声誉，是企业重要的无形财产，表现为消费者对商品或服务的认可度、忠诚度及由此产生的市场竞争优势。商标作为商誉的主要载体，其"驰名性"本质上是商誉价值的外在表征。未注册驰名商标虽未完成法定注册程序，但其通过持续使用已在相关公众中建立了稳定的识别关系，形成了与注册商标相当的区分功能。法律对未注册驰名商标的保护，实质是对经营者基于诚实信用原则投入的劳动与资本的保护，是商誉权作为民事权利获得法律救济的应有之义。

3. 多元法益的协同保护

未注册驰名商标保护制度承载着三重法益保护目标：其一，保护经营者的创新投入与市场竞争优势，防止他人通过不正当手段窃取商誉成果；其二，维护消费者的信赖利益，确保其基于商标所形成的质量预期与实际体验相一致；其三，构建公平有序的市场竞争秩序，遏制商标抢注等违背诚实信用原则的行为。

---

① Sam Ricketson, *The Paris Convention for the Protection of Industrial Property: A Commentary*, Oxford University Press, 2015, para.12.32.转引自卢结华：《〈商标法〉第13条第2款（未注册驰名商标保护）评注》，载《知识产权》2023年第5期。

本案中，法院认为抢注他人未注册驰名商标或者擅自使用他人未注册驰名商标谋取非法利益的行为，直接占用了未注册驰名商标所有人的市场信誉和商品声誉。法院通过认定"奔富"商标为未注册驰名商标，不仅及时救济了权利人的合法权益，体现了对中外权利人的平等保护，更通过司法裁判明确了市场主体的行为边界，维护了公平有序的市场竞争秩序。

二、未注册驰名商标的认定标准

未注册驰名商标的权利取得基于"使用产生权利"的事实状态。法律赋予未注册但已具备广泛影响力的商标以类似注册商标的保护效力，未注册驰名商标权利人享有阻止他人商标注册、请求宣告已注册商标无效、请求停止侵害等权利。根据商标法第十四条，对于相关公众广为知晓但因他人抢注而未能核准注册的商标，人民法院可以根据当事人请求，在商标侵权案件中结合该商标使用的持续时间、宣传投入、范围、程度以及受保护记录等因素，依法认定为未注册驰名商标予以保护。

本案中，因"奔富"商标被他人抢注导致原告南某公司的合法权益被他人侵害而长期无法得到有效救济。据此，法院认为有必要认定"奔富"为未注册驰名商标。在此基础上，结合原告南某公司以及相关媒体、经销商、活动举办方等在经营、报道或商事活动中使用案涉商标的事实，英文"Penfolds"商标与中文"奔富"商标已形成对应关系。法院认为：（1）"奔富"葡萄酒在全国范围内广泛推广，相关公众对该商标的知晓程度；（2）"奔富"商标在国内持续使用20余年的时间；（3）"奔富"系列葡萄酒通过线上、线下等多渠道进行销售，销售收入、利润总额逐年快速上升；（4）原告对于"奔富"品牌的推广投入了大量费用，开展了方式多样的宣传活动；（5）原告十分重视对"奔富"品牌的管理和维护，并积极通过投诉、诉讼方式维权。综上所述，法院在本案中认定"奔富"商标已满足未注册驰名商标的构成要件，其核心在于该商标通过实际使用已在相关公众中建立了稳定的来源识别关系，具备了与注册驰名商标相当的商誉价值，符合商标法对未注册驰名商标的保护要件。

三、针对未注册驰名商标侵权的责任认定

商标法第七条第一款规定，申请注册和使用商标，应当遵循诚实信用原则。诚实信用原则条款旨在遏制恶意抢注行为，维护商标注册与使用秩序。侵权认定中，法院可依据该原则确立注意义务，对于明知或应知他人在先使用未注册驰名商标，仍通过抢注或仿冒手段谋取不正当利益的行为，应认定为违反诚实信用原则。以本案为例，被告作为同业竞争者，长期使用"奔富"标识，且对原告的多次维权行为明知，其主观恶意明显。原告为夺回被他人抢注的"奔富"商标，先后提起了复审程序、无效宣告程序、行政诉讼一审、二审和再审等程序，前后历时近10年，其经济利益和品牌形象都受到严重损害。

商标法第十三条第二款规定了未注册驰名商标权利人享有禁用权，但现行法律及司法解释并未明确规定侵害未注册驰名商标的判赔规则。若未注册驰名商标权利人因侵权造成的损失无法得到赔偿，不仅不利于制止和预防侵权行为的再次发生，也不符合商标法的立法宗旨。因此，本案通过裁判说理，强调未注册驰名商标属于商标权人的合法民事权利，明确侵害未注册驰名商标造成权利人损害的，侵权人不仅应停止侵权，还应承担赔偿责任，对今后类案处理具有参考价值。在确定赔偿数额方面，法院考虑到侵权商品系葡萄酒，涉及民生安全的食品领域，且被告淮安华某公司系侵权商品的生产者，属于侵权源头，判决全额支持了原告100万元的诉讼请求，体现了最严格知识产权保护的司法理念，助推优化营商环境，实现了"三个效果"的有机统一。

入库编号：2024-09-2-182-002

39. 某科技（成都）有限公司、深圳市某计算机系统有限公司诉江苏某网络科技有限公司不正当竞争纠纷案

——网络游戏代练不正当竞争行为的认定

> 关键词：民事　不正当竞争　游戏代练　游戏经营者　竞争关系　竞争权益

【基本案情】

原告某科技（成都）有限公司（以下简称某科技公司）、深圳市某计算机系统有限公司（以下简称深圳某计算机公司）诉称：某网络游戏是某科技公司于2015年7月15日自主研发完成的一款公平竞技类网络游戏，某科技公司对案涉游戏软件及全部游戏内元素拥有完整著作权。深圳某计算机公司经某科技公司授权运营案涉游戏。案涉游戏账号严格采用实名制并配有完备的防沉迷措施，未成年人仅能在《国家新闻出版署关于进一步严格管理切实防止未成年人沉迷网络游戏的通知》所规定的时间段内登录。被告运营的"电竞帮大神端"App通过设立案涉游戏代练专区、招募游戏代练"打手"、收取代练保证金等方式，引诱、组织、鼓励包括未成年人在内的用户通过该平台进行案涉游戏代练交易并从代练交易中获得收益，将案涉游戏代练交易商业化、规模化，致使代练交易的规模和效率极大的提升。通过被告运营的"电竞帮大神端"App，未成年用户不仅可接单代练，还可以获得他人的游戏账号和密码、绕开防沉迷措施不受时段限制进入游戏。被告商业化、规模化的宣传并组织

游戏代练交易的行为构成不正当竞争。请求法院判令：（1）被告立即停止实施不正当竞争行为，即立即停止通过"电竞帮大神端"App 和"电竞帮"App 允许未成年人提供案涉游戏代练的行为；（2）被告赔偿原告经济损失及合理维权费用人民币 300 万元；（3）被告在"电竞帮大神端"App 首页作出声明，以消除影响。

被告江苏某网络科技有限公司（以下简称江苏某网络公司）辩称：法律法规及政策未禁止游戏代练，代练不涉及市场竞争秩序，不构成不正当竞争。原告作为游戏企业，系致害未成年人的主因，而原告的举证材料均与反不正当竞争诉请无关，被告运营的代练软件对无序代练予以规范，并无任何危害后果。被告未因代练软件获益，且持续时间较短，原告未有任何损害，无权据此诉请赔偿。

法院经审理查明：深圳某计算机公司的某网络游戏用户协议约定："不得将游戏账号提供给他人使用，不得作为代打代练等商业性使用。"2018 年起，该游戏对全体游戏用户实施强制实名校验，未满 18 周岁的用户受到防沉迷系统的限制，仅能在特定时间进行游戏，充值金额也有限度。案涉游戏官网明确记载对代练即通过代玩游戏，由第三方帮助玩家提高其段位及完成相应成就的行为的处罚范围和处罚措施。

经查，国内外网络游戏服务企业，均在用户协议中，明确禁止基于商业目的出借网络游戏账号、禁止游戏代练行为等。而国家新闻出版署及有关部门通过发布文件、开展专项行动，落实游戏平台实名认证制度，规定不得以任何形式向未成年人提供账号租赁交易服务，不得向未成年人提供陪玩、代练等服务。

江苏某网络公司的股东、法定代表人王某于 2016 年 10 月创立"电竞帮"App 从事手游服务，以案涉游戏代练撮合服务为主要业务。"电竞帮"注册用户 30-40 万人、"打手"5000 余人，平台抽取用户代练费用作为佣金，月流水 300-400 万元。以未满 18 周岁人员身份信息实名注册的手机号可以登录"电竞帮大神端"App，并可以接受成年玩家下单的代练订单。"电竞帮"及"电竞帮大神端"App在应用市场累计下载量分别为1337.56万次、131.76万次。

江苏省南京市中级人民法院于2022年12月9日作出（2022）苏01民初555号民事判决：一、江苏某网络公司立即停止通过"电竞帮大神端"App、"电竞帮"App允许未成年人提供案涉游戏代练的行为；二、江苏某网络公司赔偿深圳某计算机公司经济损失及为制止侵权行为所支付的合理开支共计人民币60万元；三、江苏某网络公司连续三十日在"电竞帮大神端"App首页作出声明以消除影响；四、驳回深圳某计算机公司的其他诉讼请求。一审宣判后，江苏某网络公司提起上诉。江苏省高级人民法院于2023年4月28日作出（2023）苏民终280号民事判决：驳回上诉，维持原判。

【裁判理由】

法院生效裁判认为：本案争议焦点为江苏某网络公司的行为是否构成不正当竞争。具体分析如下：第一，江苏某网络公司与深圳某计算机公司具有竞争关系。两公司作为互联网游戏服务行业的经营者，基于相同游戏用户开展经营活动。江苏某网络公司提供的代练交易服务直接针对案涉游戏，影响深圳某计算机公司的游戏运营业务及竞争权益，并从中获益。两者业务相互关联，具有竞争关系。第二，江苏某网络公司的行为违反了业内行为规范及商业道德。江苏某网络公司提供案涉游戏代练服务，推动包括未成年人在内的"打手"以他人账号实施代练行为，导致游戏的实际参与者与注册人不符，未成年人可以使用成年用户账号无限制地参与游戏，违反了网络游戏实名注册账号、禁止代练、防沉迷等网络游戏业内公认的、应当遵守的行业规范和商业道德。第三，江苏某网络公司的行为严重破坏了游戏产业公平竞争机制。江苏某网络公司提供代练交易服务实质是为游戏用户作弊提供帮助，并从中获取巨大收益，必然导致网络游戏产业自愿、平等、公平、公正、诚信竞争机制落空，扰乱了网络游戏市场正常的竞争秩序。第四，江苏某网络公司的行为损害了深圳某计算机公司和游戏用户的合法权益。江苏某网络公司提供的代练交易服务导致正常参与案涉游戏的用户获得虚假的游戏体验，对游戏的公平竞技性产生质疑，既对深圳某计算机公司的商业信誉产生负面影响，也妨碍了该游戏正常运营。第五，江苏某网络公司的行为损害了社会公共利益。江苏某网络公司的行为导致"未成年防沉迷"保护机制形同虚设，亦可能引发诸多道德、法律风险和不稳定因素，对社会公共利益造成危害。综上所述，江苏某网络公司的行为构成不正当竞争。考虑案涉游戏的知名度，江苏某网络公司侵权主观过错，被诉行为的性质、情节、危害后果，以及深圳某计算机公司为制止侵权行为支出的合理开支等因素，一审判决赔偿人民币60万元，并无不当。故法院依法作出如上裁判。

【裁判要旨】

提供游戏代练交易服务的主体与游戏经营者基于相同游戏用户、相同游戏产品开展经营活动，两者业务相互关联，存在事实上的竞争关系。游戏代练交易服务直接针对游戏经营者运营的游戏产品，影响用户对游戏经营者所运营游戏的真实体验，损害了游戏经营者的游戏运营业务及竞争权益，构成不正当竞争。

【关联索引】

《中华人民共和国民法典》第179条

《中华人民共和国反不正当竞争法》（2019年修正）第2条

《中华人民共和国网络安全法》第24条

《中华人民共和国未成年人保护法》第74条、第75条

《最高人民法院关于适用〈中华人民共和国反不正当竞争法〉若干问题的解释》（法释〔2022〕9号）第23条

一审：江苏省南京市中级人民法院（2022）苏01民初555号民事判决（2022年12月9日）

二审：江苏省高级人民法院（2023）苏民终280号民事判决（2023年4月28日）

法官解读

游戏代练不正当竞争行为的认定

——《某科技（成都）有限公司、深圳市某计算机系统有限公司诉江苏某网络科技有限公司不正当竞争纠纷案（入库编号：2024-09-2-182-002）》解读

史 蕾[*]

随着网络游戏产业的迅速发展，商业代练长期处于灰色地带。规模化、商业化提供游戏代练服务引发的法律风险日益增多，对游戏行业乃至社会公共利益都产生了重要影响。对于此种行为是否需要从法律上予以规制，司法实践存在一定争议。对此，人民法院案例库入库参考案例《某科技（成都）有限公司、深圳市某计算机系统有限公司诉江苏某网络科技有限公司不正当竞争纠纷案（入库编号：2024-09-2-182-002）》的裁判要旨提出："提供游戏代练交易服务的主体与游戏经营者基于相同游戏用户、相同游戏产品开展经营活动，两者业务相互关联，存在事实上的竞争关系。游戏代练交易服务直接针对游戏经营者运营的游戏产品，影响用户对游戏经营者所运营游戏的真实体验，损害了游戏经营者的游戏运营业务及竞争权益，构成不正当竞争。"现就有关问题解读如下。

一、提供游戏代练交易服务的主体与游戏经营者构成竞争关系

《中华人民共和国反不正当竞争法》第一条规定："为了促进社会主义市场经济健康发展，鼓励和保护公平竞争，制止不正当竞争行为，保护经营者和消费者的合法权益，制定本法。"由此可见，反不正当竞争法的立法目的在于避免市场主体以不正当的手段牟取竞争优势，规范竞

---

[*] 作者单位：江苏省高级人民法院。

行为以维护市场竞争的良性有序,保障商业经济的健康发展。

伴随商品经济尤其是互联网行业商业模式的迅猛发展,对于竞争关系的传统认识不足以规范和界定商业活动中的不正当竞争行为。尤其是在确定网络环境下经营主体之间是否存在竞争关系,应当考虑互联网行业商业模式的特性,不能仅以经营主体经营同类商品或者服务为限。只要经营主体在市场竞争中存在一定的交叉或关联关系,被诉方的行为能够增强其在该领域的竞争优势,或者损害对方的竞争优势,从而影响双方的竞争优势和利益格局,即可以认定双方在网络服务的相关市场中具有竞争利益,存在竞争关系。

具体到本案例,如何判断双方当事人是否具有竞争关系。从形式上看,江苏某网络科技有限公司(以下简称江苏某网络公司)与某科技(成都)有限公司(以下简称某科技公司)、深圳市某计算机系统有限公司(以下简称深圳某计算机公司)均系互联网游戏服务行业的经营者。但江苏某网络公司提供网络游戏代练交易服务,某科技公司、深圳某计算机公司提供网络游戏运营服务。两者分属于不同的网络服务领域,形式上似不存在竞争关系。但从实质上看,一方面,江苏某网络公司提供的服务是建立在案涉游戏服务基础之上,江苏某网络公司与某科技公司、深圳某计算机公司均基于相同游戏的用户开展经营活动;另一方面,江苏某网络公司提供的代练交易机会直接针对某科技公司、深圳某计算机公司的案涉游戏,利用了该游戏的知名度、市场占有率,攫取了市场竞争优势,并影响了某科技公司、深圳某计算机公司游戏运营业务及竞争优势。故江苏某网络公司和某科技公司、深圳某计算机公司的业务范围虽有不同,但存在密切的关联关系,可以认定两者具有反不正当竞争法意义上的竞争关系。

二、提供游戏代练交易服务的行为构成不正当竞争

经营者遵守诚信原则和商业道德从事经营、开展竞争的机制,是促进市场规范健康发展,激发创新活力,推动社会经济繁荣进步的基石。

反不正当竞争法第二条第一款明确规定:"经营者在生产经营活动中,应当遵循自愿、平等、公平、诚信的原则,遵守法律和商业道德。"因此,经营者应当在不逾越法律法规和商业道德的范围内自行创造竞争优势,而不是违反诚信原则和商业道德,通过攀附其他竞争者的影响力和破坏他人竞争优势获取利益。本案例的被诉行为发生在新兴的网络游戏行业,判断被诉行为是否违反诚信原则和商业道德,需要综合考虑网络游戏行业有无特定的行业规范、被诉侵权人的主观状态、被诉行为是否对市场竞争秩序、其他经营者和消费者的合法权益以及社会公共利益具有不良影响等相关因素。

具体到本案例,被诉行为构成不正当竞争的原因主要有三点。首先,在案用户协议等大量证据显示,网络游戏行业中实名注册账号、不得将账号私自转借他人、禁止代练、防止未成年人沉迷等已成为业内公认的、应当遵守的行业规范、行为规则和商业道德。其次,江苏某网络公司作为互联网游戏服务行业的经营者,明知代练行为被游戏行业规范、行为规则所禁止,仍为案涉游戏玩家提供代练交易机会,明显有违诚信原则,主观上难谓善意。江苏某网络公司商业化、规模化助推"打手"以他人注册的账号进行游戏代练,使得未成年人可以超出法律规定的时间无限制地进行游戏,并从上述经营行为中获取巨大收益。该行为利用了他人游戏的知名度、用户黏性及未成年人游戏时间受限等因素,将对原告公司经营管理的妨害转化成自身竞争优势并谋取利益,违反了网络游戏业内公认的行业规范和商业道德。最后,江苏某网络公司的被诉行为造成了严重的危害后果。代练行为侵害原告的游戏运营业务及竞争权益,影响了广大游戏用户对案涉游戏的真实体验,导致"未成年防沉迷"保护机制形同虚设,加剧未成年人沉迷游戏的社会问题。此外,商业化、规模化提供游戏代练的行为破坏了游戏产业的公平竞争机制,扰乱了网络游戏市场正常秩序,可能导致网络游戏产业竞争机制落空。

江苏某网络公司的被诉行为构成不正当竞争,对此必须禁止与惩治。2017年修订的反不正当竞争法增设第十二条,对网络不正当竞争行为进行了"总括+列举式"规定,其中第二款规定:"经营者不得利用技术手段,通过影响用户选择或者其他方式,实施下列妨碍、破坏其他经营者合法提供的网络产品或者服务正常运行的行为:……(四)其他妨碍、破坏其他经营者合法提供的网络产品或者服务正常运行的行为。"申言之,反不正当竞争法增设第十二条第二款第四项所涉情形应当符合利用网络、使用技术手段,产生妨碍、破坏其他经营者合法提供的网络产品或者服务正常运行的后果等要件。而本案例中江苏某网络公司的被诉行为是通过运营App平台提供代练交易机会、撮合交易完成,并未直接产生妨碍、破坏网络产品或者服务正常运行的后果,明显不符合上述规定。但是,所涉行为属于违反诚信原则和商业道德,扰乱市场竞争秩序的行为,且不存在违反专利法、商标法、著作权法等特别法规定情形,故本案应当适用反不正当竞争法第二条的规定认定构成不正当竞争。

本案例准确把握了反不正当竞争法的立法精神,所涉裁判规则对于划定互联网游戏行业代练这种新型商业模式边界,引导互联网游戏企业规范经营、承担未成年人"防沉迷"社会责任,维护游戏产业公平竞争机制,促进行业规范健康发展,均具有积极意义。

入库编号：2024-07-2-490-002

40. 某途教育公司诉王某华劳动争议案
——在法定最长试用期内延长试用期的，属于二次约定试用期

关键词：民事　劳动争议　延长试用期　法定最长试用期　二次约定试用期

【基本案情】

原告某途教育公司诉称：某途教育公司与王某华在劳动合同中约定了三个月的试用期，在此期间王某华的销售业绩为零，与简历中自我介绍的优秀销售能力严重不符，故某途教育公司延长三个月的试用期，王某华也予以认可。延长后总计为六个月的试用期，符合法律规定。故请求法院判令：某途教育公司无须支付王某华2018年6月26日至2018年9月30日违法约定试用期的赔偿金和相应期间的工资差额。

被告王某华辩称：其与某途教育公司订立劳动合同，约定试用期自2018年3月26日至2018年6月25日止，但再次约定的试用期至2018年9月30日才结束。某途教育公司属于违法约定试用期，应当支付违法约定试用期的赔偿金及工资差额。

法院经审理查明：王某华于2018年3月26日入职某途教育公司，任渠道总监一职，双方订立期限自2018年3月26日起至2021年3月25日止的三年期固定期限劳动合同，约定试用期至2018年6月25日，试用期月基本工资2400元、岗位工资4800元，转正后月基本工资3000元、岗位工资5000元、绩效工资可至4000元、通联费200元及交通费1000元。2018年6月25日，某途教育公司向王某华发出延期考察通知

书，其内容显示："王先生……在三个月试用期间没有签单，按照公司《营销人员绩效激励办法》，不予转正……现经公司决议，将王某华的考察期延长三个月，日期为2018年6月26日至2018年9月25日……"某途教育公司人事部门工作人员赵某发给王某华的微信聊天记录显示："早！你的转正还是想等你有了第一份合同回来再说哈，觉得你快了！加油！合同签了就第一时间告诉我。"王某华回复："嗯嗯，好！谢谢！"落款时间为2018年9月30日的《试用期转正通知书》载有："王某华……经过试用期的综合考评，您已经顺利地通过了公司的转正审核，自2018年10月1日起成为公司的一名正式员工。"王某华正常工作至2018年12月27日。某途教育公司于2018年12月28日向王某华送达解除劳动合同通知书。

王某华向北京市海淀区劳动人事争议仲裁委员会提出申请，要求某途教育公司支付2018年6月26日至2018年9月30日违法约定试用期的赔偿金、工资差额等。该仲裁委员会作出裁决支持王某华请求。某途教育公司不服，提起诉讼。

北京市海淀区人民法院于2020年4月27日作出（2019）京0108民初44374号民事判决：某途教育公司于判决生效之日起七日内支付王某华2018年6月26日至2018年9月30日的违法约定试用期的赔偿金42027.59元、工资差额6480.04元等。宣判后，某途教育公司提起上诉。北京市第一中级人民法院于2020年7月27日作出（2020）京01民终5195号民事判决：驳回上诉，维持原判。

【裁判理由】

法院生效裁判认为：根据《中华人民共和国劳动合同法》第十九条第一款、第二款的规定，三年以上固定期限和无固定期限的劳动合同，试用期不得超过六个月，同一用人单位与同一劳动者只能约定一次试用期。本案中，某途教育公司与王某华订立自2018年3月26日起至2021年3月25日止的三年期固定期限劳动合同，其中约定试用期为2018年

3月26日至2018年6月25日。后某途教育公司以王某华在三个月试用期间没有签单为由将试用期延长至2018年9月25日，属于二次约定试用期。某途教育公司虽主张王某华对延长试用期表示认可，但二次约定试用期行为已违反法律强制性规定。而且，某途教育公司出具的《试用期转正通知书》显示，王某华自2018年10月1日成为正式员工。结合2018年9月26日至2018年10月25日的工资发放情况及其他在案证据，可以认定某途教育公司将王某华的试用期实际延长至2018年9月30日，亦实际违反了试用期最长期限的规定。

劳动合同法第八十三条规定："用人单位违反本法规定与劳动者约定试用期的，由劳动行政部门责令改正；违法约定的试用期已经履行的，由用人单位以劳动者试用期满月工资为标准，按已经履行的超过法定试用期的期间向劳动者支付赔偿金。"据此，法院判决某途教育公司支付王某华2018年6月26日至2018年9月30日违法约定试用期的赔偿金及相应期间的工资差额。

【裁判要旨】

用人单位在法定最长试用期内延长试用期的，违反同一用人单位与同一劳动者只能约定一次试用期的法律规定，属于二次约定试用期。对此，用人单位应当按照劳动合同法第八十三条的规定向劳动者支付违法约定试用期的赔偿金。

【关联索引】

《中华人民共和国劳动合同法》第19条、第83条

一审：北京市海淀区人民法院（2019）京0108民初44374号民事判决（2020年4月27日）

二审：北京市第一中级人民法院（2020）京01民终5195号民事判决（2020年7月27日）

法官解读

用人单位在法定最长试用期内延长试用期的性质认定

——《某途教育公司诉王某华劳动争议案（入库编号：2024-07-2-490-002）》解读

吴博文　甄乾龙*

试用期是指用人单位与劳动者约定，由用人单位进一步考察劳动者是否符合录用条件，同时允许劳动者进一步了解用人单位是否适合自己，以便确定劳动关系是否进入正式状态的短暂性、试验性期限。由于试用期内用人单位给予劳动者的工资和福利待遇可低于转正之后的工资和福利待遇，且解除劳动合同相对容易，因此，实践中用人单位滥用试用期的现象较为常见。其中，对于用人单位在法定最长试用期内延长试用期的行为是否属于二次约定试用期，实践中存在不同认识。对此，人民法院案例库入库参考案例《某途教育公司诉王某华劳动争议案（入库编号：2024-07-2-490-002）》裁判要旨明确："用人单位在法定最长试用期内延长试用期的，违反同一用人单位与同一劳动者只能约定一次试用期的法律规定，属于二次约定试用期。对此，用人单位应当按照劳动合同法第八十三条的规定向劳动者支付违法约定试用期的赔偿金。"该裁判要旨为类案审理提供了明确规则指引。现就有关问题解读如下。

一、禁止用人单位滥用试用期的相关规定

《中华人民共和国劳动合同法》施行前，用人单位滥用试用期的现象较为突出。为此，劳动合同法针对试用期作了专门规定，以保障劳动者

---

*　作者单位：北京市第一中级人民法院。

合法权益。首先，劳动合同法限定了试用期的适用范围，明确非全日制用工、以完成一定工作任务为期限的劳动合同及劳动合同期限不满三个月的，不得约定试用期。其次，劳动合同法根据劳动合同的期限规定了不同长度的试用期：劳动合同期限三个月以上不满一年的，试用期不得超过一个月；劳动合同期限一年以上不满三年的，试用期不得超过二个月；三年以上固定期限和无固定期限劳动合同，试用期不得超过六个月；试用期包含在劳动合同期限内，劳动合同仅约定试用期的，试用期不成立，该期限为劳动合同期限。再次，为防止用人单位反复"试用"劳动者，损害劳动者的合法权益，劳动合同法第十九条第二款规定："同一用人单位与同一劳动者只能约定一次试用期。"据此，用人单位不得与劳动者二次约定试用期；试用期期满后，用人单位要么与劳动者解除劳动合同，要么让劳动者转正，不得继续试用劳动者。最后，劳动合同法对滥用试用期行为规定了严厉的法律责任。用人单位违反规定约定试用期的，依照该法第八十三条的规定，除了限期改正外，违法约定的试用期已经履行的，用人单位需要以劳动者试用期满月工资为标准，按已经履行的超过法定试用期的期间向劳动者支付赔偿金。

二、二次约定试用期的具体表现形式

用人单位滥用试用期以二次约定试用期最为常见。二次约定试用期的通常表现形式有：第一，用人单位初次与劳动者订立劳动合同时约定了试用期，在劳动合同履行过程中又约定试用期；第二，用人单位初次与劳动者订立劳动合同时约定了试用期，续订劳动合同时又约定试用期；第三，双方订立的固定期限劳动合同约定了试用期，之后改订无固定期限劳动合同时又约定试用期；第四，劳动合同中约定了试用期，在劳动关系解除或者终止后，双方隔了一段时间重新建立劳动关系时再次约定试用期；第五，劳动合同中约定了试用期，劳动者岗位发生变化后再次约定试用期。用人单位存在上述二次约定试用期行为的，直接违反了"同一用人单位与同一劳动者只能约定一次试用期"的规定，属于违法约定试用期。违法约定的试用期已经履行的，用人单位应当以劳动者试用期满月工资为标准，按已经履行的超过法定试用期的期间向劳动者支付赔偿金。

三、延长试用期属于变相二次约定试用期

除了前述直接二次约定试用期的情形外，实践中还存在通过延长试用期的方式变相二次约定试用期的现象。所谓延长试用期，是指用人单位不直接与劳动者第二次约定试用期，而是将第一次试用期顺延。由于顺延的试用期与第一次约定的试用期是连续一体的，这就造成只约定了一个试用期、没有二次约定试用期的假象。加之劳动合同法未规定试用期的延长问题，一些用人单位便试图通过延长试用期的方式规避劳动合同法禁止二次约定试用期的规定。

实际上，劳动合同法没有直接规定延长试用期的问题，是因为延长试用期与二次约定试用期并无本质区别，性质上属于变相的二次约定试用期，基于立法简洁、避免语义重复的考虑，劳动合同法未单独对此作出规定。司法实践中，对于用人单位与劳动者按照法定最长试用期约定的试用期期满后，不能通过延长试用期的方式变相二次约定试用期并无争议。但是，对于在法定最长试用期内能否延长试用期，实践中存有不同的观点。一种观点认为，在法定最长试用期内延长试用期属于变相二次约定试用期；另一种观点则认为，只要在法定最长试用期内就可以延长试用期，不属于二次约定试用期。

本案例中，某途教育公司和王某华订立了三年期劳动合同，并约定了三个月试用期。按照法律规定，三年期劳动合同能够约定的最长试用期为六个月。因此，某途教育公司认为，劳动合同法第八十三条中"超过法定试用期"应当理解为超过法定最长试用期，只要延长的试用期仍在法定最长试用期内，其就无须支付违法约定试用期的赔偿金。但是，从文义角度分析，"超过法定试用期"并不能当然理解为"超过法定最长试用期"；从立法目的分析，劳动合同法相关规定要破解的是用人单位

滥用试用期、巧立名目与劳动者二次甚至多次约定试用期的问题。因此，判定是否构成"二次约定试用期"的标准应看是否存在第二次约定试用期或者变相第二次约定试用期的行为，而不是看两次约定的试用期的时间长短。这实际上也是对用人单位的用工管理提出要求，促进其提高自身的用工管理水平，结合劳动者的具体情况，审慎地与之约定相应期限的试用期，而不是随意地或者"一刀切"地确定试用期长度，反悔后又随意通过再次约定试用期的方式调整试用期的长度。

此外，除直接延长试用期外，实践中还存在中止试用期的现象。中止试用期往往意味着试用期的顺延，与延长试用期在外在表现上具有相似性。但是，为了实现试用期双向考察的制度目的，平等保护用人单位与劳动者的合法权益，应当允许因不可抗力等因素导致劳动合同暂时无法履行时中止试用期。剔除因不可抗力等因素导致劳动合同暂时无法履行的期间后，实际试用期仍然超出原约定试用期的，超出部分亦属于延长试用期，同样应当纳入二次约定试用期的范畴。

总而言之，人民法院在审理相关案件时，应当从禁止二次约定试用期的立法目的出发，严格遵循法律规定，依法清晰界定行为性质，有效遏制用人单位利用延长试用期等手段变相二次约定试用期的行为，切实维护劳动者合法权益。

入库编号：2024-18-2-490-003

41. 王某仙诉某幼儿园、陈某劳动争议案
——对幼儿园教师接受幼儿表达喜爱和敬意的小额零食行为的定性

> 关键词：民事　劳动争议　廉洁从教　小额零食　过罚相当
> 违法解除劳动合同

【基本案情】

原告王某仙自2009年5月18日起到被告某幼儿园上班。2023年9月8日上午8时许，王某仙及其他教师在某幼儿园门口晨检时，一名小朋友手提塑料食品袋（巧克力，价值6.16元）送给王某仙并主动与王某仙拥抱。当天，王某仙将该巧克力分享给其他小朋友和教师。2023年9月15日，某幼儿园作出《关于王某仙同志处分公告》，载明：王某仙作为某幼儿园管理人员在2023年教师节前夕收受家长和幼儿的礼品，违反相关规定，导致某幼儿园在2023年度幼儿园督导评估中关键指标被否决。某幼儿园举办者陈某向王某仙表达了理事会将其调岗到分园担任园长职务或者继续留在某幼儿园担任小班教师职务的处理意见，但遭到王某仙拒绝。此后，理事会开会决定：（1）根据《劳动合同》第8.7条对王某仙予以开除处理；（2）某幼儿园对王某仙在全国教师系统2023年度考核中，评定为不合格，理由为收受学生及家长礼品。

2023年9月21日，王某仙以某幼儿园、陈某为被申请人，就解除劳动关系、工资提成、二倍工资差额及赔偿金争议向当地劳动人事争议仲裁委员会申请仲裁。该委在法定期限内未受理，王某仙遂诉至法院，请求判令：（1）确认王某仙与某幼儿园之间的劳动关系于2023年9月15日解

除；（2）某幼儿园向王某仙支付违法解除劳动合同的赔偿金等；（3）某幼儿园举办者陈某对前述某幼儿园赔付款项承担连带责任。

另查明，某幼儿园是经核准登记依法取得法人资格的民办非企业单位，性质为从事非营利性社会服务活动的社会组织，举办者为陈某，设立了五人理事会。事发时，王某仙为某幼儿园园长。王某仙（乙方）与某幼儿园（甲方）签订的《劳动合同》第8.7条约定："乙方严重失职，营私舞弊，给甲方造成重大损害的，甲方可以解除劳动合同。乙方有下列情形之一的，视为给甲方造成了重大损害：（1）乙方行为导致甲方被客户投诉或被媒体曝光；（2）乙方行为过错、过失导致甲方被行政机关处罚或被上级单位处罚的；（3）乙方个人原因造成甲方的客户信息外露或丢失；（4）使甲方失去商业机会或使甲方的声誉、行业地位、社会评价等无形财产受到损失等；（5）造成价值达人民币5000元及以上金额的设备、产品报废或维修损失；（6）直接经济损失满5000元及以上的。"某幼儿园分别于2014年3月至2016年3月、2017年4月至2023年9月期间为王某仙参保失业保险、养老保险及工伤保险。

重庆市九龙坡区人民法院于2024年3月28日作出（2023）渝0107民初29151号民事判决：一、王某仙与某幼儿园之间的劳动合同于2023年9月15日解除；二、某幼儿园于本判决生效之日起十日内支付王某仙工资差额5626元、招生提成5000元及违法解除劳动合同的赔偿金71500元；三、驳回王某仙的其他诉讼请求。一审宣判后，王某仙与某幼儿园均提起上诉。重庆市第五中级人民法院于2024年8月26日作出（2024）渝05民终5515号民事判决：驳回上诉，维持原判。

【裁判理由】

法院生效裁判认为：本案争议焦点是某幼儿园解除与王某仙的劳动合同是否系违法解除行为。某幼儿园向王某仙出具的处分公告载明，其解除劳动合同是因王某仙存在收受学生礼品行为，违反《劳动合同》第8.7条约定，即严重失职，营私舞弊，给用人单位造成重大损害，且经过某幼儿园理事会讨论决定。因此，判断某幼儿园是否构成违法解除劳动合同，应当从以下三个方面进行评判：一是王某仙是否存在严重失职或营私舞弊的行为；二是王某仙的严重失职或营私舞弊是否给单位造成重大损害；三是某幼儿园的解除程序是否合法。

首先，王某仙不存在严重失职、营私舞弊的行为。本案中，王某仙作为某幼儿园园长，负有管理职责。教育部印发的《严禁教师违规收受学生及家长礼品礼金等行为的规定》（教监〔2014〕4号）明确要求："严禁以任何方式索要或接受学生及家长赠送的礼品礼金、有价证券和支付凭证等财物……情节严重的，依法依规给予开除处分，并撤销其教师资格。"该规定旨在对教师利用职务便利违规收受学生及家长礼品礼金等不正之风进行治理。毋庸置疑，该项规定对于加强师德师风建设，努力办好人民满意的教育具有重要意义。但是，尊师重教也是我们国家和民族的优良传统。经查，本案中，小朋友是在某幼儿园门口这一公共场所将巧克力送给王某仙，随后双方互相拥抱表达感激。可见，该幼儿园小朋友是通过分享零食表达对老师的喜爱和尊敬，也展示了老师与小朋友之间爱的传递。对幼儿园小朋友而言，送一块巧克力的心理是简单而纯真的，并无利益交换的主观意愿，有别于赠送礼品礼金、有价证券或支付凭证等财物，不宜将该行为定性为收受学生及家长礼品礼金，也无法认定王某仙系利用其职务通过不正当手段谋取私利。即使某幼儿园认为王某仙收取小朋友零食存在不当之处，结合零食的价值、王某仙将零食分享给其他小朋友的情况看，其行为并未达到严重失职、营私舞弊的程度，亦未超过公众正常容忍范围。

其次，某幼儿园并未举证证明王某仙给该幼儿园造成重大损害。《最高人民法院关于审理劳动争议案件适用法律问题的解释（一）》（法释〔2020〕26号）第四十四条规定："因用人单位作出的开除、除名、辞退、解除劳动合同、减少劳动报酬、计算劳动者工作年限等决定而发生的劳动争议，用人单位负举证责任。"本案中，某幼儿园向王某仙解除劳动合同，主要依据王某仙违反《劳动合同》第8.7条约定，造成重大损害。而根据《劳动合同》第8.7条,"重大损害"的情形包括:幼儿园被客户投诉或被媒体曝光、被行政机关处罚或被上级单位处罚、客户信息外露或丢失、失去商业机会或使声誉行业地位社会评价等无形财产受到损失、造成5000元以上的损失等情形。审理过程中,某幼儿园主张教育部门的督导评估中曾对近一年保教人员无索取或收受财物等行为进行考核,教育部门对某幼儿园进行了口头警告整改,但某幼儿园并未就前述主张提供相应证据。

最后,某幼儿园解除与王某仙的劳动合同存在程序瑕疵。《中华人民共和国劳动合同法》第四十三条规定:"用人单位单方解除劳动合同,应当事先将理由通知工会。"该规定旨在防止用人单位随意解除劳动合同。对于尚未建立基层工会的,用人单位单方解除劳动合同也应当通过告知并听取职工代表意见或向当地总工会征求意见的变通方式来履行告知义务。本案中,某幼儿园虽尚未成立工会,但解除案涉劳动合同仍应采取变通方式履行告知义务,其直接通过公告方式开除王某仙并解除案涉劳动合同的行为违反用人单位单方解除劳动合同的程序规定。

综上所述,广大教师应当自觉抵制收受学生及家长礼品礼金等不正之风,提高廉洁从教的意识,自觉把清正廉洁的要求内化于心、外化于行,培育和践行社会主义核心价值观。同时,教育机构行使其用工管理权的方式应当善意且合理,在解除合同上应当遵循比例原则,对员工的管理处罚应与其违纪行为程度相当。本案中,某幼儿园仅以王某仙公开接受幼儿表达喜爱和敬意的小额节日赠礼即认定其属于严重失职、营私舞弊的行为,在双方就调岗协商未达成一致的情况下,直接公告开除并解除与王某仙的案涉劳动合同,应当认定属于违法解除并向王某仙支付相应赔偿。故一审、二审法院依法作出如上裁判。

【裁判要旨】

教师应当自觉抵制收受学生及家长礼品礼金等不正之风,提高廉洁从教的意识,同时,教育机构对教师行为管理应当秉持善意理念,遵循比例原则，体现过罚相当。教师公开接受幼儿表达喜爱和敬意的小额零食，不宜认定为违规收受学生及家长礼品；幼儿园仅以此为由开除教师的，构成违法解除劳动合同，依法应当支付赔偿金。

【关联索引】

《中华人民共和国劳动合同法》（2012 年修正）第 39 条、第 43 条、第 48 条

《最高人民法院关于审理劳动争议案件适用法律问题的解释（一）》（法释〔2020〕26 号）第 44 条

一审：重庆市九龙坡区人民法院（2023）渝 0107 民初 29151 号民事判决（2024 年 3 月 28 日）

二审：重庆市第五中级人民法院（2024）渝 05 民终 5515 号民事判决（2024 年 8 月 26 日）

法官解读

"收受"学生6.16元的巧克力被开除？
——《王某仙诉某幼儿园、陈某劳动争议案（入库编号：2024-18-2-490-003）》解读

李 俊*

严禁教师违规收受学生及家长礼品礼金，是全面加强师德师风建设，着力规范教师从教行为，营造风清气正育人环境的必然要求。然而，实践中如何准确认定教师收受学生小额礼品的性质，妥当把握违规行为与正常的社交活动、非法与合法的界限，往往较为困难。对此，人民法院案例库入库参考案例《王某仙诉某幼儿园、陈某劳动争议案（入库编号：2024-18-2-490-003）》的裁判要旨明确："教师应当自觉抵制收受学生及家长礼品礼金等不正之风，提高廉洁从教的意识，同时，教育机构对教师行为管理应当秉持善意理念，遵循比例原则，体现过罚相当。教师公开接受幼儿表达喜爱和敬意的小额零食，不宜认定为违规收受学生及家长礼品；幼儿园仅以此为由开除教师的，构成违法解除劳动合同，依法应当支付赔偿金。"该裁判要旨为类案审理提供了明确规则指引。现就有关问题解读如下。

一、教师接受学生小额零食的行为性质认定

为进一步加强师德师风建设，防止教师利用职务之便谋取私利，有效维护教育公平，教育部印发的《严禁教师违规收受学生及家长礼品礼金等行为的规定》（教监〔2014〕4号）明确规定："严禁以任何方式索要或接受学生及家长赠送的礼品礼金、有价证券和支付凭证等财物……

---

* 作者单位：重庆市高级人民法院。

情节严重的,依法依规给予开除处分,并撤销其教师资格。"然而,该规定并未明确界定多大金额或者何种性质的财物属于违规收受,导致实践中相关单位在执行过程中具有较大裁量空间。学生或者家长向老师赠送礼品的行为虽然不宜提倡,但对教师接受赠礼的行为,是否一律认定为"违规收受学生及家长礼品",则需要根据礼品的经济价值、赠送礼品的场合、赠送礼品的动机等因素进行综合判断。从礼品的经济价值看,违规收受礼品所涉礼品往往具有较大经济价值,对于收受诸如小卡片、小零食等经济价值较小的礼品则不宜纳入其中;从赠送礼品的动机来看,正常表达情感的馈赠行为往往没有特定的利益诉求,而违规收受礼品行为中,送礼者通常具有获得特殊照顾等目的。

就本案例而言,幼儿赠送给王某仙的巧克力价值仅6.16元,经济价值较低,而且幼儿赠送巧克力的场所是幼儿园门口的公共区域。时值教师节前夕,该幼儿自行赠送而非家长代为赠送,可以认定该行为更多体现了幼儿表达对老师的喜爱和敬意。另外,王某仙收取巧克力之后分享给其他小朋友和教师,进一步说明该巧克力并不属于被赠送对象据为己有的"礼品",而是属于儿童与教师以及同学之间日常感情交流的媒介。因此,综合案涉巧克力的价值、赠送的场所和动机,以及物品的去向,法院依法认定王某仙前述行为不属于"违规收受学生及家长礼品"。

二、教育机构对教师行为管理应当秉持善意理念

人际交往能力是现代幼儿教育的重要内容之一,其中教育引导孩子学会分享、乐于分享则是典型的例子。在日常的幼儿教育中,小朋友将小额零食分享给老师或同学既是很常见的社交活动,更属于家长们喜闻乐见的现象,完全符合幼儿健康心理的养成规律。本案例中,某幼儿园将幼儿向老师分享小额零食的社交行为定性为教师违规收受礼品,背离了社会普遍的正义观念。法院依法认定教师收受幼儿赠送的小额零食不属于违规收受礼品的行为,完全契合人民群众朴素的期待,同时也是对幼儿教育规律的尊重与理解。

诚然，广大教师应当自觉抵制收受学生及家长礼品礼金等不正之风，提高廉洁从教的意识，教育部门和学校也应当切实履行治理教师违规收受礼品礼金等问题的主体责任，将教师违规收受礼品礼金问题的治理，贯穿于教师队伍建设和管理工作的全过程。但与此同时，教育机构对于教师的管理要坚持善意理念，遵循比例原则，惩戒要符合基本公平正义观念。根据前述教育主管部门的相关规定，即便教师存在违规收受礼品的行为，还需要达到"情节严重"的程度，才可以依法依规给予开除处分。本案例中，某幼儿园对学生与教师之间分享零食的互动行为定性为违规收受礼品并对王某仙作开除处理，不符合社会公众的朴素认知，实属"矫枉过正"。

三、教育机构因教师接受学生小额零食而开除教师的行为属于违法解除劳动合同

《中华人民共和国劳动合同法》第三十九条规定了用人单位在特定情况下可以单方解除劳动合同的六种情形，其中第三项规定，劳动者严重失职，营私舞弊，给用人单位造成重大损害的。《最高人民法院关于审理劳动争议案件适用法律问题的解释（一）》（法释〔2020〕26号）第四十四条规定："因用人单位作出的开除、除名、辞退、解除劳动合同、减少劳动报酬、计算劳动者工作年限等决定而发生的劳动争议，用人单位负举证责任。"此外，为防止用人单位随意解除劳动合同，损害劳动者合法权益，劳动合同法第四十三条及相关司法解释还对用人单位单方解除劳动合同应当履行的程序予以规定。因此，用人单位主张按照劳动合同法第三十九条第三项的规定单方解除与劳动者之间的劳动合同的，除必须证明劳动者具有严重失职或营私舞弊的行为且给单位造成了重大损害外，还须履行告知并听取职工代表意见或向当地总工会征求意见等变通方式履行告知义务的程序。

本案例中，根据某幼儿园向王某仙出具的处分公告，其解除劳动合同的依据便是认定王某仙存在"严重失职，营私舞弊，给用人单位造成重大损害"的行为。从行为上看，虽然王某仙存在接受幼儿小额零食的

行为，但该行为难言属于"严重失职"，亦无证据证明王某仙在收到了幼儿赠送的小额零食后有营私舞弊的行为。从结果上看，王某仙收受巧克力事件发生后，既没有证据证明该行为被行政机关处罚或某幼儿园因此遭受处罚，更没有因该行为造成该幼儿园在招生数量、收费标准、声誉口碑等方面的负面影响。从程序上看，某幼儿园直接通过公告方式开除王某仙并解除案涉劳动合同的行为，亦存在程序瑕疵。因此，人民法院依法判决某幼儿园构成违法解除劳动合同并支付赔偿金，可为类案裁判提供借鉴与参考。

42. 上海某建筑工程有限公司诉某财产保险股份有限公司上海分公司等财产保险合同纠纷案

——用于起重的特种车辆在作业时发生责任事故，可以比照适用《机动车交通事故责任强制保险条例》予以赔付

关键词：民事　财产保险合同　特种车辆　施工作业　机动车交通事故责任强制险

【基本案情】

原告上海某建筑工程有限公司诉称：2020年4月13日，上海某建筑工程有限公司为案涉重型非载货专项作业车向某财产保险股份有限公司上海分公司（以下简称某保险上海分公司）投保了机动车交通事故责任强制保险，向某财产保险股份有限公司沈阳市经济技术开发区支公司（以下简称某保险沈阳经开区支公司）投保了机动车第三者责任保险。在保险期间，案涉特种车辆在工程作业时造成他人受伤。上海某建筑工程有限公司向某保险上海分公司、某保险沈阳经开区支公司申请理赔后遭拒，遂诉至法院，请求判令：某保险上海分公司、某保险沈阳经开区支公司在各自保险责任范围内向上海某建筑工程有限公司赔付保险金。

被告某保险上海分公司、某保险沈阳经开区支公司辩称：对事发经过及投保情况均无异议，但本次事故并非交通事故，不同意赔付保险金。并且，对上海某建筑工程有限公司主张赔付的各项费用，亦持有异议。

法院经审理查明：上海某建筑工程有限公司为案涉重型非载货专项作业车在某保险上海分公司处投保了交强险、在某保险沈阳经开区支公

司处投保了商业第三者责任保险（限额为200万元，含不计免赔），保险期间均为2020年4月14日至2021年4月13日。交强险保单中注明机动车种类为"特种车二"，商业险保单中注明机动车种类为"起重车"。《某财产保险股份有限公司机动车第三者责任保险条款》第四条"保险责任"约定："保险期间内，被保险人或其允许的合法驾驶人在使用被保险机动车过程中发生意外事故，致使第三者遭受人身伤亡或财产直接损毁，依法应当由被保险人承担的损害赔偿责任，保险人依照本保险合同的约定，对于超过机动车交通事故责任强制保险各分项赔偿限额以上的部分负责赔偿。"第七条约定："下列损失和费用，保险人不负责赔偿：……（七）仲裁或者诉讼费用以及其他相关费用。"

2020年5月27日，上海某建筑工程有限公司工作人员在操作案涉重型专项作业吊车的过程中，吊机吊链不慎碰撞到现场施工人员肖某，致使肖某受伤并支出医疗费55121.15元。2020年9月4日，上海某司法鉴定所出具司法鉴定意见书，认定肖某因意外致残，该损伤评定为十级伤残；给予治疗休息期150日，营养期75日，护理期105日。2020年8月9日，上海某建筑工程有限公司向肖某支付了赔偿款。

上海市浦东新区人民法院于2021年11月30日作出（2021）沪0115民初72055号民事判决：一、某保险上海分公司赔付上海某建筑工程有限公司保险金120200元；二、某保险沈阳经开区支公司赔付上海某建筑工程有限公司保险金105324.15元；三、驳回上海某建筑工程有限公司的其余诉讼请求。宣判后，双方当事人均未提起上诉，判决已发生法律效力。

【裁判理由】

法院生效裁判认为：被保险车辆为兼具交通工具和起重机械两种功能的特种车辆，主要用途在于施工作业而非道路行驶。为特种车辆投保的目的是分散在行驶往返作业路途中或是从事作业过程中发生事故的风险。保险人应明知保险标的的特殊性以及存在的特殊风险。原中国保险监督管理委员会办公厅印发的《关于交强险条例适用问题的复函》（保监厅函〔2008〕345号）就特种车辆发生的事故保险公司应否承担交强险赔付责任答复："根据《机动车交通事故责任强制保险条例》第四十三条的立法精神，用于起重的特种机动车辆在进行作业时发生的责任事故，可以比照适用该条例。"参考上述规定，因特种车辆进行作业为其常态，结合投保人投保意图和交强险的社会保障功能，不宜将此类车辆交强险的适用限缩解释为车辆行驶状态。对于案涉车辆在作业时发生的事故，亦应属于保险公司理赔的范围，故某保险上海分公司应当比照适用交强险的规定就本次事故所造成的损失予以赔偿。

另外，案涉特种车辆在某保险沈阳经开区支公司投保了商业三者险，根据《某财产保险股份有限公司机动车第三者责任保险条款》第四条的约定，机动车第三者责任险责任的承担是以"使用"被保险车辆而非构成道路交通事故为前提。在投保该险种时，某保险沈阳经开区支公司并未告知在工程作业时发生的责任事故不属于承保范围。本次事故发生在车辆使用过程中，故某保险沈阳经开区支公司理应在商业三者险范围内承担赔偿责任。

对于上海某建筑工程有限公司主张赔付金额的合理性，结合伤者治疗损伤所支出的实际费用、伤情以及相关国家标准，认定因本起事故造成的损失合计225524.15元。故法院依法作出如上裁判。

【裁判要旨】

被保险车辆作为兼具交通工具和起重机械两种功能的特种车辆，在工作场所作业时发生责任事故，虽不是通常意义上的交通事故，但基于交强险设立的初衷，可以比照适用《机动车交通事故责任强制保险条例》的规定予以保险赔付。

【关联索引】

《中华人民共和国民法典》第509条（本案适用的是自1999年10月

1日起施行的《中华人民共和国合同法》第60条第1款）

《中华人民共和国保险法》（2015年修正）第2条、第23条、第65条第4款

《最高人民法院关于适用〈中华人民共和国民法典〉时间效力的若干规定》（法释〔2020〕15号）第1条第2款

一审：上海市浦东新区人民法院（2021）沪0115民初72055号民事判决（2021年11月30日）

法官解读

用于起重的特种车辆在作业时
发生责任事故的交强险赔付规则

——《上海某建筑工程有限公司诉某财产保险股份有限公司上海分公司等财产保险合同纠纷案（入库编号：2024-08-2-333-012）》解读

冯　楠[*]

由于特种车辆具有特殊工作用途，其在公共道路上行驶的时间较短，而工程作业时间较长，作业时因操作不慎或其他意外原因致使人身伤亡的事故较为多见。对于此类事故是否可以获得交强险赔付，实务中争议颇多。投保人往往参照交通事故情形，主张保险人通过交强险、商业三者险进行赔付，但保险公司往往以非交通事故为由拒绝赔付。对此，人民法院案例库入库参考案例《上海某建筑工程有限公司诉某财产保险股份有限公司上海分公司等财产保险合同纠纷案（入库编号：2024-08-2-333-012）》的裁判要旨明确："被保险车辆作为兼具交通工具和起重机械两种功能的特种车辆，在工作场所作业时发生责任事故，虽不是通常意义上的交通事故，但基于交强险设立的初衷，可以比照适用《机动车交通事故责任强制保险条例》的规定予以保险赔付。"该裁判要旨对于明确用于起重的特种车辆责任事故的法律适用、统一裁判尺度具有重要意义。现就有关问题解读如下。

第一，特种车辆虽用途特殊但可按照道路交通安全法规定投保交强险。目前我国保险行业关于特种车辆的定义可见于《中国保险行业协会特种车商业保险示范条款（2020版）》第二条，涵盖在中华人民共和国境内（不含港、澳、台地区）行驶，用于清障、起重、挖掘等用途的各

---

[*] 作者单位：上海市浦东新区人民法院。

种轮式或履带式专用机动车,或车内装有固定专用仪器设备,从事监测、消防等专业工作的机动车,或油罐车等车辆以及保险合同双方约定的其他机动车。可见,特种车辆系经特制或专门改装,配有固定的装置设备的车辆,具有特定的用途或功能。对于用于起重的特种车辆(同时具备交通工具和特种作业功能的机动车)相较于一般机动车,其主要功能不是用于载人或者运货,但同样可按照道路交通安全法的规定在道路通行。同时,《机动车交通事故责任强制保险条例》亦明确要求此类特种车辆的所有人或者管理人应当投保交强险。

第二,用于起重的特种车辆在作业时发生责任事故可以比照适用《机动车交通事故责任强制保险条例》予以赔付。作为强制性保险,交强险的立法本意是切实保障车辆事故的受害人能及时从保险公司得到经济赔偿,故未对车辆种类及性质进行区分,以实现对车辆事故受害人的平等保护。如果将特种车辆事故的受害人排除在外,则不符合交强险的立法目的。对此,原中国保险监督管理委员会办公厅印发的《关于交强险条例适用问题的复函》(保监厅函〔2008〕345号)就特种车辆发生的事故保险公司应否承担交强险赔付责任明确答复"根据《机动车交通事故责任强制保险条例》第四十三条的立法精神,用于起重的特种机动车辆在进行作业时发生的责任事故,可以比照适用该条例",这就为用于起重的特种车辆作业事故的理赔提供了政策依据。因此类特种车辆进行作业为其常态,结合投保人投保意图和交强险的社会保障功能,不宜将此类车辆交强险的适用限缩解释为车辆行驶状态。

第三,比照适用《机动车交通事故责任强制保险条例》符合交强险设立的初衷。保险业的服务内容在于帮助企业和个人对冲经营和生活中的风险、降低损失,为经济社会发展提供风险保障和资金支持。从交强险的立法本意和法益保护出发,作为强制性保险,交强险具有社会公益性质,最大程度上为交通事故受害人提供及时和基本的保障,同时也有助于减轻交通事故肇事方的经济负担。因此,对兼具交通行驶和工程作业功能的特种车辆,其所有人或管理人投保交强险,本意就是为了分散事故风险，而所涉事故包括驾驶特种车辆在往返作业地点的道路行驶途中发生交通事故和从事工程作业过程中发生责任事故。

综上所述，本案例中，上海某建筑工程有限公司为其所有的重型专项作业吊车在某财产保险股份有限公司上海分公司（以下简称某保险上海分公司）处投保了交强险，交强险保单中注明了机动车种类为"特种车二"。被保险车辆作为特种车辆，兼具通行和作业两种用途属性，通行状态是偶然状态，作业时的非通行状态是其经常状态，加之其保费金额往往高于普通机动车，故对于用于起重的特种机动车在进行作业时造成受害人损失的，可以比照适用《机动车交通事故责任强制保险条例》的规定，要求被告某保险上海分公司予以赔偿。

需要提及的是，根据《中华人民共和国民法典》第一千二百一十三条的规定，机动车发生交通事故造成损害，属于该机动车一方责任的，先由承保机动车强制保险的保险人在强制保险责任限额范围内予以赔偿；不足部分，由承保机动车商业保险的保险人按照保险合同的约定予以赔偿。本案例中，原告上海某建筑工程有限公司除投保交强险之外，还在被告某财产保险股份有限公司沈阳市经济技术开发区支公司（以下简称某保险沈阳经开区支公司）投保了200万元的商业三者险（含不计免赔），且被告亦明知保险标的为特种车辆。《某财产保险股份有限公司机动车第三者责任保险条款》第四条"保险责任"约定："保险期间内，被保险人或其允许的合法驾驶人在使用被保险机动车过程中发生意外事故，致使第三者遭受人身伤亡或财产直接损毁，依法应当由被保险人承担的损害赔偿责任，保险人依照本保险合同的约定，对于超过机动车交通事故责任强制保险各分项赔偿限额以上的部分负责赔偿。"从合同条款解释的角度看，机动车第三者责任险责任的承担是以使用被保险车辆为前提，而非以构成道路交通事故为前提。案涉事故发生在被保险车辆使用过程中，且被告某保险沈阳经开区支公司并未向投保人告知在工程作业时发生的责任事故不属于承保范围，故某保险沈阳经开区支公司应当在商业三者险范围内承担赔偿责任。

43. 浙江省杭州市滨江区人民检察院诉杨某鹏等网络侵权责任纠纷民事公益诉讼案

——组织、操纵"网络水军"实施"流量造假"等行为的定性

> 关键词：民事　网络侵权责任　民事公益诉讼　传播网络虚假信息　社会公共利益　损害赔偿

【基本案情】

2019年9月至2022年5月，杨某鹏利用其注册的某固传媒公司、某意科技公司、某固科技公司等公司研发的平台，招募数量庞大的兼职人员充当"网络水军"，并通过组织、操纵"网络水军""养号"等方式，开展有偿"转评赞""直发""投诉举报"等业务，即在未核实信息真实性的情况下，实施包括对客户指定的影视作品、网络视频、游戏作品、商品的宣发等正面点赞、转发、评论，按客户要求在相关网络平台发布关于特定作品、商品的具体内容等提升热度的业务，以及通过在信息发布平台进行投诉举报等方式删帖以降低针对特定作品、商品的负面信息热度的业务。经调查，杨某鹏等共"养号"1294个，完成"转评赞""直发"任务24万余条，任务金额合计896万余元；完成"投诉举报"任务1200余条，任务金额合计19万余元。另外，杨某鹏、某固传媒公司等以营利为目的，有偿提供删帖服务的行为已被生效刑事判决认定构成犯罪。浙江省杭州市滨江区人民检察院在履行公益诉讼公告程序后依法向人民法院提起民事公益诉讼，请求法院判令：杨某鹏、某固传媒公司、某意科技公司、某固科技公司等四被告共同承担公益损害赔偿

金100万元，删除已发布的虚假信息并注销相关网络账号，以及在国家级新闻媒体上公开赔礼道歉。

杭州互联网法院于2024年7月4日作出（2024）浙0192民初3671号民事判决：一、杨某鹏等四被告于本判决生效之日起十日内支付公益损害赔偿金100万元；二、杨某鹏等四被告于本判决生效之日起十日内删除已发布的虚假信息并注销相关网络账号1294个；三、杨某鹏等四被告在国家级媒体上向社会公众刊发赔礼道歉声明。宣判后，双方均没有上诉，判决已发生法律效力。

【裁判理由】

法院生效裁判认为：《中华人民共和国网络安全法》第十二条第二款规定："任何个人和组织……不得利用网络……编造、传播虚假信息扰乱经济秩序和社会秩序……"杨某鹏等四被告以营利为目的，组织、操纵"网络水军"有偿提供"转评赞""直发""投诉举报删帖""养号"等行为违法，扰乱了网络舆论环境和互联网信用管理秩序，破坏了相关行业、市场的正常经营秩序，损害了社会公众的知情权和选择权，应当承担民事侵权责任。

第一，案涉行为属于破坏网络信息生态环境的违法行为。杨某鹏等在未核实信息真实性的情况下，通过招募兼职人员或自养网络账号充当"网络水军"，以操纵"网络水军"的方式对指定的作品、商品进行有偿"转评赞""直发""投诉举报删帖"，其宣发或删除的信息均非网络用户的真实体验，却达到虚增客户指定作品或产品的影响力、曝光度、好评度，随意控制正当差评的负面影响等效果，破坏了健康、良性的网络信息内容生态环境。该行为违反了网络安全法、《网络信息内容生态治理规定》等法律法规，属于破坏网络信息生态环境的违法行为。

第二，案涉行为损害社会公共利益。首先，案涉行为破坏了网络信息内容生态秩序，降低了社会公众对网络信息的整体信任度，加重了行政机关、平台、社会组织等各方社会主体的监管、治理的负担，耗费了大量社会公共资源。其次，案涉行为扰乱了市场正常经营秩序，违背了诚信经营原则，使诚实经营的市场参与者在不公平的网络信息环境中处于劣势，催生"劣币驱逐良币"的恶性循环，扭曲了市场竞争的公正性，使得市场规则形同虚设，更会影响行业的创新与发展动力。最后，案涉行为侵害了社会公众的知情权、选择权。针对社会公众而言，虚假信息扰乱其基于真实、全面信息作出合理判断的前提条件。社会公众因虚假信息误导而形成的认知、决策，还影响其价值判断和生活、工作的抉择，虽单个损失看似较小，但累积起的社会公益损失巨大。

第三，杨某鹏等具有为牟利实施流量造假、传播虚假信息行为的故意。杨某鹏等对客户指定的信息真实性不予甄别，组织、操纵的"网络水军"对接单的宣发或删除信息亦不核对其真实性，主观上具有流量造假、传播虚假信息的故意，且杨某鹏等通过专业化的商业模式设计，形成分工合作的"组织架构"模式，在认识到案涉行为已被列为整治对象的情况下，仍为谋求不法利益，从事网络虚假信息的黑灰产。

综上所述，浙江省杭州市滨江区人民检察院主张侵权行为人删除虚假信息、注销相关网络账号，赔礼道歉，并赔偿公益损害赔偿金，于法有据，应予支持。其中，针对损害赔偿部分，由于行为人造成的损失和获益金额难以直接量化计算，经综合考虑侵权行为特点、侵权持续时间、社会影响、获利情况、主观过错和恶意程度、治理和修复费用等因素，以及部分行为已被追究刑事责任等具体情况，酌情确定赔偿金额100万元。故法院依法作出如上裁判。

【裁判要旨】

网络安全法第十二条第二款规定："任何个人和组织……不得利用网络……编造、传播虚假信息扰乱经济秩序和社会秩序……"行为人以营利为目的，组织、操纵"网络水军"进行"转评赞""直发""投诉举报删帖"等活动，属于流量造假和干预信息呈现的行为，应当认定为利用网络传播虚假信息的违法行为。针对侵害包括众多消费者合法权益在内的社会公共利益的上述行为，检察机关依照法定程序提起民事公益诉讼并请求判令行为人承担相应民事责任的，人民法院依法予以支持。

【关联索引】

《中华人民共和国民法典》第 1165 条、第 1182 条

《中华人民共和国网络安全法》第 12 条第 2 款

《中华人民共和国民事诉讼法》（2023 年修正）第 58 条第 2 款

《最高人民法院、最高人民检察院关于检察公益诉讼案件适用法律若干问题的解释》（法释〔2018〕6 号，2020 年修正）第 13 条

一审：杭州互联网法院（2024）浙 0192 民初 3671 号民事判决（2024 年 7 月 4 日）

法官解读

组织、操纵"网络水军"实施"流量造假""有偿删帖"行为的定性及司法规制路径

——《浙江省杭州市滨江区人民检察院诉杨某鹏等网络侵权责任纠纷民事公益诉讼案（入库编号：2024-18-2-369-003）》解读

陈增宝　沈　堃[*]

近年来，随着网络技术的进步和社交媒体的普及，加之受利益驱动等因素影响，网络虚假信息呈泛滥态势，引发社会各界的广泛关注。为规制传播网络虚假信息等行为，《中华人民共和国刑法》《中华人民共和国网络安全法》等法律和有关司法解释针对性作出明确规定，依法惩处编造、故意传播虚假信息等行为。然而，对于以营利为目的，组织、操纵"网络水军"实施"流量造假""有偿删帖"的行为如何定性和规制，实践中认识不一。对此，人民法院案例库入库参考案例《浙江省杭州市滨江区人民检察院诉杨某鹏等网络侵权责任纠纷民事公益诉讼案（入库编号：2024-18-2-369-003）》从民事公益诉讼的角度切入，明确："行为人以营利为目的，组织、操纵'网络水军'进行'转评赞''直发''投诉举报删帖'等活动，属于流量造假和干预信息呈现的行为，应当被认定为利用网络传播虚假信息的违法行为。针对侵害包括众多消费者合法权益在内的社会公共利益的上述行为，检察机关依照法定程序提起民事公益诉讼并请求判令行为人承担相应民事责任的，人民法院依法予以支持。"现就有关问题解读如下。

---

[*] 作者单位：杭州互联网法院。

一、所涉行为属于传播虚假信息的违法行为

网络安全法第十二条第二款规定:"任何个人和组织使用网络应当遵守宪法法律,遵守公共秩序,尊重社会公德,不得危害网络安全,不得利用网络……编造、传播虚假信息扰乱经济秩序和社会秩序……"一般而言,虚假信息具备以下特征:一是虚假信息是内容与事实不符的信息;二是虚假信息具有误导性。然而,若仅将虚假信息限于"内容虚假",则当前互联网中绝大多数黑灰产行为(例如,本案例所涉操纵"网络水军"进行"转评赞""直发"等干预信息呈现的行为)被排除在外,难以得到有效规制。

对此,有关规定作了明确。根据国家互联网信息办公室发布的《网络信息内容生态治理规定》第二十二条和第二十四条的规定,行为人不得通过发布、删除信息以及其他干预信息呈现的手段侵害他人合法权益或者谋取非法利益;不得通过人工方式或者技术手段实施流量造假、流量劫持以及虚假注册账号、非法交易账号、操纵用户账号等行为,破坏网络生态秩序。组织、操纵"网络水军"实施"转评赞""直发"等行为,属于上述条文所规定的"干预信息呈现"的行为。虽然"干预信息呈现"行为与传播"内容虚假"信息行为在方式上存在不同,但在误导性上并无实质差异。以本案例所涉"转评赞"行为为例:如果单个网络用户对某个作品转发、评论、点赞,一般是其真实意思表示,即使基于某种情谊行为而实施,也不会对他人产生明显误导;但是,"网络水军"通过大量账号集中进行密集转发、刷屏、增加内容点击等手段,虚增被宣传对象的热度及不实评论,直接影响了信息的真实性,对社会公众产生信息干扰甚至误导。上述行为虽然并非直接发布"内容虚假"信息的行为,但通过"转评赞"等虚假手段,形成了与事实不符的刷单数、好评数及点赞数等,具有误导性,应当构成广义的"虚假信息"。而虚假注册账号、非法交易账号等也是为实施干预信息呈现行为而作的预备行为。可以说,前述干预信息呈现的手段和通过人工方式或者技术手段实施的

流量造假等行为，其性质、损害结果与"内容虚假"的行为趋于一致。为实现对此类行为的依法规制，应当认定其属于网络安全法第十二条第二款所规定的"传播虚假信息"的行为。对于行为人故意实施此类违法行为侵害他人民事权益造成损害的，应当纳入侵权法的评价范围。

二、所涉行为侵害了社会公共利益

一是破坏了网络信息内容生态秩序。网络本应是信息自由流通、知识共享的平台，但流量造假和虚假信息的泛滥，使得真实内容与虚假内容混杂，公众难以区分，直接损害了信息的真实性，影响了公众对网络信息的信任度。数据作为新型生产要素，其价值在于传递信息，为数字经济各产业、行业运作提供情报支持。影响数据价值、数据商品乃至整个数据产业的关键，必然是信息的真实性。招募"水军"从事的流量造假、传播虚假信息行为的危害性较现实生活中假货的危害性有过之而无不及，其所造成的更严重危害在于破坏了网络生态信用体系及网络信息内容生态秩序。

二是破坏了相关行业、市场的竞争秩序。公平竞争是市场经济的基石，它要求所有市场参与者遵循相同的规则，通过提供更高质量、更贴近消费者需求的商品或服务来合法地扩大市场份额。招募"水军"从事的流量造假、传播虚假信息行为，将会影响用户对于影视剧、商品等服务质量、销量、好评度、投诉率等重要属性的判断，造成误导和欺诈，进而使信息造假者在短时间内迅速博取高关注度，制造出虚假繁荣的景象，赢取竞争优势。而那些秉持诚实经营理念的经营者、作者、明星等，即便本身产品、作品、业务能力更胜一筹，也可能因真实的正面反馈被虚假信息淹没，而在竞争中处于不利位置。该种"劣币驱逐良币"的现象，扭曲了市场竞争的公正性，使得市场规则形同虚设，更会影响行业的创新与发展动力。

三是侵害了广大消费者的知情权、公平交易权。通过虚增好评量等进行流量造假，达到控评效果，人为制造出作品、产品的优质假象，掩盖其真实质量、性能或服务状况，误导消费者对相关作品、产品等出现认知偏差，进而造成消费者基于错误的信息作出错误的决策。而通过操纵负面信息，删除真实的用户差评，或者压制负面信息的曝光，使得广大消费者无法全面了解作品、产品存在的问题和不足，剥夺了消费者获取完整、真实信息的知情权，使其在选择时无法作出基于全部事实的判断。尤其是在健康、安全、教育等关键公共领域，虚假信息的传播可能误导消费行为，严重损害广大消费者的合法权益。

对于公民个人而言，面对网络虚假信息的传播，由于损害的非显著性、权益受损证明的困难以及维权成本的高昂，难以独自有效应对，私力救济途径显得捉襟见肘。鉴于此，在没有法律规定的机关和组织或者相关机关和组织不提起诉讼的情况下，人民检察院依据《中华人民共和国民事诉讼法》第五十八条第二款对此类行为提起民事公益诉讼请求行为人承担相应民事责任的，人民法院依法予以支持。

本案例通过公益诉讼制度对互联网虚假信息治理问题进行了探索，提出了可行的法律适用和责任认定方案，明确了网络虚假信息违法行为的构成要件、公益侵害属性等法律适用规则，是司法规制网络虚假信息的一次有益尝试，也为网络信息内容生态治理提供了司法路径参考。

入库编号：2024-14-2-371-001

44.徐某某诉江苏某学校教育机构责任纠纷案
——限制民事行为能力人在校受伤时，
学校是否尽到教育管理职责的认定

关键词：民事　教育机构责任　未成年人　限制民事行为能力人
　　　　侵权责任　学校管理职责

【基本案情】

2024年1月3日放学时，江苏某学校教育机构（以下简称某学校）的学生徐某某（时年12周岁）自教室下楼行至教学楼三楼与二楼楼梯间平台时，在楼梯台阶上摔倒，左上前牙磕至平台墙面导致折断。徐某某认为，案涉学校在放学过程中没有安排老师在教室至校门路段组织秩序，对学生人身安全监管不力，应当对其人身损害承担责任，故请求法院判令某学校赔偿医疗费、营养费、精神损失费等合计人民币8万元。被告某学校辩称：（1）学生上下楼梯应注意安全，徐某某作为限制民事行为能力人，自身未尽到注意义务；（2）学校设施场所不存在导致徐某某受伤的缺陷，其作为教育机构亦已尽到教育管理职责，已在课前课后常态化开展安全警示教育，多次强调"上下楼梯，按序行走"等内容。

法院经审理查明：事故发生后，带队老师随即联系家长并陪同送医。经诊断，徐某某21位置牙折断、唇挫伤擦伤。门诊治疗及复查后，医嘱建议为18周岁后21桩冠修复。2024年1月4日，某学校根据现场调查出具《情况说明》，载明"2024年1月3日晚放学时间，六3班队伍走至二楼三楼中间平台的楼梯时，徐某某同学意外撞到墙上，门牙折断。

班主任发现后立即电话联系徐某某同学家长,并陪同孩子至医院急诊就医",班主任高某及徐某某法定代理人徐某均签字确认。

另查明,徐某某所在班级常态化进行课前课后安全警示教育,徐某某所在班级《专题教育记载表》载明每周进行安全卫生教育,2023年至2024年第一学期《安全警示教育记录》中也多次记录该校向学生强调"不在楼梯上打闹,按序行走"等内容。经法院现场勘验,事发地点楼梯上下行左右黄黑分界线清晰,多处台阶及墙面张贴有"小心台阶""不争不抢不打闹"等提示,地面亦印有"文明礼让、有序通行"的字样。

江苏省无锡市新吴区人民法院于2024年4月16日作出民事判决:驳回徐某某的诉讼请求。宣判后,双方当事人均未提出上诉,判决已经发生法律效力。

【裁判理由】

《中华人民共和国民法典》第一千二百条规定:"限制民事行为能力人在学校或者其他教育机构学习、生活期间受到人身损害,学校或者其他教育机构未尽到教育、管理职责的,应当承担侵权责任。"本案中,徐某某年满12周岁,系限制民事行为能力人。徐某某及其法定代理人应当提供证据证明某学校存在过错。根据现场勘验结果,徐某某摔倒受伤并非楼梯等设施场所缺陷导致,双方签字确认的《情况说明》反映受伤为意外事件,学校对该意外事件难以掌控和避免。某学校已多次向学生进行了校园安全教育宣传,楼梯、墙面等地张贴了醒目的安全提示标志,尽到了学校的教育职责;在徐某某受伤后,某学校亦及时采取了通知家长、陪同就医、调查事发经过等措施,履行了学校必要的管理职责。综上所述,某学校不应承担侵权责任。

【裁判要旨】

对于未成年学生在校园受到人身损害的侵权纠纷案件,人民法院在认定学校是否尽到教育管理职责时,应当结合未成年人受伤害原因,就学校是否已进行常态化安全教育、相关场所设施有无醒目的安全提示标志、事发后有无在第一时间通知家长并陪同就医等因素进行综合判断，不能仅因事故发生在校园内就认定学校未尽到教育管理职责进而判令其承担侵权责任。

【关联索引】

《中华人民共和国民法典》第1200条

一审：江苏省无锡市新吴区人民法院（2024）苏0214民初1668号民事判决（2024年4月16日）

法官解读

学校是否尽到教育管理职责的审查判断
——《徐某某诉江苏某学校教育机构责任纠纷案（入库编号2024-14-2-371-001）》解读

刘博文　邱　铮[*]

校园安全关乎每个学生的健康成长、千万家庭的幸福安宁、国家社会的和谐稳定。学校应当依法履行教育管理职责，积极预防、妥善处理校园安全事故，保护学生人身健康安全。近年来，在一些学生校内受伤事件中，学校的责任被不当加重，甚至形成了"学生出事学校必担责"的认知偏见，致使部分学校为防止事故发生，甚至采取严管课间活动、劳动实践等消极预防手段，阻碍了青少年身心健康发展。如何给学校和学生"松绑"，让学校有序开展教育教学活动，促进学生健康快乐成长，需要厘清学校教育、管理职责的边界。对此，人民法院案例库参考案例《徐某某诉江苏某学校教育机构责任纠纷案（入库编号2024-14-2-371-001）》裁判要旨明确："对于未成年学生在校园受到人身损害的侵权纠纷案件，人民法院在认定学校是否尽到教育管理职责时，应当结合未成年人受伤害原因，就学校是否已进行常态化安全教育、相关场所设施有无醒目的安全提示标志、事发后有无在第一时间通知家长并陪同就医等因素进行综合判断，不能仅因事故发生在校园内就认定学校未尽到教育管理职责进而判令其承担侵权责任。"现就有关问题解读如下。

一、学校及其他教育机构教育管理职责的法定义务要求

《中华人民共和国民法典》第一千一百九十九条、第一千二百条分别

---

[*] 作者单位：江苏省无锡市新吴区人民法院。

规定了教育机构对无民事行为能力人和限制民事行为能力人受到人身损害的归责原则。其中，第一千二百条规定："限制民事行为能力人在学校或者其他教育机构学习、生活期间受到人身损害，学校或者其他教育机构未尽到教育、管理职责的，应当承担侵权责任。"对限制民事行为能力人在学习、生活期间受到人身损害而引发的纠纷，教育机构以过错为归责原则，限制民事行为能力人一方要求学校或者其他教育机构承担侵权责任的，需要举证证明学校或者其他教育机构未尽到教育、管理职责，否则学校或者其他教育机构不承担侵权责任。

司法实践中，人民法院对该类案件的审查重点即为教育机构是否尽到教育、管理职责。民法典对该职责的具体范围未作规定，故应当结合义务教育法、未成年人保护法以及其他地方性法规和部门规章进行综合判断。总体来看，学校和其他教育机构对于限制民事行为能力人在校学习、生活期间的人身安全负有较高的注意义务。司法实践中，可结合《学生伤害事故处理办法》（以下简称《办法》）第四条、第九条等规定，厘清教育机构教育、管理职责的范围。一是安全管理职责，包括提供安全的教育教学设施，定期排查隐患的义务，如楼梯防滑标识、体育器材维护等；二是安全教育义务，即常态化开展风险防范教育的义务，如楼梯行走规范、体育活动安全须知等；三是应急处置义务，即事故发生后及时采取救助措施、通知学生监护人等义务。

二、学校及其他教育机构是否尽到教育管理职责的审查判断

对于学校及其他教育机构是否尽到教育、管理职责的审查判断应当结合具体个案情况进行分析。重点聚焦损害发生的时间地点、具体情形，以学校教育管理职责范围为基础，结合以下几个方面进行综合判断。

一是学校对学生人身损害的发生是否具有可预见性。学校对风险的预见性要求，应当结合具体的教学或管理内容确定。在具有特殊风险的教学管理活动中，学校应负更高的注意义务，如组织开展大型体育活动、春秋游等活动中，发生人身损害的风险相对较高，学校对可能发生的人身损害应当有更加充分的预见,并采取有效的风险防范措施、开展安全教育等;对于未尽到必要的教育、管理职责的,学校应当对学生人身损害的发生承担相应的过错责任。而对于一般教学管理活动,突发意外事故的风险较低,学校预见的可能性较小,其应尽的注意义务也相对较低,对发生损害所应当承担的责任也相对减轻,一般仅当其未采取合理有效措施而致使损害扩大时,才对该部分损害承担责任。

二是学校对人身损害风险发生的控制能力。判断学校是否具有过错,还应考虑学校对于风险的控制能力,即学校是否采取了合理有效的措施预防和化解风险。具体而言,包括学校是否制定了完善的安全管理制度,是否定期对校园设施进行检查和维护,是否对学生进行了必要的安全教育,发生人身损害时是否能够迅速、有效地采取措施以防止损害结果的进一步扩大等。如果学校已经采取了相应的合理措施,但仍然无法避免损害的发生,则无须承担相应侵权责任。

三是受损害学生的认知判断能力和身体情况。限制民事行为能力人相较于无民事行为能力人,其心智渐趋成熟,对于事物有相当程度的认知和判断能力,能够在一定程度上理解自己的行为后果,预防和控制风险。因此,对于学校是否尽到教育管理职责的判断,还应结合限制民事行为能力人的认知能力、身体情况等综合判断。学校组织开展超出学生一般认知判断能力和身体情况的活动,或者学校没有尽到通常标准注意义务的,则应当认定学校对损害的发生存在过错,应当承担相应责任。对于有特异体质或特定疾病的学生,学校应尽到更高的注意义务,所组织的教学管理活动应与学生体质相符,否则应承担相应责任,但学生及其监护人未如实告知限制民事行为能力人身体情况的除外。

三、本案中学校是否尽到教育管理职责的具体分析

本案中,徐某某作为限制民事行为能力人在校内受伤,学校是否尽到教育管理职责是其是否承担责任的前提要件。第一,从法定义务来看,学校提供了《专题教育记载表》《安全警示教育记录》等书面材料,证

明其常态化开展安全教育,其中包括"上下楼梯按序行走"等教育内容,符合《办法》第九条"开展安全教育"的要求。法院通过 VR 技术勘验确认,事发楼梯上下行左右黄黑分界线清晰,多处台阶及墙面张贴了醒目的安全提示标志,无设计缺陷,符合《办法》第四条"保障设施安全"的规定。在徐某某受伤后学校立即联系家长、陪同就医,妥善进行应急处置,履行了必要管理职责。

第二,从其他影响因素来看,徐某某摔倒受伤为意外事件,学校对该意外事件难以提前预见和避免,不具有可预见性,不应苛以过重的注意义务。徐某某在楼梯摔倒是在一般的教学管理活动中发生的,而非学校组织开展具有特殊风险的活动,其摔倒亦并非楼梯等设施场所缺陷导致。综上所述,法院依法认定学校已尽到了教育、管理职责,不承担侵权责任。

学生在校学习、生活并不意味着学校须对学生在校园内发生的一切人身损害负责,在保护学生权益的同时,应合理界定教育机构教育管理职责范围。本案例在处理限制民事行为能力人在学习、生活期间受到人身损害而引发的纠纷时,对学校是否尽到教育管理职责的认定,结合教育机构法定责任内容,综合考虑教育机构对损害结果发生的可预见性、控制能力和受损害学生自身情况等因素综合审查判断,纠正了"学生出事学校必担责"的认知偏见,释放了"尽职不担责"的积极信号,让学校更加积极开展教育教学活动,更好促进广大学生的健康快乐成长。

45.顾某甲、顾某乙、顾某丙申请指定遗产管理人案
——可以分得适当遗产的人有权作为利害关系人
向人民法院申请指定遗产管理人

关键词：民事　申请指定遗产管理人　利害关系人

【基本案情】

顾某甲、顾某乙、顾某丙申请人民法院指定江苏省太仓市民政局为杨某某的遗产管理人。

经审理查明：杨某某系聋哑孤寡老人。政府相关单位协调安排杨某某生活时，杨某某选择由顾某甲、顾某乙、顾某丙照顾其晚年生活。因杨某某生活不能自理，顾某甲、顾某乙对其进行日常照顾，并帮其雇用护工照料。杨某某生病住院及康复治疗期间，顾某甲、顾某乙、顾某丙定期探望，护工费、伙食费、医疗费等费用由顾某甲负责。顾某甲、顾某乙、顾某丙在杨某某死亡后，负责处理了丧葬事宜，并将杨某某与其父母一并安葬，按照当地风俗进行祭拜。杨某某死亡后遗留房屋一处，没有继承人。

江苏省太仓市人民法院于2022年12月7日作出（2022）苏0585民特32号民事判决：指定太仓市民政局作为杨某某的遗产管理人。

【裁判理由】

法院生效裁判认为：杨某某于2021年1月30日死亡，其无继承人，符合《中华人民共和国民法典》第一千一百四十五条、第一千一百四十

六条所规定的申请指定遗产管理人的情形。

因申请人顾某甲、顾某乙、顾某丙在杨某某生前对其扶养较多，符合民法典第一千一百三十一条规定"可以分给适当的遗产"的条件，故三申请人有权作为利害关系人，申请人民法院指定遗产管理人。

第一，根据民法典第一千一百三十一条的规定，继承人以外的对被继承人扶养较多的人，可以分给适当的遗产。该条基于权利义务相一致的原则，赋予继承人以外的对被继承人扶养较多的人酌情分得遗产的权利。本案中，申请人顾某甲、顾某乙、顾某丙并非杨某某的继承人，但对杨某某生前的饮食、医疗等极尽照顾，生活上扶助较多。因三申请人对杨某某进行了事实上的扶养，故依据上述法律规定，三申请人符合民法典第一千一百三十一条规定的"可以分给适当的遗产"情形，有权作为利害关系人申请指定遗产管理人。

第二，本案中，申请人顾某甲、顾某乙、顾某丙虽然与杨某某无血亲和姻亲关系，没有赡养杨某某的法定义务，但基于祖辈与杨某某的特定关系，三申请人与杨某某在生活中联系紧密。尤为重要的是，杨某某选择三申请人照顾其晚年生活，三申请人亦尽心照料、陪伴杨某某多年，给予其精神上的慰藉，直至杨某某病故，使其得以安享晚年。在杨某某去世后，三申请人负责其全部丧葬事宜，并按照风俗祭拜，符合中华民族赡养老人、扶残救济的传统美德，这也是社会主义良好道德风尚的具体体现，应予鼓励。因此，准许三申请人作为利害关系人申请指定遗产管理人，有利于弘扬文明、和谐、诚信、友善的社会主义核心价值观。

第三，在无法确定遗产管理人的情况下，遗产存在毁损、灭失、侵占等风险，继承人、受遗赠人、遗产债权人等利害关系人的权益可能受到损害。为避免损害发生，民法典设定遗产管理人制度，以保障遗产的安全性和相关民事主体的合法利益。本案中，杨某某无法定继承人、受遗赠人和遗产债权人，如不允许申请人顾某甲、顾某乙、顾某丙申请指定遗产管理人，不利于遗产的保存、管理和处理。

鉴于民政部门承担社会救济、社会福利事业、社区服务等工作，比较了解辖区内公民的家庭关系、财产状况等，有能力担任遗产管理人，故对申请人顾某甲、顾某乙、顾某丙申请指定杨某某生前住所地的民政部门即太仓市民政局作为遗产管理人的请求，依法予以支持。

【裁判要旨】

根据民法典第一千一百三十一条的规定，继承人以外的对被继承人扶养较多的人，可以分给适当的遗产。可以分得适当遗产的人属于民法典第一千一百四十六条规定的利害关系人，有权申请指定遗产管理人。

【关联索引】

《中华人民共和国民法典》第 1131 条、第 1146 条

特别程序：江苏省太仓市人民法院（2022）苏 0585 民特 32 号（2022 年 12 月 7 日）

法官解读

遗产管理制度中"利害关系人"的认定
——《顾某甲、顾某乙、顾某丙申请指定遗产管理人案（入库编号：2023-07-2-406-001）》解读

王 坤[*]

民法典继承编新增遗产管理制度，对遗产管理人的确定、职责、法律责任及报酬作出规定。遗产管理制度，是在继承开始后遗产交付前，有关主体依据法律规定或者有关机关的指定，以维护遗产价值和遗产权利人合法利益为宗旨，对被继承人的遗产实施管理、清算的制度。遗产管理的目的在于及时、公平、顺利地实现遗产流转。司法实践中，无人愿意担任或者多人争当遗产管理人的情形时有发生。此时，由于无法及时确定遗产管理人，遗产存在毁损、灭失、侵占等风险，继承人、受遗赠人或者遗产债权人等主体的合法权益可能受到损害。

为避免遗产无人管理造成损害，民法典规定利害关系人可以向人民法院申请，由人民法院指定遗产管理人，以保障遗产的安全性，维护相关主体的合法权益。《中华人民共和国民法典》第一千一百四十六条规定："对遗产管理人的确定有争议的，利害关系人可以向人民法院申请指定遗产管理人。"实践中，继承人、受遗赠人和遗产债权人作为利害关系人申请指定遗产管理人较为常见，但由于民法典未对"利害关系人"的内涵和外延作出明确，故对其他主体能否申请指定遗产管理人存在一定争议。判断申请人是否具有申请指定遗产管理人的主体资格，应当从遗产管理人制度的立法目的出发，结合民法典等法律规范，运用体系化解释方法，判断申请人与遗产的管理、清算、分配是否存在法律上的利害

---

[*] 作者单位：江苏省太仓市人民法院。

关系，合理界定利害关系人的范围。

在民法典颁行以前，由于缺乏遗产管理制度，在被继承人死亡后遗产交付前，遗产很多处于无人管理状态，甚至出现遗产分割前实际控制遗产的人转移、侵吞遗产等情形。遗产管理人制度的设立初衷主要是为了解决原有法律框架下遗嘱执行人履职和诉讼担当的缺失问题。从民法典的规定来看，遗产管理人主要承担以下职责：一是管理和保全遗产；二是维护遗产权利人利益；三是实现遗产公平分配；四是确保交易安全。可以说，民法典新增的遗产管理制度很好地解决了长期以来存在的问题。有鉴于此，在界定利害关系人范围时，应当结合立法目的进行综合判断。一旦对遗产管理人的确定产生争议，遗产管理人不能正常履职，遗产本身的财产价值、遗产权利人利益以及遗产的处置秩序等处于不稳定状态，致使其权利和义务受到影响的相关主体，就可以纳入遗产管理人制度中的利害关系人范围。因此，从立法目的来看，利害关系人应当界定为与遗产的处理有法律上利害关系的主体，即其与遗产的管理、清算、分配存在法律上的利害关系。

具体判断申请人是否与遗产存在法律上的利害关系，需要运用体系化的解释方法予以认定。"法律上的利害关系"，指的是从法律规范的角度，相关主体的权利义务与遗产存在某种牵连，即遗产的处理关系到相关主体行使权利、履行义务，既包括与遗产的处理有直接利害关系，也包括与遗产的处理存在间接利害关系。故认定与遗产是否具有法律上的利害关系，就是运用体系化的方法在相关实体规范中寻找申请人的权利义务与遗产是否存在直接或间接牵连的依据。

根据前述认定标准，利害关系人主要包括：第一，对遗产享有直接财产权益的主体。民法典第一千一百三十三条规定，自然人可以立遗嘱将个人财产由法定继承人中的一人或者数人继承，也可以赠与法定继承人以外的组织、个人。继承人继承遗产，受遗赠人接受遗赠，遗产将成为继承人和受遗赠人的财产，继承人和受遗赠人自然属于利害关系人。第二，对遗产享有间接财产权益的主体。虽然对遗产本身不享有直接的财产权益，但如果遗产缺乏管理，将无法有效行使自己权利的主体也可能成为利害关系人，如遗产债权人。第三，法律赋予管理遗产职责的单位组织。除了私法意义上的利害关系人，负有管理遗产职责的单位组织，也可能成为利害关系人。例如，民法典第一千一百四十五条规定："……没有继承人或者继承人均放弃继承的，由被继承人生前住所地的民政部门或者村民委员会担任遗产管理人。"

人民法院案例库入库参考案例《顾某甲、顾某乙、顾某丙申请指定遗产管理人案（入库编号：2023-07-2406-001）》具有一定的特殊性。本案中，顾某甲等三人既不是继承人、受遗赠人，也不是遗产债权人。三人是否有权提出指定申请，应当从实体法律规范中判断三人是否与遗产存在法律上直接或间接的利害关系。民法典第一千一百三十一条规定："对继承人以外的依靠被继承人扶养的人，或者继承人以外的对被继承人扶养较多的人，可以分给适当的遗产。"此系继承人以外的人酌情分得遗产的规定，其宗旨在于使继承人以外的其他人基于正义、扶助的理念获得一定数量的遗产，赋予继承人以外与被继承人形成某种扶养关系的人适当分得遗产的权利。顾某甲等三人作为继承人以外的人，在杨某某生前对其经济上资助、生活上扶助、精神上慰藉较多，进行了事实上的扶养。根据规定，三人可以分得适当遗产，属于对遗产享有直接财产权益的主体，与遗产的分配具有法律上的利害关系，故可以作为利害关系人，向法院申请指定遗产管理人。

在此基础上，本参考案例的裁判要旨进一步明确可以分得适当遗产的人有权作为利害关系人向人民法院申请指定遗产管理人的规则，提出："根据民法典第一千一百三十一条的规定，继承人以外的对被继承人扶养较多的人，可以分给适当的遗产。可以分得适当遗产的人属于民法典第一千一百四十六条规定的利害关系人，有权申请指定遗产管理人。"应当指出的是，上述裁判要旨丰富了民法典第一千一百四十六条中"利害关系人"的内涵，有助于推动完善遗产管理人制度，对于弘扬中华民族守望相助、扶残救济的善良风俗具有积极意义。

行政篇

入库编号：2023-12-3-001-029

46. 秦某江诉重庆市綦江区公安局交通巡逻警察支队、重庆市綦江区公安局行政处罚及行政复议案

——对于车辆驾驶人因交通标志标线设置不合理而导致交通违法的，相关行政处罚应予撤销

> 关键词：行政　行政处罚　行政复议　交通违法　交通标志标线　设置目的　明显不当

【基本案情】

重庆市綦江区公安局交通巡逻警察支队（以下简称綦江交巡警支队）在某丁字路口右转进入某小学的行进路段前方及右侧均未设置"禁止右转"等标志，但在进入该右转道约30米处的道路左侧和地面分别设置了"禁止驶入"交通标志和交通标线。

2018年6月16日，秦某江驾驶小型轿车在该丁字路口右转行驶30米后，道路左侧出现"禁止驶入"交通标志和地上出现"禁止驶入"交通标线，秦某江进退两难，遂驶入了禁行路段。2018年7月5日，綦江交巡警支队作出《公安交通管理简易程序处罚决定书》，认定秦某江驾驶小型轿车在某小学路段实施机动车逆向行驶的违法行为，违反道路交通安全法的规定，决定对其予以200元罚款、记3分的处理。秦某江不服，向重庆市綦江区公安局（以下简称綦江区公安局）提起行政复议，綦江区公安局于2018年8月21日作出《行政复议决定书》，维持綦江交巡警支队作出的前述处罚决定。

根据公开的政府信息可知：2017年6月21日至2019年5月10日，

案涉路段抓拍设备共抓拍5814车次。秦某江遂以綦江交巡警支队未正确设置道路通行标志，在进入该单行路段前，无法获知该路段的通行信息和交通禁行标志，不可能作出正确判断为由，诉请判决撤销前述处罚决定和行政复议决定。

重庆市綦江区人民法院于2019年9月3日作出（2018）渝0110行初368号行政判决：驳回秦某江的诉讼请求。一审宣判后，秦某江不服，提起上诉。重庆市第五中级人民法院于2020年9月4日作出（2019）渝05行终467号行政判决：一、撤销重庆市綦江区人民法院（2018）渝0110行初368号行政判决；二、撤销綦江交巡警支队于2018年7月5日作出的《公安交通管理简易程序处罚决定书》、綦江区公安局于2018年8月21日作出的《行政复议决定书》。

【裁判理由】

法院生效裁判认为：根据规定，交通标志一般情况下应设置在道路行进方向右侧或车行道上方，也可根据情况设置在左侧，或左右两侧同时设置。因此，綦江交巡警支队将案涉禁行标志设置在道路的左侧，符合规范。但交通标志标线设置除了应当符合相关规范外，还应当考虑相关通行设计的合理性等因素。秦某江驾车行至该丁字路口时，路口前方或其他相应位置并未设置"禁止右转"等相关提示标志。此种情况下，一般人的反应是此处可以右转，既然可以右转，右转后的道路一般情况下均可以通行。本案綦江交巡警支队虽然将禁行标志设置在禁行道路的起点，但没有在起点位置之前的适当位置设置相应的提示标志，致使机动车驾驶人驶入顺行路段后，容易越过禁行道路，造成违章。结合该路段在不到两年内发生高达5814车次因同一行为被监控抓拍的事实，法院认定该处的交通标志标线设置存在不合理之处。秦某江请求撤销綦江交巡警支队所作案涉处罚决定书和綦江区公安局所作案涉行政复议决定书的诉讼请求成立。故法院依法作出如上裁判。

【裁判要旨】

交通标志标线设置区域不合理，导致车辆驾驶人没有足够反应距离而受到行政处罚的，人民法院可以认定该交通标志标线设置明显不当并判决撤销相应的行政处罚。

【关联索引】

《中华人民共和国行政处罚法》第 33 条第 2 款

一审：重庆市綦江区人民法院（2018）渝 0110 行初 368 号行政判决（2019 年 9 月 3 日）

二审：重庆市第五中级人民法院（2019）渝 05 行终 467 号行政判决（2020 年 9 月 4 日）

法官解读

车辆驾驶人因交通标志标线设置不合理受到的行政处罚应否撤销的审查认定

——《秦某江诉重庆市綦江区公安局交通巡逻警察支队、重庆市綦江区公安局行政处罚及行政复议案（入库编号：2023-12-3-001-029）》解读

陈 璐 王旺旺[*]

道路交通标志标线作为维护交通秩序的保障、车辆和行人遵守规则的指引、交通管理和执法的依据，在交通管理中发挥着日益重要的作用。实践中，有时存在因交通标志标线设置不合理，导致车辆驾驶人违章进而受到行政处罚的情形。监督支持行政机关依法行政，促进实现办理一案、规范一事、指导一片，是人民法院行政审判的重要职能。对于行政相对人因交通标志标线设置不合理提起行政诉讼要求撤销行政处罚的，现行法律和司法解释未作具体规定，审判实践认识不一。对此，人民法院案例库入库参考案例《秦某江诉重庆市綦江区公安局交通巡逻警察支队、重庆市綦江区公安局行政处罚及行政复议案（入库编号：2023-12-3-001-029）》的裁判要旨明确："交通标志标线设置区域不合理，导致车辆驾驶人没有足够反应距离而受到行政处罚的，人民法院可以认定该交通标志标线设置明显不当并判决撤销相应的行政处罚。"该裁判要旨为类案审理提供了明确规则指引。现就有关问题解读如下。

一、车辆驾驶人违反交通标志标线通行应给予相应行政处罚

《中华人民共和国道路交通安全法》第三章"道路通行条件"中规定

---

[*] 作者单位：重庆市第五中级人民法院。

了交通信号，第四章"道路通行规定"中规定了交通信号指示车辆、行人通行的作用。根据该法第二十五条和第三十八条的规定，交通信号包括交通信号灯、交通标志、交通标线和交通警察的指挥，车辆与行人应当按照交通信号通行。有交警指挥时，交警的指挥优先于其他交通信号的指示。此外，《道路交通安全法实施条例》第三十条进一步规定了交通标志的类型，包括指示标志、警告标志、禁令标志、指路标志、旅游区标志、道路施工安全标志和辅助标志。根据道路交通安全法第八十九条和第九十条的规定，车辆违反道路交通安全法律的，应当进行相应的行政处罚。据此，车辆、行人依法应当按照包括交通标志标线在内的交通信号通行。通常而言，对于车辆驾驶人违反交通标志标线通行的行为，公安机关交通管理部门应当依照前述道路交通安全相关法律规范给予相应行政处罚。

本案例中，车辆驾驶人秦某江因违反案涉道路左侧"禁止驶入"交通标志和地上"禁止驶入"交通标线，驶入禁行道路，故引发了案涉公安机关交通管理部门对其作出相应的行政处罚。

二、交通标志设置区域不合理致使车辆驾驶人无足够反应距离引发交通违法的认定

道路交通安全法第二十五条第三款规定："交通信号灯、交通标志、交通标线的设置应当符合道路交通安全、畅通的要求和国家标准，并保持清晰、醒目、准确、完好。"关于城市道路交通标志和标线的设置规范，有关部门发布了国家标准。案涉交通标志的设置并未违反当时有效的国家标准。但是，诸如本案例情形的丁字路口、交叉路口等区域设置交通标志是否妥当，还应当考虑其他因素。原因在于，行政机关作出行政行为应当遵循比例原则，而比例原则蕴含着适当性的要求。适当性旨在要求行政机关所采取的措施应当能够实现行政目的或者有助于达成行政目的，即在"目的—手段"的关系上应当一致和同向。道路交通安全法第三十八条已明确要求车辆、行人应当按照交通标志通行，交通标志标线的设置应当充分考虑具体场景中车辆驾驶人、行人的观察便捷性，以利于发挥交通标志指引车辆、行人通行的功能作用，否则就有违比例原则中的适当性要求。

本案例中，案涉"禁止驶入"的交通标志设置在距离丁字路口右转后道路约30米处。车辆正常行进过程中，驾驶人在路口右转弯后没有足够的反应距离来避免违反该交通标志。此外，根据行政相对人申请公开的政府信息，案涉路段抓拍设备自设置后不到两年的时间内，多车次发生与本案例相同的违反交通标志的情况，亦可佐证前述判断。因此，案涉交通标志设置的区域无助于达成该交通标志设置的目的，有悖于比例原则中的适当性要求，故人民法院依法认定该交通标志标线设置不合理。

三、车辆驾驶人因交通标志设置不合理而受到的行政处罚应予撤销

需要说明的是，本案例生效裁判作出后，2021年修订的《中华人民共和国行政处罚法》增设第三十三条第二款，规定："当事人有证据足以证明没有主观过错的，不予行政处罚。法律、行政法规另有规定的，从其规定。"本案例裁判与上述新增规定的导向完全契合。具体而言，上述条款从保证行政处罚领域公平正义的角度统筹考虑，将当事人不存在故意、过失等主观过错作为不予处罚的情形。该规定主要应当从四个方面来理解：首先，行政处罚原则上实行过错推定；其次，当事人可以举证证明自己没有主观过错；再次，主观过错包括故意和过失；最后，法律和行政法规对此另有规定的，应当从其规定。

本案例中，案涉"禁止驶入"交通标志标线设置的区域距离交叉路口过近，车辆驾驶人秦某江无足够反应距离。秦某江申请公开的政府信息亦可佐证，该路口持续频发多发相同情形的交通违法行为，并非各驾驶人主观过错，实为案涉交通标志设置不合理。秦某江提供的证据足以证明系案涉交通标志设置区域不合理，而非车辆驾驶人秦某江主观过错引发了违反交通标志标线行驶的行为。故人民法院依法判决撤销案涉行政处罚。

本案例判决生效后，审理法院依法向相关交通行政管理部门发送了司法建议，交通部门积极优化交通标志设置，彻底解决了该路段因交通标志设置不合理导致的交通违法频发问题。

入库编号：2023-12-3-004-005

47. 周某春等 36 人诉重庆市涪陵区规划和自然资源局规划行政许可案

——老旧小区加装电梯规划许可不以全体业主"协商一致"为前置条件

> 关键词：行政　行政许可　老旧小区　加装电梯　协商一致　前置条件　实质审查

【基本案情】

重庆市涪陵区某小区系老旧小区，A、B 两栋住宅相连，共有业主 56 户。为便利出行，该小区 A、B 栋业主周某春等 50 户向重庆市涪陵区规划和自然资源局（以下简称涪陵区规资局）申请增设电梯规划许可，并提交增设电梯申请书、申请人对增设电梯事项（安装、维护等）的书面同意意见、业主书面同意意见、费用分摊明细情况说明等资料。因提交审批的加装电梯及廊道位置靠近 A 栋 4-1 业主刘某一侧，刘某知晓后与其他业主发生争议。后某小区 A、B 栋的 50 户业主修正前述加装电梯方案，将拟加装电梯位置调整至楼栋凹形的居中位置。

2019 年 9 月 6 日至 9 月 12 日，涪陵区规资局将《关于某小区 A、B 栋增设电梯的公示》、书面申请、修正后的加装电梯示意图、同意增设电梯业主名单及书面同意意见等材料张贴在某小区 A、B 栋宣传栏进行公示。9 月 9 日，该小区 A 栋 4-1 号业主刘某以"电梯廊道遮挡其厨房、厕所采光，在房子墙面加装钢钉或者钢梁柱头影响房屋价值"为由提出异议。9 月 12 日，刘某又以"增设电梯会产生噪音、影响采光、影响消防"等提出异议。9月19日,涪陵区规资局作出渝规涪陵〔工程〕复函〔2019〕0518号《建设项目规划管理报建审查复函》(以下简称《复函》)。《复函》载明,在某小区A、B栋增设电梯项目建设工程规划许可公示期间,该局收到该小区A栋4-1号业主异议,根据《重庆市老旧住宅增设电梯建设管理暂行办法》第八条规定,请周某春等人与有异议的业主协商,待达成一致意见后,再向该局申请办理规划手续。周某春等36人不服,诉至法院,请求判令:撤销案涉《复函》并责令涪陵区规资局在法定期限内作出规划许可。

涪陵区规资局辩称:案涉《复函》并非终局性的不予许可行政决定,不具有可诉性;涪陵区规资局根据《重庆市老旧住宅增设电梯建设管理暂行办法》第八条"对公示内容有异议的,申请人应当与有异议的业主协商"的规定作出案涉《复函》,事实清楚,证据充分。

重庆市南川区人民法院于2020年10月15日作出(2020)渝0119行初41号行政判决:一、撤销涪陵区规资局渝规涪陵〔工程〕复函〔2019〕0518号《复函》;二、责令涪陵区规资局自本判决生效之日起按照行政许可法规定的期限重新作出行政行为。宣判后,涪陵区规资局提起上诉。重庆市第三中级人民法院于2020年12月21日作出(2020)渝03行终167号行政判决:驳回上诉,维持原判。

【裁判理由】

本案争议焦点主要有两点:一是案涉《复函》是否可诉;二是案涉《复函》是否合法。

关于案涉《复函》是否可诉的问题。《最高人民法院关于审理行政许可案件若干问题的规定》第三条规定:"公民、法人或者其他组织仅就行政许可过程中的告知补正申请材料、听证等通知行为提起行政诉讼的,人民法院不予受理,但导致许可程序对上述主体事实上终止的除外。"本案中,被诉《复函》虽然是在行政许可程序中要求申请人补充异议协商材料的通知行为,但从事实上将某小区A、B栋增设电梯项目建设工程规划许可申请停留在协商阶段，终止了行政许可程序，故具有可诉性。

关于案涉《复函》是否合法的问题。老旧小区加装电梯有利于改善业主居住生活条件，也有利于提升老旧住宅的价值，符合民法典及此前物权法（已废止）"物尽其用"的精神实质，是一项社会所需、居民期盼的民生工程，应予提倡。在现行法律法规没有对老旧小区加装电梯决策程序作出明确规定的前提下，应当遵循上述立法精神。相关职能部门在进行许可审批时，既要考虑多数业主的重大事项决定权，也要考虑维护少数人的正当合法利益，避免以"少数服从多数"为由侵犯公民依法享有的通风、采光等相邻权，以维护"方便生活、团结互助、公平合理"的相邻关系。《重庆市老旧住宅增设电梯建设管理暂行办法》第八条对增设电梯的建设工程规划许可程序作出明确，规定："对公示内容有异议的，申请人应当与有异议的业主协商。确无法达成一致的，如持异议的业主为本单元业主（楼栋未分单元的，如持异议的业主为本栋业主），增设电梯直接影响其房屋专有部分使用或房屋采光、通风的，城乡规划主管部门不得审批。"据此，城乡规划主管部门不得审批的，应当以"增设电梯直接影响其房屋专有部分使用或房屋采光、通风"作为事实基础。本案中，某小区A、B栋申请加装电梯的业主人数和专有部分面积均远大于三分之二，其加装电梯方案表决同意的比例符合物权法第七十六条关于改建或重建建筑物及其附属设施的规定。异议业主刘某提出增设电梯会产生噪音、影响采光、消防和房屋价值等问题后，涪陵区规资局应当积极协调化解申请人与异议人之间的矛盾，对异议人的异议进行调查，如有必要应当进行勘验、鉴定，并根据调查结果决定是否批准。涪陵区规资局未充分考量增设电梯的利民性质，在未对异议人的异议进行调查的情况下，作出被诉《复函》，简单要求双方必须协商一致，终止行政许可程序，没有事实和法律根据，应予撤销。

【裁判要旨】

老旧小区加装电梯规划行政许可审批中，业主对加装电梯不能达成完全一致的，行政机关应当对异议进行实质调查，必要时还应进行勘验、鉴定，以确定加装电梯是否存在侵害异议人专有部分使用权或相邻权等合法权益的法定情形。行政机关在未对异议进行调查的情况下，直接作出程序性复函要求业主协商一致，从事实上终止行政许可程序的，没有事实和法律根据，应予撤销。

【关联索引】

《中华人民共和国行政许可法》（2019年修正）第14条第1款、第15条第2款

《中华人民共和国民法典》第278条、第288条、第293条（本案适用的是2007年10月1日施行的《中华人民共和国物权法》第76条、第84条、第89条）

《最高人民法院关于审理行政许可案件若干问题的规定》（法释〔2009〕20号）第3条

一审：重庆市南川区人民法院（2020）渝0119行初41号行政判决（2020年10月15日）

二审：重庆市第三中级人民法院（2020）渝03行终167号行政判决（2020年12月21日）

法官解读

老旧小区加装电梯申请规划许可，业主能否"一票否决"

——《周某春等 36 人诉重庆市涪陵区规划和自然资源局规划行政许可案（入库编号：2023-12-3-004-005）》解读

袁钦明　伍柯聿[*]

随着城市化进程加快，人口老龄化问题凸显，老旧小区业主加装电梯的现实需求日益强烈。同时，老旧住宅增设电梯是提升老百姓获得感、实施城市更新行动的民生工程。实践中，加装电梯需要通过规划审查、施工许可及竣工验收等一系列行政程序，能否将业主一致同意作为许可老旧小区增设电梯的前置条件，还存有争议。对此，人民法院案例库入库参考案例《周某春等 36 人诉重庆市涪陵区规划和自然资源局规划行政许可案（入库编号：2023-12-3-004-005）》的裁判要旨明确："老旧小区加装电梯规划行政许可审批中，业主对加装电梯不能达成完全一致的，行政机关应当对异议进行实质调查，必要时还应进行勘验、鉴定，以确定加装电梯是否存在侵害异议人专有部分使用权或相邻权等合法权益的法定情形。行政机关在未对异议进行调查的情况下，直接作出程序性复函要求业主协商一致，从事实上终止行政许可程序的，没有事实和法律根据，应予撤销。"该裁判要旨对老旧小区加装电梯规划行政许可程序的司法审查具有参考价值。现就有关问题作如下解读。

---

[*] 作者单位：重庆市第三中级人民法院。

一、以全体业主"协商一致"作为老旧小区加装电梯申请规划许可的前提条件，有违行政许可法定原则

《中华人民共和国行政许可法》规定了许可法定原则。根据行政许可法第十二条、第十四条、第十五条以及第十七条的规定，法律、行政法规、地方性法规可以设定行政许可，地方政府规章可以设定临时性的行政许可，其他规范性文件一律不得设定行政许可。据此，市、县级行政主管部门制定的规范性文件不得增设行政许可，而且对行政许可条件作出的具体规定不得增设违反上位法的其他条件。对于老旧小区加装电梯而言，尚无法律、行政法规或地方性法规作出过具体规定，更无对该事项规划许可必须以全体住户"达成一致"为前提条件的规定。

本案例中，重庆市涪陵区规划和自然资源局（以下简称涪陵区规资局）作出案涉渝规涪陵〔工程〕复函〔2019〕0518号《建设项目规划管理报建审查复函》（以下简称《复函》），要求申请人与有异议的业主协商达成一致意见后，方可申请办理某小区A、B栋加装电梯规划许可手续。该《复函》实质是在法律规定的建设规划行政许可条件以外另行增设新的前提条件，增加申请人的法外义务，不符合行政许可法定原则。

二、以全体业主"协商一致"作为老旧小区加装电梯申请规划许可的前提条件，有违行政许可便民、高效原则

"职权法定"原则要求行政机关实施行政管理的权力来源于法律法规的授权，不得超越和滥用职权，同时法律规定应当履行的职责行政机关应当积极履行，不能逃避责任。行政许可法第六条规定："实施行政许可，应当遵循便民的原则，提高办事效率，提供优质服务。"据此，便民、高效是行政机关实施行政许可应当遵循的基本原则。这包含两个方面：一是便利行政相对人原则，在行政程序中不得增加当事人程序负担；二是提升行政效率原则，要求行政机关积极履行法定职责，禁止不作为或者不完全作为。行政机关在职责范围内，在应当作为也可能作为的情

况下未积极实施法定职责,构成行政不作为。同时,根据行政许可法第三十六条的规定:"行政机关对行政许可申请进行审查时,发现行政许可事项直接关系他人重大利益的,应当告知该利害关系人。申请人、利害关系人有权进行陈述和申辩。行政机关应当听取申请人、利害关系人的意见。"这是法律赋予行政机关的程序职责。因此,在老旧小区加装电梯规划行政许可中,行政机关应当按照前述规定,针对利害关系人提出的异议对加装电梯是否影响异议业主房屋专有部分使用或房屋采光、通风等问题进行审查判断,进而作出是否许可的决定,不能简单要求双方协商一致,否则便终止行政许可程序。

本案例中,涪陵区规资局要求申请人与异议者协商一致,实质上是将行政机关自己应当履行而未履行异议审查职责的不利后果转嫁给申请人承担,不符合行政许可便民、高效原则。

三、老旧小区加装电梯规划行政许可的司法审查

通常而言,电梯本身并非具有单独使用价值的建筑物,而是作为建筑物的附属物使用。老旧小区加装电梯属于对既有房屋的改造建设,不可避免会对相关业主的生活产生重大影响,尤其是低层业主和高层业主之间的利益冲突最为典型。实践中,通常将既有住宅加装电梯归入"改建、重建建筑物及其附属设施"范畴并遵循民法典第二百七十八条有关共有和共同管理权利的重大事项的集体表决相关规定。根据该条要求,改建、重建建筑物及其附属设施,应当由专有部分面积占比三分之二以上的业主且人数占比三分之二以上的业主参与表决,并经参与表决专有部分面积四分之三以上的业主且参与表决人数四分之三以上的业主同意。即"双三分之二以上参与表决"+"双四分之三表决同意",而非强制要求全体业主一致同意。同时,低层业主对增设电梯提出异议实质上系出于对自身生活安宁、隐私及相邻权等可能被侵害的担忧。根据民法典第二百九十三条、第二百九十五条等规定,建造建筑物不得违反国家有关工程建设标准,不得妨碍相邻建筑物的通风、采光和日照,不得危及相

邻不动产的安全等。因此，行政机关在进行老旧小区加装电梯建设规划行政许可审批时，既要依法保障多数业主的重大事项决策权，避免少数人滥用一票否决权，也要充分维护少数人的正当合法利益，避免以"少数服从多数"为由侵犯其享有的通风、采光等权益，以维护"有利生产、方便生活、团结互助、公平合理"的相邻关系。

综上所述，在尚无法律、行政法规或地方性法规对老旧小区加装电梯及其行政许可审查程序作出明确规定的情况下，行政机关应当参照民法典第二百七十八条等规定将其作为须由业主民主表决确定的重大事项，并对利害关系人的异议能否成立进行实质审查，发挥行政主管部门专业性、权威性和效率性等特点，推动老旧小区加装电梯争议实质解纷。因此，行政机关在未对异议进行调查的情况下，不得直接作出程序性复函要求业主"协商一致"，从事实上终止行政许可程序。相反，行政机关应当对异议人提出增设电梯侵害其房屋专有部分使用或影响相邻房屋采光、通风等事由进行调查，如有必要，应当进行勘验、鉴定，并根据调查结果决定是否予以审批或者要求申请人修改完善施工方案。

入库编号：2024-12-3-007-007

48.李某贵诉资阳市社会保险事业管理局特殊工种提前退休行政确认案

——特殊工种提前退休行政确认案件的审查

> 关键词：行政　行政确认　提前退休　特殊工种　调查核实

【基本案情】

李某贵，1966年5月生，自1982年7月起经原资阳县劳动局批准招工到原资阳县某皮革厂工作，至1994年12月该皮革厂破产止，工作期间工种为准备工。2008年7月1日，原资阳市雁江区劳动和社会保障局对原资阳县某皮革厂职工档案进行详细审查后，将符合提前退休条件和不符合提前退休条件的人员予以公示，李某贵在符合提前退休条件人员名单内。李某贵年满55周岁后，于2021年5月向资阳市雁江区人力资源和社会保障局提交拟办理特殊工种提前退休申请。2021年6月4日，资阳市雁江区人力资源和社会保障局作出2021年01号《行政审批及公共服务事项一次性告知书》，对李某贵的申请作出初审意见，并交资阳市社会保险事业管理局复审。2021年8月31日，资阳市社会保险事业管理局作出《关于李某贵同志拟办理特殊工种提前退休复审的通知》，载明：经复审，李某贵申报的原始档案中记载从事"准备工"的工种和年限资料不充分，不符合特殊工种提前退休条件；同时，告知李某贵依法享有申请复议和提起诉讼的权利。李某贵不服，提起行政诉讼，请求人民法院依法撤销资阳市社会保险事业管理局作出的《关于李某贵同志拟办理特殊工种提前退休复审的通知》。

四川省资阳市雁江区人民法院于 2022 年 4 月 14 日作出（2022）川 2002 行初 2 号行政判决：一、撤销资阳市社会保险事业管理局于 2021 年 8 月 31 日作出的《关于李某贵同志拟办理特殊工种提前退休复审的通知》；二、责令资阳市社会保险事业管理局在本判决生效之日起六十日内对李某贵的特殊工种提前退休重新作出复审意见。宣判后，资阳市社会保险事业管理局提起上诉。四川省资阳市中级人民法院于 2022 年 6 月 20 日作出（2022）川 20 行终 59 号行政判决：驳回上诉，维持原判。

【裁判理由】

法院生效裁判认为：《国务院关于工人退休、退职的暂行办法》（国发〔1978〕104 号）第一条规定："全民所有制企业、事业单位和党政机关、群众团体的工人，符合下列条件之一的，应该退休：……（二）从事井下、高空、高温、特别繁重体力劳动或者其他有害身体健康的工作，男年满五十五周岁，女年满四十五周岁，连续工龄满十年的……"《劳动人事部关于轻工业提前退休工种给轻工业部的复函》（劳人护〔1983〕3 号）载明："……同意你部《轻工业提前退休工种范围表》中所列的六十七个工种，作为提前退休工种试行。这类工种的工人在退休时，可以按照《国务院关于工人退休、退职的暂行办法》第一条（二）项的规定办理……"上述规定及复函是国家对从事特殊工种的职工退休人性化的规定。李某贵所从事的工作为制革准备工，其工种性质系特别繁重体力劳动，是《轻工业提前退休工种范围表》内所列工种。李某贵原始档案资料《招工登记表》《资阳市皮革厂发放安置费花名单》已证明李某贵在皮革厂工作的时间为 1982 年 7 月至 1994 年 12 月。2008 年 7 月 1 日，原资阳市雁江区劳动和社会保障局对李某贵职工档案进行详细审查后，对李某贵从事的特殊工种及从事特殊工种工作的年限均认定为符合提前退休条件，并进行公示。同时公示的其他人员在达到规定的提前退休年龄后，均已办理提前退休。庭审中，李某贵申请原车间三名同事为其特殊工种工作年限出庭作证，所作证人证言与《招工登记表》《资阳市皮革厂发放安置费花名单》、原资阳市雁江区劳动和社会保障局审查公示等证据间形成了完整的证据链，足以证明李某贵自参加工作至皮革厂破产期间一直从事准备工作，其在特殊工种岗位上工作的年限已符合提前退休的条件。《四川省人力资源和社会保障厅关于规范特殊工种提前退休审批工作的通知》（川人社函〔2014〕878号）第一条关于"各单位要切实加强企业职工档案管理工作，对涉及职工特殊工种工作经历的相关材料要及时归档，妥善保存，确保档案资料真实性和完整性。在特殊工种提前退休审批过程中原则上以档案原始资料记载作为特殊工种认定的依据"的规定，旨在加强企业职工档案管理工作，特别是对涉及职工特殊工种工作经历的相关材料要及时归档、妥善保存、确保档案资料的真实性和完整性，以保护职工的合法权益。但是，在特殊工种提前退休审批过程中原则上以原始档案资料记载作为特殊工种认定的依据，并非全盘否定证人证言等作为证据的法定性。社保行政部门作出是否准予提前退休的行政决定时，既应当对原始档案资料严格把关，认真审查核实，还应当对证人证言及其他证据真实性、合法性、关联性及证明力的大小进行认定，确保作出的行政决定事实清楚、证据充分、合法有效。李某贵已在其能力范围内充分进行举证，资阳市社会保险事业管理局应当严格审查李某贵提交的材料，综合认定其工作年限，而不应仅以原始档案记载从事"准备工"的工种和年限资料不充分而径直认定不符合提前退休条件。故而，法院依法撤销案涉《关于李某贵同志拟办理特殊工种提前退休复审的通知》。

【裁判要旨】

社保行政部门对特殊工种提前退休进行审批，应当结合职工原始档案记载等书证、证人证言及其他证据，综合认定工龄、工种等是否符合提前退休情形。仅以职工档案资料记载不清晰、不完善为由不予批准的，人民法院依法不予支持。

【关联索引】

《国务院关于工人退休、退职的暂行办法》(国发〔1978〕104号)第1条第2项

一审:四川省资阳市雁江区人民法院(2022)川2002行初2号行政判决(2022年4月14日)

二审:四川省资阳市中级人民法院(2022)川20行终59号行政判决(2022年6月20日)

法官解读

特殊工种提前退休行政确认案件的审查规则
——《李某贵诉资阳市社会保险事业管理局特殊工种提前退休行政确认案（入库编号：2024-12-3-007-007）》解读

甘 舸[*]

特殊工种提前退休行政审批是提前退休制度中的一项重要内容，其实质是行政主体对于符合退休条件和资格的行政相对人进行确认的履职过程。保障符合条件的人民群众享受到应有待遇是该项制度设立的应有之义，也是社保行政部门和人民法院在处理此类案件时的共同目标。根据规定，从事井下、高空、高温、特别繁重体力劳动或者其他有害身体健康的工作，在符合条件的情况下，可以提前退休。为防止违法办理特殊工种提前退休的现象发生，社保行政部门对特殊工种提前退休进行严格审批，有效保障职工权益和公平正义。但是，在个别地方也出现了对特殊工种和工作年限的认定"唯档案论"，存在不妥。为此，人民法院案例库入库参考案例《李某贵诉资阳市社会保险事业管理局特殊工种提前退休行政确认案（入库编号：2024-12-3-007-007）》裁判要旨提出："社保行政部门对特殊工种提前退休进行审批，应当结合职工原始档案记载等书证、证人证言及其他证据，综合认定工龄、工种等是否符合提前退休情形。仅以职工档案资料记载不清晰、不完善为由不予批准的，人民法院依法不予支持。"现就有关问题解读如下。

一、特殊工种提前退休行政审批制度的政策沿革

1978年，经全国人大常委会批准施行的《国务院关于工人退休、退

---
[*] 作者单位：四川省资阳市雁江区人民法院。

职的暂行办法》(国发〔1978〕104号)对特殊工种提前退休制度提供了行政法律依据。1999年,原劳动和社会保障部发布的《关于制止和纠正违反国家规定办理企业职工提前退休有关问题的通知》(劳社部发〔1999〕8号),对特殊工种范围及其工作年限要求作了进一步完善。根据有关规定,在具体审批之中,对于特殊工种提前退休相关信息往往按照原始档案的记载进行审核。而且,为杜绝违法违规办理提前退休现象发生,确保养老保险基金安全,社保行政部门对特殊工种提前退休的审批认定越来越严格。

二、特殊工种提前退休行政确认案件的综合裁量规则

本案系一起典型的因职工原始档案资料记载不清晰、不完善导致职工申请特殊工种提前退休,社保行政部门作出不予批准的行政确认案件。所涉裁判要旨意在明确,社保行政部门在进行特殊工种提前退休审批时,应当结合职工原始档案记载等书证、证人证言及其他证据,综合认定工龄、工种等是否符合提前退休情形,不宜仅以职工档案资料记载不清晰、不完善为由不予批准。在审理相关案件时,具体可参考以下思路。

第一,从有效保护职工权益角度理解政策精神。如前所述,社保行政部门对行政相对人是否符合特殊工种提前退休条件的确认,原则上以原始档案资料记载为准。这一做法有效防范了提前退休行政审批中可能出现的档案造假、证人作伪等行为,保障了行政审批结果的公信力。但在因客观原因导致档案缺失的情形下,尤其是涉及因企业改制、破产清算等形成的历史遗留问题时,如当事人实际符合条件,但社保行政部门仅以职工档案记载不清晰、不完善为由,不予批准提前退休,显然难以满足当事人的合理诉求,不利于实质正义的实现。因此,从该项制度设立初衷看,国务院和地方的系列政策文件,应当是对从事特殊工种符合一定条件可以申请提前退休制度的保护和完善,其规定在特殊工种提前退休审批过程中原则上以档案原始资料记载作为特殊工种认定的依据,并结合人员信息库开展审批,重在加强企业职工档案管理,特别是对涉及职工特殊工种工作经历的相关材料要及时归档、妥善保存、确保档案资料的真实性和完整性，最终的落脚点依然是保护职工合法权益。

第二，从正当程序角度公正评价行政机关行为。社保行政部门在个案处理中应当充分发挥职能主管部门作用，对涉及职工切身利益的事项，及时充分调查处理，从源头化解行政争议。故而，社保行政部门在作出是否准予提前退休的行政决定前，除对原始档案资料认真审核严格把关外，还应当结合证人证言及其他证据材料依法审查、综合认定，确保所作决定事实清楚，证据充分，合法有效。本案中，李某贵并非档案的管理者，对档案记载的不完善、不清晰没有责任，在企业早已破产的情况下，李某贵申请原工作部门工友作证，作为其申请提前退休的依据，已尽最大努力进行举证。资阳市社会保险事业管理局对李某贵从事的"准备工"属于特殊工种无异议，但以原始档案仅有一份1991年4月清标工资表记载为"准备工"，其他档案均无记载从事准备工工作年限的相关直接资料为由，未对李某贵提供的证人证言作出评判，即未予审批通过，存在不妥。

第三，充分运用诉讼证据规则依法查明案件事实。行政相对人在行政诉讼中依法提供相应证据以支撑其主张，是其作为诉讼主体参与诉讼的法定权利。根据行政诉讼法第三十三条第一款，书证、证人证言均属于证据类型，职工的原始档案属于书证，证人证言、调查笔录等证据同书证一样同属于证据类型，均具有证明待证事实的特征。故而，不应认为证人证言等其他证据一律无法作为认定依据。人民法院在认定案件事实时，应当综合各方当事人提供的书证、证人证言等证据综合审查判断。具体到本案，法院综合李某贵提供《招工登记表》等原始档案资料、社保部门审查公示、同类情形其他人员均已顺利办理提前退休事实及李某贵申请原工友出庭作出的证人证言等相关证据，审理查明事实，依法撤销案涉《关于李某贵同志拟办理特殊工种提前退休复审的通知》。

以职工原始档案记载为标准、否认一切证人证言或后来证据进行特殊工种和工作年限认定的"唯档案论"做法，会造成职工处于"应退未退"的困境。随着管理方式的进步和完善,多地行政部门不断规范和加强运用电子档案系统,有效解决纸质档案可能存在的人工记录不完全、存在个别差异等问题,切实强化对职工的权利保障。与此同时,人民法院在全面审查社保行政机关行政审批行为是否合法的过程中,应当准确理解政策精神,遵循正当程序原则,充分运用行政诉讼证据规则,对当事人提交的证据材料进行综合审查认定后作出结论,依法保障人民群众合法权益。

# 执行篇

入库编号：2024-17-5-203-003

49. 彭某与张某执行监督案
——带租拍卖中租金归属的确认

关键词：执行　执行监督　带租拍卖　交付　租金

【基本案情】

河南省新乡市卫滨区人民法院在办理彭某申请执行廖某一案中，对被执行人廖某与共有人王某名下位于河南省郑州市××号的房产进行司法拍卖。拍卖公告中载明：房产有租赁，租期到2021年12月。2021年2月13日，张某竞买成功。2021年4月13日，河南省新乡市卫滨区人民法院作出（2020）豫0703执恢113号执行裁定，解除案涉房产的查封并过户至张某某名下。

因河南省新乡市卫滨区人民法院自2020年10月27日起要求案涉房产承租人协助将到期租金交付该院，房产拍卖成交后，该院于2021年6月16日又提取案涉房产租金2.85万元。张某对此不服，以其于2021年2月13日通过司法拍卖竞得案涉房产且已取得不动产权证为由，对该院扣留、提取租金的执行行为提出异议，请求中止对案涉房产自2021年2月13日之后租金的执行，并确认该日期之后的房产租金归其所有。

河南省新乡市卫滨区人民法院于2021年9月16日作出（2021）豫0703执异88号执行裁定：驳回张某的异议请求。张某不服，申请复议。河南省新乡市中级人民法院于2021年12月9日作出（2021）豫07执复301号执行裁定：撤销河南省新乡市卫滨区人民法院（2021）豫0703执异88号执行裁定；张某要求河南省新乡市卫滨区人民法院中止对河南省郑州市××号的房产自 2021 年 4 月 13 日之后租金执行的异议请求成立；驳回张某的其他异议请求。申请执行人彭某不服，向河南省高级人民法院提出申诉。河南省高级人民法院于 2022 年 3 月 30 日作出（2021）豫执监 352 号执行裁定：驳回彭某的申诉请求。

【裁判理由】

本案争议焦点在于案涉财产上设定有租赁权，拍卖成交后租金等权益归属应如何认定。

第一，《最高人民法院关于适用〈中华人民共和国民事诉讼法〉的解释》（2020 年修正）第四百九十三条规定："拍卖成交或者依法定程序裁定以物抵债的，标的物所有权自拍卖成交裁定或者抵债裁定送达买受人或者接受抵债物的债权人时转移。"河南省新乡市卫滨区人民法院于 2021 年 4 月 13 日作出执行裁定，将案涉房产过户至张某名下。依照上述法律规定，拍卖成交裁定送达张某时，案涉房产即归张某所有。张某基于案涉房产所有权享有占有、使用、收益、处分的权利，收益权包括享有收取房产租金的权利。

第二，拍卖公告中明示该房产附有租赁，张某参与竞拍，表明愿意对原租赁合同的权利义务概括承受。法院作出拍卖成交裁定后，张某与承租人无须另行订立租赁合同，其在取得房产所有权时就与承租人产生了租赁合同关系，承继原出租人的权利和义务。故张某有收取剩余租金的权利。

第三，拍卖公告中只明确了拍卖房产附有租赁的期限，但并未明确限制竞拍人在拍卖成交后收取剩余租金。在该房产有剩余租金尚未收取的情况下，若剥夺竞拍人拍卖成交后的租金收益权，没有事实依据。河南省新乡市中级人民法院认定张某有权收取拍卖成交裁定送达之后的租金，并无不当。

【裁判要旨】

1. 带租拍卖时，拍卖财产上原有的租赁权及其他用益物权，不因拍卖而消灭，租赁合同对买受人仍具有约束力，买受人对原租赁合同的权利义务概括承受，承继原出租人的权利和义务。

2. 拍卖公告中明示拍卖财产上附属租赁关系但未明确拍卖成交后的租金归属的，买受人取得拍卖财产所有权时，依法享有租金收益权。

【关联索引】

《最高人民法院关于适用〈中华人民共和国民事诉讼法〉的解释》第491条（本案适用的是2020年12月29日修正的《最高人民法院关于适用〈中华人民共和国民事诉讼法〉的解释》第493条）

执行异议：河南省新乡市卫滨区人民法院（2021）豫0703执异88号执行裁定（2021年9月16日）

执行复议：河南省新乡市中级人民法院（2021）豫07执复301号执行裁定（2021年12月9日）

执行监督：河南省高级人民法院（2021）豫执监352号执行裁定（2022年3月30日）

法官解读

带租拍卖中租金归属的认定

——《彭某与张某执行监督案（入库编号：2024-17-5-203-003）》解读

张 琦 闫龙欢[*]

司法拍卖是人民法院经常使用的一种执行方式。对于被执行人名下财产上存在租赁权的，拍卖成交后，租赁合同对买受人是否仍具有约束力，在拍卖公告没有明示的情况下，租赁收益如何分配等问题，成为困扰人民法院司法拍卖的难题。由此，人民法院案例库入库参考案例《彭某与张某执行监督案（入库编号：2024-17-5-203-003）》裁判要旨明确，"带租拍卖时，拍卖财产上原有的租赁权及其他用益物权，不因拍卖而消灭，租赁合同对买受人仍具有约束力"，"拍卖公告中明示拍卖财产上附属租赁关系但未明确拍卖成交后的租金归属的，买受人取得拍卖财产所有权时，依法享有租金收益权"，为审理类似案件提供了裁判指引。现就有关问题具体解读如下。

第一，带租拍卖时，拍卖财产上原有的租赁权及其他用益物权，不因拍卖而消灭。租赁权是承租人基于租赁合同对租赁物占有、使用和收益的权利。尽管租赁权在本质上属于债权，但出于对弱势承租人的保护及维护社会秩序稳定的需要，各国民法均赋予租赁权以物权的对抗力，此即"买卖不破租赁"原则。我国亦确立了此原则，《中华人民共和国民法典》第七百二十五条规定："租赁物在承租人按照租赁合同占有期限内发生所有权变动的，不影响租赁合同的效力。"按照上述法律规定，人民

---

[*] 作者单位：河南省高级人民法院。

法院在执行程序中亦需保护执行程序开始前依法设立的承租人的租赁权，即在处置租赁物时原则上应当带租拍卖，承租人的租赁权不因拍卖而消灭，买受人在竞得租赁物后对原租赁合同的权利义务概括承受，此时合同主体发生变更，由买受人承继原出租人的相关权利和义务。

本案例中，河南省新乡市卫滨区人民法院在执行过程中对被执行人廖某与共有人王某名下位于河南省郑州市××号的房产进行司法拍卖。因在人民法院查封之前，被执行人已将案涉房产出租，且承租人享有的租赁权真实有效，为保护承租人的合法权利，故河南省新乡市卫滨区人民法院在拍卖公告中载明房产有租赁，对案涉房产进行带租拍卖并无不当。带租拍卖时，拍卖财产上原有的租赁权不因拍卖而消灭，租赁合同对买受人仍具有约束力，张某参与竞拍，表明愿意对原租赁合同的权利义务概括承受，承继原出租人的权利和义务。

在此基础上，本参考案例的裁判要旨之一指出："带租拍卖时，拍卖财产上原有的租赁权及其他用益物权，不因拍卖而消灭，租赁合同对买受人仍具有约束力，买受人对原租赁合同的权利义务概括承受，承继原出租人的权利和义务。"

第二，拍卖公告明示带租拍卖且没有约定租金归属的，买受人享有租金收益权。尽管司法拍卖属于公法上的处分行为，与民法上的普通买卖行为存在区别，但司法拍卖的后果在很多情况下与普通买卖并无不同，根据民法典第七百二十五条的规定，司法拍卖的买受人在竞得租赁物后，租赁物上存在的原租赁合同对于买受人仍继续有效。承租人与买受人之间无须另行签订租赁合同，买受人在取得该租赁物的所有权时就概括承受原租赁合同的权利义务，包括承租人继续使用收益租赁物及租金收取权。在司法拍卖公告中明示拍卖财产上附属租赁关系但未明确拍卖成交后的租金等归属的，买受人取得租赁物所有权时即享有对承租人收取租金的权利。

同时，实践中，要特别注意租金收取的节点，买受人在取得租赁物的所有权时就概括承受原租赁合同的权利义务，故应当以租赁物所有权的移转为节点收取租金，即租赁物为动产的，以交付时取得所有权，租赁物为不动产的，以登记时取得所有权。但因司法拍卖不同于一般的买卖行为，根据《最高人民法院关于适用〈中华人民共和国民事诉讼法〉的解释》（2020年修正）第四百九十三条关于"拍卖成交或者依法定程序裁定以物抵债的，标的物所有权自拍卖成交裁定或者抵债裁定送达买受人或者接受抵债物的债权人时转移"的规定，司法拍卖成交后，标的物所有权自拍卖成交裁定送达买受人时转移，买受人在收到拍卖成交裁定后即取得租赁物的所有权，其有权收取拍卖成交裁定送达之后的租金。

本案例中，河南省新乡市卫滨区人民法院在拍卖公告中明示案涉房产附有租赁，张某参与竞拍即表明其愿意概括承受原租赁合同的权利义务。案涉房产拍卖成交后，该院于2021年4月13日作出执行裁定，将案涉房产过户至张某名下。上述拍卖成交裁定送达张某时，案涉房产即归张某所有。张某基于取得案涉房产所有权即享有收取拍卖成交裁定送达之后租金的权利。

在此基础上，本参考案例的裁判要旨之二指出："拍卖公告中明示拍卖财产上附属租赁关系但未明确拍卖成交后的租金归属的，买受人取得拍卖财产所有权时，依法享有租金收益权。"

第三，带租拍卖时法院应对租赁权形成时间和真实性进行审查。一方面，法院应当认真审查租赁权的设立时间。《最高人民法院关于人民法院民事执行中查封、扣押、冻结财产的规定》第二十四条第一款规定："被执行人就已经查封、扣押、冻结的财产所作的移转、设定权利负担或者其他有碍执行的行为，不得对抗申请执行人。"按照上述规定，承租人的租赁权设立在租赁物被查封之前的，人民法院原则上应当带租拍卖，如承租人的租赁权在人民法院查封租赁物之后设立，除非申请执行人同意带租拍卖，人民法院应当除去租赁权后再行对租赁物进行拍卖。另一方面，法院应当认真审查租赁权的真实性。近年来，为规避法院执行，被执行人和案外人恶意串通，通过虚假租赁妨碍执行的现象并不鲜见。

　　人民法院应通过审查租赁合同的签订及备案时间、租赁物的占有使用情况、租金的支付等进而判断承租人的租赁权是否真实，对查封之前承租人真实的租赁权通过带租拍卖予以保护，对虚假的租赁权或者可能虚假的租赁权，应除去后再行拍卖租赁物，承租人对此有异议的，可以依法通过案外人异议程序等程序寻求救济。

入库编号：2024-17-5-203-069

50. 李某友与商丘鑫某置业有限公司、河南省合某建筑工程有限公司建设工程分包合同纠纷执行监督案

——生效裁判确定发包人向实际施工人承担连带责任的，发包人与承包人在裁判生效后的债务抵销不能对抗执行

关键词：执行　执行监督案件　实际施工人　连带清偿　抵销

【基本案情】

李某友诉商丘鑫某置业有限公司（以下简称鑫某置业公司）、河南省合某建筑工程有限公司（以下简称合某建筑公司）建设工程分包合同纠纷一案，李某友系案涉工程实际施工人，鑫某置业公司系发包人，合某建筑公司系承包人。河南省商丘市中级人民法院（以下简称商丘中院）于 2016 年 4 月 5 日作出（2015）商民初字第 112 号民事判决：（1）合某建筑公司于判决生效后十日内支付李某友劳务费人民币 28696100.46 元（币种下同）及利息；（2）鑫某置业公司在欠合某建筑公司工程款的范围内对上述欠款承担连带清偿责任。宣判后，合某建筑公司不服，提起上诉，河南省高级人民法院（以下简称河南高院）于 2016 年 12 月 26 日作出（2016）豫民终 815 号民事判决：（1）变更商丘中院（2015）商民初字第 112 号民事判决第一项为"合某建筑公司于判决生效后十日内支付李某友劳务费 28393206.65 元及利息"；（2）维持商丘中院（2015）商民初字第 112 号民事判决第二项，即鑫某置业公司在欠合某建筑公司工程款的范围内对上述欠款承担连带清偿责任。后因合某建筑公司、鑫某置业公司未能履行生效法律文书确定的义务，李某友就本案向商丘中院申

请执行。该院于 2017 年 2 月 4 日立案执行。本案因申请执行人李某友提出撤销执行申请而终结执行，后李某友于 2019 年 1 月 21 日向商丘中院申请恢复执行。

另查明，2020 年 12 月 29 日，商丘中院就鑫某置业公司诉合某建筑公司、赵某、高某保证合同纠纷一案，作出（2020）豫 14 民初 113 号民事判决：合某建筑公司、赵某、高某承担连带责任，向鑫某置业公司支付 55293500 元。2021 年 4 月 26 日，河南高院就合某建筑公司诉鑫某置业公司建设工程施工合同纠纷一案，作出（2020）豫民终 421 号民事判决：鑫某置业公司给付合某建筑公司工程款 46906331.88 元及利息。2021 年 5 月 27 日，鑫某置业公司与合某建筑公司对互负债务进行结算后达成执行和解协议，双方约定：双方同意就互负债务进行抵销，抵销后，鑫某置业公司尚欠合某建筑公司的 1237476.83 元另行协商处理。后鑫某置业公司向商丘中院申请该公司与合某建筑公司、赵某、高某保证合同纠纷执行一案以执行完毕结案，该院于 2021 年 6 月 1 日作出（2021）豫 14 执 46 号结案通知书。

本案执行过程中，商丘中院分别于 2019 年 12 月 10 日、2020 年 2 月 26 日、2020 年 12 月 16 日作出执行裁定，冻结了鑫某置业公司名下银行存款，查封了鑫某置业公司名下商铺。后鑫某置业公司以其与合某建筑公司就互负债务进行抵销，已不欠合某建筑公司工程款为由，向商丘中院提出书面异议，请求终止对鑫某置业公司的强制执行，并解除对鑫某置业公司采取的查封、冻结措施。

商丘中院于 2021 年 7 月 29 日作出（2021）豫 14 执异 59 号执行裁定：驳回鑫某置业公司的异议请求。鑫某置业公司不服，向河南高院申请复议。河南高院经审查于 2021 年 11 月 4 日作出（2021）豫执复 563 号执行裁定：驳回鑫某置业公司的复议申请，维持商丘中院（2021）豫 14 执异 59 号执行裁定。鑫某置业公司不服，向最高人民法院申诉。最高人民法院于 2022 年 12 月 13 日作出（2022）最高法执监 249 号执行裁定：驳回鑫某置业公司的申诉请求。

【裁判理由】

本案的争议焦点为：鑫某置业公司与合某建筑公司的债权债务抵销能否排除李某友申请的强制执行。

其一，"发包人在欠付建设工程价款范围内对实际施工人承担责任"的规定是为保护实际施工人的权利。根据本案执行依据的（2016）豫民终815号民事判决，鑫某置业公司在欠合某建筑公司工程款的范围内承担连带清偿责任。该判决依据的是当时尚未失效的《最高人民法院关于审理建设工程施工合同纠纷案件适用法律问题的解释》（法释〔2004〕14号，已失效）第二十六条第二款的规定，即"实际施工人以发包人为被告主张权利的，人民法院可以追加转包人或者违法分包人为本案当事人。发包人只在欠付工程价款范围内对实际施工人承担责任。"该规定的精神被《最高人民法院关于审理建设工程施工合同纠纷案件适用法律问题的解释（一）》（法释〔2020〕25号）所吸收，其第四十三条第二款规定："实际施工人以发包人为被告主张权利的，人民法院应当追加转包人或者违法分包人为本案第三人，在查明发包人欠付转包人或者违法分包人建设工程价款的数额后，判决发包人在欠付建设工程价款范围内对实际施工人承担责任。"上述规定突破合同相对性原则，要求发包人应当对实际施工人承担责任，目的是为实际施工人提供一种特殊保护，维护社会公平正义。实际施工人可以直接起诉发包人，具有对工程价款债权的保全意义，从而保护实际施工人利益。在实际施工人的债权获得清偿前，发包人只能在判决确定的金额范围内直接向实际施工人给付，确保实际施工人及时拿到工程价款。

其二，发包人与转包人或者违法分包人之间的涉工程价款债务抵销会导致上述规定的目的落空。债务抵销实际上是双方清偿互负债务，包含了两个清偿行为。就发包人与转包人或者违法分包人（以下简称承包人）之间的债务抵销而言，该抵销包括发包人向承包人清偿、承包人向发包人清偿两个行为。在判决已经明确发包人在欠付建设工程价款范围内向实际施工人清偿时，发包人与承包人进行债务抵销，实际上是发包人向承包人清偿，规避了判决所确定的义务，不能达到保护实际施工人权利的目的。因此，在生效判决已经明确发包人向实际施工人清偿时，发包人对相应工程价款的债务抵销等权利相对丧失，不能据此对抗实际施工人。

本案中，根据生效的（2016）豫民终815号民事判决，合某建筑公司应当支付李某友劳务费28393206.65元及利息，鑫某置业公司在欠合某建筑公司工程款的范围内对实际施工人李某友承担连带清偿责任。另外，根据合某建筑公司与鑫某置业公司建设工程施工合同纠纷一案的生效民事判决，鑫某置业公司应当支付合某建筑公司46906331.88元及利息。据此，鑫某置业公司应承担的责任范围及给付对象是明确具体的，且未超出其欠付合某建筑公司工程价款范围，鑫某置业公司应当履行相应义务。但鑫某置业公司没有向李某友履行，而是在上述裁判生效后与合某建筑公司就互负债务进行抵销。鑫某置业公司与合某建筑公司之间的抵销行为，加大了申请执行人李某友债权实现的风险，与本案执行依据确定由鑫某置业公司承担连带清偿责任以保障李某友债权实现的目的不一致，该抵销行为对李某友不发生效力，不能排除李某友的强制执行申请。

需要补充说明的是，鑫某置业公司如果认为因抵销而产生了双重给付，可以通过其他程序救济；如对民事判决中欠付的工程价款数额有异议，系对生效判决有异议，不属于执行异议审查范围，应当通过其他程序救济。

【裁判要旨】

涉及发包人、承包人、实际施工人的建设工程施工合同纠纷执行案件，生效裁判已明确发包人在欠付工程价款范围内对实际施工人承担责任的，发包人所欠付的工程价款不仅仅是当事人之间的一般债务，而是直接关涉第三人即实际施工人的切身利益。发包人与承包人在裁判生效后就互负债务进行抵销，该抵销行为加大了实际施工人（申请执行人）债权实现的风险，对实际施工人不发生效力，不能排除实际施工人的强制执行申请。

【关联索引】

《最高人民法院关于审理建设工程施工合同纠纷案件适用法律问题的解释（一）》（法释〔2020〕25号）第43条

执行异议：河南省商丘市中级人民法院（2021）豫14执异59号执行裁定（2021年7月29日）

执行复议：河南省高级人民法院（2021）豫执复563号执行裁定（2021年11月4日）

执行监督：最高人民法院（2022）最高法执监249号执行裁定（2022年12月13日）

法官解读

涉建设工程施工合同纠纷案件执行中关于债务抵销的处理规则

——《李某友与商丘鑫某置业有限公司、河南省合某建筑工程有限公司建设工程分包合同纠纷执行监督案（入库编号：2024-17-5-203-069）》解读

向国慧　叶　欣[*]

抵销能够实现债务清偿功能，相较一般意义的清偿，抵销能够降低清偿成本，在经济往来中具有积极意义。执行实践中也存在被执行人主张抵销权的客观情形，《最高人民法院关于人民法院办理执行异议和复议案件若干问题的规定》（法释〔2015〕10号，2020年修正）第十九条就执行抵销的适用情形作了明确规定。在涉建设工程施工合同纠纷等与第三人权益密切相关案件的执行中，要认真审查发包人、承包人、实际施工人等各方之间的权利义务关系，审慎适用执行抵销，避免损害第三人合法权益。对此，人民法院案例库入库参考案例《李某友与商丘鑫某置业有限公司、河南省合某建筑工程有限公司建设工程分包合同纠纷执行监督案（入库编号：2024-17-5-203-069）》的裁判要旨明确："发包人与承包人在裁判生效后就互负债务进行抵销，该抵销行为加大了实际施工人（申请执行人）债权实现的风险，对实际施工人不发生效力，不能排除实际施工人的强制执行申请。"该裁判要旨为类似案件的处理提供了参考指引。在本案例的具体参考之中，应当注意把握以下几点。

---

[*] 作者单位：最高人民法院。

一、第三人（实际施工人）债权的审查

为了根治拖欠农民工工资问题，人民法院在特定情形下、一定范围内，并在兼顾其他当事人权益的情况下，突破合同相对性原则，对弱势方当事人尤其是广大农民工提供司法保护，以实现实质公平。依据有关审理建设工程施工合同纠纷案件的司法解释规定，发包人应在欠付工程价款范围内对实际施工人承担责任，这是为实际施工人提供的特殊救济途径。因此，生效裁判已明确发包人在欠付工程价款范围内向实际施工人承担责任的，发包人所欠付的工程价款不仅仅是当事人之间的一般债务，同时关涉第三人即实际施工人的切身利益。此时，实际施工人对发包人欠付范围内的工程价款债权，是法定债权，根据在于实际施工人已经全面实际履行施工义务，从而形成了事实上的权利义务关系。强制执行的目的在于通过执行确保执行依据所载明的债权得以实现。这也意味着，对于实际施工人向发包人所主张的法定债权应在两方面予以把握：一是发包人所承担的责任范围，即欠付工程价款的数额应是具体明确的；二是不能随意扩大发包人责任范围，必须严格控制在欠付工程价款范围内。如果发包人已经全部支付其所欠承包人的工程价款，实际施工人就不能向发包人主张权利，其数额也不能超出发包人欠付承包人建设工程价款的范围。

本案例中，执行依据对商丘鑫某置业有限公司（以下简称鑫某置业公司）应承担的责任范围有明确认定。根据湖南省高级人民法院（以下简称河南高院）作出的（2016）豫民终815号民事判决，河南省合某建筑工程有限公司（以下简称合某建筑公司）应当支付李某友劳务费28393206.65元及利息，鑫某置业公司在欠合某建筑公司工程款的范围内对上述欠款承担连带清偿责任。对合某建筑公司与鑫某置业公司建设工程施工合同纠纷一案，河南高院作出（2020）豫民终421号民事判决，判决鑫某置业公司支付合某建筑公司46906331.88元及利息。根据上述两份判决，鑫某置业公司应承担的责任范围及给付对象是明确具体的，

且未超出其欠付合某建筑公司工程价款范围，鑫某置业公司应当向申请执行人李某友给付 28393206.65 元及利息。

二、发包人和承包人之间抵销行为的认定

社会生活并非一成不变，执行依据生效后，仍会发生民事法律关系的变动。例如，执行依据生效后，执行依据所确认的债权债务关系因抵销、提存、混同等原因而发生变化。强制执行以实现债权为目的，更为关注债权人权利实现，但也不应忽略债务人的权益保障。抵销是债消灭的一种法定形式，是债务人的法定权利，在执行程序中一般性地禁止抵销没有法律依据。在执行程序中，被执行人主张抵销有利于发挥抵销实体法上的功能，降低执行成本，提高执行效率。但在一些特殊情况下，允许抵销会损害第三人或者其他债权人的利益。审查是否支持被执行人行使抵销权时，必然涉及债权是否有效存在、是否损害第三人或者其他债权人合法权益等实体判断。

涉建设工程施工合同纠纷案件执行中，生效裁判已经确定发包人向第三人（实际施工人）承担连带责任的，发包人在该裁判生效后与承包人的债务抵销不能对抗执行。通常而言，债权具有相对性，债权人只能向债务人主张行使债权。但建设工程施工合同不仅涉及双方当事人的利益，还涉及其他主体利益和社会公共利益，必要时可以突破合同相对性。《最高人民法院关于审理建设工程施工合同纠纷案件适用法律问题的解释（一）》（法释〔2020〕25 号）第四十三条第二款已作明确，规定发包人应当对实际施工人承担责任，其目的是为实际施工人提供特殊保护，以实现实质公平。实际施工人直接起诉发包人，具有对工程价款债权的保全意义，从而保护实际施工人利益。在实际施工人的债权获得清偿前，发包人只能在判决确定的金额范围内直接向实际施工人给付。据此，在判决已经明确发包人向实际施工人清偿时，发包人对相应工程价款有关抵销等权利相对丧失。如果允许发包人与承包人进行债务抵销，则实际是发包人向承包人进行清偿，规避了判决确定的义务，不能达到保护实

际施工人权利的目的。因此,发包人与承包人之间针对工程价款所作的债务抵销不能对抗实际施工人申请的强制执行。

本案例中,鑫某置业公司没有向李某友履行,而是自行与合某建筑公司就互负债务进行抵销。鑫某置业公司与合某建筑公司之间的抵销行为,加大了申请执行人李某友债权实现的风险,与本案执行依据确定由鑫某置业公司承担连带清偿责任以保障李某友债权实现的目的不一致,该抵销行为对李某友不发生效力,不能排除李某友的强制执行申请。

当然,从公平公正的角度出发,尽管因保护实际施工人权益而对发包人和承包人之间的抵销进行了适度限制,但对于发包人实际已经向承包人清偿的部分也应予以保护。如果发包人认为因抵销而产生了双重给付(向实际施工人给付以及向承包人给付),可以通过不当得利之诉等其他程序救济,要求承包人返还取得的利益。如果发包人是对民事判决中欠付的工程价款数额有异议,系对生效判决有异议,则可通过再审等其他程序救济。

附　录

人民法院案例库建设运行工作规程

法〔2024〕92号

第一章 一般规定

第一条 为做好人民法院案例库的建设和使用工作，促进法律正确统一适用，深化诉源治理，提升公正与效率，结合审判工作实际，制定本规程。

第二条 人民法院案例库是由最高人民法院统一建设的案例资源库。最高人民法院各审判业务部门负责案例收集、编选及审查等工作。最高人民法院研究室负责统筹人民法院案例库建设、案例审核等工作。

第三条 人民法院案例库收录最高人民法院发布的指导性案例和经最高人民法院审核入库的参考案例，供各级人民法院和社会公众查询、使用、学习、研究。

以审判业务领域为标准，入库案例分为刑事、民事、行政、国家赔偿、执行五种类型。根据工作需要，人民法院案例库设置相关特色专栏。

第四条 人民法院案例库收录的参考案例，应当是裁判已经发生法律效力，且对类案审判具有参考示范价值的案例。

针对同一具体法律适用问题收录的参考案例一般不超过两件。

第五条 参考案例统一编号，体例格式一般包括标题、副标题、关键词、基本案情、裁判理由、裁判要旨、关联索引。

指导性案例按照发布时的文本直接入库，保留原编号并增加入库编号。

第六条 参考案例的报送、审查、审核等工作应当在人民法院案例库平台上开展。

第七条 对于案例是否符合入库标准、是否应当出库存在重大争议的，可以提交审判委员会讨论决定。

第二章 参考案例的入库流程

第八条 中级、基层人民法院对本院已经发生法律效力的裁判,认为符合入库标准的,应当及时按照格式要求编写案例,经分管院领导审批,层报高级人民法院。

第九条 高级人民法院审判业务部门负责收集、编选、审查本院和辖区法院案例,经专业法官会议讨论,认为符合参考案例入库标准的,经分管院领导审批后送本院研究室。高级人民法院研究室审核后,根据最高人民法院审判业务条线分工,报送至最高人民法院相关审判业务部门。

第十条 最高人民法院各巡回法庭、国家法官学院(司法案例研究院)、中国应用法学研究所、人民法院新闻传媒总社等可以结合工作实际编写案例,推荐至最高人民法院相关审判业务部门。

最高人民法院各审判业务部门、研究室可以自行收集、编写案例,按照本章规定的流程审查入库。

第十一条 最高人民法院各审判业务部门负责审查本部门编写,最高人民法院各巡回法庭、国家法官学院(司法案例研究院)、中国应用法学研究所、人民法院新闻传媒总社等推荐,以及高级人民法院报送的案例。

第十二条 最高人民法院各审判业务部门对案例的事实认定、法律适用、裁判说理、价值导向等进行全面审查,经专业法官会议讨论,分别作出以下处理:

(一)认为符合入库标准的,报分管院领导审批后送研究室审核;

(二)认为基本符合入库标准,但需要修改完善的,可以直接作出修改,或者提出明确意见后退回修改;

(三)认为不符合入库标准的,终止审查并说明理由。

第十三条 最高人民法院研究室在对案例材料是否齐全、体例格式是否符合要求等进行审核的基础上,重点对案例是否符合入库标准进行审核。审核过程中,可以视情将案例送交院内外相关专家研提意见,相关工作可与案例推送部门沟通。

第十四条 最高人民法院研究室经审核,对案例分别作出以下处理:

（一）认为符合入库标准的，经文字核校后入库；

（二）认为基本符合入库标准，但需要修改完善的，可以直接作出修改，或者提出明确意见后退回修改；

（三）认为不符合入库标准的，终止审核并说明理由。

第十五条 最高人民法院研究室自行收集、编写的案例，应当征求相关审判业务部门的意见。

第三章 社会推荐参考案例的入库流程

第十六条 国家机关、法学院校、律师协会等单位，专家学者、律师及其他公民个人，可以向人民法院案例库推荐参考案例。

前款规定的单位和个人推荐参考案例的，可以通过人民法院案例库平台推荐，也可以通过信函等方式推荐。

第十七条 对于社会推荐的参考案例，一般由作出生效裁判的人民法院进行审查。

对于中央国家机关、全国性社会组织等推荐的参考案例，由最高人民法院直接审查。

对于地方国家机关、地方社会组织等推荐的参考案例，参照本条第二款的规定，由有关地方人民法院进行审查。

第十八条 社会推荐案例经审查审核入库的，最高人民法院应当向推荐人颁发证书。

第四章 入库案例的检索使用

第十九条 各级人民法院审理案件时，应当检索人民法院案例库，严格依照法律和司法解释、规范性文件，并参考入库类似案例作出裁判。

第二十条 各级人民法院审理案件时，经检索发现人民法院案例库未收录类似案例，而正在审理的案件所涉法律适用问题疑难、复杂的，可以就相关法律适用问题提出请示，或者报请提级管辖；由本院继续审理的，应当提交审判委员会讨论决定。

各级人民法院审理案件时，经检索发现人民法院案例库收录有类似案例，但认为正在审理的案件具有特殊情况，不宜参考入库案例的，应当提交审判委员会讨论决定。

前两款规定的案件对类案审判具有参考示范价值的，作出生效裁判的人民法院应当在裁判作出后三十日内编写案例，按照本规程第二章规定的流程入库。

第二十一条　各级人民法院审理案件时参考入库类似案例的，可以将类似案例的裁判理由、裁判要旨作为本案裁判考量、理由参引，但不作为裁判依据。

公诉机关、当事人及其辩护人、诉讼代理人等提交入库案例作为控（诉）辩理由的，人民法院应当在裁判文书说理中予以回应。

第二十二条　各级人民法院应当将参考入库案例作出裁判的情况作为案件质量评查内容。

第五章　参考案例的动态调整

第二十三条　人民法院案例库实行动态调整机制。

地方各级人民法院认为参考案例在法律适用方面存在不当，或者裁判理念等应当有发展、完善，不宜作为参考案例的，应当提出意见并说明理由，参照本规程第二章规定的流程层报最高人民法院相关审判业务部门审查；有适宜案例可资替换的，应当同时报送。

最高人民法院相关审判业务部门认为参考案例需要出库的，应当提出意见并说明理由，报分管院领导审批后，送研究室办理；有适宜案例可资替换的，应当同时送研究室审核。

最高人民法院研究室认为参考案例需要出库的，商相关审判业务部门处理。

第二十四条　各级人民法院认为参考案例需要作重要修改完善的，参照上述程序办理。

第六章　其他规定

第二十五条　最高人民法院研究室定期分析、通报人民法院案例库建设、使用工作情况。

各高级人民法院研究室应当定期就参与人民法院案例库建设、检索使用人民法院案例库等情况，向本院党组作出专题汇报。

第二十六条 人民法院出版社具体负责人民法院案例库建设、运行维护等工作。人民法院信息技术服务中心负责为人民法院案例库建设、运行维护提供软硬件环境基础支持。

第二十七条 根据工作需要，国家法官学院（司法案例研究院）开展入库案例检索使用等培训、教材编写和研究等工作；中国应用法学研究所加强入库案例研究工作，为入库案例的检索使用提供理论支持。

第二十八条 各级人民法院应当结合工作实际，将本院各部门及审判人员参与人民法院案例库建设工作情况纳入绩效考核。

第二十九条 指导性案例的遴选、审查、审议、使用等，适用《最高人民法院关于案例指导工作的规定》（法发〔2010〕51号）的有关规定。

第三十条 本规程自2024年5月8日起施行。以前发布的文件与本规程不一致的，以本规程为准。

《人民法院案例库建设运行工作规程》的理解与适用[*]

周加海　喻海松　贾玉慧　马蓓蓓　师晓东[**]

摘要： 人民法院案例库正式上线后，受到社会各界广泛关注。这对人民法院案例库建设工作提出更高要求、更严标准。针对实践中出现的新情况新问题，最高人民法院在总结前期工作经验的基础上，经充分调研论证，制定了《人民法院案例库建设运行工作规程》，对参考案例的入库流程、社会推荐参考案例的入库流程、入库案例的检索使用、参考案例的动态调整等内容作出规定。本文深入解读《人民法院案例库建设运行工作规程》中的相关内容，明晰入库案例要求、入库案例参引规则等，以期进一步规范人民法院案例库建设使用，推动人民法院案例库健康持续发展。

关键词： 人民法院案例库　入库标准　入库流程　社会推荐　检索使用　类似案例　动态调整

2024年5月6日，最高人民法院印发《人民法院案例库建设运行工作规程》（法〔2024〕92号，以下简称《工作规程》），自2024年5月8日起施行。《工作规程》对于持续做好人民法院案例库上线后的建设和使用工作，完善中国特色案例制度具有重要意义。为便于司法实践中正确理解与适用，现就《工作规程》的起草背景、起草思路和主要内容介绍如下。

---

[*]　本文发表在《中国法律评论》2024年第5期。
[**]　周加海，最高人民法院研究室主任、法学博士。喻海松，最高人民法院研究室副主任、法学博士。贾玉慧，最高人民法院研究室司法解释协调和案例指导处负责人、法学硕士。马蓓蓓，最高人民法院研究室司法解释协调和案例指导处副处长、法学硕士。师晓东，最高人民法院研究室司法解释协调和案例指导处干部、法学博士。

一、《工作规程》的起草背景

习近平总书记强调"一个案例胜过一打文件",生动、深刻阐释了案例的重要功能。案例是人民法院的重要"法治产品"。为把习近平法治思想落实到审判工作全过程各方面,解决案例指导不规范、不及时、不系统、不一致和难检索等问题,最高人民法院于2023年7月启动建设人民法院案例库。人民法院案例库作为最高人民法院统一建设的类案检索平台,收录经最高人民法院审核认为对类案审判具有参考示范价值的案例,包括指导性案例和参考案例。在全国法院和社会各界的共同努力下,人民法院案例库于2024年2月27日正式上线并面向社会公众开放,案例库建设工作迈出关键性一步。人民法院案例库上线并面向社会开放后,社会各界广泛关注。截至2024年7月15日,浏览量超过1200万,注册用户57万,有100个国家用户访问人民法院案例库。人民法院案例库已成为服务司法审判、公众学法、学者科研、律师办案的权威平台,亦成为世界各国观察中国司法、中国法治的重要窗口。这既对人民法院案例库建设工作提出更高要求、更严标准,也为人民法院案例库持续健康发展注入不竭动力。

为建立人民法院案例库工作机制,最高人民法院先后印发《关于建设人民法院案例库的通知》(法〔2023〕141号、法〔2023〕142号)《关于加快推进人民法院案例库建设的通知》(法〔2023〕209号)等规范性文件。上述文件在指导全国各级法院积极有序组织编写、报送、审查、审核案例等各方面发挥了重要作用,有力保障了人民法院案例库的成功上线和良好运行。人民法院案例库的上线运行,标志着案例库建设进入了新的阶段,工作重心由"建设"转为"建设与使用并重"。针对新形势新任务,有必要进一步明确有关要求、规范有关流程,及时回应群众期待。例如,入库参考案例的效力定位和适用规则尚待进一步明确,以更好地促进法律正确统一适用。又如,参考案例对动态调整机制亟须建立,以确保入库参考案例始终保持权威性。

有鉴于此，在充分调研论证、广泛听取意见基础上，最高人民法院制定出台《工作规程》，对参考案例的入库流程、社会推荐参考案例的入库流程、入库案例的检索使用、参考案例的动态调整等内容作出规定，进一步优化人民法院案例库建设运行规则。

二、《工作规程》的起草思路

《工作规程》坚持以习近平新时代中国特色社会主义思想为指导，深入贯彻习近平法治思想，锚定案例库建设目标和既定功能，立足案例库建设运行工作实际，着力解决建设运行工作中的重要问题。起草过程中，主要遵循了如下思路。

一是坚持严把案例质量关，确保裁判规则的指导性。入库案例质量是案例库建设的"生命线"。入库案例具有强制参考效力，如果案例选择不当，作出错误示范，就会人为"制造"系列错案，严重影响司法公正。为此，《工作规程》在原有规范性文件基础上，一方面，进一步明确参考案例的入库标准，细化参考案例入库流程，增加案例的实体审核程序，提高案例的入库门槛。另一方面，建立入库案例的动态调整机制，对于不再符合入库标准的参考案例，及时"清理出库"；同时引入竞争机制，推动入库案例的"更新替换"，不断优化裁判规则群，确保案例库的权威性、指导性。

二是坚持问题导向，系统构建案例效力和检索使用规则。人民法院案例库上线后，案例一旦入库即意味着对外发布。如何在确保案例入库增质增效的同时，充分发挥入库案例的参考示范作用，是当前面临的重要问题。案例的生命在于应用，价值在于指导。案例的应用是连接入库案例与司法实践的桥梁，是推动法律正确统一适用的重要路径，为此，《工作规程》立足最大限度发挥入库案例的实用效能，着重构建案例效力和检索使用规则，明确将"审理案件时检索人民法院案例库"作为一项必经程序，同时要求"严格依照法律和司法解释、规范性文件，并参考入库类似案例作出裁判"，赋予入库案例以强参考效力。

三是坚持案例库建设的人民性,优化社会推荐案例审核机制。人民法院案例库上线运行以来,受到社会各界广泛关注和大力支持。法学院校、律师协会,专家学者、律师,包括非法律界人士,积极向人民法院推荐案例,并对入库案例提出修改完善意见,有力推动案例库质量的整体提升,切实将人民法院案例库打造成为"共建共享共用"的类案检索平台。为进一步践行全过程人民民主,更好服务保障人民群众参与司法、监督司法,《工作规程》第三章专章细化规定了社会推荐参考案例的入库流程,提升入库审核的法院级别,确保社会推荐案例及时入库,确保人民法院的裁判规则与人民群众的公平正义观念最大限度"合拍"。

四是坚持规范性和灵活性并重,为案例库发展预留空间。人民法院案例库建设是一项长期工程,相关规则的起草必须放眼未来。因此,《工作规程》在起草过程中,既强调案例库建设运行有序规范,又注重案例库的发展性、灵活性。例如,关于案例编选规则,在严格案例入库层层报送审查规则的同时,赋予最高人民法院相关业务部门向下直接编选案例的权限,确保案例库能够不断适应社会发展新形势、及时服务和保障社会经济高质量发展。又如,《工作规程》在规定入库案例既有板块的同时,根据工作需要,还可以设置相应特色专栏,为多维度打造人民法院案例库预留空间。

三、《工作规程》的主要内容

《工作规程》共6章、30条,分别为一般规定、入库流程、社会推荐、检索使用、动态调整、其他规定。第一章"一般规定",主要就人民法院案例库的建设目的、各部门职责分工、收录案例范围、案例类型、参考案例的入库标准和体例格式、可以提交审判委员会讨论决定的情形等内容作出规定。第二章"参考案例的入库流程",主要规定高级、中级、基层人民法院报送案例的流程;最高人民法院各巡回法庭、国家法官学院、中国应用法学研究所、人民法院新闻传媒总社等部门可结合自身工作实际编写、推荐案例;各审判业务部门审查案例、研究室审核案例的流程。第三章"社会推荐参考案例的入库流程",对社会推荐案例的主体范围、推荐方式、审核流程、颁发证书等内容作了细化。第四章"入库案例的检索使用",主要就入库案例的效力定位、强制检索;没有类似案例的处理规则;有类似案例,但不宜参考的处理规则;入库案例的引用规则等作出规定。第五章"入库案例的动态调整",规定了案例库实行动态调整机制,并就案例出库、修改的流程作了明确。第六章"其他规定",主要就情况通报和汇报工作机制、案例库系统建设运行的职责分工、案例教学培训及理论研究、考核激励等内容作出规定。综而观之,有以下七个方面的内容需要重点加以把握。

(一)关于入库案例的有关要求

1. 收录范围

《工作规程》第三条明确了人民法院案例库的收录范围,即入库案例包括指导性案例和参考案例两大类别。最高人民法院指导性案例系由最高人民法院确定并统一发布的,对全国法院审判、执行工作具有指导作用的案例,须经最高人民法院审判委员会讨论决定。最高人民法院发布的指导性案例,各级人民法院审判类似案件时应当参照。据此,指导性案例在案例体系中处于"金字塔尖"的位置,效力最强,属于当然入库的案例。关于指导性案例的遴选标准、审查流程、审议程序、参照使用等内容,《最高人民法院关于案例指导工作的规定》(法发〔2010〕51号)及《〈最高人民法院关于案例指导工作的规定〉实施细则》(法〔2015〕130号)已有明确规定。因此,《工作规程》对指导性案例相关工作不再作规定,第二十九条规定:"指导性案例的遴选、审查、审议、使用等,适用《最高人民法院关于案例指导工作的规定》(法发〔2010〕51号)的有关规定。"

参考案例是人民法院案例库的主要组成部分,是与人民法院案例库建设同步产生的一种新的案例类型,其效力高于除指导性案例以外的其他案例,被收录入库需要历经严格的审查审核程序。《工作规程》主要针对参考案例的相关工作流程作出规定。在人民法院案例库建设之初，对被收录入库案例的称谓曾有不同认识，后经反复研究讨论，最高人民法院将收录的指导性案例以外的入库案例命名为"参考案例"，意在凸显其参考价值。顺带提及的是，《最高人民法院关于规范高级人民法院制定审判业务文件编发参考性案例工作的通知》（法〔2020〕311号）要求高级人民法院加强对新类型、疑难复杂案件法律适用问题的研究，及时总结审判经验，可以通过编发"参考性案例"等方式进行审判指导。不过，有部分高级人民法院将参考性案例称为"参阅案例"。参考性案例或者参阅案例系由高级人民法院编发，不代表最高人民法院的观点。实践中，应当注意参考案例与参考性案例、参阅案例的区分适用。目前，高级人民法院发布参考性案例对于"指导辖区内人民法院审判执行工作，统一法律适用和裁判尺度"发挥了积极作用，该项工作机制依然处于运行之中。工作中，对于符合入库标准的参考性案例、参阅案例，相关法院应当按照规定编写报送入库，转化为参考案例。

2. 案例类型

在统筹建设人民法院案例库阶段，出于方便各级人民法院和社会公众查询、使用、学习、研究的考虑，有必要对入库案例的类型作出划分。经研究讨论，以审判业务领域为标准，将入库案例分为刑事、民事、行政、国家赔偿、执行五种类型。有观点认为，鉴于知识产权、环境资源案件实行"三合一"审判机制，可以将知识产权、环境资源案例分别单独作为案例类型之一。经研究认为，划分案例类型应当保证体系协调、不交叉重合，如果将知识产权、环境资源案例作为案例类型，则会导致具体案例类型内部再细分刑事、民事等类型，比如，知识产权案例中的刑事、民事等案例，易造成体系不协调。特别是在案例编号时，可能造成个别刑事案例、民事案例的编号雷同，冲击案例编号唯一性要求。不过，为了满足用户多层次、多样化的案例需求，同时兼顾工作的灵活性，人民法院案例库可以设置相关特色专栏。例如，为彰显对老幼等特殊群体权益的司法保护，人民法院案例库设置了"涉老年人保护案例""涉未成年人保护案例"①等特色专栏。如有必要，可以视情开设其他相关特色专栏，以满足未来更加多元的案例需求，保证案例库建设的灵活性。

3. 体例格式

体例的规范化、标准化，能够有效提升检索的便捷性、准确性。为进一步提升案例的检索精度，经反复研究论证，对入库案例的体例格式确立了统一标准，确保体例规范，要素齐全。参考案例统一编号，且编号具有唯一性，相当于参考案例的"身份证号"。体例格式一般包括标题、副标题、关键词、基本案情、裁判理由、裁判要旨、关联索引。对此，《工作规程》第五条第一款作出明确规定。此外，指导性案例一经发布，案例文本内容即已确定，不宜再作调整，故《工作规程》第五条第二款规定："指导性案例按照发布时的文本直接入库，保留原编号并增加入库编号。"

4. 入库标准

（1）参考示范价值。在人民法院案例库建设过程中，最高人民法院要求院内有关部门、地方各级人民法院坚持问题导向和目标导向，与审判业务紧密结合，锚定司法实践需求，"精准聚焦审判工作中需要明确规则、加强指导的司法实践问题，收集、编选、审查具有典型参考示范作用的案例，确保入库案例具有裁判规则意义或者裁判指引作用，在审判实践中能够发挥统一法律适用、以案释法等方面的价值"。有鉴于此，《工作规程》第四条第一款将入库案例的入库标准归纳总结为"对类案审判具有参考示范价值"。实践中，参考案例的价值是多重的，不同类型的参考案例侧重有所不同。例如，裁判类参考案例重在裁判规则指引，统一法律适用，为类案审判提供权威参考；调解类参考案例重在调解方法、机制创新、解调规则等方面提供参考借鉴价值；办案工作机制类参考案例总结提炼某类专项司法领域的工作方法指南或指引，进一步促进相关

---

① 2024年6月1日，最高人民法院联合最高人民检察院、教育部、公安部、民政部、司法部、国务院妇女儿童工作委员会办公室、共青团中央、全国妇联等单位共同建设的未成年人权益保护案事例库上线。未成年人权益保护案事例库依托现有人民法院案例库，专门收录以上9家单位保护未成年人权益的案事例。人民法院案例库中涉及保护未成年人的入库案例亦同时收录至未成年人权益保护案事例库。

司法工作领域规范程序，增进质效，如台港澳司法领域、执行实施领域等。又如，参考案例对不同主体发挥的作用亦各有不同。对办案法官而言，可以借助参考案例树立正确司法理念，准确理解法律精神，妥当把握司法政策，借鉴裁判思路方法，做到类案同判，落实让人民群众在每一个司法案件中感受到公平正义的目标要求；对涉诉当事人而言，可以通过已经生效的类似权威案例了解裁判规则、预测诉讼结果，从而减少不必要的起诉、上诉和申诉，节约诉讼成本；对社会公众而言，参考案例有助于人民群众通过生动鲜活的案例更好地学习法律、运用法律，增强法律意识、明晰行为边界、确立行为规范，同时强化自我保护。对于上述参考示范价值，各级人民法院在参考案例的编选、使用等方面亦需要加以妥当把握。

（2）裁判生效时间。《工作规程》第四条第一款规定，入库案例应当是裁判已经发生法律效力的案例。根据裁判未发生法律效力或者进入审判监督程序的案件改编的案例，不能收录入库。实践中，需要注意的是，入库案例一般不限制裁判生效的时间。一些情形下，对于作为裁判依据的法律、司法解释等已被修改，但对涉及的法律适用问题等仍具有参考示范作用，裁判要旨与现行法律、司法解释等一致，符合入库标准的案例同样可以入库。换言之，案例的裁判生效时间远近不是判断是否符合入库条件的绝对标准，关键在于是否具有参考指引价值，是否符合入库标准。当然，对于涉及同一法律适用问题的，优先选用生效时间在后的案件。从这一维度看，注重案例"新鲜度"，收集、编选依照新法律、司法解释作出裁判的案例，更容易被收录入库。以醉酒危险驾驶案例为例，自2023年最高人民法院、最高人民检察院、公安部、司法部联合发布《关于办理醉酒危险驾驶刑事案件的意见》后，人民法院案例库陆续收录适用新意见的危险驾驶案例50余件，法律适用的问题点各有侧重，有效形成裁判规则群，统一类案裁判尺度。

（3）体系协调。入库案例的类案裁判规则要客观、准确、体系协调，避免发生案例间裁判规则互相冲突的现象，保证裁判规则的权威性和指导性。同时，为提高入库案例的覆盖面，避免"扎堆"，《工作规程》第四条第一款对同一法律适用问题参考案例的入库数量作出规定，即"针对同一具体法律适用问题收录的参考案例一般不超过两件"。需要注意的是，这不是指某一具体罪名、案由之下一般只能收录两件参考案例。某一罪名、案由之下可能包括十几个甚至几十个不同的法律适用问题，是针对同一具体法律适用问题收录的参考案例一般不超过两件。例如，关于自首的认定，至少涉及几十种情形是否构成自首的问题，仅自动投案就有诸多情形，每种情形下均可收录两件参考案例入库，而不是指关于自首只能收录两件参考案例。

（二）入库流程

参考案例入库大致需要历经编写报送、审查推送、审核入库等系列程序，具体流程为《工作规程》第二章"参考案例的入库流程"予以明确。

1. 编写报送

入库案例主要来源于地方法院编写报送的案例。鉴于中级、基层人民法院编写报送的备选参考案例占有重要地位，《工作规程》第八条对中级、基层人民法院的编写报送流程作出规定，即"对本院已经发生法律效力的裁判，认为符合入库标准的，应当及时按照格式要求编写案例，经分管院领导审批，层报高级人民法院"。在《工作规程》起草过程中，有少数意见主张，中级、基层人民法院报送编写的备选参考案例若须经分管院领导审批，可能导致大量案例堆积在中基层人民法院分管院领导审批这一环节，不利于提升案例编写报送工作的效率，似无必要作此规定。设置经分管院领导审批的程序，有助于督促作为"关键少数"的分管院领导对本院报送案例质量负起责任，有助于提高编写报送案例的质量，案例审批工作效率问题可以通过适当的监督方式予以解决。高级人民法院对本地区法院的案例收集、编选、审查等工作承担主要管理责任，且对备选参考案例质量的把关作用非常重要。基于此，《工作规程》第九条要求报送案例要经过高级人民法院审判业务部门的专业法官会议讨论，分管院领导审批后送本院研究室；高级人民法院研究室审核后，根据最高人民法院审判业务条线分工，报送至最高人民法院相关审判业务部门。高级人民法院研究室对备选参考案例的审核不能仅仅局限于对案例材料的形式审核，还要对案例是否符合入库标准进行审核，对不应当入库的案例坚决把住关口，对应当修改的案例予以修改。

2. 审查推送

最高人民法院各审判业务部门分别对业务条线的备选参考案例进行审查。各高级人民法院报送及最高人民法院各有关部门选编的案例，先按条线由最高人民法院相关审判业务部门进行审查，审查时要提交专业法官会议集体讨论，对备选案例的事实认定、法律适用、裁判说理、价值导向等作全面、严格的把关。对于审查后如何处理，《工作规程》第十二条作出了具体规定，主要分为三种情形：认为符合入库标准的，报分管院领导审批后送研究室审核；认为基本符合入库标准，但需要修改完善的，可以直接作出修改，或者提出明确意见后退回修改；认为不符合入库标准的，终止审查并说明理由。为便于备选案例的审查审核入库，最高人民法院专门研发了人民法院案例库报审平台，对于需要"退回修改"的，最高人民法院相关审查审核人员可以根据案例文本的实际情况，退回至之前报审流程中的任一节点，既可以是高级人民法院层面，也可以是中基层法院的案例编写人，修改后的文本直接送交最高人民法院审查审核人员，不需要层层审批。对于终止审查（不同意入库）的，必须"说明理由"，且理由尽可能详尽。之所以作如此要求，主要考虑是：报送至最高人民法院的案例一般是地方法院认为比较好的案例，最高人民法院审判业务部门如认为案例存在法律适用不准确或者不具有规则价值，应当明确指出案例存在的问题，这样，既可以促进地方法院提升报送备选案例的质量，同时，也是针对性强化对下指导的一个重要方式。

3. 审核入库

最高人民法院研究室承担对备选参考案例进行审核的职责。在人民法院案例库建设初期，最高人民法院研究室一般只对案例材料是否齐全、体例格式是否符合要求等进行形式方面的审核。实践证明，这不利于保证入库案例的高质量。为此，《工作规程》第十三条专门规定，最高人民法院研究室在对案例材料是否齐全、体例格式是否符合要求等进行审核的基础上，"重点对案例是否符合入库标准进行审核"，并且，可以借助已经建立的院内专家跨部门交叉复核、院外专家协同复核把关的常态化工作机制，视情将案例送交院内外相关专家研提意见，届时可就专家研提的意见与案例推送部门作相应沟通。此外，《工作规程》第十四条对审核后的不同情形作出规定，即：认为符合入库标准的，经文字核校后入库；认为基本符合入库标准，但需要修改完善的，可以直接作出修改，或者提出明确意见后退回修改（根据修改情况可退回任一节点）；认为不符合入库标准的，终止审核并说明理由。

4.案例的直接编选和提级审核

案例的层报机制最大限度保障了入库案例的质量，但容易导致案例入库周期较长。为避免符合入库标准的案例被长时间积压，《工作规程》第十条第二款规定："最高人民法院各审判业务部门、研究室可以自行收集、编写案例，按照本章规定的流程审查入库。"具体而言，最高人民法院各审判业务部门、研究室可以通过筛选各地发布的外宣案例、检索案例库平台中下级法院正在报审的案例等多种途径开展收集、编写工作。对于案例库平台中正在报审的案例，尽管尚未报送到最高人民法院，相关审判业务部门、研究室如认为该案例符合入库标准，可以直接提级审查审核，无须等待逐级报送。同样，高级人民法院检索时发现辖区法院正在报审的案例符合入库标准的，亦可以提级审核。

此外，最高人民法院有关部门也可以编写案例，按照相应程序收录入库。例如，最高人民法院各巡回法庭、国家法官学院（司法案例研究院）、中国应用法学研究所、人民法院新闻传媒总社等部门均可以结合工作实际编写案例。根据规定，需要推荐至最高人民法院各审判业务部门予以审查。

5.案例的发现培育

人民法院案例库的健康发展需要源源不断地收录优秀案例。这需要各级人民法院不断加强案例发现培育，持续拓宽入库来源。发现培育优秀案例的前提与基础是增强案例意识，提高"慧眼识珠"的能力。经调研发现，不少办案法官在案件办结后往往是"结案了事"，不善于、精于总结提炼案件办理过程中的经验做法，如对司法政策的理解、法律适用规则的创新、工作方法方面的独到之处等，导致优秀案例资源未能充分发挥效能。

因此，要切实增强案例意识，拓展及时有效发现培育优秀案例的渠道、机制：（1）要结合审委会或者专业法官会议讨论、院庭长阅核、法律适用问题请示答复、二审或再审发回重审及改判、提级管辖等发现有价值的案例。例如，审委会讨论的案件通常涉及疑难复杂、争议较大、新类型等法律适用问题，而这些问题恰恰需要通过入库案例来进一步统一法律适用，提供裁判规则指引，主持审委会的领导可以要求判决生效后及时编写案例报送审核。又如，院庭长在阅核案件时发现有关案件符合入库案例标准的，也可以批注要求编写案例。（2）要重视"库网融合"，充分发挥法答网的"靶向作用"，特别是围绕法答网上的高频提问、不一致答疑等反映的审判实践中带有一定普遍性的问题，针对性地开展入库案例的编选审查、跟踪培育等工作。（3）要留意对外宣传案例的编选。此类案例通常具有很强的示范引领价值，与入库标准相契合。入库参考案例"车某玲诉朱某芳相邻关系纠纷案（入库编号：2024-18-2-053-001）"即是适例。本案来源于广东省高级人民法院微信公众号上宣传的一件案例，题为《什么案子，还得现场炒菜？》。我们发现该案例具有很强的参考价值，遂将该案例改编后予以入库，即"车某玲诉朱某芳相邻关系纠纷案"，本案裁判要旨明确："当事人对相邻损害事实及发生原因难以自行举证证明的，人民法院可以通过现场勘验、做实验等方式固定证据。根据日常生活经验法则可以查明案件事实的，无须启动鉴定程序。"

（三）关于社会推荐案例的处理规则

1. 案例推荐

最高人民法院党组和张军院长高度重视邀请社会各界共建人民法院案例库。2023年12月，最高人民法院对外发布公告，面向有关机关、社会组织、法学院校和科研单位及专家学者、律师、有兴趣或有研究的公民个人等开展参考案例征集工作，邀请社会各界共建共享人民法院案例库。为进一步做好社会推荐案例入库相关工作，《工作规程》第三章专章规定了"社会推荐参考案例的入库流程"。对于社会推荐的主体范围，《工作规程》第十六条第一款作出列举式规定，包括"国家机关、法学院校、律师协会等单位，专家学者、律师及其他公民个人"。可见，社会推荐的主体范围已非常宽泛。在此基础上，《工作规程》第十六条第二款明确了推荐参考案例的方式，既可以通过人民法院案例库平台中已经设置的推荐案例通道予以推荐，也可以通过信函等方式推荐。

2. 案例审查入库

考虑到作出生效裁判的法院全面掌握案件的具体情况，开展案例审查改编工作质效相对更高，因此，《工作规程》第十七条第一款规定："对于社会推荐的参考案例，一般由作出生效裁判的人民法院进行审查。"同时，根据对等原则，对于中央国家机关、全国性社会组织推荐的案例，例如，中华全国律师协会推荐的案例，直接由最高人民法院审查；对于地方国家机关、地方社会组织等推荐的案例，亦可参照上述原则由相应级别法院审查，例如，省级国家机关推荐的案例，由作出生效裁判法院所属地区的高级人民法院予以审查。为此，《工作规程》第十七条第二款、第三款对上述审查原则予以明确。

社会推荐案例经审查审核入库的，案例库平台会标识"社会推荐"字样，同时，《工作规程》第十八条规定，最高人民法院会向推荐人颁发证书。

附 录

（四）关于入库案例的检索使用

建设人民法院案例库就是为了确保最高人民法院认可的权威案例得到应用，充分发挥入库案例的参考示范价值。基于此，《工作规程》第四章专章对入库案例的检索使用作出规定。

1. 强制检索使用

类案检索是辅助法官作出司法判断的裁判方法。在办理案件过程中，类案检索可以帮助法官参照或参考在先案例作出妥当裁判，提高司法裁判的确定性和可预测性。最高人民法院历来高度重视类案检索机制对于规范法官自由裁量权、促进法律统一适用的重要价值。此前，最高人民法院结合工作实际，先后印发《关于落实司法责任制完善审判监督管理机制的意见（试行）》（法发〔2017〕11号）、《司法责任制实施意见（试行）》（法发〔2017〕20号）、《关于统一法律适用加强类案检索的指导意见（试行）》（法发〔2020〕24号）等系列规范性文件，建立并不断完善类案检索机制，要求承办法官在审理案件时对相关类案进行检索并制作检索报告，为合议庭、专业（主审）法官会议、审判委员会研究讨论案件提供必要参考。特别是《关于统一法律适用加强类案检索的指导意见（试行）》第二条明确了强制类案检索的四种情形，即拟提交专业（主审）法官会议或者审判委员会讨论的，缺乏明确裁判规则或者尚未形成统一裁判规则的，院长、庭长根据审判监督管理权限要求进行类案检索的，以及其他需要进行类案检索的。

不过，由于缺少权威、统一的类案检索案例库，因此，类案检索机制的应有作用未能得到充分发挥。人民法院案例库的功能定位是为检索查阅类案而建设的统一类案资源库，为高效开展类案检索提供了权威类案平台。同时，为最大限度发挥类案参考对统一法律适用的功能，《工作规程》第十九条对人民法院案例库的检索使用提出更为严格的要求，即"各级人民法院审理案件时，应当检索人民法院案例库，严格依照法律和司法解释、规范性文件，并参考入库类似案例作出裁判。"据此，承办法官在审理案件时，原则上均应当检索人民法院案例库，把检索案例库作为审理案件的一个必经程序,特别是对拟提交专业法官会、审判委员会讨论的案件,在提交前应当先行检索人民法院案例库。调研中有意见提出,对于非常简单的案件,如一律要求检索案例库,难免流于形式且增加了不必要的时间成本。对此,要防止机械解读第十九条的规定。本条中的"承办法官审理案件时,应当检索人民法院案例库",并非硬性要求承办法官在审理每一个案件时都要检索一遍案例库,而是要求对于同类型案件,比如民间借贷纠纷,承办法官应当检索人民法院案例库涉及民间借贷纠纷相关案例所确立的规则,并参考类似案例裁判即可。对于之后一定时期内审理的同类型案件,可认定为已经检索了案例库、知悉了入库类似案例裁判规则,不需要再重复检索,只需关注案例库更新。需要强调的是,之所以要求对包括简单案件在内的所有案件都要检索案例库,主要为了纠正地方法院遵循既有裁判思路或裁判尺度的偏离度,防止在所谓的"简单案件"审理上裁判尺度不一。另外,为便于人民法院案例库的检索使用,最高人民法院正在研发类似案例的智能推送功能。即针对办案系统中正在审理的案件,通过构建大模型,自动向法官推送类似案例,以降低法官检索案例的时间成本。

需要强调的是,第十九条中所称"入库类似案例",是指与待决案件在基本事实、争议焦点、法律适用问题等方面具有相似性的入库案例。在判断基本事实是否类似时,应当注意全面细致把握案情,区分不同具体案情,甚至细微差异。有些案例看似案情相同,但存在细微差异,且正是由于这些细微差异导致案件定性不同。例如,入库案例"曹某洋侵占案(2023-04-1-225-001)""贾某甲、贾某乙盗窃案(2023-05-1-221-022)""关某某、赵某职务侵占案(2024-05-1-226-008)"均涉及出借出售银行卡进而取走卡内资金这一看似相同的案情,但由于行为人的身份存在差异,进而作出不同处理。①又如,入库案例"高某海等危险作业案(2023-05-1-059-001)"所涉案情为未经批准擅自存储、销售汽油,并引发事故,由于偶然性的客观原因而未造成重大严重后果,故以危险作

---

① 参见最高人民法院研究室案例工作小组:《人民法院案例库若干重要问题解读》,载《中国应用法学》2024年第3期。

业罪定罪处罚。但需要注意其中的具体案件事实，即行为人由于不规范操作造成行为人本人重度烧伤、周围物品烧毁的后果，可以认定为刑法第一百三十四条之一规定的"具有发生重大伤亡事故或者其他严重后果的现实危险"。据此，对无证经营成品汽油不能不加区分一律适用危险作业罪，要综合考虑具体行为方式、案发地点及危害后果等进行认定，避免适用泛化。

2.特殊情形

尽管入库案例基本实现了对常见罪名、多发案由的"全覆盖"，在指导常见案件办理、处理常见法律适用问题方面，已基本能满足司法实践所需，但目前入库案例的总量还比较有限，对司法审判中法律适用"问题点"覆盖得还远远不够。实践中，肯定还存在尚未收录类似案例的待审案件。同时考虑到，社会生活复杂多样，案件情况千差万别，或许存在已收录类似案例，但正在审理的案件具有特殊情况而不宜参考入库的情况。因此，《工作规程》坚持从实际出发，对参考入库类似案例裁判作了例外规定。

（1）尚未收录类似案例的处理规则。对于正在审理的案件尚未收录类似案例的情形复杂多样，有的案件基本事实清楚、权利义务关系明确、法律适用问题简单无争议，但也有的案件所涉法律适用问题疑难、复杂，故而应当区别对待。征求意见过程中，亦有意见提出，对属于前者的案件依照法律、司法解释等规定作出裁判即可。基于此，《工作规程》第二十条第一款仅对所涉法律适用问题疑难、复杂案件的审理程序作出规定，即"各级人民法院审理案件时，经检索发现人民法院案例库未收录类似案例，而正在审理的案件所涉法律适用问题疑难、复杂的，可以就相关法律适用问题提出请示，或者报请提级管辖；由本院继续审理的，应当提交审判委员会讨论决定。"据此，对所涉正在审理的案件可以通过请示、提级管辖、提交审判委员会讨论等方式予以处理。第一，关于提出请示。针对正在审理的案件所涉法律适用问题把握不准的，为确保法律统一适用，下级法院可以就相应法律适用问题提出请示，以保证案件的妥当处理。具体请示答复的工作流程，根据《最高人民法院关于法律适用问题请示答复的规定》（法〔2023〕88号）规定的有关要求进行。

第二，关于报请提级管辖。积极、规范、合理适用提级管辖，推动将具有指导意义的案件交由较高层级人民法院审理，可以更好发挥典型案件裁判的示范引领作用，通过案件"向上走"解决法律适用的分歧与争议。若是正在审理的案件所涉法律适用问题疑难、复杂，却又无入库类似案例可供参考的，完全可以通过提级管辖的方式确保案件审理质量。此外，如果所涉案件依旧由本院继续审理的，那么应当提交审判委员会讨论决定，以充分发挥审判委员会职能作用，加强对司法活动的监督，确保司法公正。有观点认为，《工作规程》第二十条第一款的规定是否会造成大量案件需要历经提出请示、报请提级管辖等程序，从而影响司法效率。其实，上述担忧是多余的，因为该条款将适用范围限于"所涉法律适用问题疑难、复杂"的案件。而根据相关规定，对此类"所涉法律适用问题疑难、复杂"的案件亦属于适用请示、提级管辖等程序的案件范围。例如，《最高人民法院关于加强和规范案件提级管辖和再审提审工作的指导意见》（法发〔2023〕13号）第四条规定，对"在辖区内属于新类型，且案情疑难复杂的""具有诉源治理效应，有助于形成示范性裁判，推动同类纠纷统一、高效、妥善化解的""具有法律适用指导意义的"的一审案件，不宜由本院审理的，应当报请上一级人民法院审理。据此，可以将《工作规程》第二十条第一款规定的案件解释为属于上述情形之一，从而符合适用提级管辖程序的条件。对于提出请示、提交审判委员会讨论决定同样如此。①

（2）不宜参考入库类似案例的处理规则。原则上，入库案例与正在审理的案件确属类似案例的，则应当参考相应入库类似案例作出裁判。但由于经济社会发展、民情社情变化，入库案例的裁判规则、理念等可能会出现滞后现象，为保证个案处理的妥当性、合理性，应当允许例外

---

① 《最高人民法院关于法律适用问题请示答复的规定》（法〔2023〕88号）第二条第一款对可以提出请示的情形作了规定；《最高人民法院关于健全完善人民法院审判委员会工作机制的意见》（法发〔2019〕20号）第八条对应当提交审判委员会讨论决定的案件范围作了规定。

情况下可以不参考相应入库类似案例作出裁判。不过，对此类正在审理案件的审判流程应当予以严格把握，为此，《工作规程》第二十条第二款作了明确规定，即"各级人民法院审理案件时，经检索发现人民法院案例库收录有类似案例，但认为正在审理的案件具有特殊情况，不宜参考入库案例的，应当提交审判委员会讨论决定。"这也符合《最高人民法院关于健全完善人民法院审判委员会工作机制的意见》（法发〔2019〕20号）的相关精神，即对拟作出的裁判与类案裁判可能发生冲突的案件，可以提交审判委员会讨论决定。

此外，对于上述两种情形所涉案件符合入库标准的，应当在裁判发生法律效力后，按照规定流程编写报送入库，从而及时补充案例库空白领域，进一步提升入库案例的覆盖面。基于此，《工作规程》第二十条第三款规定，上述"案件对类案审判具有参考示范价值的，作出生效裁判的人民法院应当在裁判作出后三十日内编写案例"，按照规定流程入库。

3. 参引规则

充分发挥入库案例的指导审判、统一法律适用的功能，入库案例的应用是关键。因此，各级人民法院审理案件时应当"参考"入库类似案例作出裁判。入库案例的可参考性来源于入库案例正确适用法律所具有的指导性、典型性、时效性和入库案例发布机关的权威性。入库案例虽然不属于正式的法律渊源，但具有事实上的拘束效力。从人民法院组织体系角度看，如果承办法官没有充分理由而背离入库类似案例的裁判规则，则可能面对来自上级法院审判监督的约束。由是观之，入库案例的拘束力是其可参考性的重点和基础。至于"参考"的具体方式，主要涉及参考什么、如何引用的问题。

（1）关于参考什么的问题。裁判要旨系入库案例的灵魂。裁判要旨是参考案例所解决问题的概要表述，简要归纳和提炼参考案例体现的具有类案参考、指引作用的裁判规则、理念或方法等，以及审理类似案件应当注意的问题。因此，裁判要旨当然在参考范围之列，并且是参考的重要内容。同时，考虑到入库案例的裁判理由涵括了人民法院针对案件事实，根据法律法规、司法解释、政策精神，从法理、事理、情理等方面，详细论述法院裁判的依据、理据，这对类似案件的审判、相同法律适用问题的理解同样具有参考示范价值，也应当在可供参考的范围之列。对此，《工作规程》第二十一条第一款作了明确规定。这是在总结指导性案例多年工作经验的基础上，对《〈最高人民法院关于案例指导工作的规定〉实施细则》（法〔2015〕130号）的传承与发展：传承的理念是"参照相关指导性案例的裁判要点作出裁判"，发展的部分是创新规定参考入库案例的裁判理由作出裁判。当然，调解类、办案方法和工作机制类参考案例尽管不涉及裁判规则，但可以在具体工作中参考借鉴相应的方法理念、工作机制等，提升工作质效。

（2）关于如何引用的问题。引用入库案例主要是在裁判文书的裁判理由部分参引。鉴于入库案例并非正式的法律渊源，法官不能在裁判文书中直接援引入库案例作为裁判依据。对此，《工作规程》第二十一条第一款明确要求"不作为裁判依据"，并且《最高人民法院关于裁判文书引用法律、法规等规范性法律文件的规定》（法释〔2009〕14号）对裁判文书引用法律、法规等规范性法律文件亦有明确规定。具体参考入库案例时，法官在严格依照法律和司法解释、规范性文件的同时，在待审案件论证说理过程中，结合个案事实，把入库类似案例的裁判理由、裁判要旨融入裁判说理部分，进而把对入库案例整体内容的正确理解转化为针对待审案件合法合理的司法判断。在裁判文书中，法官可以摘选入库案例中的论述性语言，同时应当注明所参考案例的标题及入库编号。这样既能增强裁判的说服力，又能够在裁判文书中客观呈现法官作出裁判时的思路和理由，增强裁判的透明度。当然，对于采用"表格式"判决书等要素式文书的案件，可以不在文书中体现入库案例的参考过程，但应视情运用入库类似案例做好当事人释法说理工作。

需要强调的是，《工作规程》第二十一条第二款规定："公诉机关、当事人及其辩护人、诉讼代理人等提交入库案例作为控（诉）辩理由的，人民法院应当在裁判文书说理中予以回应。"作出如此规定的主要考虑是，人民法院案例库已面向社会公众开放，社会影响很大。既然公诉人、案件当事人提出案件应当参考入库类似案例的意见，以此作为控（诉）辩意见，法官理应在裁判文书中作出分析和回应。只有如此，才可以加强裁判文书释法说理，增强裁判的说服力和公信力，才能够切实发挥入库案例统一法律适用，监督法官依法公正裁判，才能够督促法官切实检索使用案例库，有效提升司法能力水平。这也是公开发布《工作规程》的主要考虑因素之一。

此外，入库案例的参考示范价值内涵非常丰富，除参引其裁判理由、裁判要旨作出裁判之外，还包括借鉴办案经验、把握司法政策、理解法律及司法解释规定等作用，需要注意进行全方位运用，如此方可提升司法能力水平，切实发挥人民法院案例库作为"活教材"的应有作用。

（五）关于入库案例的动态调整

参考案例入了库并不意味着就进了"保险箱"。不过，关于入库案例出库、替换、更新等动态调整机制的具体流程，之前有关案例库建设的文件并未明确规定。为此，《工作规程》在总结提炼前期工作经验做法的基础上，对动态调整工作流程作出了明确，严格了工作流程，并保证"不合时宜"的入库案例得到及时优化调整。同时，在案例库建设运行过程中，为确保入库案例不断完善，最高人民法院将定期检查相关入库案例，跟进法律、司法解释、规范性文件立改废进程，及时组织补充、更新、清理相关案例，确保入库案例始终具有指导性、权威性和典型性、时效性。对于入库参考案例不再符合入库标准，或者虽然符合入库标准但有更适宜的案例需要替换的，将及时出库、替换案例。

1.地方人民法院发现机制

《工作规程》第二十三条第二款规定了地方各级人民法院提出动态调整入库案例的事由及具体程序。地方各级人民法院审理案件检索查询等过程中，认为参考案例在法律适用方面存在不当，或者裁判理念等应当有发展、完善，不宜作为参考案例的，可以参照案例入库流程层报最高人民法院相关审判业务部门进行审查，同时应当说明理由并提出意见。此外，地方各级人民法院有适宜案例可资替换的，应当同时层报审批，当然，这不是强制性要求，如果所涉案例确有必要出库的，为保证在库案例质量，避免影响司法审判，即便没有适宜案例可资替换的，亦应当提出意见。如此规定，既能够保证案例出库调整的严肃性，同时，又能够丰富案例库资源。

2. 最高人民法院处理机制

《工作规程》第二十三条第三款规定了最高人民法院相关业务部门提出调整在库案例的事由及具体程序。最高人民法院相关审判业务部门认为参考案例需要出库的，应当提出意见并说明理由，报分管院领导审批后，送研究室办理；有适宜案例可资替换的，应当同时送研究室审核。与入库程序略有不同的是，调整案例出库不再需要最高人民法院研究室进行审核，直接"办理"即可。这有利于最大限度保证入库案例的高质量，应当出库的及时处理。此外，《工作规程》第二十三条第四款规定了最高人民法院研究室提出调整入库案例的具体程序，即"最高人民法院研究室认为参考案例需要出库的，商相关审判业务部门处理。"《工作规程》第二十四条规定，对入库案例需要作重要修改完善的，亦是参照上述流程。当然，如果系细微的修改调整，通过工作层面进行沟通处理即可。在案例入库或者动态调整出库过程中，对于案例是否符合入库标准存在重大争议，最高人民法院审判业务部门、研究室无法协调一致的，可以提交审判委员会讨论决定。

除此之外，为方便人民群众参与司法、监督司法，人民法院案例库建立了社会公众反馈机制。人民法院案例库在每个入库案例下方设有用户评价和意见建议反馈通道，社会各界均可针对有关案例所确立的裁判规则是否正确、是否妥当等发表意见建议，促进人民法院案例库动态调整。截至2024年7月，案例库系统共接收社会公众反馈意见600余条，均已处理完毕，对其中的合理意见建议予以采纳。

3.入库动态调整的后续机制

入库案例被出库可能系多方面原因,有的是因为规则意义不强,不宜继续作为参考案例或者被规则意义更强的新参考案例所替代;有的是因为与新出台的法律、司法解释相冲突而不宜作为参考案例。因此,如果人民法院参考入库类似案例作出生效裁判后,所参考的案例被最高人民法院出库的,该出库案例的裁判及参考该案例作出的生效裁判仍然有效。

(六)关于督促激励机制的规定

1.通报汇报机制

通过定期通报院内各部门、各高院参与案例库建设的工作情况,可以鼓励先进、激励后进,充分调动各部门、各单位积极性,同时通过分析研究存在的问题,可以对下步工作提供指引参考。前期,研究室已完成多期情况通报,反映效果良好,有必要通过《工作规程》将此项工作机制予以固定。故《工作规程》第二十五条第一款规定:"最高人民法院研究室定期分析、通报人民法院案例库建设、使用工作情况。"

同时,《工作规程》第二十五条第二款规定:"各高级人民法院研究室应当定期就参与人民法院案例库建设、检索使用人民法院案例库等情况,向本院党组作出专题汇报。"这主要是考虑到,各高院研究室负责本院和辖区法院案例库建设的统筹管理、协调、督导等相关工作,按照最高人民法院明确的参考案例工作标准、规范、流程,做好相应的管理、审核等工作。各高级人民法院研究室定期向本院党组汇报本辖区人民法院案例库建设情况,有助于本院党组掌握相应工作情况,同时提出具体工作要求,有利于督促相关部门进一步抓好抓实案例库建设。

2.考核激励机制

鉴于目前一线法官工作压力普遍较大,有必要将有关部门、人员参与案例库建设工作的情况纳入绩效考核,以充分挖掘工作潜力,充分激发内生动力,促进案例库建设工作的持续健康发展。对此,《工作规程》

第二十八条规定："各级人民法院应当结合工作实际，将本院各部门及审判人员参与人民法院案例库建设工作情况纳入绩效考核。"当然，至于具体如何设置考核指标、对评优评先的具体比重，《工作规程》未作出明确规定，由各级人民法院结合工作实际自行把握。征求意见过程中，有观点认为，应当进一步明确各高级人民法院报送案例的责任主体，各高级人民法院审判庭室的主要负责同志应当系第一责任人，最高人民法院业务条线可以就案例工作情况对该负责人提出考评意见。经研究认为，各高级人民法院案例的报送、入库情况可以通过全国定期通报制度予以督促，是否考评下级法院条线负责人宜由最高人民法院各审判业务部门自行掌握，故未作规定。各审判业务部门如认为有必要，可结合条线工作实际情况自行对下提出要求。

3.案件评查机制

案例库为广大法官提供了权威的类案资源库，用好案例库对于提升案件审判质效具有重要意义。因此，应当将参考入库案例作出裁判的情况作为案件质量评查内容。特别是对于应当参考入库类似案例而没有参考，导致案件出现质量问题的，或者裁判文书对当事人提交入库案例作为控（诉）辩理由的情况未予回应的，应当视情追究有关责任人员的责任。故《工作规程》第二十二条规定："各级人民法院应当将参考入库案例作出裁判的情况作为案件质量评查内容。"

此外，需要提及的是，为进一步方便各级人民法院和社会公众更加全面准确把握入库案例，同时激励广大法官编写入库备选参考案例的积极性，近期最高人民法院研究室会同有关部门采取了系列举措：一是选介入库参考案例，在通过《人民法院报》刊登入库参考案例的同时，刊载案例编写人、承办法官的解读文章，就所涉法律适用问题进行分析。二是以专题形式对某一领域的入库案例进行系统深入的解读，全面呈现入库专题案例概况，便于参考适用。相关专题解读文章定期在《人民司法》《法律适用》《中国应用法学》等刊物推出。

(七)关于案例库建设的其他问题

关于人民法院案例库建设,最高人民法院先后发布了《关于建设人民法院案例库的通知》(法〔2023〕141号、142号)及《关于加快推进人民法院案例库建设的通知》(法〔2023〕209号),对建立健全案例库建设工作机制发挥了重要作用。《工作规程》发布后,上述文件依旧有效。例如,上述209号通知规定了人民法院案例参考案例隐名处理规则,这部分规定内容可以继续适用。但根据工作需要,《工作规程》对前述文件中的有关内容作了部分调整。例如,《工作规程》第八条不再要求中级人民法院报送备选参考案例必须经过专业法官会议讨论。故《工作规程》第三十条明确:"本规程自2024年5月8日起施行。以前发布的文件与本规程不一致的,以本规程为准。"

人民法院案例库若干重要问题解读[*]

最高人民法院研究室案例工作小组[**]

摘要：建设人民法院案例库，旨在最大限度发挥案例的实用效能，通过权威、规范的案例促进法律统一适用、抓实矛盾纠纷源头预防和实质化解、深化司法公开、提升司法能力。案例库上线并面向社会开放，标志着案例库建设工作迈出关键性一步。案例库收录最高人民法院发布的指导性案例和经最高人民法院审核的参考案例。参考案例体例规范、要素齐全，重在规则指引，兼顾规范引领，入库标准严格。入库案例具有权威效力，各级人民法院审理案件，应当检索案例库，严格依照法律和司法解释、规范性文件，并参考入库类似案例作出裁判。案例库实行动态调整机制，最高人民法院将持续补充、更新、清理相关案例。首批入库案例具有注重案件"新鲜度"、直面法律争议问题、注重规范引领等特点。

关键词：人民法院案例库　建设背景　功能定位　入库程序　效力定位　体例格式

2024年2月27日，人民法院案例库正式上线并面向社会开放，标志着人民法院案例库建设工作迈出关键性一步。人民法院案例库是最高人民法院推出的新的"公共法律服务产品"，受到全国法院和社会各界的广泛关注。为便于各级法院工作人员正确使用案例库、助力社会各界更好地了解案例库，现就人民法院案例库的建设背景、功能定位、建设历程、入库流程、体例格式及首批入库案例的基本情况等介绍如下。

---

[*] 本文发表在《中国应用法学》2024年第3期。

[**] 人民法院案例库由最高人民法院统一建设，各审判业务部门和相关职能部门共同参与，研究室负责统筹相关工作。最高人民法院研究室成立案例工作小组，负责具体日常工作。工作小组成员主要包括周加海主任、司艳丽副主任、喻海松副主任，司法解释协调和案例指导处石磊、贾玉慧、马蓓蓓、杨建文、李玉林、张华锋、李慧、师晓东、吕晓蕾。

一、人民法院案例库的建设背景

法律适用是由抽象到具体、由一般到个别的演绎思维过程。在此之中,由于各地经济社会发展不平衡,加之司法人员成长经历、教育背景、生活环境等存在差异,对同一法律条款往往会有不同理解,甚至造成案件处理结果不尽一致的局面。在司法审判领域,裁判标准不统一、裁判结果不一致的情况也时有出现,影响了司法权威与公信。有鉴于此,发挥案例及时灵活、针对性强、易于把握的优势,用已决案例指导类似案件的裁判,可以在"抽象到具体"的法律适用之中增加"具体到具体"的参照,符合司法规律,有利于提升司法效率、统一裁判尺度、推动法律统一适用。

最高人民法院历来重视案例工作,构建了具有中国特色的案例制度,将案例工作作为全面准确落实司法责任制的重要配套改革措施之一,不断优化案例工作机制。最高人民法院发布的案例主要包括指导性案例、典型案例、公报案例、刊物书籍案例等。其中,指导性案例方面,最高人民法院发布《最高人民法院关于案例指导工作的规定》(法发〔2010〕51号),建立指导性案例制度,自2011年以来共制发指导性案例39批共224件。典型案例方面,最高人民法院紧扣大局所需、服务国家治理,近十年来共发布典型案例超过2000件。可以说,上述各类案例在指导司法审判、统一法律适用、细化裁判标准、加强法治宣传、推动理论研究等方面发挥了积极作用。

然而,由于统筹管理、分类管理不到位等原因,一定程度上影响了案例功能的充分发挥。最高人民法院发布的指导性案例,各级人民法院审判类似案件时应当参照,但由于编选周期较长、总量相对有限、覆盖面不够广,难以充分满足实践需求。其他各类案例,由于缺乏统一的编写、审核程序和标准,质量和权威性没有充分保障,甚至还存在"同案不同判"的现象,不仅给司法审判带来困扰,也影响了社会各界学法、用法。此外,中国裁判文书网的功能重在司法公开,而非办案参考。由于中国裁判文书网收录的裁判文书已达上亿份，且没有关键词、法条等精准检索工具，用于检索类案特别耗时费力；即便检索到类案，裁判规则、裁判尺度也可能不统一，难以为办案提供权威参考。

最高人民法院在学习贯彻习近平新时代中国特色社会主义思想主题教育中，深入调查研究，突出问题导向，推动解决上述案例指导不规范、不及时、不系统、不一致和难检索等问题，更好满足社会各界和人民群众多元化司法需求，把习近平法治思想落实到审判工作全过程各方面，决定建设人民法院案例库。这是一个与中国裁判文书网相互补充、相互促进的类案检索平台，收录经最高人民法院审核认为对类案审判具有参考示范价值的案例，包括指导性案例和参考案例，旨在进一步加大案例的检索精度、认可程度、指导力度和应用广度，最大限度发挥案例的实用效能。

二、人民法院案例库的功能定位

"一个案例胜过一打文件"生动、深刻阐释了案例的重要功能。案例是人民法院的重要"法治产品"。建设人民法院案例库，收录权威、规范的案例，就是为了统一法律适用标准、提高办案质效、增强人民群众对公平正义的获得感。具体而言，人民法院案例库的功能定位主要包括以下四个方面。

一是促进法律统一适用。案例历来具有辅助司法裁判，统一法律适用的功能。英美法系国家逐步发展并确立了判例制度，明确"遵循先例"原则。与此同时，判例制度已不是英美法系国家专属的司法制度，一些具有代表性的大陆法系国家也建立了符合其国情的判例制度，发挥着指导司法审判正确适用成文法的作用。而在我国，案例传统源远流长，秦有"廷行事"，汉有"决事比"，宋有"断例"，清有"成案"。可以说，以例辅律、律例并行是中华法系的一大特色，赋予了中国特色案例制度深厚底蕴。在司法案件愈加复杂、利益诉求日趋多元的当下，确保正确、统一适用法律，更是离不开案例功能的充分发挥。建设人民法院案例库，经过最高人民法院统一审核把关，编发对类案审判具有参考示范价值的案例，逐步覆盖各类罪名和案由、各种疑难复杂法律适用问题，给法官办案提供更加权威、更加规范、更加全面的指引，是最高人民法院履行对下监督指导法定职责的必然要求，对于促进统一裁判规则和尺度，避免"同案不同判"，保障法律正确、统一适用具有重要意义。

二是促进深化矛盾纠纷源头预防和实质化解。习近平总书记强调："法治建设既要抓末端、治已病，更要抓前端、治未病。"[①]人民法院处理涉诉案件，既是化解各种社会矛盾纠纷的过程，更是参与社会治理的重要方式。人民法院案例库的入库案例，可以更加充分地发挥司法裁判的评价、引领、教育功能，从源头预防和减少矛盾纠纷，是质量和效益更高的司法审判工作。案例是法治建设的深刻印迹，是社会"烟火"生活的映射，是活的法律与教材。人民法院案例库对社会开放，有助于人民群众通过生动鲜活的案例更好地学习法律、运用法律，增强法律意识、明晰行为边界，同时强化自我保护；发生纠纷后，可以借助入库类似案例了解裁判规则、预测诉讼结果，从而减少不必要的起诉、上诉和申诉。各类调解组织也可以通过检索案例库更好地做当事人的引导、说服工作，尽可能促成调解。这样可以起到"发布一案、教育一片"的效果，真正把"抓前端、治未病"落到实处。

三是促进深化司法公开。习近平总书记指出，要加大司法公开力度，回应人民群众对司法公正公开的关注和期待。[②]最高人民法院高度重视司法公开工作，切实加大裁判文书公开力度，持续优化裁判文书公开机制，不断提升裁判文书公开质效。在中国裁判文书网不断优化的同时，人民法院案例库持续收录体例规范、要素齐全、便于检索的参考案例，不仅为广大司法法律界人士提供更加精准、权威的办案参考和研究素材，也有效回应了人民群众对更深层次司法公开的现实需求。可以说，人民法院案例库是针对需求侧创新提供的新型"司法供给"和"法治产品"。

四是促进提升司法能力。进入新时代，社会主要矛盾发生变化，人

---

① 《习近平谈治国理政（第四卷）》，外文出版社2022年版，第353页。
② 参见《习近平：依法治国依法执政依法行政共同推进》，载新华网2013年5月25日。

民群众对民主、法治、公平、正义、安全、环境等方面的要求日益增长。近年来，得益于法治中国建设的不断加强，法官的能力素质有了明显提升，但同经济社会快速发展、法治建设不断深入、人民群众新的更高司法需求相比，差距仍然很大，总体还是跟不上、不适应。要当好法官、办好案件，必须善于学习、持续学习、终身学习。人民法院案例库集中全国法院的审判经验和智慧，将具有规则意义、典型意义的好案例汇聚起来，能够为全体法官学习提升提供一部包罗万象、与时俱进的"活教材"，有助于促进法官不断提升司法能力和裁判水平。

三、人民法院案例库的建设历程

2023 年 7 月 26 日，最高人民法院党组书记、院长张军同志主持召开党组会议，研究部署案例统筹管理和人民法院案例库建设工作。最高人民法院研究室作为责任部门，会同人民法院出版社先后赴山东、江西、福建、陕西等多地紧锣密鼓地进行调研座谈，召开系统内座谈会 10 余次，充分听取意见建议。结合人民法院工作实际，最高人民法院先后印发《最高人民法院关于建设人民法院案例库的通知》（法〔2023〕141 号、法〔2023〕142 号）及《最高人民法院关于加快推进人民法院案例库建设的通知》（法〔2023〕209 号）等规范性文件，不断完善案例库建设的工作机制和具体要求。人民法院出版社负责平台的研发，按照计划完成三期平台建设及外网系统搭建，在全国范围内分区组建运维服务群，全面收集功能需求、不断完善优化系统。最高人民法院各相关部门细化工作机制，加强研究论证，认真编写审查备选案例，积极参与、支持案例库建设，齐心协力、共同推进。全国各级人民法院认真贯彻落实最高人民法院党组决策部署，狠抓落实、全力推进人民法院案例库建设工作。

面向社会各界征集参考案例，是人民法院案例库建设过程中的一大创举，是人民参与司法、监督司法的新的重要方式。最高人民法院发布《关于征集人民法院案例库参考案例的公告》，决定自 2023 年 12 月 22 日起拓宽参考案例来源，面向有关机关、社会组织、法学院校和科研单位及专家学者、律师、有兴趣或有研究的公民个人等开展参考案例征集工作，邀请社会各界共同建设人民法院案例库，推动人民法院案例库建设工作高质量发展。公告发布后，法学院校、全国律协，专家学者、律师同人，甚至还有中学教师等非法律界人士，积极向人民法院案例库推荐案例。截至2024年4月30日，全国法院共收到社会推荐案例500余件，其中部分已经审核入库。例如，首批入库案例"李某强制猥亵案（2024-14-1-184-001）"就是一件中学教师推荐的入库案例。为确保社会各界更加方便快捷地推荐案例，人民法院案例库平台开设线上"推荐案例"通道。用户可在线填写案例相关信息予以推荐（亦可通过信函等方式推荐），所推荐案例经人民法院审查审核后，符合入库标准的，将及时收录入库。最高人民法院还将向推荐人颁发证书。对于社会推荐的入库案例，平台也会自动标识"社会推荐"字样。

在全国法院和社会各界的共同努力下，人民法院案例库的入库案例品质不断提升、结构日益优化，在2024年2月27日正式上线并面向社会开放之日入库案例达到3711件。此后，入库案例数量呈动态更新状况。截至2024年4月30日，人民法院案例库的入库案例数量达到3886件。其中，刑事案例共1484件，占比38.19%；民事案例共1729件，占比44.49%；行政案例共438件，占比11.27%；国家赔偿案例共26件，占比0.67%；执行案例共209件，占比5.38%。上述入库案例基本实现了对常见罪名、多发案由的"全覆盖"。盗窃、帮助信息网络犯罪活动、诈骗、故意伤害及毒品犯罪等常见犯罪，民间借贷纠纷、婚姻家庭纠纷、机动车交通事故责任纠纷等案件体量较大的案由，均收录了一批入库案例。可以说，目前案例库入库案例的总量虽然还比较有限，但在指导常见案件办理、处理常见法律适用问题方面，已基本能满足司法实践所需。当然，案例库对司法审判中常见"问题点"的覆盖还远远不够。下一步，会持续针对案例库的空白罪名、案由，特别是尚未涉及的法律适用问题，优先选取案例入库，力争尽早实现"覆盖各类罪名、案由，在同一罪名、同一案由下的不同法律适用问题也将有相应案例"的建设目标。

人民法院案例库正式上线并向社会开放，舆论反响积极热烈。"找案例、用案例，就上人民法院案例库"的局面正在逐步形成。截至2024年4月30日，人民法院案例库平台浏览量731万人次，访问人数132.7万人，注册用户数42.7万个，已有95个国家的用户访问人民法院案例库。案例库已成为服务司法审判、公众学法、学者科研、律师办案的权威平台，也是世界各国观察中国司法、中国法治的重要窗口。

人民法院案例库的网址是https：//rmfyalk.court.gov.cn。最高人民法院官网首页设有"人民法院案例库"图标，可直接点击进入。新用户根据提示注册账号后，即可登录检索查阅案例。登录后，可以通过选择输入栏左侧的全文、案例编号、标题、关键词、基本案情、裁判理由、裁判日期等选项进行检索，亦可通过高级检索选项进行更精准检索。此外，还可以点击首页下方的"刑事""民事""行政""国家赔偿""执行"图标查阅五大审判业务领域下的所有案例。为彰显对老幼等特殊群体权益的司法保护，满足用户多层次、多样化的案例需求，人民法院案例库还设有"涉老年人保护案例""涉未成年人保护案例"等特色专栏。下一步，案例库平台将不断优化各类功能，提升用户友好度，探索开发"人民法院案例库App"手机客户端，让社会公众指尖可享"公共法律服务产品"。

人民法院案例库上线并面向社会开放后，社会各界广泛关注，这对人民法院案例库建设工作提出更高要求、更严标准。为进一步做好人民法院案例库建设和使用工作，2024年5月6日，最高人民法院印发《人民法院案例库建设运行工作规程》（法〔2024〕92号），对入库流程、社会推荐、检索使用、动态调整等内容作出明确。这标志着人民法院案例库建设和使用进入更加规范的新阶段，必将促进各级人民法院更加重视案例库建设，更好完成案例推送、审查、审核入库工作，更加准确参考入库类似案例作出裁判，推动人民法院案例库持续健康发展。

四、入库案例的筛选流程和效力定位

入库案例包括指导性案例和参考案例两大类别。指导性案例在案例体系中处于"金字塔尖"的位置,属于当然入库的案例。参考案例则需要历经严格的审查审核程序,方可入库。关于指导性案例的遴选、审查、审议、使用等,《最高人民法院关于案例指导工作的规定》(法发〔2010〕51号)已有明确规定,兹不赘言。在此,主要就参考案例的入库标准、入库流程、动态调整和效力定位加以介绍。

(一)参考案例的入库标准

参考案例的入库标准为"精准聚焦审判工作中需要明确规则、加强指导的司法实践问题,收集、编选、审查具有典型参考示范作用的案例,确保入库案例具有裁判规则意义或者裁判指引作用,在审判实践中能够发挥统一法律适用、以案释法等方面的价值"。而且,参考案例体现的类案裁判规则要客观、准确、体系协调,针对同一具体法律适用问题收录的参考案例一般不超过2件,避免发生案例间裁判规则互相冲突的现象,保证裁判规则的权威性和指导性。此外,在方法理念、机制创新、调解规则等方面具有借鉴参考意义的调解案例、涉老年人特殊群体等司法案例也可以作为参考案例入库。

简言之,入库参考案例主要涵括两种情形:一是重在规则指引,即案例必须在司法理念、政策导向、法律适用、裁判尺度、工作方法等方面具有典型性、指导性,能够为类案办理提供权威参考;二是兼顾规范引领,做实"为大局服务、为人民司法",注重围绕党和国家中心工作、社会各界和人民群众关切收录案例,充分发挥司法裁判的评价、规范、引领功能,有效促进经济社会高质量发展,增进民生福祉,积极融入国家和社会治理。

（二）参考案例的入库流程

参考案例的遴选、编研、入库等程序设计，坚持了"四级法院携手联动、各审判业务条线各司其职"的思路，以有效保证案例来源的广泛性、审核把关的权威性。具体而言，参考案例入库大致需要历经编写报送、审查推送、审核入库等系列程序。

1. 编写报送

入库参考案例主要来源于地方法院报送的案例，同时也包括最高人民法院办理的案件。中级、基层人民法院对本院已经发生法律效力的裁判，认为符合入库标准的，可编写备选参考案例报送。各高级人民法院聚焦审判工作中需要明确规则、加强指导的司法实践问题，收集、选编、审查本院和本辖区内具有典型参考示范作用的生效案例，认为符合入库标准的，经本院院领导审批，向最高人民法院相关审判业务部门报送。

2. 审查推送

最高人民法院各审判业务部门分为18个业务条线对入库备选案例进行审查。各高级人民法院报送及最高人民法院各有关部门选编的案例，先按条线由最高人民法院相关审判业务部门进行审查，审查时要提交专业法官会议集体讨论，对备选案例的事实认定、法律适用、裁判说理、价值导向等作全面、严格的把关。经审查认为符合入库标准的，报分管院领导审批后送最高人民法院研究室审核。

3. 审核入库

最高人民法院研究室对入库备选案例进行审核。研究室在对案例材料是否齐全、体例格式是否符合要求等进行审核的基础上，重点对案例是否符合入库标准进行审核。为确保审核质量，建立院内专家跨部门交叉复核、院外专家协同复核把关的常态化工作机制，视情将案例送交院内外相关专家研提意见，为案例质量再加一道"保险栓"。对于经过审核复核符合入库标准的案例，在入库前需要进行文字核校，尽力避免案例文字表述出现错误。

(三)参考案例的动态调整

人民法院案例库实行动态调整机制,参考案例入了库并不意味着就进了"保险箱"。为确保入库案例不断完善,最高人民法院各审判业务部门、研究室将定期检查审判业务条线相关入库案例,跟进法律、司法解释、规范性文件立改废进程,及时组织补充、更新、清理相关案例,确保入库案例始终具有指导性、权威性和典型性、时效性。对于入库参考案例不再符合入库标准,或者虽然符合入库标准但有更适宜的案例需要替换的,将及时出库、替换案例。

按照工作流程,地方各级人民法院认为参考案例在法律适用方面存在不当或者裁判理念等应当有发展、完善,不宜作为参考案例的,应当提出意见并说明理由,层报最高人民法院相关审判业务部门审查。最高人民法院相关审判业务部门认为入库案例需要出库的,应当说明理由,报分管院领导审批后,送研究室办理。最高人民法院研究室认为入库案例需要出库的,商相关审判业务部门处理。同时,人民法院案例库在每个入库案例下方设有用户评价和意见建议反馈通道,社会各界均可针对有关案例所确立的裁判规则是否正确、是否妥当等发表意见建议,促进人民法院案例库动态调整。截至2024年4月30日,共收到意见建议399条。其中,关于案例文本的修改完善建议127条,关于新增相关领域案例的建议77条,关于优化平台功能的建议152条,其他建议43条。对上述建议已作了认真梳理和分析研究,不少建议已被采纳。

(四)参考案例的效力定位

参考案例在效力方面与最高人民法院此前发布的典型案例、公报案例、刊物案例明显不同。人民法院案例库收录的案例,均系经最高人民法院审核认为对类案审判具有参考示范价值的案例。案例库上线后,各级人民法院审理案件,应当检索人民法院案例库,严格依照法律和司法解释、规范性文件,并参考入库类似案例作出裁判,避免"同案不同判"。各级人民法院审理案件时,经检索发现人民法院案例库未收录类似案例，而正在审理的案件所涉法律适用问题疑难、复杂的，可以就相关法律适用问题提出请示，或者报请提级管辖；由本院继续审理的，应当提交审判委员会讨论决定。各级人民法院审理案件时，经检索发现人民法院案例库收录有类似案例，但认为正在审理的案件具有特殊情况，不宜参考入库案例的，应当提交审判委员会讨论决定。前述案件对类案审判具有参考示范价值的，作出生效裁判的人民法院应当在裁判作出后及时编写案例，按照规定流程入库。

五、入库案例的体例格式

入库案例包括指导性案例和参考案例两大类别。对于指导性案例，按照发布之时的文本直接入库。故而，在此主要围绕参考案例的体例格式加以介绍。具体而言，人民法院案例库入库参考案例的体例主要包括编号、标题、副标题、关键词、基本案情、裁判理由、裁判要旨、关联索引八个部分。

（一）关于编号

入库参考案例的编号具有唯一性，相当于参考案例的"身份证号"。编号共13位数字，分5个字段，分别标示案例收录年度（4位数），案例审查业务部门（号段为01—18，依次代表最高人民法院立案庭、刑一庭、刑二庭、刑三庭、刑四庭、刑五庭、民一庭、民二庭、民三庭、民四庭、环资庭、行政庭、知识产权法庭、少年法庭、赔偿办、审监庭、执行局、研究室），审判执行业务领域（号段目前为1—6，依次代表刑事、民事、行政、国家赔偿、执行、调解），罪名或案由编号（3位数）、案例序号（3位数）。例如，参考案例"田某诉杨某生命权、健康权、身体权纠纷案"的编号为"2023-07-2-001-001"，"2023"代表案例收录年度，"07"代表本案系由最高人民法院民一庭审查推送，"2"代表民事案例，第一个"001"代表第一个民事案件三级案由，即"生命权、健康权、身体权纠纷"，第二个"001"为本年度该案由下收录的第一个案例。

鉴于各审判业务领域案例的具体情况不同，罪名或者案由的编号规则略有差异，有必要作一简要介绍。

1. 刑事案例的罪名编号

罪名编号系根据刑法分则规定的483个罪名依次排列。编写之中偶遇的问题是，对一些不负刑事责任的案例如何对应罪名编号。例如，有些案例适用的是依法不负刑事责任的精神病人的强制医疗程序。经研究，对此类案例可根据行为人涉嫌的罪名或者实施暴力行为客观上对应的罪名进行编号，以保证案例编号的标准统一。此外，对涉及多个罪名的案例，根据第一个罪名进行编号。

2. 民事案例的案由编号

根据《最高人民法院印发〈关于修改《民事案件案由规定》的决定〉的通知》，民事案件案由体系为总分式四级结构的设计。其中，473个第三级案由是司法实践中最常见和广泛使用的案由，可覆盖大部分民事案件。基于此，民事案例的案由编号主要是根据第三级案由排序。同时，考虑到民事法律关系的复杂性，对于没有相应的第三级案由的案例，可以适用相应的第二级案由。因此，在473个第三级案由编号后续编了54个第二级案由编号，以保证案由编号涵盖范围的全面性。

3. 行政案例的案由编号

考虑到行政案例的数量相对较少，案由编号主要根据《最高人民法院印发〈关于行政案件案由的暂行规定〉的通知》（法发〔2020〕44号）规定的22个二级案由进行编号。同时，根据《最高人民法院关于增加部分行政案件案由的通知》（法〔2019〕261号）增加的知识产权授权确权和涉及垄断的行政案件案由，在前述22个案由基础上续编植物新品种、专利、集成电路布图设计、商业秘密、垄断、不正当竞争、商标、著作权等相关行政案件8个案由编号。

4. 国家赔偿案例的案由编号

根据《最高人民法院关于司法赔偿案件案由的规定》（法〔2023〕68号）等有关规定，国家赔偿案件案由体系分为三级。考虑到总体案由较少且有的二级案由下没有三级案由，为了保证编号体系协调，国家赔偿案例编号中的案由字段（3位数）组成为：第一位数表示一级案由，第二位数表示二级案由，第三位数表示三级案由，根据具体情况对应编号。例如，违法刑事拘留赔偿案例的案由编号为"111"，即第一个一级案由"刑事赔偿"下的第一个二级案由下的"人身自由损害刑事赔偿"下的第一个三级案由。又如，如果一些特殊案例没有对应的二级和三级案由，需要适用"刑事赔偿"一级案由的，则案由编号为"100"。

5. 执行案例的案由编号

鉴于执行案件目前尚无案由规定，执行案例的案由编号主要参照《最高人民法院关于人民法院案件案号的若干规定》中人民法院案件类型及其代字标准的有关规定，执行案例编号中的案由字段（3位数）中，第一位数用1、2、3分别表示执行案件的三种分类（执行实施类案件、执行审查类案件、其他执行案件）；第二位数、第三位数表示该类之下的具体类型。例如，有关执行复议案例，案由编号为"202"，即为执行审查类下第二个执行复议类型。

需要提及的是，指导性案例发布时已经编号（原为"指导案例××号"，自第192号案例开始，调整为"指导性案例××号"），收录入库时在保留原编号的同时，再赋予入库编号。其中，年度字段设置为指导性案例发布的年度，部门序号使用研究室序号（18），另外三个字段参照入库参考案例编号的设置规则。

此外，未来将探索为每个入库案例设置一个识别码，实现手机扫描识别后即可打开查阅相关案例内容。

（二）关于标题

刑事参考案例的标题一般由被告人姓名或者被告单位名称加罪名组成，如"袁某某盗窃案（2023-14-1-221-001）"。但是，对于不构成犯罪的案件，如正当防卫、宣告无罪或者强制医疗的案例，标题不再参照上述规则，如"唐某华、杨某祥正当防卫案（2024-05-1-179-

001）""张某搏合同诈骗宣告无罪案（2023-03-1-167-004）""潘某强制医疗案（2024-02-1-013-001）"等。民事、行政、国家赔偿参考案例的标题一般由案件当事人姓名或名称加案由组成，如"吴某某诉上海某某生物科技有限公司买卖合同纠纷案（2023-07-2-084-002）"。执行参考案例的标题可以由案件当事人姓名或名称加执行审查程序组成，如"索某某与许某某等执行复议案（2024-17-5-202-022）"。

（三）关于副标题

副标题为一句话，主要鲜明体现参考案例所要解决的法律适用问题，反映参考案例的价值、精髓、核心。例如，鉴于"唐某华、杨某祥正当防卫案（2024-05-1-179-001）"的争议问题主要涉及对行为人防卫之时不法侵害是否仍在进行，以及防卫行为是否构成防卫过当的认定，且裁判要旨也主要围绕这两个层面展开，故将副标题确定为"正当防卫时间条件、限度条件的把握"。

（四）关于关键词

关键词为词或词组，一般由刑事、刑事诉讼、民事、民事诉讼、行政、行政诉讼、国家赔偿、执行等词引领，第二个关键词一般是罪名或者案由，然后再依次列出与参考案例解决的问题、总结的裁判要旨有密切关联的词语。关键词要全面、准确、具体，便于检索。关键词的位置在副标题之后，基本案情之前。

（五）关于基本案情

基本案情部分可以先准确、简明地概述控（诉）辩意见，再叙述法院经审理查明事实，也可以直接叙述法院审理查明的事实。关键要写明与裁判要旨关联的基本事实，有针对性，要完整、准确、概括地反映案件的基本情况，表述要通俗易懂、层次清楚、重点突出、详略得当、简明扼要。基本案情部分最后另起一段简述案例的裁判结果，包括诉讼经过和结果，写明案件的裁判法院、裁判时间、案号和裁判主文。裁判结果是判决或者裁定的主文，应当准确、规范。对于裁判结果所涉被告人或者被告单位、罪名数量较多的，可以简略叙述裁判结果。

（六）关于裁判理由

裁判理由主要摘自生效裁判文书中"法院认为"部分的内容。裁判理由是人民法院针对案件事实，根据法律法规、司法解释、政策的精神，从法理、事理、情理等方面，详细论述法院裁判的依据、理据。一审、二审等不同程序裁判理由不一致的，一般只写生效裁判的论述理由。裁判理由的表述应当准确、精当、透彻，与叙述的基本案情前后照应，并注意结合选定案例的社会背景，体现裁判政治效果、法律效果和社会效果的统一。

（七）关于裁判要旨

参考案例本质是对办案经验的总结推广，藉此解决司法疑难问题。因此，裁判要旨的准确撰写是确保参考案例质量的关键。裁判要旨是参考案例拟解决问题的概要表述，简要归纳和提炼参考案例体现的具有类案参考、指引作用的裁判规则、理念或方法等，以及审理类似案件应当注意的问题。裁判要旨应当概括、精练，结论明确，语义准确。裁判要旨阐释提炼的规则、理念、方法等，为两个以上的，按照裁判要旨的重要性或者逻辑关系用阿拉伯数字标示。

（八）关于关联索引

关联索引主要包括两个部分：一是相关法条；二是裁判信息。相关法条部分需列明本案裁判适用的相关法律及条文序号。涉及不同法律的，按法律位阶依次起行并列排列；涉及同一法律不同条文的，按条文的先后次序排列，亦可根据与案例关联的紧密程度排序。裁判信息部分依序分段列明案件一审、二审、再审、执行审查等情况。列明裁判法院、案号、裁判类型和裁判日期。对于特殊案件,如涉未成年人案件,关联索引部分一般会隐去相关裁判信息。

(九)关于姓名等信息的处理

入库参考案例均对涉及的自然人姓名、法人和非法人组织的名称作了隐名处理,对相关的身份证号码、统一社会信用代码、通信方式、银行账号、地址、车牌号码等信息作了删除等技术处理。对行政案例中的被告,包括行政机关和法律法规规章授权的组织,以及国家赔偿案例中的赔偿义务机关等名称,原则上不作隐名处理。同时,鉴于删除知识产权案例中的专利名称、商标名称、商号和知识产权行政管理部门等信息可能会影响对基本案情的理解,故一般保留此类信息。

六、首批入库案例的基本情况

首批入库案例为后续入库案例的编选入库提供了范例,值得梳理总结。基于此,为了对未来入库案例编选提供指引借鉴,也为了让社会公众更全面了解案例库的"产品标准",在此对首批入库案例的特点属性加以具体阐释。

(一)注重案件"新鲜度",确保案例时效性

入库参考案例系根据人民法院作出的生效裁判改编的,一般不限制裁判生效的时间。一些情形下,对于作为裁判依据的法律、司法解释等已被修改,但对涉及的法律适用问题等仍具有参考示范作用,裁判要旨与现行法律、司法解释等一致,符合入库标准的案例同样可以入库。换言之,案例的裁判生效时间远近不是判断是否符合入库条件的绝对标准,关键在于是否具有参考指引价值,是否符合入库标准。实际上,一些案例的生效裁判时间尽管较为久远,但只要具有参考示范价值的,依然可以收录入库。例如,从司法实践来看,正当防卫案件的处理往往存在重大争议,乃至承受法律以外的压力。为确保正当防卫制度依法正确适用,

人民法院案例库首批收录了34件涉正当防卫的入库案例。该批案例的裁判生效时间跨度相对较大。其中，"叶某朝正当防卫案（2024-18-1-177-001）"发生在1997年刑法施行之前，裁判作出时间为1997年刑法施行伊始，可以说是"老古董"。但是，该案属于对1997年刑法增设的特殊防卫制度适用的较早案件，对于特殊防卫的适用前提、防卫手段和防卫限度等具体问题的认定和政策整体把握具有很强的规则指引意义，故将其予以收录。此外，还收录了"唐某华、杨某祥正当防卫案（2024-05-1-179-001）"，该案则为2024年初才作出生效裁判的新案例，同样为正当防卫时间条件、限度条件的把握提供了类案规则指引。

当然，在具有选择余地的前提下，入库案例优先选择新近案件，即对于涉及同一法律适用问题的，一般优先选用生效时间在后的案件。特别是，在新法律、司法解释及规范性文件发布后，更加注重收集、编选依照新法律、司法解释等作出裁判的案例，以便发挥案例"快"的优势，及时为案件审理提供参考指引。例如，2023年12月《最高人民法院、最高人民检察院、公安部、司法部印发〈关于办理醉酒危险驾驶刑事案件的意见〉的通知》（高检发办字〔2023〕187号），对醉酒型危险驾驶罪的定罪量刑标准和有关法律适用问题作了新的规定。为此，人民法院案例库首批收录了42件适用最新意见审理的醉驾案例，切实发挥指导审判、服务社会的功能。此外，还需要特别注意的是，如果由于立法修改导致所涉案例的裁判规则针对的法律适用问题已不复存在，或者由于经济社会发展使所涉案例提炼的裁判要旨已无指导意义的，则不应当收录入库。

需要提及的是，案例"新鲜度"还包括随着经济社会发展而产生的新类型案例。例如，下班以后还要在线加班，是网络时代劳动者面临的、带有相当普遍性的新现象新问题。对此，案例库收录了全国首例在裁判文书中明确"隐形加班"的案例，即"李某艳诉北京某科技公司劳动争议案（2024-18-2-490-002）"，通过裁判要旨确立"隐形加班"的认定标准，即"对于用人单位安排劳动者在非工作时间、工作场所以外利用微信等社交媒体开展工作，劳动者能够证明自己付出了实质性劳动且明显占用休息时间，并请求用人单位支付加班费的，人民法院应予支持"。又如，"外卖小哥"等新业态从业者权益保护问题是与互联网经济相伴而生的"新问题"，尤其是与用工平台之间是否存在劳动关系更是司法审判的"大难题"。人民法院案例库收录"某服务外包有限公司诉徐某确认劳动关系纠纷案（2024-18-2-186-001）"，确立该类案件的劳动关系认定标准，在裁判要旨部分明确"外卖骑手与所服务企业之间的法律关系应根据双方之间的实际权利义务内容予以认定""骑手与所服务企业均具备劳动关系主体资格，且实际履行的权利义务内容符合劳动关系从属性本质特征的，可认定双方存在劳动关系"。

（二）直面法律争议问题，保证案例品质

入库案例不仅要满足"没有错"这个底线要求，还应当达到"有价值"的高质量标准。入库案例重在发挥规则指引价值，自然应当直面司法实务疑难问题。基于此，人民法院案例库在建设过程中并没有为了追求稳妥而刻意选编那些没有争议、四平八稳的案例。相反，有些入库案例可能存在一定争议，各方可能会对所涉问题有不同看法。从促进法律正确、统一适用这个基本目标看，越是"同案不同判"的案件，越是疑难、复杂、争议的问题，通过编发入库案例加以统一指导的价值越高。

注重围绕疑难、复杂、争议问题选编案例，是首批入库案例的特点之一。例如，此前社会高度关注的"PUA第一案"，即"牟某翰虐待案（2024-18-1-214-001）"，被作为参考案例入库。该案在处理过程之中即存在一定争议。刑法第二百六十条未对虐待罪中"家庭成员"的范围作出明确界定，而对处于婚前同居关系的情侣是否属于"家庭成员"，理论界和实务界均存在较大争议。"社会在发展，司法须前行"。为有效保护被害人人身权利，确有必要根据经济社会发展与转型的现实情况，及时明晰虐待罪中"家庭成员"的范围。该案例的裁判规则明确："与行为人具有共同生活事实，处于较为稳定的同居状态，形成事实上的家庭关系的人，也可以认定为刑法上的'家庭成员'"，从而将虐待罪的适用范围拓展至包括事实家庭关系在内。又如，"隔代探望权"是近年来婚姻家庭关系中出现的新问题。父母离婚后，祖父母、外祖父母对孙子女、外孙子女尽了抚养义务的，或者孙子女、外孙子女的父母一方死亡的，祖父母、外祖父母是否享有隔代探望权，实际存在较大认识分歧。民法典（草案）曾对祖父母、外祖父母的隔代探望权作出规定，后因各方未达成共识，删去相关条文。问题固然可以慢慢争辩，理论也可以继续探讨，但司法实务必须及时处理案件。为此，案例库有针对性地收录了"沙某某诉袁某某探望权纠纷案（2024-18-2-027-001）"，明确了相关案件的裁判规则。本案裁判法院认为，隔代探望除满足成年亲属对未成年人的情感需求外，也是使未成年人可以获得更多来自成年亲属关爱的一种途径，符合中国传统家庭伦理观念、公序良俗和社会主义核心价值观。基于未成年人利益最大化理念，裁判支持原告隔代探望的诉讼请求，同时对隔代探望作了相应条件限制，即隔代探望不得影响未成年人正常生活和身心健康。由此，本案例裁判要旨明确："未成年人的父或母一方死亡，（外）祖父母向人民法院申请隔代探望（外）孙子女的，人民法院应当坚持最有利于未成年人、有利于家庭和谐的原则，在不影响未成年人正常生活和身心健康的情况下，可以予以支持。"

需要提及的是，"同案同判"需要建立在相同的事实基础之上。社会生活复杂多样，案件情况千差万别，区分不同具体案情甚至细微差异作出不同处理应属当然。例如，首批入库案例"曹某洋侵占案（2023-04-1-225-001）""贾某甲、贾某乙盗窃案（2023-05-1-221-022）""关某某、赵某职务侵占案（2024-05-1-226-008）"均涉及出借出售银行卡进而取走卡内资金这一看似相同的案情，但所涉案件存在细微差异，且正是由于细微差异导致案件定性不同。就"曹某洋侵占案"而言，实际系出借人借出银行卡后，不愿意继续出借遂将银行卡挂失并冻结卡内资金，后因协商不成补办新卡并将所涉资金转入。对于挂失冻结银行卡的行为，由于借卡人（存款人）亦事后知晓，并提出愿意支付"好处费"，故对所涉行为评价为民事纠纷为宜。但无论如何，行为人此时对银行卡中冻结的资金建立实际持有，属于"代为保管"他人资金，符合侵占罪的前提条件，加之后续补办新卡并将所涉资金转入的行为，可以认为具备"拒不退还"的要件，应当根据刑法第二百七十条的规定，以侵占罪论处。与之不同，"贾某甲、贾某乙盗窃案"则属于典型的"黑吃黑"，对其适用盗窃罪符合司法实务的惯常做法。而职务侵占罪表现为单位工作人员利用职务上的便利，将本单位财物非法占为己有的行为，实际上包括"监守自盗"，即利用职务便利实施的盗窃罪。考虑到单位借用员工银行卡，进而将单位钱款存入银行卡，实际赋予了员工为单位利益管理该银行卡、保管卡内钱款的职权。尽管所涉问题可能存在一定争议，但职务侵占罪中的职务便利与贪污罪中的职务便利存在一定区别已是理论通说和实务共识，加之认定为职务便利实际有利于被告人，故"关某某、赵某职务侵占案"对出借银行卡给单位后又通过挂失、补卡等行为将单位钱款取出自用的行为定性为职务侵占罪。总而言之，上述三个入库案例所涉案情看似相同，实则在细节上存在重大差异，进而影响具体定性。对此，在查询使用案例库之时应当注意全面细致把握案情，防止"以偏概全"找案例，更要防止机械套用到正在审理的案件之中造成"错判"。

（三）注重规范引领，助推社会治理

党的二十大报告明确要求"深入开展法治宣传教育，增强全民法治观念"，强调"公正司法是维护社会公平正义的最后一道防线"。建设人民法院案例库，正是人民法院认真落实"谁执法谁普法"普法责任制，积极引领社会法治意识的具体举措。入库案例绝大多数发生在群众身边，件件连着民心。首批入库案例注重发挥司法裁判的评价、引领、教育功能，让法治观念深入人心，从源头预防和减少矛盾纠纷，促进社会治理，努力让人民群众的获得感、幸福感、安全感更加充实、更有保障、更可持续。

例如，近年来，随着经济社会发展，高额彩礼问题凸显，纠纷日益增多，甚至引发恶性案件，引起社会各界持续热议。为统一彩礼返还纠纷案件的司法裁判规则，给相关当事人提供行为指引，引导人民群众更加理性看待彩礼问题，人民法院案例库首批收录了 4 件彩礼返还纠纷案例，就彩礼与恋爱期间一般赠予的区别认定、确定是否返还及返还彩礼的具体比例时应当重点考量的因素、如何平衡双方当事人利益，特别是妇女合法权益的保护等问题作出进一步明确，做到既尊重传统习俗，又明确禁止以彩礼为名索取财物，引领社会新风尚，让婚姻始于爱，让彩礼归于"礼"。

又如，长期以来，由于"知假买假"固然可以惩治制假售假行为，但也客观存在借维权敲诈勒索等现象，时常成为社会热议的问题。司法实践中，对于明知食品存在质量问题仍然购买者能否被认定为消费者、要求 10 倍惩罚性赔偿的诉讼请求是否应当予以支持等问题，相关裁判长期不甚统一。为进一步统一类案裁判规则，引导生产经营者合法生产经营、消费者理性维权，人民法院案例库在将指导性案例"孙某山诉南京欧某超市有限公司江宁店买卖合同纠纷案（指导案例 23 号）"入库的同时，收录了 4 件涉食品安全惩罚性赔偿的参考案例，分别从不同角度明确了食品安全惩罚性赔偿问题的类案裁判规则，充分发挥入库案例的参考指引价值和社会规范引领作用。整体来看，该 5 件案例明确支持消费者的维权行为，发挥人民群众的监督作用，有效遏制食品领域的违法生产经营行为；同时，明确在"生活消费需要"范围内支持"购买者"关于支付价款 10 倍惩罚性赔偿金的诉讼请求。而关于"生活消费需要"范围的合理界定，则需要在司法实践中根据个案具体情况来具体把握。对此，在"沙某诉安徽某食品科技有限公司买卖合同纠纷案（2024-07-2-084-004）"中，裁判法院认定沙某首单购买 30 盒"黄芪薏米饼干"符合合理生活消费需要，但沙某又多次追加购买多达 200 盒饼干，明显超出了合理生活消费需要范围。此外，生活消费需要范围不能仅以消费总量为判断标准，还要看消费行为方式和习惯是否合理。在"张某诉上海某生鲜食品有限公司买卖合同纠纷案（2024-07-2-084-002）"中，张某 46

次刷卡购买46枚过期咸鸭蛋，尽管购买总量没有超出生活消费需要范围，但购买方式明显不符合通常消费习惯，如果按照每次结算赔偿1000元的标准累计计算惩罚性赔偿金（46次为46000元），则与食品安全法第一百四十八条第二款规定的惩罚性赔偿制度精神不符。据此，裁判法院依法认定在总价款101.2元基础上支持10倍惩罚性赔偿1012元。可以说，上述入库案例所确立的裁判规则，促进了延宕多年的"知假买假"裁判标准不统一问题得到规范，既能充分发挥惩罚性赔偿制度的应有作用，又可以有效防止有人通过钻法律空子谋取不当利益，让生产经营者"小过担重责"。

七、结语

人民法院案例库建设是一项长期工程，永远"只有进行时、没有完成时"，又是一项公共工程，需要大家"齐动手、共努力"。我们相信，有全国法院的齐心协力，有社会各界的广泛支持，人民法院案例库建设必将稳步推进，为人民群众提供更优更多的高质量"法治产品"，推动中国特色案例制度不断健全完善。